KGR. SCHWEDEN
Memel
KURLAND
KGR.
ÄNEMARK
Kopenhagen
Ostsee
Rep. Danzig
Königsberg
LITAUEN
Schwed.-Pommern
KGR. PREUSSEN
OSTPREUSSEN
KAISER-REICH RUSSLAND
Hamburg
Stettin
Weichsel
GHZM. WARSCHAU
Warschau
Berlin
KGR. WESTFALEN
KGR. SACHSEN
Breslau
Fsm. Erfurt
Dresden
SCHLESIEN
Krakau
GALIZIEN
Frankfurt
Prag
BÖHMEN
RHEIN-BUND
MÄHREN
KGR. BAIERN
KAISERTUM ÖSTERREICH
GHZM. BADEN
Wien
München
ÖSTERREICH
Ofen
Pest
Basel
STEIER-MARK
SIEBEN-BÜRGEN
Innsbruck
Donau
UNGARN
KGR. ITALIEN
Illyrische Provinzen (franz.)
Mailand
Venedig
Po
H. Guastalla
BOSNIEN
Rep. S. Marino
F. Lucca
Fstm. Piombino
Toskana (franz.)
Korsika
Rom
F. Pontecorvo
Neapel
NEAPEL
ALBANIEN
KGR.
Korfu (franz.)
Tyrrhenisches Meer
Kephalonia (Rep. unter engl. Schutz)
Athen
KGR. SIZILIEN
0 100 200 300 400 km
Tunis
TUNIS

Clemens Amelunxen

Der Clan Napoleons

Clemens Amelunxen

Der Clan Napoleons

Eine Familie im Schatten des Imperators

im
Siedler Verlag

»Das Leben ist eine Erscheinung am Fenster«
Korsisches Sprichwort

»Nichts bleibt verborgen außer der Wahrheit«
Bonmot, Napoleon auf Elba zugeschrieben

Inhalt

Einstimmung

Diese Geschichtsbetrachtung soll nicht die unübersehbare Fülle der Napoleon-Literatur, meist konzentrisch auf den Empereur bezogen, nutzlos vermehren. Hier steht im Blickpunkt weniger der erste Kaiser der Franzosen, sondern seine Sippe – der Clan der Napoleoniden, bestehend aus der korsischen Bonaparte-Familie mitsamt ihrem angeheirateten und verschwägerten, kompliziert verzweigten Anhang. Das Bild jener Männer und Frauen, die vor zweihundert Jahren das alte Europa veränderten, schwankt in der Geschichte. Es war schon für die Zeitgenossen verwirrend, und das ist es – teils zum eher gelangweilten Amüsement, teils zum bissigen Pamphlet verkommen – bis heute geblieben.

Im allgemeinen sind die Schreiber der Historie (und der Historien) mit den Napoleoniden nicht glimpflich oder gar wohlwollend umgegangen. Die Beurteilung reicht von der knappen Bemerkung Stendhals – »Es wäre für Napoleon günstiger gewesen, wenn er überhaupt keine Familie gehabt hätte« – bis zur aktuellen ungezügelten Beschimpfung Jacques Pressers: »Ein Haufen ekelerregenden Geschmeisses, versessen auf Throne und Millionen, nimmersatt und undankbar..., als Militärs vollkommen untauglich, als Diplomaten korrupt, als Fürsten Parodien auf ihren Bruder, Intriganten, Feiglinge, Dirnen, Diebe, Verschwender...«

Wenn man bedenkt, daß die Napoleoniden gewiß »im Schatten des Titanen« (Lily Braun) standen, und wenn man versucht, ihre höchst ausgeprägt autonomen Charaktere »für sich« (auch im Mit- und Gegeneinander) zu betrachten, dann kann man in der Tat Stendhals Urteil auch umkehren: Ohne jenen Schatten Napoleons, der ebenso wie seine Sonne auf sie fiel, wären sie von der Historie höher bewertet worden.

Nur auf den ersten Blick erscheinen sie als Parvenüs. Die Sippe der Buonaparte, die das italienische »u« im Namen ziemlich spät ablegte, entstammte dem soliden landsässigen Bürgertum Liguriens, der Toskana und der Lombardei. Man war schon ritterbürtig, und der weitere Aufstieg zum provinziellen Kleinadel vollzog sich auf einer Mittelmeerinsel, die erst kurz vor Napoleons Geburt französisch wurde. Der oft verkannte Vater Carlo sorgte zumindest zeitweise für Wohlstand, auch für Bildung, und vererbte ansonsten das mediterran-südländische Temperament mitsamt der Leidenschaft für das Schöne und Prächtige, die Neigung zu Pathos und Theatralik, zum »fare bella figura«. Allgemein huldigte man den freigeistigen Ideen der Aufklärung; gläubig, ja fromm waren nur Mutter Letizia und ihr vierter Sohn, Louis.

Das ließ wenig Besonderes oder gar Auffälliges erwarten. Aber dann wirbelte die Französische Revolution über Europa hinweg, und aus dem gesellschaftlichen Umsturz erhob sich der Napoleoniden-Clan als »Erste Familie« des neuen Vaterlandes. Freilich, die Bonapartes hatten stets die Nase in den politischen Wind gehalten, ihren Mantel wohl auch nach dem wechselnden Wind gehängt, und manche von ihnen taten das später noch ebenso. Dennoch war der jähe, erfolgreiche Griff zur familiären Macht und Herrlichkeit einem Mirakel vergleichbar – und vorstellbar eigentlich nur in dieser außergewöhnlichen Epoche.

Es war nicht Napoleon allein, der dieses Wunder bewirkte. Er hatte Landsleute, Verwandte und Verschwägerte als Steigbügelhalter und Begleiter gefunden. Er hatte eine Ehefrau, die ihm nach dem revolutionären Debakel die Salons der neuen Machthaber öffnete. Er hatte einen (später höchst widerspenstigen) Bruder, der ihm gegen ein chaotisches Parlament zur Herrschaft verhalf. Und nicht zuletzt hatte er eine Mutter, die den Clan, so zäh wie bedächtig, allzeit zusammenhielt.

Napoleon war, als Konsul und erst recht als Kaiser, ein »Mann der Familie« – nicht nur aus ererbtem Traditionsgefühl und privater Neigung, sondern auch aus staatsmännischer Berechnung. Denn er wurde ebenso Europäer, wie er Korse war. Die Throne des Kontinents sollten, soweit sie ihm zu Füßen standen, in erster Linie mit Brüdern, Schwestern und Angeheirateten besetzt werden, da eigene Kinder vorerst nicht zu erwarten waren.

So wurden sie dann ausgesandt und machten sich auf den Weg als Könige und Vizekönige, Großherzoginnen und Fürsten – Joseph nach Neapel und dann nach Spanien, Caroline und Murat nach Düsseldorf und daraufhin nach Neapel, Eugen Beauharnais nach Oberitalien, Louis und Hortense nach Holland, Elisa nach Lucca und Florenz, Jerome nach Westphalen; nur der störrische Republikaner Lucien stand beiseite, und die flatterhafte Pauline wollte ihr Zwergfürstentum Guastalla gar nicht erst sehen.

Sie waren gehorsam. Aber sie brachten eine Haltung mit, die als skurril gelten mag. Fast alle waren sie phantastische Realisten in dem Sinne, daß sie nie bereit gewesen wären, ein privates oder öffentliches Ereignis als Tatsache anzuerkennen, wenn sie es nicht selbst schriftlich niedergelegt, fixiert, dokumentiert und möglichst auch kommentiert hätten. Solche unverwechselbare Prägung des »homme de lettres« erwirbt man nur in jungen Jahren oder eben überhaupt nicht mehr. So schrieben sie denn – nicht nur Briefe in rauhen Mengen, sondern auch Lesefrüchte, Tagesnotizen, Reflexionen, Gedichte, einige gar Romane, Dramen und Opern. So etwas ist der höheren Staatskunst, zu der sie berufen waren, ja keineswegs abträglich, denn auch die politischen Visionen sind aus derartigem Stoff. Und es war (wiederum) Vater Carlo, der ihnen solche Neigungen vermittelt hatte.

Ja, sie waren gehorsam. Aber sie waren auch ehrgeizig, pflichtbewußt und von sehr autonomer Persönlichkeit. Sie konnten bisweilen leichtsinnig, auch träge sein, hatten dann aber wieder nachhaltige Anfälle von Arbeitswut bis zur totalen körperlichen Erschöpfung. Soweit sie zur Regierung von Ländern eingesetzt wurden, war ihnen eine zweite Haltung gemeinsam. Sie versuchten, sich aus der ihnen zugemuteten Rolle als bloße Statthalter des großen Bruders zu lösen und Herrscher aus eigenem Recht, mit eigener Verantwortung zu sein. Kaum hatten sie den Thron bestiegen, so wechselten sie das Vaterland, identifizierten sich mit »ihren« Völkern und waren hartnäckig bemüht, in deren Interesse ihr Bestes zu leisten. Dieses Beste war nicht wenig; manches davon hat Bestand bis heute.

Und zum dritten Mal: Auch dieser Gewissenszwang des »changer la patrie« war vorgeprägt worden von Vater Carlo, der 1769 seinen korsischen Freiheitskämpfern nach ebenso tapferem wie aussichtslosem Widerstand gegen die Truppen Louis' XV. zugerufen hatte: »Wir sind nun Franzosen geworden – es lebe der König!« Andere europäische Staatsfiguren kamen nicht in solche Lage; Talleyrand konnte stets Franzose, Melzi stets Italiener und Metternich immer Österreicher bleiben. Und Erzherzog Ferdinand war an den dreifach wechselnden Schauplätzen seiner italienisch-deutschen Herrschaften unerschütterlich ein Habsburger geblieben.

Napoleon sah das natürlich anders, und vielleicht mußte er es anders sehen. Schwester Elisa hatte nur scheinbar begriffen: »Der Kaiser muß eine Familie haben, die ihm bei seinem Werk hilft und auf die er sich allzeit verlassen kann!« Aber das war selbst bei ihr oft bloße Theorie. In Wirklichkeit betraf es sämtliche Geschwister, wenn Stieftochter Hortense über ihren Ehemann, den König von Holland, schrieb: »Louis will nicht einsehen, daß er nur ein gekrönter Präfekt ist und den Willen des Kaisers zu tun hat.«

Eben dieser Louis wagte es sogar, seinem Bruder die Krone vor die Füße zu werfen, als er glaubte, sie nicht mehr in Würde tragen zu können. Selbst der eher angepaßte Jerome schrieb dem Kaiser einmal mit großem Ernst: »Es geht nicht beides zusammen, ich kann nicht König von Westphalen und gleichzeitig französischer Untertan sein.« Und Lucien schlug die verlockendsten Herrschaftsangebote Napoleons aus, weil er den dafür verlangten Preis, die Scheidung seiner Ehe, nicht zahlen wollte. Von Napoleons Standpunkt war dessen Wutausbruch verständlich: »Hat wohl irgendein Mensch in Europa so viel Ärger mit seiner Familie wie ich!«

Persönliche Courage, im Frieden wie im Krieg, haben sämtliche Mitglieder der Sippe immer wieder bewiesen. Manche von ihnen legten in schwierigsten Situationen jene stoische Ruhe und Gelassenheit an den Tag, wie man sie nur in sehr alten Familien findet (wo es eigentlich nicht darauf ankommt, ob jemand noch lebt oder schon gestorben ist); und einer solchen Familie gehörten sie ja an. Der einzige, der an kritischen Wendepunkten des Lebens bisweilen in Panik verfiel, war paradoxerweise Napoleon selbst – etwa wenn er sich einer feindlichen »Masse Mensch« gegenübersah, von der sein Instinkt ihm mitteilte, daß er sie allein und just im entscheidenden Moment nicht würde bändigen können.

Wie dem auch sei – die Haltung der Napoleoniden ist vor der Geschichte nicht unbelohnt geblieben. Man hat ihnen nach der Vertreibung, die Napoleons Sturz eher zwangsläufig mit sich brachte, in den Ländern und bei den Völkern ihrer einstigen Herrschaft ein durchweg positives Andenken und Gedächtnis bewahrt. Die europäische Reaktion in der Mitte des 19. Jahrhunderts hat ihre Errungenschaften, Neuerungen, Reformen und Planziele nur vorübergehend unterdrückt und damit aufgehalten. Aus heutiger Sicht waren sie Wegbereiter der staatlichen Einigung in vielen Territorien – in Italien, Spanien und den Niederlanden, aber auch in Deutschland, Polen und Schweden.

Die Frage »Was wäre, wenn...?« ist historisch zulässig, aber allemal müßig. Wir können nicht wissen, welche Rolle ein hochbegabtes Geschlecht – unverwechselbar im Singular wie im Plural – ohne das Genie des einen und einzigen Napoleon in Europa (und gar in Amerika, falls der Ex-Kaiser zu seinem in den USA etablierten Bruder, Ex-König Joseph, entkommen wäre) gespielt hätte. Was ihnen bleibt, reicht aus für den Nachruhm fast aller Napoleoniden. Sie haben Zeichen der Tapferkeit und der Klugheit gesetzt. Sie haben Spuren hinterlassen, die auch Haß, Mißgunst und Parteilichkeit bis heute nicht zerstören konnten.

Eher bedenkenswert – auch nicht ohne innere Spannung zu prüfen – sind die beiden Fragen, warum sich der Napoleon-Clan und das Napoleoniden-Regime gerade in den ersten Jahren des

19. Jahrhunderts so jählings entwickeln und sich, gerade nach derart eindrücklicher Festigung, doch nicht länger als anderthalb Jahrzehnte halten konnten.

Das ist nicht leicht zu beantworten. Einigermaßen sicher erscheint nur, daß der Clan nie zu europäischer Bedeutung gelangt wäre, wenn Napoleon 1769 als britischer Untertan das Licht der Welt erblickt hätte – was durchaus möglich gewesen wäre, sei es in London als Sohn eines dorthin emigrierten Vaters Carlo oder auf einer englisch okkupierten Insel Korsika. Die Briten waren und sind zu konservativ und zu skeptisch, um eine »Ausreißer-Karriere« zu erlauben. Eine solche Gegebenheit hätte der Bonaparte-Familie ein zwar nicht unprominentes, aber keineswegs weltbewegendes Dasein zwischen Olivenhainen und Weinbergen oder im nebligeren Klima des etwaigen englischen Vaterlandes als Rosenzüchter und politisierende Teilzeit-Parlamentarier ermöglicht.

Aber das ist nicht der Lauf der Geschichte gewesen. Die Bonapartes kamen ja keineswegs aus dem Nichts oder auch nur aus einem obskuren Hinterhof der Historie; sie waren lokal und gar regional etabliert als Patrizier in ihrer italo-korsischen Heimat. Von ihnen galt nicht, was einst Aeneas Sylvius, später Papst Pius II., über die Condottieri seines Landes bemerkte: »In unserem veränderungslustigen Italien, wo nichts feststeht und keine alte Herrschaft vorhanden ist, können leicht aus Knechten Könige werden.«

Nun, »Knechte« waren die Bonapartes ebensowenig wie andere großbürgerlich-kleinadlige Aufsteigerfamilien einer früheren Zeit – die Visconti, die Medici, die Este, mit einem Korn Salz auch die Welser und Fugger. Nur eben, bei jenen hatte sich der Aufstieg eher zögernd-schrittweise vollzogen, um dann aber auch jahrhundertelang den einmal erreichten Gipfel zu halten.

Warum war das anders bei den Bonapartes?

Wir greifen zu kurz, wenn wir sie nur als »Kinder der Revolution« sehen und ihr plötzliches Hervortreten aus den Kulissen dann mit jenem unwiederholbaren Vorlauf und Vorgang erklären. Der große Umbruch in Frankreich hat recht zahlreiche Figuren und Existenzen hochgespült, die sich als historische Eintagsfliegen erwiesen haben; und solche waren die Bonapartes, trotz der relativ kurzen Dauer ihrer Sternstunden, doch beileibe nicht.

Eher könnte man es umgekehrt sehen. Als dieser Familie der Durchbruch zur Macht gelang, lag die Revolution schon in den letzten Zügen. Sie hatte sich mit ihren Verbrechen, aber auch mit ihren Idealen und utopischen Bekenntnissen überlebt; ihre Kinder, die sie noch nicht gefressen hatte, waren ihrer überdrüssig geworden. Die Spaltungen im gesellschaftlichen Gefüge waren tief gewesen und hatten schwerste Wunden gerissen. Um so dringlicher wurde der Wunsch, ja die Sehnsucht nach Versöhnung, Zusammenführung, neuer Einigkeit und Einheit.

In diesem Augenblick erschienen die Bonapartes als Heilgehilfen, Friedensbringer, ja Erlöser vom nationalen Zwist. Als Revolutionär ausgewiesen und doch kaum kompromittiert, konnte Napoleon jene Erklärung abgeben, die (fast) allen gefiel und keinem weh tat – zugleich das Garantieversprechen, das die übriggebliebenen Sansculotten beruhigte und dem neuen Nachwuchs der bürgerlich-bürokratisch-kommerziellen Notabeln Erleichterung verschaffte, auch Perspektiven verhieß: »Die Revolution hat ihre Ziele erreicht, sie ist damit beendet!«

Was aber nun die Napoleoniden taten und wie sie es ins Werk setzten, das wird uns unter dem Begriff des »Reigentanzes« immer wieder begegnen. Die Napoleoniden besetzen das politische Theater zunächst nur in Frankreich. Sie handeln, genau gesehen, gar nicht einmal so blitzartig, aber doch in planmäßig-zupackender, methodischer Geschwindigkeit. Sie gleichen einer wohlabgestimmten Schauspieler- oder Orchestertruppe, deren Mitglieder ihre Rollen kennen, sie sogar bei Bedarf wechseln können und einander die Stichworte zurufen – wobei es nicht immer so vollmundig zugeht, wie am 18. Brumaire durch den Exjakobiner Lucien Bonaparte, sondern auch die leise-diskreten Töne gefragt sind, wie sie etwa Bruder Joseph, der Jurist, bei seinen internationalen Vertragsverhandlungen anschlägt.

So schaukelt man einander empor, fördert sich wechselseitig und bringt jeden Familiar eben dort unter, wohin er gehört oder doch zu gehören scheint – selbst Jerome, selbst Pauline und sogar die angeheiratet-verschwägerten Nonvaleurs: Der Verstand wird ihnen schon mit dem Amt zuwachsen.

Derart miteinander verbunden, schwärmt die erstaunliche Sippe über zwei Drittel Europas aus. Sie zeigt den unerschüttert gebliebenen, aber sich zu Recht sehr gefährdet fühlenden Monarchen des Kontinents ebenso wie dem oligarchisch-kolonialistischen »Händlerstaat« England die militärischen Zähne, vollbringt aber auch exzellente Friedenstaten von dauerhaftem Bestand und zukunftsträchtigem Beispiel.

Aber warum nun, das ist ja unsere zweite Frage, hat diese so unzerstörbar scheinende Phalanx der Napoleoniden nicht durchgehalten bis auf unsere Tage, warum hat sie die Einigung und Einheit Europas, die damals – durch sie – so greifbar nahe erschien, nicht bewirken können? Man darf mehrere Ursachen, einzeln oder wohl besser im Zusammenhang, hin- und herwenden; sie sind nicht spekulativ, vielmehr durchaus gegenständlich zu betrachten.

Schauen wir, erstens, vergleichsweise wieder rückwärts in das

Italien der Renaissance, eine der Wiegen europäischer Kultur und Politik, auch die historische Kinderstube der Bonaparte-Familie, als sie noch »Buona-Parte« hieß. Damals und dort wurde, unter den Visconti und vor allem den Medici in Mailand und Florenz, der Begriff des »europäischen Gleichgewichts« entdeckt oder doch erfunden. Es war jenes kluge System der austarierten Waage, der Balance von wuchtigen Pfunden und adäquaten Gegengewichten, das später von Metternich (Talleyrand konnte ihm dabei noch anfangs helfen) erneuert wurde und das dem Kontinent dann eine fast säkulare Friedlichkeit verschaffte – und das, nebenbei, den viel späteren Faschismus als so grundlegend un-italienisch (nicht einmal »altrömisch« war er ja) erscheinen ließ.

Es hatten selbst die Kleinstaaten-Condottieri (wie Francesco Sforza als Visconti-Nachfolger) eigennützig begriffen, daß jeder Tod eines Soldaten für sie ein politischer Schaden war und daß der Gewinn einer Schlacht für sie persönlich fast ebenso gefährlich sein konnte wie deren Verlust; so wurden Schlachten denn, konsequenterweise, tunlichst vermieden. Eine ähnliche Erkenntnis hat in unserem Jahrhundert, nach einem blutigen Bürgerkrieg, der Spanier Franco praktiziert, während sie dem Italiener Mussolini, zu seinem Unheil, verschlossen blieb.

Was nun selbst in den Söldnerheeren und Machiavelli-Staaten seiner italienischen Familienheimat ein weises, die Dauer der Herrschaft verbürgendes Prinzip war, das hat Napoleon leider mißachtet. Ein in Frankreich umjubelter Friedensfürst ist er über seine knapp vierjährige Konsulatszeit hinaus nicht geblieben. Mit einiger Wahrscheinlichkeit konnte er es auch nicht, unter dem Zwang vielfältiger Umstände, an deren Zusammenwirken er aber selbst keineswegs unschuldig war – er hat sie vor der Geschichte mit zu verantworten, selbst im Hinblick auf England.

Wenn der Franzosenkaiser – wobei er seine regierenden Brüder und Schwestern unter dem Grundsatz der »Heeresfolge« unerbittlich einband – sich rühmte, daß er für seine staatsmännischen Absichten »alljährlich hunderttausend Soldaten verbrauchen« könnte, so hätten diese Mittel (unterstellen wir es einmal, frei nach Machiavelli!) vielleicht durch die Ziele und Zwecke gerechtfertigt sein mögen (oder doch entschuldigt, was für die Juristen schon ein gravierender Unterschied wäre).

Aber beides war es nicht, und es war leider nicht einmal klug, wieder im Sinne jenes Niccolò Machiavelli. Napoleon hatte das Maß (europäisches Gleichgewicht) und zugleich die Mitte (ein wie immer in »natürlichen« Grenzen bestehendes, gar erweiterungsfähiges Frankreich) aufs Spiel gesetzt und verloren. Daß Frankreich sich nicht ungestraft bis an die Ostsee und die Adria – schon gar nicht, die Elbe mitsamt Polen und Preußen überspringend, bis in chimärische östliche Weiten – ausdehnen durfte, das haben ihm die großen Franzosen Lucien Bonaparte (ja, sein scharfsichtiger Bruder) und Talleyrand, Chateaubriand, Caulaincourt und Benjamin Constant nachhaltig gepredigt, und sein eigenes Staatsverständnis hätte ausreichen müssen, ihn davon zu überzeugen.

Das alles hätte ja für Europa, gerade im Hinblick auf die von den Bonapartes so trefflich regierten Kontinentalstaaten, gut an- und auslaufen können, wäre nicht der kaiserliche Clan-Chef dem Jahrtausend-Fehler europäischer Imperatoren aufgesessen und erlegen: einen gleichzeitigen Zweifrontenkrieg (der, wie des großen Friedrich von Preußen Beispiel zeigt, nur sehr befristet möglich ist) auf unabsehbare Dauer zu führen. Das war, nüchtern gesehen und den Sturz der jeweiligen Imperien besiegelnd, die politisch-militärische Falle der Cäsaren – von Alexander dem Großen über mehrere Türkensultane und schwedischen Könige hinweg bis hin zu Napoleon, Wilhelm II. und Adolf Hitler.

Erwähnen wir nur exemplarisch jenes früheste Beispiel der Antike. Wie hoffnungsvoll war Napoleon, als seine zweite Ehefrau, die Habsburgerin Marie-Louise, ihm seinen einzigen legitimen Sohn gebar: »Er wird es leichter haben als ich; denn ich war nur Philipp, aber er wird Alexander sein!« Welch erstaunliche Verblendung, welch heilloses Mißverständnis von Unvergleichbarkeiten! Nicht der Makedone Philipp, König im begrenzt-überschaubaren griechischen Nordstaat, sondern der geniale Sohn Alexander hatte es »schwerer«, weil der Unmögliches versuchte: die Verschmelzung von Okzident und Orient; damit geriet er zwischen die Mühlsteine zweier Fronten, der parthischen Rebellionen im Osten und der hellenischen Aufstände im Westen. Es nützte ihm nichts, daß er den Indus gesehen hatte. Schon wenige Monate nach seinem Tod begann sein Reich in halbwegs »nationale« Satrapien zu zerfallen. Die Stunde der Diadochen war gekommen.

Napoleon ist mit Alexander, eben nicht mit Philipp zu vergleichen. Wie jener am Iaxartes, so mußte dieser an der Beresina scheitern, denn gegen Rußland und England zugleich konnte das Empire seinen Bestand nicht wahren. Selbst die aufrichtigsten Bemühungen der regierenden Napoleoniden, das »Vaterland zu wechseln« und Herrscher aus »eigenem Recht« zu sein – wir werden sehen, wie erfolgreich sie im einzelnen immerhin waren –, erwiesen sich als fruchtlos, zumal sie die Zeit zur Begründung persönlich-dynastischer Legitimität nicht hatten, ganz ohne eigene Schuld.

Europa aber war der Kriege ebenso müde geworden wie der Revolution – was für deren Ursprungs- und Mutterland bedeutete, daß der Kaiser des Empire wieder ein König von Frankreich werden mußte; ein solcher aber konnte nicht Napoleon heißen, auch aus subjektiven Gründen nicht.

Es waren nicht nur die erwachten Nationalismen der europäischen Völker, die sich andere politische Wege suchten als die Zielrichtungen des Empire und Napoleon samt seinem Clan zum Scheitern brachten.

Die tonangebende Schicht der Notabeln – Grundeigentümer und Großkaufleute, hohe Beamte und Offiziere – war in stiller Mächtigkeit verblieben und erkannte, daß sie ihren Besitzstand besser wahren, ihre Standesinteressen auch erfolgreicher durchsetzen könnte, wenn die Experimente des Empire beendet, die alten Zustände behutsam restauriert würden. Denn für die Notabeln aller Zeiten darf das Genie nicht in den Himmel wachsen, sonst erregt es ihr Mißtrauen.

Für die »großen Männer«, auch und gerade in Frankreich, bedeutet dies, daß sie am Ende ihres vorbestimmten Weges im schlimmsten Fall interniert, bestenfalls – wie Jean Tulard es hübsch bemerkt – an die Abfassung ihrer Memoiren geschickt werden. Es kann sogar beides passieren, denn auf ihren eigenen Nachruhm sind die Notabeln gar nicht so sehr bedacht, da wollen sie großzügig sein. Wie auch immer: Wer Napoleon auf St. Helena und seine Familiare in ihren Exilen betrachtet, dem erschließt sich ebenso das Schicksal Philippe Pétains auf der Insel Yeu und Charles de Gaulles in Colombey-les-deux-Églises.

Ein Scherbenhaufen also, den wir als Hinterlassenschaft der Napoleoniden vorfinden? Nichts weniger als dies. Es gibt keine geschichtliche Epoche, die in und nach und trotz so kurzer Dauer dennoch so viele nachhaltige Veränderungen im Bewußtsein der Menschen und in fortwirkenden Einrichtungen herbeigeführt hätte wie eben die napoleonidische, keineswegs von diesem Mann allein bestimmte Zeit. Ihr Licht strahlt weiter gleich einem längst verglühten Stern, und das macht zugleich die Einmaligkeit dieser Epoche aus.

»Eine Familie verändert Europa«? Das zu beweisen soll versucht werden; freilich wagen wir nicht die paradoxe Spekulation, ob die historische Bedeutung dieses Zeitabschnitts vielleicht gar geringer zu veranschlagen wäre, wenn er länger gedauert hätte.

Aber für die europäische »Unitas« im differenziertesten Sinn Napoleons und seiner gefürsteten Geschwister war die Zeit damals ohnehin nicht gereift – weder für ein Reich unter französischer Dominanz noch für ein »Europa der Vaterländer« im Sinne des großen de Gaulle. Hinderlich waren gewiß (auch) die Feudal-Monarchen in Preußen, Österreich und Rußland, die mit den

Napoleoniden keineswegs kongenial waren: der dritte Friedrich Wilhelm, der nicht einmal ein Bürgerkönig war; der Habsburger Franz, dürftiger Epigone des wahrhaft letzten »Römischen Kaisers« Leopold; und auch der wankelmütige Alexander, der viel Sympathie und guten Willen, aber keinen Widerstand gegen die einheimische, familiär-aristokratische Reaktion aufbrachte. Hinderlich war ebenso England, das aus kommerziell-strategischen Gründen keine erweiterte Gegenküste (Belgien ist das Reizwort) unter französischer Herrschaft dulden mochte.

Aber es waren wohl doch »die Völker Europas«, die sich von diesen Mächtigen (und, notabene, deren Notabeln) noch einmal für ein halbes oder gar ganzes Jahrhundert bewegen ließen, ihre Wünsche und Bestrebungen zurückzuhalten, bis sie dann ihre nationale Einheit durchsetzten und sich heute der übergeordneten europäischen Idee öffnen – beide Ziele waren von den Napoleoniden, jedem an seinem Platz, vorbereitet worden.

I.
Ende und Anfang am Mittelmeer – Korsikas bitterer Honig

Ansichten einer Familie

Die Saison-Hotels waren geschlossen und die Ferienwohnungen schon früh vor dem Winter verbarrikadiert. So verbrachten wir vor einigen Jahren den Oktober als zahlende Gäste bei Monsieur und Madame Laorenzi in Porticcio am Südufer des Golfs von Ajaccio auf der Insel Korsika. Die hölzernen Touristen-Bungalows des Anwesens »L'Aramon« waren nicht sehr komfortabel, aber geräumig und wurden zu einem Spottpreis vermietet, denn die Laorenzis hatten diese Einkommensquelle eigentlich gar nicht nötig.

Sie trieben Gemüsebau und Kleinviehzucht auf eigenem Land (»seit dreihundert Jahren vom Vater auf den Sohn vererbt«, wie der Patron mit gezügeltem Stolz verkündete). Auch lebten sie von gelegentlichen Handelsgeschäften und provisionsträchtigen Vermittlungen jedweder Art. Ihre robusten Jagdhunde ernährten sie vorwiegend mit Sardinen und Spaghetti, die Hühner durften nach Herzenslust scharren und picken, die Katzen fingen ihre Mäuse selber, und die Ziegen weideten friedlich vor der Haustür. Selbst der Esel strotzte nur so vor Lust und Gesundheit. Die Feriengäste »vom Kontinent« genossen, außer dieser bukolischen Idylle, den unmittelbaren Zugang zum Meer und den Blick nach Norden zur schönen Silhouette Ajaccios.

Dort, auf der anderen Seite des Golfs, in Korsikas Kapitale, explodierten bisweilen Bomben. Mal flog die Schaufensterdekoration eines Schuhgeschäfts in die Luft, mal das Fenster einer Bank oder die Tür einer Polizeistation. Die Lokalzeitung »Corse du Sud« berichtete es kommentarlos-nüchtern jeweils am nächsten Tag. Monsieur und Madame Laorenzi zeigten sich darüber so wenig erstaunt oder gar erregt, daß wir vermuteten, sie wüßten ganz gut Bescheid über Attentäter und Attackierte. Aber natürlich haben sie uns das nie erzählt.

Auf unseren Autofahrten kreuz und quer durch die Insel, stets den Spuren der Familie Bonaparte folgend, konnten wir die blutroten Pinseleien der separatistischen Freiheitsbewegung an Mauern und Wänden sehen – immer wieder das Wort »fora«, was schlicht heißt »raus«, in jeder nur denkbaren Feindbeziehung: »Franzosen raus, Fremdenlegion raus, Polizei raus, Sarden und Sizilianer raus, Spekulanten raus!« Zum Glück hieß es damals nur selten »Touristen raus!«.

Für den Ausländer ist es schwer, die Ziele der regionalen Radikalen zu verstehen oder auch nur einzuschätzen, welcher größere oder doch kleinere Teil der Inselbevölkerung hinter ihnen steht. Das Bekenntnis zur eigenen nationalen Identität wird freilich fast allgemein abgelegt. Als ich Monsieur Laorenzi etwas naiv fragte, ob er sich als Franzose fühle, wiegte er bedächtig den Kopf, was eher nach Verneinung als nach Bejahung aussah. Meine weitere Frage, ob er sich vielleicht für einen Italiener halte, beantwortete er mit schallendem Gelächter, das allerdings eine gewisse Unsicherheit verriet. Und auf die abschließende Erkundigung, was er denn nach eigenem Verständnis sei, blitzte er mich an: »Korse natürlich!« Da war er nicht mehr ein »Monsieur«, sondern ein »Signor«, wie man im insularen Dialekt einen Mann bezeichnet, der ein Herr ist.

Man muß mit den Korsen aber nicht notwendig über die verwirrende politische Gegenwart reden, sondern kann sie – als höchst geschichtsbewußtes Volk – jederzeit an der eigenen Historie festhalten. Darum war es uns denn auch zu tun, eben weil wir wegen der Bonapartes nach Korsika gekommen waren.

Madame Laorenzi, die das Baccalauréat abgelegt und sogar einige Semester die Schönen Künste im südfranzösischen Montpellier studiert hatte, äußerte zwischen Küchen- und Stalldienst über die berühmteste Sippe ihrer Insel sehr entschiedene Ansichten. Napoleon? »Ein großer Mann, Monsieur, gewiß. Aber ich sage Ihnen: ohne Moral, völlig ohne Moral!« Mutter Letizia? »Das Vorbild einer typischen Korsin!« Madame selbst entsprach kaum diesem Vorbild, denn sie war blond und blauäugig; auch trug sie statt schwarzer Kleidung flotte grüne Shorts. Und Vater Carlo? »Ein Verräter, Monsieur! Er ist zu den Franzosen übergelaufen! Zum Glück ist er jung gestorben! Man hat ihn vergessen, ganz zu Recht!« Aber die Kinder, Napoleons Geschwister von Joseph über Elisa bis Jerome? »Die hätten es auf Korsika weit bringen können, aber sie haben die Insel leider zu früh verlassen, und man hat nicht mehr viel von ihnen gehört.«

Man kann, mit Respekt, in manchem anderer Meinung sein als Madame Laorenzi. Das sagte ich ihr auch, ohne sie überzeugen zu können. Aber zum Abschied schenkte sie uns ein paar Flaschen vom korsisch-kernigen Rotwein; der stamme, so versicherte sie, von einem ehemaligen Bonaparte-Weinberg. Wenn Etiketten nicht lügen, so hatte Madame recht, denn darauf stand »Peraldi A.C.«, und jenes kleine Weinfeld war in der Tat nach Carlo Bonapartes Tod von seiner Witwe Letizia an die befreundete Familie Peraldi verkauft worden, der jener Hügel noch immer gehörte.

So bleibt man auf Korsika gern unter sich, noch mehr als auf anderen Inseln. Und eine Sippe, die von dort kommt, bleibt korsisch – auch wenn sie auszieht, um Frankreich zu erobern und Europa zu verändern. Man ist seinen Ursprüngen verhaftet, und das Ende führt immer rückwärts zum Anfang. Heute ruhen Carlo und Letizia in einem pompösen Mausoleum ihrer Heimatstadt. Die fünf Söhne stehen in Stein und Bronze, Napoleon reitend, auf Ajaccios schönstem Bürgerplatz, den Blick starr über das Meer gerichtet. Kein Sprengstoffanschlag hat sie dort von ihren hohen Sockeln gestürzt.

Das Bild der Insel

Wenn man zum ersten Mal mit dem Schiff von Marseille oder Genua nach Korsika fährt, erlebt man das Bild der Insel, aus dem Meer emporsteigend, wie eine bizarre Opernkulisse. Wo anders könnte der Vorhang sich vor dem historischen Lebensdrama der Bonapartes heben?

Korsika – eine kleine, scharf ausgeprägte Welt für sich – ist die viertgrößte Insel des Mittelmeeres, mit 8682 Quadratkilometern mehr als einem Fünftel der Schweiz entsprechend. Geographisch und ethnisch ist die Verwandtschaft mit Italien enger als mit Frankreich. Auch das korsische Idiom ist kaum etwas anderes als ein alter italienischer Dialekt, der noch viel vom Bauernlatein der späten Römerzeit, aber auch einige arabische Einsprengsel enthält.

Korsika ist ein Land der ewigen Winde, die wechselnd aus allen Himmelsrichtungen blasen und Temperaturstürze von feuchter Schwüle bis zu eisiger Kälte bewirken. Es ist auch ein Land der schroffen Berge. Vom Cap Corse im Norden bis Cap Bonifacio im Süden verläuft, mit Verzweigungen nach Osten, eine einhundertachtzig Kilometer lange zentrale Felsenkette, die im Westen steil zum Meer abfällt. Korkeichen- und Kastanienwälder bedecken noch heute ein Drittel der Insel. Nur im Osten finden sich flache, oft sumpfige Küstenstreifen und versandete Flußmündungen.

Vor allem aber ist Korsika eine Heimat der wuchernden Macchia, die bis achthundert Meter die Berghänge hinaufkriecht und die Dörfer umgürtet. Der immergrüne Busch bildet ein undurchdringliches Dickicht: Brombeergestrüpp und Mastix,

Zistrosen, Myrten, Kreuz- und Weißdorn, Heidekraut und mannshohe Farne. Wer die geheimen Pfade durch diese natürliche Festung nicht kennt, braucht ihre Eroberung gar nicht erst zu versuchen. Davon haben die Korsen seit Jahrtausenden gegen fremde Okkupanten profitiert, und noch heute nützt es ihnen bei polizeilichen Razzien.

Über der Insel liegt jener unbeschreibliche Duft, den Napoleon noch auf St. Helena in der Erinnerung mit geschlossenen Augen zu spüren glaubte – ein Geruch von Rosmarin und Thymian, von Lavendel und Oleander, von wilder Minze und vom »miele amaro«, dem bitteren Honig. In britischer Gefangenschaft meinte Napoleon auch, daß er seine zweite Regierung der hundert Tage niemals angetreten hätte, wenn man ihm 1814 Korsika statt Elba als Exil zugewiesen hätte, denn von dort wäre er nicht nochmals nach Frankreich aufgebrochen. Wehmütige Kindheitsnostalgie oder doch ernsthafte Rückbesinnung auf die Herkunft?

Wechselvolle Geschichte

Als die Bonapartes im 16. Jahrhundert vom italienischen Festland nach Korsika übersiedelten, befand sich die Insel noch in fast dem gleichen Zustand, in dem die Römer sie tausend Jahre zuvor verlassen hatten. Sie war mit nur 130 000 Einwohnern – heute sind es doppelt so viele – dünn besiedelt. Die Dörfer lagen weit auseinander, der Binnenverkehr wurde erschwert durch Wildbäche und Schluchten, über die keine Brücken führten. Vom Meer waren stets die Eroberer gekommen, die in wechselnder Folge die geplagte Insel überzogen und mit dem Schwert dreinschlugen: Vandalen und Goten, Byzantiner, Araber und Sarazenen, immer wieder auch Piraten von Tunis und Algier.

Im 11. Jahrhundert war Korsika als päpstliches Lehen an Pisa gefallen, und 1284 setzte sich die Republik Genua militärisch durch; sie baute ebenso viele Festungen, wie die frommen Pisaner Kirchen errichtet hatten. Die genuesische Fremdherrschaft dauerte fast ein halbes Jahrtausend.

Aber auf Korsika hatten sich freiheitlicher Geist und Bürgersinn, ja staatsbildende Kraft früh entfaltet. Die zentrale Gewalt traf auf regionale Gegenmacht. Es ist dem Stadt- und Händlerstaat Genua nie recht geglückt, die gesamte Insel völlig als Kolonie zu unterjochen, wie es den Venezianern mit Zypern, den Piemontesen mit Sardinien und den Neapolitanern mit Sizilien gelang. Immer blieben dank der Gunst der Geographie zersprengte Bergbezirke und Talschaften erhalten, in denen die Korsen nach eigenem

Recht, unter eigenen Institutionen lebten. Sie hatten ihr Parlament, die Consulta, einen Obersten Gerichtshof, den Consiglio Supremo, später sogar eine winzige Universität – sie lag nicht in den allzeit gefährdeten Küstenorten Ajaccio oder Bastia, sondern in Corte, der heimlichen Hauptstadt, einem trutzigen Bergnest im schwer zugänglichen Zentrum der Insel. Selbst auf dem Meer zeigten die Korsen den Genuesen wie auch den Seeräubern mutig ihre Flagge, den Mohrenkopf mit Stirnbinde auf weißem Grund. Das ist heute wieder die offizielle Flagge der französischen »Regon Korsika«. Patrioten versehen das kreisrunde Symbol mit der Umschrift: »So Corsu, ne so fieru!« (Ich bin Korse, darauf bin ich stolz!).

An Skurrilitäten, ja operettenhaften Zügen hat es der insularen Geschichte nicht gefehlt. Noch kurz vor der Geburt des Carlo Bonaparte hatten sich die republikanischen Korsen sogar einem eigenen König vom europäischen Festland verschrieben, um die genuesischen Unterdrücker loszuwerden: dem westfälischen Baron Theodor Neuhof, einem Abenteurer und Glücksritter. Nach seiner Krönung und nach Anfangserfolgen gegen die Truppen Genuas, die er mit korsischen Patrioten und angeworbenen Söldnern bekämpfte, ging ihm das Geld aus. Er mußte die Insel bald verlassen und starb verarmt in England. Theodor Heuss hat dieser kuriosen Randfigur der Geschichte in seinem Buch »Schattenbeschwörung« ein eigenes Kapitel gewidmet; er hielt es mit Recht für einen historischen Treppenwitz, daß Korsika dann hundert Jahre später umgekehrt einen König nach Westfalen geschickt hat, der als »Hieronymus Napoleon« ein wenig länger regierte als der Westfale in Korsika...

Es gab auf der Insel seit Jahrhunderten eine dünne Schicht sogenannter »Nobili«-Familien, deren Adel und Ansehen nicht immer auf Ernennungspatenten beruhte, stets aber auf ernsthaft erworbener Bildung und freiwilligen Leistungen für die dörfliche oder regionale Gemeinschaft. Jeder Tagelöhner konnte diese Leute mit dem Vornamen anreden, und sie genossen keine besonderen Privilegien. Ihr bescheidener Wohlstand erregte kaum Neid. Die Bindung an Landwirtschaft und Weinbau hatten sie nie verloren. Nur ehrenamtlich dienten sie der Heimat als Politiker, Richter, Advokaten, Bürgermeister und Milizführer.

Dies war ein kleiner, ausgesprochen demokratischer »Adel der Robe«. Zu ihm zählten Geschlechter wie die Colonna und die Pompejani, die Peraldi (jene mit dem Weingut), die Bacciochi, Cuneo, Forcioli, die Pozzi di Borgo – und die »Buonaparte«.

II.
Herkunft und Aufstieg – Eine italienische Sippe formiert sich

Sie kamen vom Festland

Die Familie stammte aus der Toskana. Ahnherr war ein urkundlich bezeugter Ritter Ugo im 12. Jahrhundert. Sein Neffe wurde Ratsherr in Florenz und kämpfte im Streit zwischen Guelfen und Ghibellinen auf kaiserlicher Seite gegen den Papst. Für sich und seine Nachkommen wählte er den Namen »Buona-Parte« – mit Bindestrich. Das bedeutete die Sache des Kaisers als »gute Partei«. Die Familie wurde aus Florenz vertrieben und lebte dann im genuesischen Sarzana an der Küste Liguriens, nicht ohne notable Prominenz, denn die Mutter des Papstes Nikolaus V. (Tommaso Parentucelli) ist eine gebürtige Buonaparte gewesen – was Napoleon noch auf St. Helena der geneigten Nachwelt in Erinnerung rief. Andere Mitglieder der Sippe zogen in die Lombardei; eine später behauptete Verwandtschaft mit den Mailänder Visconti-Herzögen existierte aber nur in der Phantasie beflissener Napoleon-Genealogen.

Oberhaupt der Familie war im 16. Jahrhundert ein gewisser Francesco Buonaparte, genannt »il Moro« (er muß keineswegs schwarz gewesen sein, es genügte ein wenig arabisches Blut in den Adern, um so genannt zu werden). Auf ihn, den Mohren, berief sich Napoleon später im Ägyptenfeldzug, um die Mamelucken zu beeindrucken. Dieser Francesco siedelte nach Ajaccio auf Korsika über. Dort, wo es auch andere »Moros« gab, setzte sich der Aufstieg des Geschlechts fort. Sie erwarben kleine Acker- und Weingüter, auch unfruchtbare Salzfelder, die sie mühsam kultivierten. Wenn das nicht zur Subsistenz reichte, widmeten sie sich auch Handels- und Geldgeschäften. So gefestigt, trieben sie dann bedächtig-spekulative Familienpolitik durch Heirats- und Patenbeziehungen. Ihr öffentliches Prestige hatte Bestand. Fast immer saßen sie im Inselparlament, in den Gremien der »Nobili«, in den Gerichten und Gemeinderäten.

Bei den männlichen Mitgliedern der kinderreichen Familie finden wir über Jahrhunderte hinweg stets wieder die Vornamen

In Ajaccio auf Korsika sind alle Kinder von Carlo und Letizia Buonaparte (außer dem ältesten Sohn Joseph) geboren worden – im Schatten der Kathedrale, hier schwarz im Zentrum sichtbar. Stahlstich von 1848.

Carlo und Lucciano, Giuseppe, Luigi und Geronimo oder Girolamo – aber auch »Napoleone« (korsisch »Nabulione« oder »Nabolioni«), vermutlich hergeleitet von einem eher obskuren Märtyrer aus Ägypten, der unter Kaiser Diokletian den Foltertod erlitten haben soll und erst zur Empire-Zeit – wiederum aus einsichtigem Grund – in den (französischen) Kirchenkalender aufgenommen wurde.

Ein ungleiches Elternpaar

Im dauerhaften Kleinkrieg der Korsen gegen die festländische Kolonialmacht standen die Buonapartes zunächst aus ehrenhaft-hergebrachter Anhänglichkeit auf der Seite Genuas, aber später – sie hatten sich eben auch zu Korsen entwickelt – schlossen sie sich der Freiheitsbewegung ihrer neuen Heimat an.

Mit besonderer Leidenschaft tat dies der Vater jener Männer und Frauen, die den Namen der Familie (unter Wegfall des »u«) zu Weltruhm brachten: Carlo Maria Buonaparte, 1746 geboren, aufgewachsen im Familienhaus in Ajaccios Via Malerba, der Straße vom schlechten Gewürz oder Unkraut, wo es auch heute noch nicht balsamisch duftet. Nach dem frühen Tod seines Vaters Giuseppe studierte er, gefördert von seinem geistlichen Onkel, Römisches und Kanonisches Recht an der italienischen Universität Pisa und wurde – nach familiärer Tradition schon als dreizehnter Buonaparte in der langen Geschlechterfolge – zum Doktor »unter ausländischem Titel« promoviert.

Bereits als Student hatte er sich in den Dienst des Generals Paoli gestellt, der 1755 Präsident der korsischen Guerilla-Regierung geworden war. Carlo erwies sich als gescheit und vielseitig verwendbar. Er wurde Paolis Privatsekretär und Rechtsberater, entwarf für ihn die Verfassung einer souveränen »Republik Korsika« und fuhr sogar in quasi-diplomatischer Funktion nach Rom, wo er den Papst – gegen den Widerstand der korsischen Bischöfe – zur Anerkennung der Paoli-Regierung bewegen konnte. Eine glänzende politische Karriere schien sich anzubahnen.

Seinen Platz in der Geschichte verdankt Carlo freilich nicht diesen (historisch halbvergessenen) Perspektiven, sondern seiner Ehe, die er 1764 geschlossen hat. Letizia Ramolino – nur anderthalb Meter groß, aber eine rassige Schönheit mit tiefschwarzem Haar – stammte aus einer Familie, die es in Status und Ansehen mit den Buonaparte wohl aufnehmen konnte. Auch die Ramolino waren aus Italien eingewandert, hatten es zu bescheidenem Wohlstand gebracht und gehörten ebenfalls dem »Adel der Robe« an.

Nun wurden aus Stammbesitz und Mitgift die beiderseitigen Äcker und Weinfelder, eine Kornmühle und ein Backofen, auch die Wohnhäuser und sogar zwei kleine Mietwohnungen familiär zusammengefügt. Man hätte nicht luxuriös, aber doch sorgenfrei leben können – wären nur die Kinder nicht so zahlreich und nicht in so dichter Reihenfolge zur Welt gekommen.

Als beide zum Traualtar schritten, war der Bräutigam achtzehn, die Braut erst vierzehn Jahre alt. Letizia war Einzelkind wie Carlo, und auch sie hatte schon ihren Vater verloren; aufgewachsen war sie mit einem Halbbruder, Giuseppe Fesch, dem Sohn aus der zweiten Ehe ihrer Mutter, der es später als Kardinal zu Einfluß und Ansehen brachte.

In Charakter und Temperament schienen kaum größere Gegensätze denkbar. Letizia war von ernstem und strengem Wesen, zurückhaltend, ja verschlossen, sparsam bis zum Geiz, vorsichtig und mißtrauisch, etwas melancholisch, zum Spaßvergnügen wenig geneigt, von großer Frömmigkeit und praktischer Intelligenz, aber nur mäßig gebildet und kaum von geistigen Interessen bewegt. In fast allem war Carlo das Gegenteil: heiter, lebhaft und aufgeschlossen, ja extrovertiert, neugierig und bildungsbeflissen, pracht- und prunkliebend (auch wenn es bisweilen »über die

Verhältnisse« geriet), der Politik und Literatur zugewandt, allzeit optimistisch und im Selbstbewußtsein selten erschüttert.

Aber ein paar gewichtige Eigenschaften hatten die blutjungen Eheleute doch gemeinsam. Beide waren arbeitsam und persönlich couragiert, auch von zäher Durchsetzungskraft bei Verfolgung familiärer und ökonomischer Ziele, in denen sie meistens übereinstimmten. Vor allem – sie liebten einander, und so führten sie eine glückliche Ehe, die mehr als zwei Jahrzehnte, bis zu Carlos frühem Tod, gedauert hat.

Halten wir hier schon fest, daß Carlo und Letizia die Gemeinsamkeiten ihres Naturells den Kindern weitergeben konnten, während diese ansonsten eindeutig mehr Eigenschaften vom Vater als von der Mutter geerbt hatten; natürlich entwickelten sie auch ihre individuellen, teils widersprüchlichen Besonderheiten.

Das neue Vaterland

Nach zwei Kindern, die kurz nach der Geburt starben, war Giuseppe (Joseph), geboren am 7. Januar 1768, das erste Kind der Familie, das am Leben blieb. Bei der Taufe mit dem Namen »Josephus Nabolion« versehen, war er auch das einzige, das nicht in Ajaccio und noch als (formell) genuesischer Untertan geboren wurde. Die Eltern hatten sich von der Küste in das patriotische Hauptquartier Corte zurückgezogen, wo Carlo an der Seite Paolis den weiteren Kampf gegen Genua organisierte.

Aber schon ein halbes Jahr nach Josephs Geburt war Genua seiner widerspenstigen Außenbesitzung, die mehr kostete, als sie einbrachte, überdrüssig geworden. Die einst so stolze Seerepublik der »Superba« brauchte dringend Geld und verkaufte Korsika kurzerhand für den Spottpreis von umgerechnet sechs Millionen Mark an den französischen König Louis XV. – der, weitsichtig gegen den Rat seiner Minister, schon seit geraumer Zeit diesen Erwerb aus strategischen Gründen geplant hatte.

Natürlich wurden die Korsen nicht gefragt, ob sie mit dem für sie völlig überraschenden Eigentumswechsel ihrer Heimat einverstanden wären. Sie waren es keineswegs, denn gerade jetzt erschien ihre Unabhängigkeit zum Greifen nahe, und man wollte die genuesische Herrschaft durchaus nicht gegen eine französische eintauschen. Es erhob sich allgemeine Empörung, die Freiheitsbewegung rief erneut zu den Waffen – diesmal gegen die Franzosen, die alsbald mit starken Truppenverbänden auf der Insel landeten.

Carlo Buonaparte befehligte nun als »Capitano« eine Kompanie der Volksmiliz. Er leitete die Rundumverteidigung auf Korsikas zweithöchstem Berg, dem Monte Rotondo. Letizia – den kleinen Joseph auf dem Arm, den zweiten Sohn, Napoleon, schon unter dem Herzen tragend – hat ihn begleitet und damals ihren späteren Ruhm als »Heldenmutter« begründet.

Aber was den Korsen seit Jahrhunderten gegen die führungsschwachen Genuesen geglückt war, das konnte ihnen gegen die hochgerüstete, disziplinierte Armee der Großmacht Frankreich nicht mehr gelingen. Die Kanonen mähten sie reihenweise nieder. Carlo war einer der letzten Kämpfer, die sich verzweifelt wehrten. Dann, im Mai 1769, kapitulierte er mit den Resten seiner Truppe vor dem französischen Befehlshaber. Graf Vaux erwies sich als ebenso liebenswürdiger wie aufrechter Aristokrat, als er glaubhaft versicherte, Korsika habe keine neue Fremdherrschaft zu befürchten, sondern werde eine gleichberechtigte Provinz des französischen Königreichs sein, unter Wahrung aller hergebrachten Bürgerfreiheiten, Sitten und Institutionen. In der Tat ist diese Zusage bis zum Ende des Ancien régime unter Louis XVI. gehalten worden.

In der letzten Ansprache an seine dezimierten, halbverhungerten Partisanen zog Carlo das nüchterne Fazit: »Unabhängigkeit ist für uns Korsen unmöglich geworden, aber Kolonie werden wir auch nicht mehr sein – wir sind Franzosen geworden, von nun an allzeit geborgen im Schatten der bourbonischen Lilien!« Dann ließ er den König hochleben und kehrte mit der Kleinfamilie nach Ajaccio heim, wo man ihm seine beschlagnahmten Liegenschaften großzügig zurückerstattete.

Ob dies Desertion, Kollaboration und Volksverrat gewesen ist, darüber streiten die Korsen (wie Madame Laorenzi bewies) noch heute. Carlo weigerte sich, mit dem General Paoli und dessen patriotischen Gesinnungsfreunden (die nicht mehr die seinigen waren) die Insel zu verlassen und ins britische Exil zu gehen – sonst wäre Napoleon wohl als Engländer in London geboren worden. Freilich blieben auf Korsika auch zahlreiche Paoli-Sympathisanten zurück, die insgeheim weiter dem Traum einer selbständigen Republik nachhingen – und fortan Carlos Familie mit glühendem Haß verfolgten.

Am 15. August dieses schicksalhaften Wendejahres 1769 kam Napoleon zur Welt, wovon in Frankreich – wo man sich mehr für die Skandalaffären der königlichen Mätresse Dubarry und die Weltumsegelung des Grafen Bougainville interessierte – natürlich kein Mensch Notiz nahm.

Aber Carlo legte mit dem Wechsel des Vaterlandes den Grundstein für einen säkularen Aufstieg der Buonaparte. Ohne die Avancen und Chancen, die jener italo-korsischen Familie aus der äußeren wie auch innerlichen Bindung an Frankreich erwuchsen, wäre ein solcher Aufstieg nicht möglich, ja nicht einmal vorstellbar gewesen. Der Vater war der erste, der diese Chancen mit Energie, Fleiß, Geschick und nicht ohne Charme wahrnahm. Er handelte, wie es stets die besten Überlebenden einer Generation tun, wenn ihr Volk einen Krieg verloren hat – er fing wieder ganz von vorn an.

Er stellte sich dem neuen Vaterland, in dem sein Name noch unbekannt war, rückhaltlos zur Verfügung. Unterstützt von den Gouverneuren und Intendanten des Königs, machte er im französischen Korsika rasch Karriere als Rechtsanwalt, Richter und Politiker. Er bekam seinen Sitz im Regionalparlament der Insel und erreichte die offizielle Anerkennung des Adelstitels »de Buonaparte«, womit er Zugang zum Hof und zu den Ministerien im fernen Paris erhielt; von diesen Privilegien machte er später rege Gebrauch, als er öffentliche Stipendien und Freiplätze für seine rasch wachsende Kinderschar beantragte und durchsetzte. Auch kümmerte er sich – sein Tagebuch weist es aus – nachhaltig um seinen Korn-, Kartoffel- und Weinbau, um Verpachtung und Vermietung, wobei er allerdings nicht immer eine glückliche Hand besaß.

Im familiären Kreis

Vor allem sorgte Carlo für anständige Etablierung der Familie. Das altersgraue Gebäude in der Via Malerba wurde um- und ausgebaut, ein zweites Stockwerk auf das Parterre gesetzt, ein Salon mit schönen Möbeln, eine Terrasse sowie – ganz ungewöhnlich in damaliger Zeit – eine Bibliothek und ein Badezimmer wurden eingerichtet. Die Signora Letizia konnte meist über mehrköpfiges Dienstpersonal – Köchin, Zimmer- und Kindermädchen – verfügen. Carlo selber trug, wenn er nicht gerade auf den Feldern mitarbeitete, elegante Seidenfräcke, feine Spitzenjabots, Schnallenschuhe und Ziertücher; nie ging er aus ohne den Degen, das Wahrzeichen seiner Adelswürde. »Buonaparte il Magnifico« ließ er sich von Korsen gern nennen. Alles in allem: »Die Buonapartes hielten sich den Bourbonen gleich, und weiß Gott, sie waren die Bourbonen der Insel« – wie Napoleon später nicht ohne Stolz bemerkte.

Blicken wir noch kurz auf die geistige Seite zurück. Carlo leistete das Edelste und Nützlichste für die häusliche Erziehung junger Menschen: Er ließ seine Kinder mit und unter Büchern aufwachsen. Über elfhundert Bände stellte er im Lauf der Zeit in seine

Regale, womit er die größte Privatbibliothek der ganzen Insel sein Eigen nannte – juristische, historische, geographische und philosophische Werke, aber auch Belletristik. Wenn die Kinder später fast alle literarische Neigungen an den Tag legten, viel lasen und selbst schrieben und sich in mancherlei Wissenschaften auskannten, dann verdankten sie dies – ein öffentliches Schulwesen gab es auf Korsika noch nicht – gewiß dem Vorbild und Beispiel des Vaters, der sogar mehrere Zeitungen vom Festland im Abonnement bezog.

Gegenüber den Kindern zeigte sich Carlo nachgiebig und weichherzig, aber wegen seiner öffentlichen und privaten Verpflichtungen war er oft auf Reisen, so daß die tägliche Erziehung mehr der Mutter oblag. Letizia behandelte die Söhne und Töchter eher kühl und streng. »Sie müssen Ungerechtigkeit ebenso wie Langeweile ertragen lernen«, soll sie einmal gesagt haben. Und verbürgt ist ihr Bekenntnis: »Wie vielen späteren Königen habe ich damals die Hosen strammgezogen!«

Den heißen Sommer verbrachte die Familie meist in der »Villa Milelli«, einem kleinen Landhaus vor den Toren Ajaccios, bilderbuchschön in einem Olivenhain gelegen, das Carlo in einem langwierigen Erbschaftsprozeß vom Jesuitenorden erstritten hatte.

Die häusliche Kost der Familie war landesüblich-frugal. Man aß Rindfleisch und Kohl, auch Feigen, Trauben und Kirschen, zur Abwechslung Maiskuchen und den pikanten Bruccio-Rahmkäse. Der Knabe Napoleon war der einzige, der das teure Weißbrot verschmähte – mit der altklugen Begründung: »Ich gewöhne mich besser rechtzeitig an das schwarze Militärbrot, weil ich später ohnehin zu den Soldaten gehe.« Üppiger war die Tafel, wenn man Gesellschaften gab; dann wurden Wildbret, Kartoffeln (damals eine Delikatesse) und Tintenfische aufgetragen. Die Kinder tranken Wasser und Ziegenmilch, die Eltern sauren Landwein vom Eigenbau, nur zu besonderen Anlässen auch Malaga und Burgunder.

Geschwisterreihe und Rangordnung

Das persönliche Verhältnis zwischen Joseph und Napoleon prägte sich früh und blieb im Grunde lebenslang erhalten. Beide hatten eine engere und stärkere Bindung zueinander als zu den übrigen Brüdern und Schwestern. Es bestand ja zwischen ihnen nur ein Altersunterschied von anderthalb Jahren, während das dritte Kind, Lucien, erst mit sechsjährigem Abstand auf Napoleon folgte und für die frühe familiäre Konkurrenz nicht mehr in Betracht kam.

Carlo Maria de Buonaparte, korsischer Edelmann, Anwalt und Richter – allzeit familienbewußter Stammvater aller Bonapartes. Joseph und Louis waren die einzigen Kinder, die oft und mit Sympathie von ihm gesprochen haben. Alle anderen haben ihn geradezu systematisch totgeschwiegen und damit bis heute sein Nachgedächtnis verdunkelt.

Trotz Josephs geringem Altersvorsprung und seiner größeren Körpergestalt zeigte sich in dem brüderlichen Verhältnis bald die Überlegenheit Napoleons. Die interne Rangordnung entwickelte sich rasch. Beim zeitlosen Spiel »Räuber und Gendarm« in der Macchia kommandierte der energische, ungebärdige Napoleon stets die Räuber, während Joseph die Gendarmen befehligen durfte; immerhin, Anführer war er auch, aber der »ewige Zweite«, denn es war ebenso selbstverständlich, daß die Räuber stets gewannen und Napoleon den älteren Bruder verprügelte (das Strammziehen der Hose, das Napoleon dann durch die Mutter widerfuhr, nützte Joseph wenig).

Eifersucht und Neid des Unterlegenen waren seit der Kindheit vorgeprägt. Mit einiger Prophetie erklärte der geistliche Onkel Lucciano schon damals: »Joseph ist der Älteste, aber Napoleon wird der Erste der Familie sein!« Dennoch hat Joseph dem Jüngeren immer Freundschaft und Ergebenheit bis zum Tode bewahrt – und war selbst der einzige in der Geschwisterreihe, dem Napoleon einen gewissen scheuen Respekt entgegenbrachte, denn auf Korsika ist der traditionell-archaische Rang des erstgeborenen Sohnes unzerstörbar. Lange Zeit duldete es Napoleon schweigend, daß Joseph seine Briefe an die Geschwister mit der distanzierten Formel unterschrieb »Ihr Älterer Bruder (votre frère aîné) Joseph Bonaparte«. Erst Konsulat und Kaisertum änderten diese Rechtslage – und doch nicht ganz, wie wir sehen werden.

Joseph war, sehr im Gegensatz zu Napoleon, ein sanftmütiger, freundlicher, stiller Jüngling, der brav lernte, Klugheit bewies und fast alles tat, was man ihm auftrug – nicht viel mehr, aber das war schon einiges. In Vater Carlos Bibliothek saßen er und dann auch Lucien öfter als Napoleon, er schrieb und sprach Französisch wie Italienisch weit besser als jener. Er verfaßte politische Schriften, schmiedete lateinische Verse und erreichte, wie der Vater, als einziges Kind einen akademischen Abschluß seiner Studien.

Aber es fehlte ihm der geniale Funke. Im raschen Zugriff die geistige Welt zu erobern, Erkenntnisse blitzartig zu gewinnen und gefaßte Ziele rücksichtslos zu verfolgen wie Napoleon – das war nicht seine Sache. Risiken erschienen ihm oft größer als die Chancen eines Wagnisses; er litt unter Zögerlichkeit und mangelnder Entschlußkraft.

So wird Napoleons Urteil verständlich, das er auf St. Helena über den Älteren abgab: »Joseph ist gutwillig und hochgebildet, aber seine Tugenden bestimmten ihn eher für ein privates Leben, denn er hat keinen Ehrgeiz. Er ist mir sehr ähnlich, aber ein besserer Mensch als ich – zu gut, um ein großer Mann zu sein!«

Mutter Letizia erlitt zwei Fehlgeburten, bis sie 1775 den dritten Sohn, Lucciano (Lucien) gebar. Ihn hielten die Eltern selbst für das begabteste ihrer Kinder, wenngleich zunächst nur der ungewöhnliche Eigensinn des Kindes auffällig war. 1777 wurde die erste Tochter, Maria Anna (später Elisa genannt), geboren; schon ein Jahr danach der vierte Sohn, Luigi (Louis), 1780 dann die zweite Tochter, Paoletta (Pauline), und wiederum zwei Jahre später die letzte Tochter, Maria Annunziata (Caroline) – nur Jerome (Geronimo

Die »Casa Buonaparte« in Ajaccios früherer »Via Malerba«. Von Vater Carlo errichtetes Stammhaus der Familie, wo Napoleon und fast alle Geschwister geboren wurden. Interieur und Meublement sind mehrfach renoviert und ersetzt worden, zuletzt unter Kaiser Napoleon III. Aber so ähnlich wie hier dürfte einer der Salons ausgesehen haben.

oder Girolamo) sollte 1784 noch folgen, aber dessen Geburt hat der Vater nur drei Monate überlebt.

So war die Familie bis 1782 schnell angewachsen. Die »guten Tage« waren zwar noch nicht vorbei, aber nicht mehr so glänzend wie früher. Viele Kinder mußten ernährt werden, die staatlichen Subsidien für die Landwirtschaft reichten kaum mehr aus; der Signor de Buonaparte saß Fehlspekulationen auf und erlitt finanzielle Rückschläge durch Mißernten. Sein mäßiges Richtergehalt konnte die Löcher im Budget nicht mehr stopfen. Um so öfter fuhr er nun nach Frankreich, um die weitere Erziehung seiner Kinder vorzubereiten und zu fördern. Sein eigener, so überaus wichtiger väterlicher Einfluß erreichte noch Lucien, Elisa und teilweise auch Louis, aber kaum mehr die Nachgeborenen, denen Napoleon dann selbst den Vater ersetzen mußte – vor allem dem »kleinen Luigi«, für den er sich viel Zeit nahm (für den noch jüngeren Geronimo hatte er sie nicht) –, während die Schwestern für ihn zunächst »nur Frauen« waren, die einer pädagogischen Betreuung weniger würdig erschienen.

Berufswahl im Widerstreit

In den französischen Standesfamilien jener Epochen war es üblich, daß der erstgeborene Sohn Offizier, der zweite Geistlicher wurde. Carlo und Letizia stellten diesen Brauch (der für sie freilich neu war) auf den Kopf, indem sie Napoleon, seinem eigenen früh geäußerten Wunsch entsprechend, für die militärische Laufbahn bestimmten. Joseph aber sollte am Seminar von Autun unter Förderung des mit der Familie befreundeten Bischofs (es war der Vorgänger des Monseigneur de Talleyrand-Périgord, Überlebenskünstler der Revolution und dann Napoleons Außenminister) auf ein geistliches Amt vorbereitet werden.

Es war Napoleon selbst, der in einem Brief an seinen Onkel Niccolo Paravicini den Rollentausch scharfsichtig kommentierte: »Joseph taugt nicht für das Militär. Seine schwache Gesundheit und die Empfindsamkeit seines Charakters machen ihn unfähig zum Infanterie- oder Pionierdienst. Auch die Artillerie und die Marine kommen nicht für ihn Betracht, weil er nichts von Mathematik versteht. Hingegen befähigt ihn seine ganze Erziehung vorzüglich zum Kleriker. Der Herr Bischof von Autun wird ihm eine gute Pfründe verschaffen, und ich zweifle nicht, daß er in absehbarer Zeit selbst Bischof werden kann – welcher Vorteil für die Familie!« So früh zeigte sich die verwandtschaftlich-kalkulierende, damals noch keineswegs von imperialem Denken begleitete Gesinnung Napoleons.

Zunächst brachte Carlo persönlich seine beiden ältesten Söhne auf das Festland: Napoleon zur Militärschule in Brienne und Joseph zum Priesterseminar in Autun. Die Ergebnisse ihrer Internatserziehung waren so wechselnd wie unterschiedlich. Erst hatte Joseph die Nase vorn und wurde, ohne besondere Anstrengung, Primus der philosophischen Unterklasse. Napoleons Genie hingegen war von seinen Lehrern keineswegs auf den ersten Blick erkannt worden; er blieb in der Eingangsklasse schlicht sitzen, womit er dem jüngeren Bruder Lucien die Freistelle blockierte. Nach zähem Antichambrieren beim Kriegsminister Ségur konnte Vater Carlo für Lucien ein Zusatzstipendium herausschlagen, denn er hätte auch ihn gern »im Rock des Königs« gesehen.

Aber dieser Lucien – von olivener Gesichtsfarbe, mit etwas stechendem Blick, als »dunkler Typ« der Mutter im Äußeren sehr ähnlich – war und blieb ein schwieriger Knabe. Die Militärschule von Brienne bescheinigte ihm mangelnde körperliche Eignung zum Soldatenberuf. Das Priesterseminar von Aix, dem der Vater ihn dann eher aus Verlegenheit anvertraute, strich ihm gar das Stipendium, weil er allzu freigeistigen Ideen huldigte. Beide Institute hoben seine rasche Auffassungsgabe, seinen Ideenreichtum und Gedankenschwung hervor, aber auch zwei Eigenschaften, die sein späteres Leben formten: eine mimosenhaft empfindsame Verletzlichkeit, gepaart mit jenem hartnäckig-querdenkerischen Starrsinn, den die Franzosen der »tête carrée« zuschreiben, dem vierkantigen Dickschädel – den sie dennoch als Charakterkopf heimlich bewundern.

Während Lucien, derart gezwungen, nach Korsika zurückkehren und sich (durchaus ergiebigen) Privatstudien unter Anleitung von Vater und Onkel widmen mußte, zeigte sich auch Josephs Berufsproblem mit wachsender Deutlichkeit. Er fühlte sich vom Priesterberuf nicht angezogen, wollte nun auch wie Napoleon (der schon Fähnrich war) Soldat werden – wohl mehr aus neidvollem Nachahmungstrieb als aus Neigung zum Kriegshandwerk. Vater Carlo war, obwohl selbst ein Libertin, nicht begeistert; hatte Joseph doch für seinen Entschluß, die Theologie aufzugeben, schon mehr als sechs Jahre gebraucht. Er schlug den Wunsch nicht glatt ab, verlangte aber, daß Joseph sich zunächst einmal als künftiges Familienoberhaupt um die häuslich-wirtschaftlichen Verhältnisse kümmern sollte. Joseph fügte sich, wie fast immer, und kehrte ebenfalls heim auf die Insel.

Kurz vor seinem Tod gelang es Carlo noch, auch seine älteste Tochter, Elisa, in einem Pensionat unterzubringen, dem »Institut de St. Cyr«, einer Eliteschule für Mädchen von Adel, gestiftet von der frommen Königsmätresse Madame de Maintenon. Elisa, eine intelligente, magere Jungfrau von heftigem Gemüt, später »Amazone vom Arno« genannt und von Talleyrand nicht ohne Respekt als »der Mann unter den Schwestern« bezeichnet, war in der Tat nach Habitus und Charakter mit dem großen Bruder Napoleon vergleichbar. Aber die Beziehung blieb eher einseitig: Elisa verehrte Napoleon als Vorbild glühend, während sie für ihn keineswegs die Lieblingsschwester war – vielleicht wegen allzu starker Ähnlichkeit der geistigen Anlage; mit starken, gar »männlichen« Frauen hatte der Kaiser wenig im Sinn.

In St. Cyr lernte Elisa, was sie später als Fürstin, Großherzogin und Präfektin des französischen Departements Toskana, der alten Familienheimat, trefflich verwerten konnte: neben den schönen

Künsten und den »Humaniora« vor allem Disziplin, Systematik, Akkuratesse und persönliche Bedürfnislosigkeit. Die »Demoiselles de St. Cyr« galten im Königreich als erstklassige Heiratspartien, und bei anderem Lauf der Dinge wäre Elisa wohl die Ehefrau eines französischen Ministers oder Generals geworden.

Unermüdlich im Einsatz für die Kinder, so verbrachte Carlo seine letzten Lebensjahre. Er knüpfte Beziehungen, spann Fäden und pflegte Freundschaften. Selbst dem vierten Sohn, Louis, konnte er noch das Stipendium für eine Kadettenanstalt verschaffen – bevor er starb, als Louis gerade sieben Jahre alt war. Für die Töchter Pauline und Caroline, erst recht für den Nachkömmling Jerome, konnte Carlo in seinem kurzen Leben nicht mehr viel tun. Sie wuchsen bei der Mutter auf, im häuslichen Kreis, gering gebildet und nun auch weit nachsichtiger erzogen als die älteren Geschwister. Ihre Eigenschaften und Eigenarten, wie auch diejenigen des Louis, prägten sich erst später.

Verdrängte Erinnerungen

Am 24. Februar 1785 ist der Königliche Richter und Advokat Carlo de Buonaparte gestorben: an Magenkrebs, im Alter von knapp neununddreißig Jahren – nicht zu Hause, sondern in Montpellier, auf einer neuerlichen Reise nach Paris. Joseph, der Erstgeborene, stand als einziges Familienmitglied an seinem Krankenbett in der »Herberge zum Grünen Pferd« und versprach dem Vater, im privaten wie im beruflichen Bereich die Nachfolge anzutreten – das hieß, die Rechte zu studieren, die Anwaltspraxis weiterzuführen, sich um die Regionalpolitik und um die Güter der Familie zu kümmern.

Joseph hat dieses Gelöbnis erfüllt – bis dann alles doch wieder, ohne sein Zutun, ganz anders kam. Seine Laufbahn ähnelte verblüffend der des Vaters. Er wurde in Pisa zum Doktor promoviert, in die Consulta gewählt, arbeitete als Advokat wie auch als Richter und sollte es gar zum stellvertretenden Distriktspräsidenten von Ajaccio bringen.

Joseph und Louis waren die einzigen Kinder, die vom Vater oft und Gutes gesprochen haben. Alle anderen haben ihn geradezu systematisch totgeschwiegen und damit bis heute sein Nachgedächtnis verdunkelt. Bestimmend hierfür war eindeutig das schlechte Beispiel Napoleons, von dem nur kurze und eher abfällige Bemerkungen über den Vater bekannt sind. Als die Stadt Montpellier diesem ein Denkmal setzen wollte, untersagte dies der Erste Konsul mit der wunderlichen Begründung, sein Vater sei

»schon zu lange tot« – es waren seither noch nicht zwei Jahrzehnte vergangen. (Unsere Madame Laorenzi wußte nicht, daß Carlo in Montpellier gestorben ist, obwohl sie doch, freilich so viel später, dort studiert hat; so verwehen die Spuren.)

Das muß höchst undankbar erscheinen, aber unbegreiflich ist es nicht. Napoleon allein wollte und sollte die Zentralsonne sein, um die alle Napoleoniden kreisten; nur er durfte sich als Begründer der neuen europäischen Dynastie zeigen; kein Ahnherr oder »Babbu« (wie die Korsen den familiären Patriarchen nennen) hatte da im Wege zu stehen und den Blick zu versperren. Eine Mutter – ja, die konnte man dulden, zumal sie gebraucht wurde und keinen Ruhm für sich selbst in Anspruch nahm. So erklärt es sich, daß Napoleon die Ehre, die er dem Vater so bewußt wie konsequent verweigerte, gänzlich (und wohl in übertriebenem Maß) der Signora Letizia, offiziell zur »Madame Mère« erhöht, zukommen ließ.

Dennoch, nichts oder nur sehr wenig hätte sich in jener Familie bewegt, keine Entwicklung im »neuen Vaterland« wäre möglich gewesen ohne diesen erstaunlichen Edelmann Carlo Maria de Buonaparte, der selbst Franzose geworden war, dessen Vorfahren von Italien nach Korsika kamen. So läßt sich behaupten: Ohne Hinwendung zum vergessenen Vater kann man vielleicht Napoleon »den Einzigen« beschreiben und beurteilen, keineswegs aber die Napoleoniden – in ihrer Einmaligkeit, die auch ihnen zugestanden werden muß.

III.
Am Rand des Strudels – Stiefkinder der Revolution

Keine Ruhe vor dem Sturm

In diesem Todesjahr des Vaters, 1785, wird Napoleon mit sechzehn Jahren zum Unterleutnant der Artillerie ernannt. Sein Patent, immer noch auf »de Buonaparte« ausgestellt, trägt die Unterschrift des letzten Königs des Ancien régime, Louis XVI., der schon seit 1774 ebenso wohlmeinend wie glücklos regiert und gerade jetzt die »Halsband-Affäre« seiner leichtsinnigen Ehefrau Marie Antoinette durchstehen muß – das revolutionäre Gewitter grollt schon am Horizont.

Mit seinem dürftigen, aber regelmäßigen Offiziersgehalt ist der Zweitgeborene – Joseph hat gerade erst sein Studium in Pisa begonnen – nun die finanzielle Stütze der Familie. Letizia versteht wenig von der Landwirtschaft, und sie steht, hart bedrängt von Gläubigern des verstorbenen Mannes, allein mit acht Kindern, von denen fünf noch nicht einmal zehn Jahre alt sind. Der eigentlich »reiche Verwandte«, jener geistliche Onkel Lucciano, lebt immer noch, aber er versteckt sein Gold unter der Matratze, und man muß lange warten, bis man ihn endlich beerben kann. Letizias Halbbruder, Giuseppe Fesch, ist gleichfalls Abbé geworden und mit vierundzwanzig Jahren auch schon zum Archidiakon aufgestiegen, aber zur Unterstützung der Familie kann er noch nicht viel beitragen.

So bleibt vorerst Napoleon der einzige Helfer, und er übernimmt wie selbstverständlich die Verantwortung für Mutter und Geschwister. Er läßt sich, wegen der räumlichen Nähe zu Korsika, in eine möglichst weit südlich gelegene Garnison versetzen, zum Regiment La Fère in Valence an der Rhône. Von dort aus geht er später als Hauptmann nach Auxonne. Aber es gibt in jener Zeit wohl keinen französischen Offizier, der so selten bei seiner Truppe Dienst tut wie dieser kleine, schmächtige, etwas verwahrlost aussehende Napoleon de Buonaparte. Immer wieder nimmt er Urlaub, überzieht ihn auch mehrfach mit stillschweigender Duldung seiner Vorgesetzten, um im heimatlichen Korsika nach dem Rechten zu sehen.

Für die jüngeren Geschwister (außer Lucien, wie könnte es anders sein) wird er eine natürliche Respektsperson. Am meisten tut er in der Folgezeit für Louis. Ihn, den »kleinen Luigi«, holt er aus der Militär-Vorschule in die eigene Garnison, wo er ihm als Kadetten seine höchstpersönliche Unterweisung an Vaters Stelle zuteil werden läßt. Napoleon teilt sein Mietzimmer mit Louis, kocht für ihn und drillt ihn, nicht nur in den militärischen Wissenschaften, sondern auch in den alten Sprachen, in Geschichte, Geographie und Philosophie.

Die Mühe lohnt sich, denn Louis zeigt sich begabt und fleißig; er büffelt rund um die Uhr. Napoleon schreibt der Mutter: »Ich bin sicher, daß Louis einmal der tüchtigste Kerl unter uns vier Brüdern werden wird – kein Wunder, er hat ja auch von uns allen die beste Erziehung genossen!« Das ist nicht wenig übertrieben, aber wenn diese Feststellung eines selbst noch so jungen Lehrers naiv erscheint, so ist sie doch echt napoleonisch: Wie kann irgendeine Erziehung besser sein als die, die er selbst leitet?

So rückt Louis zum Lieblingsbruder Napoleons auf, und das wird er auch bleiben, solange er fügsam ist. Jerome aber, der noch kleinere Girolamo, wird Napoleons Interesse erst später wecken können, und dann gerät die brüderliche Bindung, noch mehr als im Fall des Louis, zu einer Art Vater-Kind-Verhältnis. Derweil wächst Jerome fast ausschließlich unter Frauen auf – mit der Mutter und den Schwestern Pauline und Caroline, auch Elisa, wenn sie Urlaub von St. Cyr hat –, die ihn verwöhnen und ihm seine frühen Frechheiten nachsehen.

Doch die Ruhe vor dem großen Sturm ist, auch und gerade auf Korsika, trügerisch. Es brodelt im neuen Vaterland. Der Adel ist (er wird es bereuen) ebenso unzufrieden mit seinen Schulden wie das gemeine Volk mit dem steigenden Brotpreis, und dem König entgleiten die Zügel der Regierung, weil die Stände ihm keine heilsame Steuerreform bewilligen.

In London aber liegt der unverwüstliche Emigrant Paoli auf der Lauer. Mit englischer Hilfe will er die Schwäche Frankreichs nutzen, um seine Insel wieder zu »befreien«. Wenn das nicht völlig gelingt, möchte er lieber, unter ihm als »General der Nation«, eine lockere britische Oberhoheit in Kauf nehmen. Er vermehrt und mobilisiert seine Anhänger auf Korsika, die sich nun immer offener und öffentlicher gegen Frankreich und vor allem, weil das noch am leichtesten gelingt, gegen die opportunistischen Volksverräter wenden, in erster Linie gegen die Bonapartes und ein paar andere, mit ihnen befreundete Familien.

Letizia, die sich als »Verräterin« Beschimpfungen und sogar Anschlägen ausgesetzt sieht, lebt in der »Casa Buonaparte« gefährlich. Als die Revolution ausbricht, wird es schwierig, ihre Töchter, den kleinen Jerome und sich selbst zu schützen.
Jenes chaotische Drunter und Drüber, das die Insel nun erlebt, ist vielleicht nur auf Korsika möglich. Zwischen 1789 und 1799 gibt es auf der Insel drei Parteirichtungen: die Revolutionäre und die Königstreuen (die beide, trotz tödlicher Gegnerschaft, ein »französisches« Korsika behalten wollen) sowie die Paolisten, die wechselnde Bündnisse im In- und Ausland suchen, um die korsische Unabhängigkeit durchzusetzen – womit sie am Ende scheitern werden, aber erst, nachdem ihnen ein großer persönlicher Rachefeldzug gelungen ist.

Im Kreuzfeuer steht die Familie Bonaparte, zumal diese keineswegs auf royalistischer Seite bleibt, wohin Vater Carlo sie ja gebracht hat. Vielmehr reagieren auch die Bonapartes höchst unterschiedlich auf den französischen Umbruch und nehmen dabei zuweilen fast entgegengesetzte Postionen ein. Höchste Verworrenheiten ergibt der erste Blick. Beim näheren Hinsehen glaubt man einen politischen Reigen oder gar raffinierten Schleiertanz nach choreographischer Vorgabe, ja gezielter Regie zu erkennen. Die dritte, vertiefte Betrachtung zeigt: Nichts ist kommandiert, und nichts ist vereinbart; jeder Spieler in diesem aufregenden Drama folgt eigener Inspiration und Gesetzlichkeit, ohne freilich den versippten Mitspieler aus den Augen zu lassen.

Das muß so stehenbleiben als Rätsel – eben als Mirakel der Napoleoniden wie, in so ganz anderem Umfeld und Kontext, das vielbesungene »Mirakel des Hauses Brandenburg«.

Selbst dieses Phänomen werden wir noch überhöhen müssen, indem wir es in Zweifel ziehen und teilweise zerstören. Die Geschichte der Napoleoniden ist von nun an ein ständiges Mit- und Gegeneinander, ein Wechselbad von glutheiß bis eiskalt wie die korsischen Winde und Meeresströmungen, eine Prozeßfolge von Anziehung und Abstoßung, Zusammenarbeit und Rivalität, Zank und Versöhnung – im Gefühl (oder nur im Unterbewußtsein der uralten Familienchronik?), daß man schicksalhaft zusammengehört und jede periodische Trennung nur neue Vereinigung bewirkt. Die Separation wie auch der geheime Konsens werden geschichtlich einmalig bleiben.

Letizia will mit der Politik nichts zu schaffen haben. Das sei, so meint sie, nicht Sache einer korsischen Hausfrau und Mutter, das würden die ältesten Söhne Giuseppe und »Nabulione« schon richten, und sie tun es auch, jeder auf seine Weise.

Joseph ist schon in Pisa unter dem Einfluß des italienischen Rechtsprofessors Lampredi ein Anhänger der Volkssouveränität, ein Republikaner geworden. Er verfaßt, in durchsichtiger Anonymität, eine demokratische Flugschrift, die ihn den revolutionären Kreisen bekannt und sympathisch macht. Noch engagiert er sich nicht aktiv für das »neue« Frankreich, sondern spielt den unbeteiligten Fachmann. So gelingt es ihm, seine öffentlichen Ämter und die familiäre Stellung zu verteidigen. Die Revolution nimmt er gelassen hin mit der für ihn höchst typischen Bemerkung: »Man muß die Dinge philosophisch sehen. Wir haben in Korsika Umstürze erlebt, die hiermit gar nicht zu vergleichen sind!« So Corsu, ne so fieru...

Auch Napoleon hält sich zurück. Er begrüßt zwar ausdrücklich die Verfassung von 1789, die noch gemäßigt ist, den dritten Stand etabliert, die Klerus- und Adelsprivilegien beseitigt, die Rechte des Königs zwar beschneidet, nicht jedoch die Monarchie abschafft. Wenn die Citoyens Sieyès und Mirabeau die »Rechte des Menschen und des Bürgers« deklarieren, so kann und will Napoleon mitmachen.

Doch je mehr die Radikalisierung fortschreitet, um so passiver und wortkarger verhält er sich. Er weiß, daß die Uniform ihn schützt, weil das revolutionäre Frankreich bald gegen sämtliche Nachbarstaaten Krieg führen muß und tüchtige Berufsoffiziere braucht, von denen man nicht unbedingt parteiliche Lippenbekenntnisse erwartet. Diese Richtschnur gibt Napoleon auch Louis, der gerade erst Fahnenjunker geworden ist und dem Beispiel des Bruders folgt. Überdies findet sich ein idealer Nebenkriegsschauplatz im Windschatten der Politik: die Verteidigung des französischen Korsika gegen Paoli und die Engländer, die bald auf der Insel landen. Da kann Napoleon schon vorübergehend-befristet den Rang eines Oberstleutnants der Nationalgarde erreichen, und als er dann zum Major ernannt wird, ist das immer noch eine ungewöhnlich frühe Beförderung des regulären Hauptmanns.

So verlassen Joseph, Napoleon und erst recht Louis ihre Deckung auf absehbare Zeit nicht. Der einzige Bruder, der das tut, ist der erstaunliche Lucien. Die Revolution erlebt er mitten in seiner Pubertät, er bejubelt sie mit Unreife und Elan. 1792, mit siebzehn Jahren, verläßt er gegen den Willen der Mutter die Heimatinsel und schließt sich in Toulon den Jakobinern an.

Damit wird er (was er und die anderen noch gar nicht ahnen) zum politischen Vorreiter der Bonapartes auf dem Kontinent. Man macht ihn zum besoldeten Proviantmeister der »Armee des Südens«, wie sich ein zerlumpter Revoluzzer-Haufen großmäulig nennt, und zugleich wird er Chef des Revolutionskomitees im provenzalischen St. Maximin. Es ist zwar mehrfach bezeugt, daß er in seinem Bezirk versucht hat, Blutvergießen zu vermeiden, und es ist keinesfalls bewiesen, daß der spätere päpstliche Fürst von Canino persönlich Priester an die Laterne gehängt hat. Aber Persilscheine sind auch damals schon großzügig ausgestellt worden. Seinen Stiefonkel, den mütterlichen Halbbruder Abbé Fesch, hätte er übrigens nicht exekutieren lassen müssen, denn der hat schon flugs den Eid auf die neue »Zivilverfassung des Klerus« abgelegt und sich damit als von Rom getrennter Staatspriester politisch unangreifbar gestellt – aus solchem Sündenfall wird ihn erst Napoleon erlösen.

Jedenfalls beweist Lucien seine Gesinnung mit jenem tönenden Pathos, das er vom Vater abgehört hat und das alle Bonapartes von Fall zu Fall verwenden. Dekrete des blutjungen Politkommissars fallen wie Schwerthiebe über die verdutzte Umgebung. St. Maximin, ein winziges Provinznest, wird seines reaktionär-klerikalen Heiligennamens entkleidet und heißt nun »Marathon«; Lucien, der gerade den eigenen Namen Lucciano französiert hat, nennt sich Brutus, unterzeichnet seine Aufrufe als »Brutus Bonaparte de Marathon« und schreibt an seinen Lieblingsbruder Joseph: »Ich fühle in mir den Mut des Tyrannenmörders!« Joseph stimmt nicht zu, winkt aber auch nicht ab.

Nichts Geringes ist ein Name

Als unerbittlich-antikischer Namensreformator erzwingt der Brausekopf Brutus auch die Neubenennung der Schwestern: Aus Maria Anna wird die Elisa, aus Paoletta eine Pauline, und die kleine Maria Annunziata wird als Caroline wiedergeboren. Das hört sich etwas lächerlich an, ist es aber nicht – denn Namen sind niemals Schall und Rauch, und man muß schon zu den wechselnden Zeiten richtig heißen, um nach oben zu kommen. Berühmtheit setzt als erstes einprägsame Bekanntheit voraus, und dafür wird bei den Napoleoniden nachhaltig gesorgt.

Das Adelsprädikat »de« ist schon bei Ausbruch der Revolution eiligst abgelegt worden. Das italienische »u« verschwindet erst im Laufe der revolutionären Jahre aus dem Namen der Bonapartes, aber nicht schlagartig, sondern allmählich, in gleitendem Übergang, wie auch die Vornamen französiert werden.

Nur für die Mutter bleibt Louis stets »Luigi« und Jerome eben »Girolamo«. Noch als Erster Konsul wird Napoleon seinen Brüdern signalisieren: »Wir müssen Mama nun endlich beibringen, daß sie mich nicht immer Nabulione nennt, ich kann das einfach nicht mehr hören!« Das freilich nützte nichts, er wird »Nabulione« noch auf der Insel Elba bei der letzten Begegnung mit der Mutter hören.

Allzeit wendig im Umbruch

1793 wird in Paris der König geköpft. Lucien begrüßt dies mit Leidenschaft. Joseph bewahrt die typische Haltung des Mitläufers: So weit hätte man ja nicht unbedingt gehen müssen, aber wo gehobelt wird, da fallen auch Späne... Wie reagiert Napoleon? Kühl schreibt er an Joseph: »Der König hätte den Sieg errungen, wenn er sich dem Volk nur einmal zu Pferde gezeigt hätte!« Nun, jener hat sich nicht derart präsentiert, und so mag er fallen, Sentiments sind nicht angebracht. Louis denkt kaum anders, obwohl er (wie natürlich auch Letizia) für die Seele des großen Wohltäters der Familie – Vater Carlo war von ihm sogar einmal in Spezialaudienz empfangen worden – die kirchlichen Totengebete spricht. Die Meinungsführer der Familie Bonaparte sind, auf den kleinsten gemeinsamen Nenner reduziert, untereinander einig.

Das Terrorregime der Robespierre und Saint-Just, der Danton und Marat erreicht seinen Höhepunkt. Die Republik muß ihre Festlandgrenzen (die sie bald mit Aplomb sprengen wird) verteidigen gegen die heranrückenden Armeen der europäischen Monarchen, die den Tod ihres Vetters Louis XVI. rächen wollen. Die Insel Korsika bleibt, für einen historischen Augenblick, ungeschützt. Die Paolisten, unter dem Schirm der englischen Flotte, schlagen zu.

Napoleon ist es gerade noch gelungen, seine Schwester Elisa aus St. Cyr herauszuholen und vor anrückenden Revolutionären in Sicherheit zu bringen. Als die Sansculotten beide Geschwister auf der riskanten Porzellanfuhre quer durch Frankreich – nur Elisas körperliche Häßlichkeit verhindert, daß sie als Geliebte des begleitenden Hauptmanns verhöhnt wird – mißtrauisch fragen, ob sie wohl »Ci-devants«, Reaktionäre, Adlige, Königstreue von gestern seien, erklärt der Bruder mit klassischer Kaltblütigkeit: »Auf Korsika gibt es keine Ci-devants, dort haben wir schon immer für die Freiheit gekämpft!« Das müssen jene im Zweifel gelten lassen, zumal sie von Korsikas Lage wohl noch nie etwas gehört haben. So rettet Napoleon die blaublütige und blaustrümpfige »Demoiselle« des Ancien régime, aber er bringt sie nur vom Regen in die Traufe.

Denn daheim stehen die Paolisten, nach dem »Königsmord« nun auch von den Royalisten unterstützt, schon vor der Haustür.

Sie vertreiben Letizia und ihren unmündigen Anhang an die Nordspitze der Insel. Die »Casa Buonaparte«, Vater Carlos kostbares Juwel, wird geplündert, demoliert und angezündet. Napoleon und Joseph, letzterer aus seinen öffentlichen Ämtern verjagt, setzen sich aufs Festland ab, aber vorher organisieren sie noch die Flucht der Restfamilie.

Auf einem knapp seetüchtigen Fischerkahn segelt Letizia mit den Töchtern und dem kleinen Jerome, unbehelligt von britischen Kanonenbooten, zum Kontinent. Joseph hat Pässe besorgt, in denen das Alter der Damen um mindestens zwei Jahre heraufgesetzt wird: Die Mutter, damals zweiundvierzig, macht sich gar um vierzehn Jahre älter, denn es ist nicht mehr (und noch nicht wieder) die Zeit für Eitelkeiten. Ohnehin werden alle Bonapartes künftig bei allen offiziellen Anlässen mit ihren dokumentierten Lebensjahren höchst eigenwillig umgehen – kein Fürstenhaus des alten Europa hat ihnen das so exzessiv vor- oder nachgemacht. Nützlichkeitsinteresse, abwehrender Schutzzauber, spielerische Laune, Verachtung für bürokratische Formalitäten? Das ist schwer zu sagen, die Motive wechseln auch, aber in jedem Fall sind sie echt »napoleonidisch«.

Da in einem Paß zu revolutionären Zeiten – wer nicht arbeitet, darf nicht essen – auch eine unverdächtige, möglichst handwerkliche Berufsbezeichnung stehen muß (nur der Knabe Jerome braucht sie noch nicht), werden Mutter und Töchter einheitlich als »Répasseuses« ausgewiesen. Wer aber steht strahlend am Kai von Toulon, als dieses Plätterinnenkollektiv dort landet? Lucien natürlich, der Familiensprecher, Brutus von Marathon, nun vor der ganzen Sippe glänzend gerechtfertigt, weil er die herrschenden politischen Ideen so tapfer vertreten hat, daß er ein Auffangquartier und eine vorläufige Etablierung vermitteln kann. Die ersten Monate sind freilich noch spartanisch; die Plätterinnen Bonaparte müssen fremder Leute Hemden für kargen Lohn waschen, doch dann geht es aufwärts.

Wieder ist es Lucien, der dem Bruder Joseph empfiehlt, nach seinem Vorbild einen revolutionären Namen anzunehmen und mit dieser von ihm offiziell registrierten Titelei stracks nach Paris zu fahren, ins Zentrum des Regimes, um dort als familiärer Advokat und Fürsprecher zu agieren. Das tut Joseph auch mit Eleganz, Eloquenz und Finesse.

Völlig zutreffend kann Joseph »Scaevola« dem allmächtigen Wohlfahrtsausschuß berichten, daß die Bonapartes von den Feinden der Nation, den Paolisten, den Royalisten und den Engländern, verfolgt und vertrieben worden sind. Fast wahrheitsgemäß erläutert er, daß es sich hier um eine Sippe von althergebrachter republikanischer Gesinnung handele; und nur ein wenig abseits der Fakten macht er glaubhaft, daß diese Familie in entschiedener Gegnerschaft zum Königtum gestanden, ja schon früh den Idealen der Revolution gehuldigt habe.

Joseph findet Gehör und Anklang bei Freunden aus der korsischen Heimat, die schon Vater Carlo gern geholfen haben und nun ein Stück eigener politischer Vergangenheit schamhaft zudecken müssen: den Konventsabgeordneten Saliceti und Casabianca. Sie verschaffen Joseph auch Zugang zur Freimaurerei – die prestigeträchtige Loge zu Marseille, die ihn als Mitglied aufnimmt, trägt den Namen »Parfaite sincérité«, vollkommene Aufrichtigkeit...

So gelingt es dem ehrlichen Erstgeborenen, nicht weniger als sechshunderttausend Franc Staatsgelder für korsische Zwangsemigranten locker zu machen. Davon erhält die eigene Familie einen kräftigen Anteil. Der verdiente Scaevola wird zum »Kriegskommissar Erster Klasse« ernannt, nach heutigem Verständnis Oberfeldintendant der Heeresverwaltung, und in dieser Funktion wieder nach Frankreich geschickt. Er organisiert, requiriert und weist auch private Provisionen nicht zurück. In Marseille, wo er Uniformstoffe für die Armee einkauft, macht er die Bekanntschaft des reichen Tuchhändlers Clary. Getreu dem korsischen Grundsatz, daß man von zwei ledigen Schwestern möglichst die ältere heiraten soll, hält er um die Hand der Clary-Tochter Julie an und bekommt sie auch (die jüngere, Désirée, wird später den französischen Marschall Bernadotte heiraten und an seiner Seite den schwedischen Königsthron besteigen). Julie – nicht hübsch, aber scharfsichtig, lebensklug und ihrem ungetreuen Ehemann stets ergeben – bringt eine Mitgift von einhundertfünfzigtausend Franc in die Ehe ein, womit Josephs beruflich unsichere Verhältnisse schlagartig kuriert werden.

Da muß selbst Lucien zurückstehen, denn er hat – wie immer dem spontanen Ruf des Herzens folgend – in seiner ersten Liaison nur die Gastwirtstochter Catherine Boyer in St. Maximin-Marathon geheiratet, eine provenzalische Dorfschöne, die nicht lesen und schreiben kann, aber gerade zur Hand war; bis zu ihrem frühen Tod schenkt sie Lucien zwei Kinder, aber mehr ist von ihr kaum zu berichten. Die Macht und Schrecklichkeit der Liebe wird Lucien noch begegnen und sein politisches Leben mitbestimmen.

Auch Josephs Allianz mit den Clarys ist für einen Mann von korsisch-französischem Adel und gar für einen künftigen König nicht gerade standesgemäß; einer der Trauzeugen ist ein gewisser »Joseph Roux, Perückenmacher«. Aber das große Geld rechtfertigt vieles. Joseph, mit merkantilem Verstand mehr als der Vater begabt, rückt nun auf zum anerkannten wirtschaftlichen Kopf der

Familie, und als umsichtiger Verwalter wird er es bleiben, auch als der große Bruder schon Gefangener auf St. Helena ist. Er spekuliert erfolgreich und weiß, daß Geld wachsen muß wie das grüne Gras. Noch jahrelang überweist Napoleon ihm den größten Teil seines Offiziersgehalts, im familiären Sinn, und gibt ihm jegliche Vollmacht: »In allem lege ich Dir meine Interessen ans Herz!« Und an die Mutter schreibt er, fast neidlos entzückt: »Dieser Joseph ist ein Glückspilz!«

Sein persönliches Glück hat der Zweitgeborene freilich schon in eigene Hände genommen. In jähem Karrieresprung wird er, als er die Stadt Toulon von der englischen Invasion befreit hat, zum Brigadegeneral befördert. Im Sog des eigenen Aufstiegs kann er wiederum dem Bruder Joseph, der nie Pulver gerochen hatte, als kleines Geschenk ein reguläres Majorspatent verschaffen – wegen »Verwundung im Kampf«.

Damit sind die Geldsorgen der Familie Bonapartes, von zwei Seiten her, zunächst völlig behoben, und auch politisch scheint man solide integriert zu sein. Letizia scheut sich nicht, mit ihren Töchtern die beschlagnahmte Villa eines verbannten Royalisten in Marseille zu beziehen.

Aber eine Revolution läßt solche Eingliederungen nicht dauerhaft zu, weil man auf Bajonetten nicht sitzen kann. Selbst Luciens Prominenz als Diktator von Marathon dauert nur zwei Jahre, da wird Robespierre gestürzt; und mit ihm fallen all jene, die man als seine Anhänger betrachtet – darunter, sie haben es selbst so gerichtet, von heute auf morgen auch die Bonapartes. Dies geschieht im Monat Thermidor, dem »Hitzebringer« nach dem revolutionären Kalender, im Juli 1794 nach bürgerlicher Zeitrechnung.

Der erste, den die Thermidorianer, die neuen gemäßigten Machthaber, als Aktivisten des Blutsaugersystems einsperren, ist natürlich Lucien, der sich am meisten exponiert hat. Napoleon kann nicht helfen, weil er selbst vorübergehend inhaftiert und dann mit halbem Sold in den militärischen Wartestand versetzt wird. Joseph hat seinerseits den einträglichen Intendanturposten verloren und ist vorerst als Handelsagent seines Schwiegervaters in Genua untergetaucht. Allseits scheint man kompromittiert zu sein.

Ein Bonaparte steht jedoch nie allein. Jetzt ist es die Mutter, die sich für Lucien ins Zeug legt. Sie schreibt dem »Bürger Volksbeauftragten« Chiappe, den sie für verantwortlich und einflußreich hält, einen empörten Brief. Darin steht etwa, daß ihr Sohn, der nur seine bürgerliche Pflicht getan habe, völlig zu Unrecht als Jakobiner denunziert worden sei; niemals habe er einem Menschen in St. Maximin ein Haar gekrümmt, zumal dort gar keine Volksfeinde existiert hätten. Von Letizia darf man annehmen, daß sie wirklich glaubt, was sie da schreibt; und daß ein politisch Inkriminierter doch lediglich »Schlimmeres verhütet« habe, ist ein zeitloses Argument. Wie auch immer, Letizia hat Erfolg, Lucien erlangt seine Freiheit wieder, wird kurzfristig ein wenig kleinlauter, gewinnt aber auch Zeit zur Besinnung und entsagt seinen extremistischen Leidenschaften.

An Napoleons Nerven zerrt die erzwungene Untätigkeit, denn als politisch verdächtig gilt er, der nun unruhig spazierengeht, immer noch. Er träumt davon, dem Sultan am Bosporus seine Dienste als Artillerist anzubieten, und auch Joseph meint, daß man in Konstantinopel bessere Geschäfte machen könne. Die Familie ist verwirrt und ziellos. Man schreibt schon 1795.

Neue Figuren, neue Verhältnisse

Aber die Unsicherheit dauert nicht mehr lange, dann beginnt sich das Blatt der Bonapartes wieder zu wenden. Die Republik hat den Terror satt; sie will normale Verhältnisse, auch Rechtssicherheit einführen. Guillotiniert wird nur noch selten, man bevorzugt für Mißliebige die Verbannung oder die Deportation in die Strafkolonie Guayana. Selbst vorsichtige Emigranten – wie Talleyrand, der sich nach Amerika abgesetzt hat – kehren erleichtert zurück und werden sogar für Enteignungen entschädigt.

Zunächst muß die Republik sich freilich auch nach außen verteidigen. In Belgien und im Rheinland sind die Revolutionsarmeen gut vorangekommen, wobei ein gewisser Divisionsgeneral Jean-Baptiste Bernadotte eine Rolle spielt, aber in Italien, beim Kampf gegen Piemont und Österreich, ist man steckengeblieben. Innerhalb der Landesgrenzen sieht es noch schlimmer aus. Die »Cidevants«, die Royalisten von gestern, haben wieder Mut gefaßt und sich von den geflohenen Brüdern des toten Königs, dem Grafen von Provence und dem Grafen von Artois, ebenso inspirieren lassen wie einst die Korsen von ihrem General Paoli. Die bretonischen »Chouans« marschieren auf Paris, auch altrevolutionäre Jakobiner sind mit dem neuen Regime unzufrieden und schließen ein Zweckbündnis mit den Todfeinden von gestern.

Im Inland gibt es nur noch einen General (die anderen stehen draußen an den Fronten), der das Vaterland retten kann: Napoleon Bonaparte, den man aus dem Wartestand holt und mit allen gewünschten Vollmachten, insbesondere aber mit vielen Kanonen ausstattet. Er läßt die Rebellen rücksichtslos zusammenschießen, und das schlimme Blutbad trägt ihm (nach dem Datum der Aktion, Vendémiaire/Oktober 1795) den delikaten Spitznamen »General Vendémiaire« ein. Sein Chefadjutant ist ein Major Murat, ein tollkühn-schneidiger Bursche, den er sich merken und bald zum »Familiar« aufrücken lassen wird.

Damit hat Napoleon endlich Farbe bekannt und sich den Rückzug abgeschnitten: Gleichermaßen verhaßt bei Königstreuen wie bei Jakobinern, kann er nur noch mit den gemäßigten Republikanern nach vorn marschieren – und auf diesem Weg seine ganz andersartige Bestimmung finden. Er weiß ersichtlich, was er tut, und die Familie ahnt es zumindest.

Nun wird der alte Konvent aufgelöst und abgeschafft. Als parlamentarische Körperschaften werden der »Rat der Alten« und der »Rat der Fünfhundert« etabliert. Exekutive und Staatsspitze zugleich ist das fünfköpfige Direktorium, dessen Präsident der schwache Gohier wird, während der »zweite Mann« die Richtung bestimmt – Paul Barras, ein in der Wolle gefärbter Vicomte des Ancien régime, der aber für den Tod des Königs ebenso gestimmt hat wie später für die Hinrichtung Robespierres, also stets geschickt die Seite des Vorteils gewählt hat.

Der jetzt für eine Zeitlang so mächtige Ex-Vizegraf ist ein korrupter, genießerischer Sybarit, aber er hat – sein Überleben beweist es – politischen Instinkt, und er braucht nun verzweifelt den »General Vendémiaire« als Heerführer an seiner eigenen Stelle. Schon »sur le champ«, wo die Toten noch liegen, befördert er ihn im Handumdrehen zum Divisionsgeneral. Denn Barras ist nominell Oberbefehlshaber der Italien-Armee. Er benötigt also jemanden, der ihm das Kommando (möglichst loyal) abnimmt, weil er selbst nichts vom Militärhandwerk versteht. Dafür wird er auch gern bereit sein, dem »homo novus« seine eigene Mätresse abzutreten, wenn sie ihm lästig geworden ist – eine gewisse Josephine (de) Beauharnais, Witwe eines gleichnamigen, leider exekutierten Generals, der auch einmal adliger Standesgenosse und Vicomte gewesen war.

Diese Josephine stammt – wie die Bonapartes – nicht vom französischen Festland, sondern von einer Insel, aus »la France d'outre-mer«, der überseeisch-karibischen Außenbesitzung Martinique. Geboren als Marie-Rose de la Pagerie, gehört sie einer Kolonistenfamilie an, die als »kreolisch« bezeichnet wird – was keineswegs ihre (reinrassig weiße) Hautfarbe, sondern ihre geographische Ansässigkeit und auch ihre etwas indianisierte Dialektsprache betrifft. Die Sippe ist meist nicht reich und nicht immer arm, aber im Wechsel der monopolistischen Zeiten – wie die meisten Pioniersiedler, die immer wieder Kredite für ihre Zuckerplantagen aufnehmen müssen – ziemlich regelmäßig hoch verschuldet.

Ein Schlüsselbegriff für die Tochter Josephine und ihr künftiges Leben: An Schulden ist sie gewöhnt, und selbst als Kaiserin wird sie nicht aufhören, solche zu machen – im allzeit heiteren Vertrauen darauf, daß sich schon ein Mann finden wird, der alles bezahlt.

Sie ist eine exotische Schönheit, hat mit wenig Bildungserfolg eine Nonnenschule besucht und mit sechzehn Jahren Alexandre de Beauharnais geheiratet, ebenfalls ein prominenter Kreole. Die Verbindung wird nicht glücklich, weil der Mann erzieherisch an ihr herumnörgelt, was sie, wie später auch die gleichen Bemühungen Napoleons, nicht ausstehen kann. Gemeinsam zieht man nach Frankreich, wo Alexandre in der Umbruchzeit zum radikalen Konventsmitglied und zum General aufsteigt. Aber er gehört zu den echten Kindern (nicht, wie die Bonapartes, zu den glücklicheren Stiefkindern) der Revolution, und so wird er von ihr gefressen; man wirft ihn in den Kerker, und 1794, wenige Tage vor Robespierres eigener Hinrichtung, verliert er sein Leben unter der Guillotine.

Josephine steht nun allein da mit ihren Kindern – Eugen, dem künftigen Vizekönig von Italien, und Hortense, der späteren Königin von Holland. Sie paßt sich den Verhältnissen an und wird Mitläuferin, wie einige der Bonapartes. Mit unfreiwilliger Komik beteuert sie vor dem Wohlfahrtsausschuß: »Ich bin eine Sansculottin, der Revolution zutiefst ergeben, und führe einen republikanischen Haushalt!« Was immer das heißen mochte.

Sie hat auch eine gute Nase für Windrichtungen. Ihren vierzehnjährigen Sohn Eugen schickt sie zum General Bonaparte, dem militärischen Aufsteiger von Paris, und läßt ihn um Rückgabe des konfiszierten Degens seines Vaters bitten (später wird Eugen die rührende Geschichte seiner eigenen kindlichen Intention zuschreiben). Napoleon ist begeistert von solcher Familientreue; bald wird er Eugen wie seinen eigenen Sohn behandeln, ihn sogar adoptieren und sein Glück machen. Hortense fördert er eher ihrer Mutter wegen, aber auch sie wird sich der kaiserlichen Sonne erfreuen.

Nach dem Thermidor hat Josephine rasch das Interesse des Paul Barras gefunden. Er finanziert den – jetzt gar nicht mehr so »republikanischen« – Haushalt ihrer Villa in der Pariser Rue Chantereine. Als seine Mätresse gewinnt sie Bekanntheit und Einfluß.

Aufstieg in den Salons

In Frankreich ist – wie so oft nach dem Ende harter und blutiger Umbruchszeiten – eine neue Gesellschaftsschicht entstanden, die ihr Überleben genießen, Feste feiern und sich amüsieren will; nur weiß sie nicht recht, wie sie das anstellen soll. Die Revolution hat seltsame Existenzen geschaffen und hochgespült: Berufspolitiker, die nichts erlernt haben und außer der Kunst der Phrase nichts beherrschen; Advokaten von zweifelhafter Herkunft und Ausbildung; Heereslieferanten und Güterverwalter, die durch Schmiergelder reich geworden sind; selbsternannte Bankiers, die angesichts zerrütteter Finanzen von waghalsigen Spekulationen träumen – kurzum, Aufsteiger und Parvenüs aller Schattierungen, dazwischen aber auch schon wieder ein paar heimgekehrte Emigranten, die sich, in Erinnerung an die »Welt von gestern«, verwirrt die Augen reiben.

Man schafft eine neue Mode, die an Geschmacklosigkeit nicht zu unterbieten ist. Die »Bürger Direktoren« gehen mit schlechtem Beispiel voran; als Wahrzeichen ihrer höchsten Würde tragen sie, in Nachäffung des Henri-Quatre-Stils, bordierte Samtmäntel mit Schärpen und auf dem Kopf riesige Federhüte. Zur Damentracht der »Merveilleuses« gehören lange Schleppenkleider, im intimeren Kreis auch völlig durchsichtige, schleierartige Gewänder, die »antik« sein sollen. Die Männer, »Incroyables« genannt, sehen in ihren röhrenförmigen Strumpfhosen oder Hosenstrümpfen wie Vogelscheuchen aus.

Sogar ein absonderlicher Sprachstil wird begründet. Es gilt als schick, die Wörter zu verstümmeln, sie gekürzt zusammenzuziehen oder gar nur abgehackte Silben zu artikulieren – »Sexa« etwa sagt man statt »Qu'est-ce que c'est que ça«, und hiernach wird die alberne linguistische Marotte bald »Sexa« genannt.

Theater und Oper stehen nicht mehr (und noch nicht wieder) im Kurs, denn dem Publikum fehlt es an Sachverstand und Kritikfähigkeit. Man bevorzugt schlichte Scherze und dürftige Vergnügungen, wozu man auch professionelle Spaßmacher nach alter Hofnarrenart mietet. Im übrigen unterhält man sich mit Tanz, Kartenspiel und endlosem Geschwätz. Und sofern es sich um die tonangebenden Kreise des Staates handelt, werden natürlich auch politische, wirtschaftliche und militärische Intrigen eingefädelt und weitergesponnen.

Solches Gesellschaftsleben entfaltet sich in den Pariser Salons, die mit den herkömmlich-tradierten Einrichtungen in London, Wien und Berlin kaum mehr als Namensverwandtschaft haben. Es etablieren sich drei prominente Treffpunkte, geleitet von großen Töchtern der Revolution: Julie Récamier, Thérèse Tallien, beide Ehefrauen neureicher Männer, sowie Josephine Beauharnais, Geliebte des Staatsführers Barras und bald »Generalin Bonaparte«. Sie sind miteinander befreundet und legen sogar – was in

Julie Récamier, französische Salongründerin – erst Förderin des Bonaparte-Clans, dann Gegnerin Napoleons. Das Gemälde von François Gérard aus dem Jahre 1802 zeigt sie auf dem Urmodell des von ihr erfundenen und propagierten Liegesofas, bis heute »Récamiere« genannt.

alteuropäischen Salons als horrende Peinlichkeit empfunden würde – Wert darauf, daß sie möglichst gleichfarbige und gleichartige Kleider tragen. Aber abgesehen von solchen Skurrilitäten: Wer dort verkehrt und akzeptiert wird, der ist »in«, wie man heute sagen würde, der hat eine erste entscheidende Karrierestufe erklommen.

Der Zugang zu diesen Institutionen stellt für die Bonaparte-Brüder gar kein Problem dar; im Gegenteil, sie finden hier ideale Startpunkte für konzertierte Operationen im familiären Interesse.

Napoleon ist als Militär schon recht bekannt, seine schlechte

Tenue und seine strähnigen Haare fallen kaum auf, weil andere Parvenüs auch nicht eleganter aussehen. Der »Sexa«-Sprachstil kommt ihm so entgegen, daß er ihn für den Rest des Lebens übernimmt (wie er auch mit der Orthographie auf Kriegsfuß gestanden, beispielsweise stets »l'avvalance« statt »la veillance« geschrieben hat). Joseph dagegen macht die elegante Figur des weltläufigen, vielseitig erfahrenen Akademikers. Der heftige Lucien politisiert gemäßigter als früher, ist oft Mittelpunkt der Gespräche und fühlt sich wie ein Fisch im Wasser. Der guterzogene Unterleutnant Louis ist das Entzücken des Damenflors und macht seinen Weg durch reizvolle Schüchternheit.

Jerome, den Napoleon endlich auf ein gutes Gymnasium schicken kann, ist noch zu jung für die große Welt, aber die drei Schwestern werden bald gerngesehene Debütantinnen. Elisa besticht durch Bildungsklugheit, Caroline durch liebenswürdig-hinterhältige Bonmots (sie wird allzeit trick- und listenreich bleiben) und Pauline durch bestrickende Körpergestalt samt edel-klassischer Nase wie auch durch unkomplizierte, naiv-neckische Fröhlichkeit – »Madame Firlefanz« wird Napoleon sie bald mit gutmütigem Spott nennen. Mutter Letizia hält sich persönlich fern, hat aber nichts dagegen einzuwenden, daß die Töchter ausgeführt werden. Und Napoleon bemerkt knapp, als sich ein erster, allzu früher Freier für Pauline zaghaft meldet: »Von mir aus, wenn er reich ist!«

Josephine läßt sich die Komplimente Napoleons, die bald in ein Trommelfeuer leidenschaftlicher Liebesschwüre übergehen, mit amüsierter Herablassung gefallen. Sie fördert das »drollige Kerlchen« – wie sie ihn zu nennen beliebt, aber sie fand im Leben, darin Pauline ähnlich, fast alles »drollig« – nach besten Kräften mit Empfehlungen, Kontakten und Vermittlungen in ihrem weitgespannten Beziehungsgeflecht. Es dauert nicht lange, bis Napoleon ihr Herz gewinnt.

Im März 1796 findet zu Paris die Ziviltrauung zwischen dem Bürger General Bonaparte und der Citoyenne Witwe Beauharnais statt. Josephine, 1763 geboren, ist sechs Jahre älter als ihr Ehemann, aber diese Tatsache, die gelinden Spott der Salons erregen könnte, darf nicht aufscheinen. Die Braut wird kurzerhand der Pflicht enthoben, ihren Taufschein vorzulegen, auch Napoleon unterdrückt den seinigen. Laut Heiratsurkunde sind beide achtundzwanzig Jahre alt – Napoleon macht sich um zwei Jahre älter, Josephine verjüngt sich um fünf Jahre. Die prominenten Stiefkinder der Revolution brauchen es (nur Josephine wird es später bereuen) mit Formalien wieder nicht so genau zu nehmen.

Der Bürger Direktor Barras ist persönlich einer der Trauzeugen.

Er hat Napoleon, wie Talleyrand süffisant bemerkt, als seinem Nachfolger im Bett Josephines »ein delikates Hochzeitsgeschenk« präsentiert, den Oberbefehl über die Italien-Armee. Zu geruhsamen Flitterwochen ist keine Zeit; schon einen Tag nach der Heirat muß Napoleon zu seinem neuen Kommando aufbrechen, das seinen Ruhm begründen wird.

Eine Liebesheirat, familiär unerwünscht

Er hinterläßt eine Familie, die ihm seine Heirat übelnimmt und fast geschlossen und sehr entschieden gegen ihn Front bezieht. Das wird, was »diese Frau« betrifft, bis zur Ehescheidung auch so bleiben. Warum nahezu alle Bonapartes »die Beauharnais« aus tiefer Seele hassen, ist nicht leicht zu verstehen. Immerhin stammt Josephine ebenso wie jene nicht vom französischen Festland, sie ist gleichermaßen von altem Kleinadel, ihr Überleben und ihr Aufstieg in wirren Zeiten ist ähnlich wie bei den Bonapartes verlaufen, und selbst ihr kreolisches Idiom zeigt mehr Anklänge an den italokorsischen Dialekt als an das Hochfranzösisch (das Letizia nie gänzlich beherrschen wird). Keinem Bonaparte hat Josephine je etwas zuleide getan; im Gegenteil, sie hat jene stets gern und hilfsbereit in ihrem Salon empfangen. Wie also erklären sich Wut und Empörung?

Letizia ist darüber verärgert, daß Napoleon sie von der bevorstehenden Hochzeit nicht informiert, sie schon gar nicht, wie es einem korsischen Sohn ansteht, um die mütterliche Erlaubnis gebeten hat. Allerdings hätte sie diese auch keinesfalls erteilt, denn der moralisch bedenkliche Ruf der Barras-Mätresse ist ihr nicht verborgen geblieben. Zwar hat auch der Querkopf Lucien bei seiner ersten Ehe den Konsens Letizias nicht eingeholt (bei seiner zweiten wird er es ebensowenig tun), aber zur Terrorzeit, als alle Welt im Vorläufigen und im Unreinen lebte, konnte man ihm das nachsehen. Und allemal ist Napoleon für Letizia nun doch weit wichtiger geworden.

Bei Joseph liegen die Dinge ähnlich. Der Erstgeborene ist immer noch natürliches Familienoberhaupt und hätte als solches ebenfalls vom jüngeren Bruder – General hin oder her – um Zustimmung zur Heirat gebeten werden müssen. Mißtrauen und Eifersucht kommen bei Joseph hinzu. Es wird ein neuer Familienzweig entstehen, den er nicht mehr kontrollieren kann. Die Antipathie wird sich zur Obsession steigern, als Napoleon Erster Konsul und dann gar Kaiser wird. Joseph hofft insgeheim, später die Nachfolge in solchen Ämtern anzutreten, mindestens aber »Erster im Reich« nächst dem Bruder zu sein – das wäre in Frage gestellt, wenn Napoleon mit Josephine eigene Söhne bekommen oder etwa den Stiefsohn Eugen zum Kronprinzen machen sollte.

Lucien aber, der kenntnisreiche Vollblutpolitiker, verachtet die neue Schwägerin als leichtsinniges, sprung- und flatterhaftes Geschöpf, das an ernsthaften Gesprächen völlig uninteressiert ist, nie ein Buch liest und sich von seinen Idealen und Visionen angeödet fühlt – für Josephine ist Lucien nicht einmal »drollig«, sondern eher langweilig. Das sagt sie ihm nicht, aber er spürt das.

Die einhellige Ablehnung der drei Schwestern ist weiblich geprägt und deshalb noch unerbittlicher – obgleich Josephine fast alles tut, um gerade sie zu gewinnen. Aber sie ist für jene die erfolgreich-erfahrene, ältere Rivalin, die ihnen den bewunderten Bruder abspenstig gemacht hat; als sie an Napoleons Seite steil aufsteigt, wird den Schwestern keinerlei eigene Rangerhöhung mehr genügen – sie können ja »nur« Fürstinnen, bestenfalls Königin, aber niemals Kaiserin werden.

Die einzigen, die anders denken, sind die beiden jüngeren Brüder. Louis respektiert Josephine im Gehorsam, ganz einfach weil Napoleon sie verehrt. Er wird auch bereitwillig die Beauharnais-Tochter Hortense heiraten, als Napoleon das aus familienpolitischen Gründen befiehlt; erst nach dem Scheitern dieser Ehe wird er eine Kehrtwendung vollziehen. Für Jerome aber ist die Schwägerin wie eine zweite Mutter, die mit ihm noch freundlich-nachsichtiger umgeht als Letizia. Er schließt Freundschaft mit dem nur drei Jahre älteren Beauharnais-Sohn Eugen, der ebenso wie er das »Irische Kolleg« besucht, und die beiderseitige Zuneigung der temperamentvollen, tapferen jungen Männer wird von Dauer sein.

Alles in allem aber haben es Josephine und ihre Kinder, als auch sie »Napoleoniden« sind, mit dem angestammten Bonaparte-Clan nicht leicht.

IV. Steigbügelhalter des Empire – Politische Windrichtungen, privat geprüft

Italien schafft Ruhm und Glanz

»Italien ist das Schicksal«, hat Napoleon einmal im Hinblick auf Frankreich gesagt. Für ihn und die Familie jedenfalls wird es dies ihn den Jahren 1796 und 1797. Die Bonapartes kehren zurück in die alte italienische Heimat (erstmals, sie werden nachhaltig wiederkommen), von der ihre Sippe einst ausgezogen war. Dort festigt sich ihr Ansehen, obwohl das »u« im Namen nun gänzlich verschwunden ist, und sie gewinnen Reichtum, zum Teil hart am Rande der Legalität.

Napoleon, jetzt als »Général-en-chef«, treibt eine disziplinlos und zaghaft gewordene Armee, die heruntergekommen und hungrig ist, auch ihr revolutionäres Selbstvertrauen verloren hat, zu militärischen Höchstleistungen an – mit der Kraft des Wortes ebenso wie mit dem Genie des Feldherrn. Er überrennt Piemont und die Lombardei mitsamt den oberitalienischen Herzogtümern, jagt die Österreicher nach Osten zurück und feiert einen Sieg nach dem anderen. Die Namen der Schlachten von Montenotte, Rivoli, Arcole und Lodi sind in aller Munde. Napoleon gründet persönlich mit Zustimmung des Direktoriums zwei neue Republiken in Oberitalien, die Ligurische und die Cisalpinische (vorübergehend, mit all den lächerlich-unstimmigen altrömischen Namen, auch die Transpadanische, und im südlichen Neapel wird gar noch, ohne Napoleons Zutun, die »Parthenopäische« etabliert) nach dem Vorbild der »Schwesterrepubliken« Frankreichs, der Batavischen in den Niederlanden und der Helvetischen in der Schweiz. Der Papst muß den nördlichen Teil seines Kirchenstaats abtreten und der Cisalpinischen Republik übergeben; aus jener kurzlebigen Schöpfung wird sich bald das »Königreich Italien« entwickeln.

Wieder ist die Familie nicht fern. Den Bruder Louis hat Napoleon gleich als persönlichen Adjutanten ins Feld mitgenommen. Er fällt auf durch waghalsige Attacken, rettet Napoleon gar in einem Gefecht das Leben, indem er ihn unter einem gestürzten Pferd hervorzieht, und wird rasch befördert. Leider zieht er sich auch (bei einer italienischen Gräfin, deren Namen die Familie Bonaparte stets eisern verschwiegen hat) eine nie ganz auskurierte galante Krankheit zu, deren Spätfolgen sein Leben überschatten werden.

Bruder Joseph hat kein Kommando, darauf ist er als geborener Zivilist auch nicht begierig, aber er spielt erneut seine so stille wie effektive Rolle als Heeresverwaltungsbeamter in der Nachhut. Er beschlagnahmt und enteignet, nach dem Stil der Zeit, öffentliche Kunstschätze im Auftrag der siegreichen französischen Regierung. Bei der Beschaffung und Verteilung des Beuteguts vergißt er den eigenen und familiären Nutzen keineswegs.

Auf diesem ergiebigen Nebenkriegsschauplatz findet auch der Stiefonkel Giuseppe (jetzt Joseph) Fesch, ebenfalls im Gefolge des Heeres, sein Tätigkeitsfeld. Er spezialisiert sich, wie es den Fachkenntnissen seines geistlichen Standes entspricht, auf kostbare Kirchengemälde und juwelenbesetzte Devotionalien, die er (was der Moral jenes Standes weniger angemessen ist) vorzugsweise auf päpstlichem Territorium wegnimmt und fortschafft. Nur einen Teil davon übergibt er offiziell dem Staat; mit dem großen Rest formiert er den Grundstock seiner eigenen, später berühmten Bildersammlung und Kunstgalerie.

Nochmals ist es Joseph, der persönlich im Auftrag Napoleons die Siegesmeldungen nebst eroberten Fahnen und Kanonen nach Paris bringen darf. Das begeisterte Direktorium behandelt ihn fast so, als hätte er selbst die Schlachten gewonnen, und bietet ihm einen hohen diplomatischen Posten an. Er soll Gesandter beim Herzogtum Parma werden, aber dieser Staat ist schon halb liquidiert, als er die Stellung antreten will. So kann er, auf Anraten Napoleons, höher greifen und wird französischer Botschafter beim Heiligen Stuhl, wo er eine noch glänzendere Rolle spielt als ehedem in den Salons in Paris. Er überzeugt den Papst von seiner persönlichen Treue zur katholischen Kirche, indem er, allzeit geschickt, auf seine Jugendzeit als Priesterschüler und vor allem auf seine kirchliche Trauung verweist, die in revolutionären Zeiten tatsächlich ein Beweis christlicher Unbeirrbarkeit ist. Mit Charme und Grazie gewinnt er die Freundschaft einflußreicher Kardinäle, denen er natürlich verschweigt, daß er eingeschriebener Freimaurer ist und den ebenfalls registrierten Namen »Scaevola« geführt hat. Die Gunst der Kurie wird Joseph später sehr zustatten kommen.

Vorposten in Paris

Ein Bonaparte aber hält die Stellung im Zentrum der Staatsmacht zu Paris. Wer anderes als Lucien, der inzwischen ein gereifter und kluger Politiker geworden ist? Die verläßlichen Korsen wählen ihn, den Zweiundzwanzigjährigen, als ihren Abgeordneten in den »Rat der Fünfhundert«, die Zweite Kammer, deren untere Altersgrenze nach der Verfassung bei dreißig Jahren liegen sollte. Gestützt auf diese Hausmacht, wirft sich Lucien voller Leidenschaft in die parlamentarische Arbeit. Er meldet sich oft zu Wort und hat auch Vernünftiges zu sagen. In allen Beratungen beweist er Sachkunde und (was in Frankreich mindestens gleich wichtig ist) hohe rhetorische Kunst. Unerschüttert übersteht er den neuen, behutsamen Staatsstreich vom 18. Fructidor 1797. Bald wird man ihn, den allzeit Verfügbaren und Unermüdlichen, zum Präsidenten des Rates wählen – womit er jene Schlüsselposition gewinnt, die ihn zum entscheidenden Steigbügelhalter des großen Bruders Napoleon macht.

Auf dem gesellschaftlichen Parkett begegnet Lucien einer Dame, die ihm und den Bonapartes für einige Zeit Förderung und Stütze geben will. In Paris ist nämlich ein neuer Salon entstanden, der bald die etwas unbeholfenen Cercles der Damen Récamier, Tallien und Josephine Bonaparte-Beauharnais überflügelt. Er wird stilvoller, ernsthafter, literarischer und politischer sein, denn die kulturellen Erben des Königtums unternehmen hier den Versuch einer Wiedergeburt.

Der Salon wird gegründet, aufgebaut und geistig überlegen geführt von Germaine de Staël. Sie ist die Tochter des letzten Finanzministers des Ancien régime, Jacques Necker, eines erfolgreichen Bankiers und exzellenten Wirtschaftsfachmanns, der vom wankelmütigen König Louis XVI. zweimal entlassen und zweimal zurückberufen worden war und sich dann zur rechten Zeit mit der Familie vor der Revolution in Sicherheit bringen konnte.

In unglücklicher Ehe verheiratet mit dem schwedischen Ex-Gesandten am französischen Hof, Baron von Staël-Holstein, glaubt Germaine, das nationale Vermächtnis des großen Vaters fortsetzen zu müssen. Als Exilantin zwischen England und der Schweiz umhergetrieben, gehört sie nach dem Thermidor zu den Alt-Königstreuen, die – halb vertrauensvoll, halb skeptisch – nach Frankreich zurückkehren. Germaine hat aus der Vergangenheit gelernt und will als Idealistin Royalisten und Republikaner miteinander versöhnen (was nicht einmal dem Realisten Napoleon ganz gelungen ist). Dabei kommt ihr eine bemerkenswerte Intelligenz, Bildung und ein herb-faszinierender Charme zustatten, womit sie, trotz ihres wenig attraktiven Äußeren, auch und gerade

Germaine de Staël, hier in einem Porträt von Massot vor der Büste ihres Vaters, des königlichen Finanzminister Neckers. Als Salongründerin und Publizistin von hoher geistig-politischer Potenz zog sie sich die Feindschaft Napoleons, aber auch den Respekt Goethes und zahlreicher deutscher Patrioten zu.

in Deutschland viele prominente Männer ihrer Epoche beeindruckt hat.

Diese geistigen Vorzüge und ihre persönliche Ausstrahlung würde sie gern den Bonapartes, die sie für eine höchst interessante Familie hält, zur Verfügung stellen. Den Joseph kennt und schätzt sie schon, und nun verbündet sie sich mit Lucien, der ihr versichert, daß Napoleon der größte Franzose der Gegenwart sei und jegliche politisch-gesellschaftliche Förderung verdiene: »Er ist der bedeutendste Republikaner unserer Zeit!« Madame de Staël glaubt das ebenso, wie Lucien es damals geglaubt hat. Beide werden ihre Meinungen ändern, aus etwas unterschiedlichen Motiven, wenngleich in der gemeinsamen Erkenntnis, daß Napoleon keineswegs ein Republikaner ist.

Vorerst aber kämpfen beide gemeinsam für die Bonapartes – Lucien im Parlament, Germaine im Salon. So wird die Auffangstellung vorbereitet, die der Clan nach dem Italien-Feldzug (und erst recht nach dem ägyptischen Desaster) dringend benötigt.

Die Schwestern unter der Haube

Im Schloß Mombello nahe Mailand hält Napoleon während der Feldzugspausen hof wie ein regierender Fürst; allmählich gefällt ihm das. Die Italiener bejubeln ihn als Befreier vom österreichischen und kleinstaatlich-feudalen Joch; viele glauben, daß er ihre politische Einheit ernsthaft fördern wolle, und nach dem Zeugnis der Geschichte täuschen sie sich darin nicht.

Dort in Mombello schart sich nun auch die komplette Familie – diesmal sogar unter Einschluß der Mutter Letizia und Jeromes – um ihr nun anerkannt prominentestes Mitglied, in dessen Glanz man sich sonnen kann. Auch Josephine sonnt sich, wenngleich etwas unwillig, da sie das bequeme Paris verlassen mußte, um dem Gatten auf dessen heftigen Wunsch körperlich nahe zu sein.

Es wird Zeit, an die Verheiratung der Schwestern zu denken. Die Zahl der Ehebewerber ist groß geworden, und beim Aussuchen kann man wählerischer sein. Hinsichtlich Elisas kommt Letizia freilich Napoleon zuvor. Für diese älteste Tochter stiftet sie die Ehe mit Pasquale Felix Bacciochi. Er ist ein militärischer Nonvaleur, der es mit schon fünfunddreißig Jahren nicht über den Hauptmannsrang in der korsischen Nationalgarde hinausgebracht hat, und auch sonst von mäßigem Verstand. Aber er tritt auf als ein liebenswürdiger, braver, gefügiger Mensch und ist vor allem, was für Letizia am wichtigsten erscheint, ein Korse, vom gleichen Kleinadel wie die Bonapartes. Napoleon verachtet ihn als Schwächling, sein talentiertes Geigenspiel hält er für eine unmännliche Kunstfertigkeit. Er würde sich der Verbindung wohl widersetzt haben, aber er steht zu Elisa ja in kühler Distanz, sie liegt ihm nicht sonderlich am Herzen, und so läßt er die Mutter, die überdies auch von Joseph unterstützt wird, gewähren.

Elisa ist mit dem Bräutigam sehr einverstanden. Sie weiß, daß sie von ihm keine Bevormundung zu fürchten hat und selbst die Führung in dieser Ehe wahrnehmen kann; es wird, wenn Bacciochi weiterhin seine geliebte Musik ausübt, ansonsten lediglich die zweite Geige sein, die er spielen darf. Denn Elisa kann es nur mit einem Gatten aushalten, der ihr im Geiste und in der Energie unterlegen ist.

Für die Lieblingsschwester Pauline hingegen bestimmt Napoleon den Ehemann, in der Person eines seiner schneidigsten Nachwuchsoffiziere und früheren Adjutanten, Brigadegeneral Victor Emmanuel Leclerc, Sohn eines reichen Mühlenbesitzers. Leider wird Leclerc schon 1802 beim kolonialen Haiti-Feldzug dem Gelbfieber erliegen, und sein Söhnchen überlebt ihn nur zwei Jahre. Aber hier und jetzt ist Pauline begeistert, der Bräutigam imponiert ihr gewaltig, sie vergißt ihre früheren Liebhaber und wird nun im Alter von siebzehn Jahren eine »Madame la Générale« – was sie im Rang höher stellt als die ältere Elisa und was sie noch mehr anreizt, der verhaßten Schwägerin Josephine die Zunge herauszustrecken, wann immer sie deren Blick in den Salons auffangen kann.

So findet im Frühjahr 1797 die gleichzeitige, sogar kirchliche Hochzeit im Doppel zwischen Elisa und Bacciochi, zwischen Pauline (in Italien als »Cittadina Paoletta Buonaparte« standesamtlich verzeichnet) und Leclerc statt.

Der dritten Schwester, Caroline, hat Napoleon bereits seinen Chefadjutanten Joachim Murat zugedacht. Aber noch zögert er – nicht nur wegen allzu jugendlichen Alters des Mädchens, sondern auch im Hinblick auf die Person des präsumtiven Ehemannes. Dieser Murat ist Sohn eines Gastwirts, unbegütert und von geringer Abkunft. Gewiß, er ist ein Haudegen, ein vielleicht noch besserer und tapferer Soldat als Leclerc. Auch ungebildet ist er nicht, denn er war am bischöflichen Konvikt zu Toulouse ebenso ein Priesterschüler wie Joseph und Lucien; eine (auch nur niedere) Weihe hatte er, wie jene, nicht empfangen, aber der aufgeklärt-klerikale Drill des Ancien régime ist ihm wie auch den künftigen Schwägern gut bekommen. Allerdings tritt er auch gern als echter Parvenü auf, trägt entgegen den Vorschriften auffallende Uniformen mit Goldlitzen und Federbüschen, behängt sich mit Schmuck und will die feinen Manieren, die er durchaus beherrscht, nicht immer anwenden. Napoleon verspottet ihn, in Anspielung auf einen bekannten Zauberkünstler und Zirkusdirektor, als den »Franconi der Armee«. Er wird sich diesen Mann noch ein paar Jahre ansehen und ihn unerbittlich prüfen – in der Glut der ägyptischen Wüste wie auch hinsichtlich der persönlichen Loyalität und Ergebenheit. Dann erst, im Jahre 1800, als Murat sich als Steigbügelhalter für Napoleons Konsulat bravourös bewährt hat, wird er Caroline heiraten dürfen – und wird sich vor der Geschichte dieser kritischen Wahl (es gab andere Heiratskandidaten von Format) würdig erweisen.

Auftritt Bernadottes

In Italien begegnet Napoleon einem Mann, der dem Clan bald nahestehen, ihm aber nie unmittelbar angehören und ihn später entschieden bekämpfen wird. Es ist Jean-Baptiste Bernadotte, Südfranzose aus der Gascogne, ein schon hochbewährter Divisionsgeneral der Revolution und der Republik. Er wird dem Kommando des sechs Jahre jüngeren Chefgenerals Bonaparte unterstellt und erficht für ihn glänzende Siege, bis hin nach Triest und Friaul. Dann heiratet er Désirée Clary, die Schwester der Julie Clary – und wird damit ein Schwager Joseph Bonapartes (mit dem er stets angenehm verbunden bleibt) und eine Art Schwippschwager Napoleons, der ihn fördern und zu hohen Würden erheben wird, nicht zuletzt wegen solcher wenn auch entfernter familiärer Beziehung. Aber persönliche Sympathie zwischen den beiden Männern ist nie aufgekommen, sie verkehren miteinander wie mißtrauische Konkurrenten – und dann, als gewählter und adoptierter Kronprinz von Schweden, übernimmt Bernadotte die militärische Führung der europäischen Allianz gegen Napoleon und wird am Sturz des Empire maßgeblich beteiligt sein.

Unter allen Napoleoniden, die das »Vaterland gewechselt« haben, ragt er hervor als konsequenteste, auch äußerlich erfolgreichste Figur. Keiner hat wie er sein Schicksal in eigene Hände genommen und es verwirklicht – außer Napoleon selbst.

Glücklos in Ägypten

Durch den Friedensvertrag von Campoformio, ratifiziert auf dem Kongreß zu Rastatt, sichert Napoleon fürs erste die Stellung der Französischen Republik auch außerhalb ihrer bisherigen Grenzen in Italien, Belgien und im Rheinland. Aber unter den verbliebenen und bald hinzukommenden Feinden ist es England, das für Frankreich immer bedrohlicher wird. Den Landungseinsatz gegen die britische Insel, den er leiten soll, hält Napoleon für strategisch aussichtslos; so funktioniert er ihn um in einen Ausweichfeldzug, durch den er Englands Verbindungen zum Orient und nach Indien treffen will. Im Frühjahr 1798 bricht er nach Ägypten auf, mit einer Flotte und starken Truppenverbänden, aber auch mit einer ganzen Schiffsladung französischer Gelehrter, die im Osten geographische, archäologische, historische und naturkundliche Forschungen treiben sollen.

Neben diesen seinen »Schoßhündchen«, wie jene Akademiker von den Soldaten respektlos genannt werden, nimmt er auch wieder »Familiare« mit: Bruder Louis, der bald zum Major befördert wird; Stiefsohn Eugen Beauharnais, den er als Siebzehnjährigen zum Leutnant in seinem persönlichen Stab macht; und Joachim Murat, der sich auf den Schlachtfeldern nicht nur durch Mut und Zähigkeit, sondern auch durch taktische Klugheit auszeichnet.

Louis' schwache Gesundheit ist den klimatischen Strapazen des Wüstenkriegs auf Dauer nicht gewachsen, und so schickt Napoleon ihn mit ehrenhaftem Interimsabschied nach Hause. Diesmal darf er tun, was Joseph während des Italienfeldzugs im brüderlichen Auftrag verrichtete: dem Direktorium zu Paris erbeutete Trophäen präsentieren.

Ansonsten gerät das ägyptische Abenteuer zum militärischen Debakel. Das französische Expeditionskorps, ohnehin durch Seuchen geschwächt, wird zerrieben zwischen der britischen Flotte – Admiral Nelson gewinnt die Seeschlacht von Abukir – und der türkischen, von einheimischen Beduinen verstärkten Janitscharenarmee. Im August 1798 verläßt der Chefgeneral seine dezimierten Truppen und schlägt sich auf beschwerlichem Zickzackschiffskurs – England beherrscht nun das Mittelmeer – wieder nach Frankreich durch.

Eilmarsch zum Konsulat

Dort sieht sich das militärisch unfähige Direktorium einer neuen europäischen Allianz, erstmals mit Anschluß Rußlands, gegenüber. Auch im Inneren verliert es heillos die Autorität, einen neuen Putsch hat es nur mühsam überstanden. Es sieht miserabel aus in Frankreich.

Anderthalb Jahre lang hat Napoleon das Vaterland nicht gesehen und die Politik zu Hause nicht beeinflussen können. Aber »Familiare« haben ihn vertreten und ihm den Platz warmgehalten:

Berühmte Darstellung des 18. Brumaire (9. November 1799): Napoleons Bruder Lucien, als Parlamentspräsident im Hintergrund kaum sichtbar, hat die Abgeordneten bereits auf Napoleon eingeschworen – das Konsulat kann begründet, das Direktorium abgeschafft werden. Gemälde von François Bouchot, um 1840.

Lucien als Präsident und Joseph nun auch als Abgeordneter im »Rat der Fünfhundert«, Schwager Leclerc als hochrangiger Lobbyist im Kriegsministerium, Josephine (mit oder neben Germaine de Staël) in den Salons, die Schwestern zielstrebig im Hintergrund mit privaten Einflüsterungen – zugunsten des einzigen Mannes, der den Staat noch vor dem Chaos retten kann. Mutter Letizia hält sich weiter in der Retraite, als Denkmal und Statue einer »Heldenmutter«, womit sie vielleicht das Wertvollste für Napoleon bewirkt.

Frankreich braucht den »starken Mann«, und der kann nur Napoleon heißen. Der Ex-Priester Sieyès entwirft (wieder einmal, jetzt aber unterstützt von dem liberalen Abgeordneten Benjamin Constant, dem Intimfreund Germaine de Staëls) eine neue Verfassung, die auf eine solche Figur zugeschnitten ist. Das abgewirtschaftete Direktorium ist aufzulösen, und drei »Konsuln« – immer noch glänzen die antiken Vorbilder – sollen an die Staatsspitze treten, von denen aber nur der »Erste« wahre Macht ausübt, die anderen sind Statisten und dürfen ihn nur beraten. Es soll ferner einen ernannten Staatsrat geben, der die Gesetze entwirft, ein Tribunat, das sie diskutiert, und eine »Gesetzgebende Körperschaft« (Unterhaus und Senat), das sie annehmen oder ablehnen muß.

Der Ort, an dem die praktische Ausführung dieser Pläne besprochen wird, ist das Landgut Mortefontaine bei Ermenonville, vor den Toren von Paris gelegen. Bruder Joseph hat sich dort mit seinen Friedens- und Kriegsgewinnen ein Schlößchen mit dreihundert Hektar Wald, Flur und See gekauft. In dieser reizvoll-verschwiegenen Ambiance leitet er als Hausherr und Volljurist die Gespräche der politischen Verschwörer. Napoleon nimmt teil, Lucien ebenso, aber auch Murat, denn ohne die Armee wird man den Staatsstreich nicht schaffen können. Als Mitglieder des »Rats der Fünfhundert«, der immer mehr zur Schwatzbude ausartet, haben Lucien und Joseph die Stimmung ihrer Kollegen sorgsam geprüft. Sie kommen zu dem Ergebnis, daß sich ohne massive Einschüchterung der Volksvertreter eine Mehrheit für das Konsulat kaum finden lassen wird. Der Ausgang des Unternehmens bleibt dennoch zweifelhaft und riskant.

So kommt es zu den vielbeschriebenen Ereignissen des 18. und 19. Brumaire (9./10. November) 1799. Wir sehen ein inszeniertes Theaterstück mit verteilten Rollen, mit wahrem und falschem Pathos, auch mit peinlichen Pannen, nicht ohne Komik und Skurrilität.

Napoleon präsentiert sich beiden Kammern des Parlaments als Retter des Vaterlandes, aber er gerät selbst vor der feindlich-unruhigen Menge in Panik; bleich und verwirrt, findet er nicht die rechten Worte, wird niedergeschrien als Volksfeind und Tyrann. Murat muß den Generalmarsch schlagen und mit Truppen den Ratssaal besetzen. Das macht alles nur schlimmer. Viele Abgeordnete, die sich bedroht fühlen, springen aus den Fenstern im Parterre ins Freie, die anderen toben in höchster Erregung weiter. Die Aktion

Auf einer zeitgenössischen englischen Karikatur stellt sich der Staatsstreich des 18. Brumaire ganz anders dar: Die erschrockenen Abgeordneten fliehen vor dem mit Militärgewalt auftretenden Napoleon, dessen Gefolge einen Trommelwirbel auf die Freiheit anstimmt.

steht buchstäblich auf des Messers Schneide. Das Schicksal Robespierres ist noch unvergessen, es kann sich wiederholen.

Dies nun ist die politische Sternstunde des Lucien Bonaparte. Als Ratspräsident legt er demonstrativ seine scharlachrote Amtstoga ab, in gespielter Trauer, weil das Vaterland in Gefahr sei; dann zieht er sie gleich wieder an, weil es nun erst recht für das Vaterland zu kämpfen gelte. Es gelingt ihm, die orientierungslosen, auseinandergelaufenen Abgeordneten wieder zusammenzutrommeln. Er gestikuliert leidenschaftlich und donnert mit Stentorstimme. Das sehr Unwahrscheinliche gelingt: Lucien überredet, ja überzeugt seine Kollegen, er zimmert eine große Mehrheit für das Konsulat – für die Führungsrolle des Bruders Napoleon: Brutus hat Cäsar nicht ermordet, sondern ihm den Weg bereitet.

Niemals sind in Frankreich von großen Männern so viele große Eide geschworen worden wie an diesem unvergeßlichen Tag. Viele Volksvertreter schwören, für die Freiheit sterben zu wollen, was eigentlich niemand von ihnen verlangt. Lucien setzt Napoleon den gezogenen Degen auf die Brust und schwört, er werde ihn durchbohren, wenn dieser je die Freiheit unterdrücken sollte. Napoleon schwört vor seinem Bruder als Präsidenten, daß er der Republik allzeit die Treue halten werde – einen Eid, den er bald schon vergessen hat. Unter diesem Feuerwerk von Emotionen wird das Direktorium zu Grabe getragen – die erschreckten Direktoren ziehen sich nach freiwilligem Amtsverzicht ins wohldotierte Privatleben zurück – und das Konsulat eingerichtet.

Napoleon nimmt nun Wohnsitz im Palais Luxembourg, der bisherigen Direktoren-Residenz. Dann, als das französische Volk in einem Plebiszit mit überwältigender Majorität die neue Verfassung gebilligt hat, zieht er um in das alte Königsschloß der Tuilerien. Er hat die wichtigste Sprosse auf der Leiter zum Empire erklommen – aber ohne die Hilfe der »Familiare« wäre er abgestürzt.

Ein Lehrstück für Machtergreifung, dieser 19. Brumaire? Vielleicht, aber doch nicht nur dies, denn manches hing auch hier von unvorhersehbaren Zufälligkeiten ab. Was damals geschah, war kein Putsch von Abenteurern und Glücksrittern. Es gelang einer intakten Familie von alt-solider, aber nicht sonderlich prominenter Herkunft, sich an den Mantel des Schicksals zu hängen, indem sie den Besten und Tüchtigsten aus ihrer Mitte just an den Platz beförderte, den ihm die Geschichte bestimmt hatte. Das war in dieser Weise noch nie geschehen, und es ist einmalig geblieben.

Ein neuer Stil

Der Einzug der drei Konsuln in die Tuilerien wird ein großartiges Spektakel, wenngleich ohne hintergründige Symbolik. Als Sohn »Carlos des Prächtigen« weiß Napoleon: »Man muß dem Auge etwas bieten, das ist gut für das Volk!«

Mit (scheinbaren) Äußerlichkeiten beginnt er die neue Ära, wobei er sich zuweilen betont zivil gibt. Er reformiert die Tracht und die Mode, offiziell und privat. Abgeschafft wird die lachhafte Geckenkleidung des Direktoriums, verworfen aber auch der Vorschlag seiner Militärs, den Konsuln eine weiße Uniform mit Stiefeln und Mützen zu verpassen. Persönlich entwirft Napoleon schlicht-elegante Fräcke – in roter Farbe für sich selbst, in Blau für die beiden Kollegen, um sie als zweitrangig von sich zu unterscheiden. Bei den Damen sorgt er für das Verschwinden der durchsichtigen Florgewänder, die ihm mißfallen; grimmig befiehlt er eines Abends, Josephines Salon derart aufzuheizen, daß der Raum einem Backofen gleicht: »Ich fürchte, es ist hier zu kalt, weil diese Frauen fast gänzlich nackt sind!« Das reicht, und von jetzt an wird die weibliche Welt festere Stoffe, lose hängende Überkleider, hohe Taillen, Puffärmel und Halbstiefelchen statt Sandaletten tragen.

Das Gemälde von Jean-Dominique Ingres aus dem Jahre 1804 zeigt Napoleon als Ersten Konsul. Das hier von ihm getragene, selbst entworfene Staatskostüm war rot, damit es sich geziemend von den blauen Fräcken der beiden Mitkonsuln (die politisch nichts zu sagen hatten) unterschied.

Der revolutionär-republikanische Kalender mit seinen »römischen« Jahreszahlen und seiner Dekaden-Woche bleibt noch erhalten. Aber allmählich wird es wieder Gepflogenheit, daß man einander als »Monsieur« und »Madame« anredet, nicht mit »Citoyen« und »Citoyenne«; bleibt man bei jenem proletarischen Brauch, so passiert es (wie ein ausländischer Beobachter vermerkt), daß man in den Pariser Ladengeschäften sehr unfreundlich oder überhaupt nicht bedient wird.

Eine gewisse Stilunsicherheit wird dem Konsulat – das ja ganz neu beginnen will und muß, es aber doch nicht kann – freilich stets anhaften, und auch das spätere Empire wird sie, wenngleich fachkundiger beraten, nie ganz überwinden können. Aber der konsequente Zug zum Heroischen wird durch Napoleons Geschichtsbewußtsein geprägt. Er gibt Bruder Lucien den Auftrag – wer könnte ihn besser ausführen als jener? –, in den Tuilerien die Reminiszenzen sowohl an die Monarchie als auch an die Revolution zu tilgen, statt dessen eine Art persönlicher Ahnenreihe sichtbar zu machen.

So gibt es dort in der Großen Galerie bald Statuen und Büsten von Demosthenes und Alexander dem Großen, von Hannibal, Cato und Cäsar, von Turenne und Condé, aber auch vom Prinzen Eugen, von George Washington und von Preußens Großem Friedrich zu bewundern. Theater und Oper, jetzt ebenfalls auf heldische Stoffe und Themen ausgerichtet, kommen wieder »in Mode«.

Lucien bleibt auch ansonsten für den Stil zuständig, sogar im ganz wörtlichen Sinn. Er ist es, der dem großen Bruder dessen orthographische und grammatische Fehler in Reden und Aufsätzen korrigiert, den Gedankenfluß glättet und in elegante Worte kleidet.

Brüderliche Belohnungen

Napoleon zeigt sich erkenntlich gegenüber allen »Familiaren«, die ihm so wirksam geholfen haben und die er weiterhin in seinen Diensten fördern will, wenn und solange sie darin verbleiben werden.

Die Ämter des Zweiten und Dritten Konsuls kommen allerdings nicht in Betracht; erstens sind die entsprechenden, wenn auch nominell höchstrangigen Funktionäre nur Repräsentationsfiguren, die politisch nichts zu sagen haben, und zweitens kann man den Franzosen nun zwar den einzigen Napoleon, aber nicht eine komplette Bonaparte-Troika zumuten. So wird zum Zweiten Konsul Jean-Jacques de Cambacérès, ein Jurist von Graden, berufen, und Dritter Konsul wird Charles François Lebrun, ein erfahrener Finanzfachmann, der schon unter Louis XV. dem Staat gedient hat. Sie werden treue und auch tüchtige Ratgeber sein, aber der Vergleich ihrer Stellung zu derjenigen Napoleons beschränkt sich auf den kulinarischen Bereich ihrer Diner-Einladungen – »beim Ersten Konsul speist man am schnellsten, beim Zweiten am besten, beim Dritten am schlechtesten«, wie man in Paris Bescheid weiß.

Ansonsten ist es verdientermaßen Lucien, den Napoleon mit einem der wichtigsten Ämter belohnt. Er wird sofort Innenminister der neuen Regierung. Freilich wird er, wie sich bald zeigt, an dieser Stellung keine rechte Freude finden und sie auch nicht lange ausüben. Bruder Louis und Stiefsohn Eugen werden zu Obristen befördert – jener bei der Artillerie, Napoleons alter Waffengattung, dieser bei den Chasseurs, aus denen Napoleons Lieblingstruppe der Gardejäger hervorgeht. Leclerc und Murat, der nun endlich Caroline heiraten kann, ernennt Napoleon zu Divisionsgeneralen. Mutter Letizia und alle Schwestern erhalten beste Etablierung und großzügige Ausstattung. Jerome wird – nach eher mäßigem Schulabschluß, aber auch nach frühem Mutbeweis bei einem Pistolenduell mit einem Mitschüler – für die Marineoffizierslaufbahn bestimmt.

Sämtliche Bonapartes aber, nebst Anhang, profitieren von ihrer neuen Rechtsstellung, die Napoleon ihnen unter dem Begriff »Konsularische Familie« verschafft. Diesen Kollektivtitel erfindet er nicht nur in Fortsetzung der korsischen Sippentradition, sondern auch im Anklang an die »Maison Royale«, die Erste Familie Frankreichs unter dem Ancien régime. Die Position verschafft nicht nur exklusive Ehrenvorzüge und Rangpräzedenz im neuen, schon quasi-höfischen Staatszeremoniell, sondern belastet freilich auch: Jede Eheschließung muß, bei Gefahr ihrer Nichtigkeit und des Statusverlustes, erst vom Familienoberhaupt gebilligt werden – damals eben vom König und jetzt vom Ersten Konsul. Es werden die Brüder Jerome und Lucien sein, die bald mit dieser unerbittlichen Vorschrift kollidieren.

Für Josephine allerdings ist jenes Gesetz ein herrliches Geschenk. Sie ist »Erste Dame« des Staates geworden. Um sie als solche in den angemessenen Umgangsformen zu unterweisen, bestellt Napoleon ihr die Witwe eines guillotinierten Herzogs zur Hofmeisterin; man muß doch wieder auf die geschmackssicheren »Ci-devants« zurückgreifen. Die Rangplätze unmittelbar nach ihr bleiben gar unbesetzt, denn der Zweite Konsul ist ein Junggeselle und der Dritte ein Witwer. Josephines Empfänge in den Tuilerien und im Schlößchen Malmaison (das sie vorzieht) überstrahlen die Salons der Damen Récamier und Tallien – und auch der Germaine de Staël, deren Annäherungsversuche Napoleon, im Mißtrauen gegen diese erzpolitische Republikanerin, ebenso kühl wie undankbar zurückweist.

Doch was geschieht mit Joseph, dem Erstgeborenen, dessen Anteil am Aufstieg zum Konsulat zwar nicht so groß wie der Luciens, aber doch auch beträchtlich gewesen ist? Der Lohn, den er erhält, muß auf den ersten Blick schäbig erscheinen. Napoleon macht ihn nicht, wie jener wohl insgeheim erhofft, zum »Zweiten Mann« im Staat – allerdings existiert eine derartige Funktion nach

Joseph Bonaparte, Napoleons ältester Bruder. Hier in dem von ihm ungeliebten und daher höchst selten getragenen Zeremonialkostüm eines »Grand Électeur« (Großwahlherr) des französischen Staates. Sehr ungewöhnlich: die Ehrenlegion am Federhutbarett. Zeitgenössischer Kupferstich.

der Verfassung auch gar nicht –, sondern findet ihn ab mit dem eigens auf ihn zugeschnittenen Papiertitel eines »Grand Électeur« und einem Sitz im Staatsrat, wo es einiges zu debattieren, aber nichts zu entscheiden gibt.

Joseph wäre gern Innenminister geworden, wozu er, in der Verwaltung hinreichend erfahren, gewiß das Zeug gehabt hätte, aber da stand ihm Lucien im Wege. Auch das Außenministerium hätte seinem Geschmack entsprochen, doch wird dies dem alten Fuchs Talleyrand anvertraut, der nach Napoleons Meinung als »Ci-devant« über mehr Erfahrung und Autorität im Umgang mit den europäischen Mächten verfügt.

Joseph ist also, mit einigem Recht, sehr unzufrieden. Aber er weiß nicht, daß die Geschichte den napoleonidischen Stabwechsel zwischen Lucien und ihm schon programmiert hat – diesmal wird er es sein, der den großen Bruder weiter voranbringt, und wie Lucien jenen in den Sattel des Konsulats gehoben hat, so wird Joseph, als Jurist und Diplomat, der wichtigste Steigbügelhalter zum Empire sein.

Bevor er sich derart entfalten kann, muß Napoleon aber wieder ins Feld ziehen, um die Österreicher zum zweiten Mal (und nun für anderthalb Jahrzehnte) aus Italien zu vertreiben. Am 14. Juni 1800 gewinnt er die entscheidende Schlacht von Marengo – erneut treulich begleitet von Stiefsohn Eugen, der in absehbarer Zeit seinen politischen Statthalterplatz in jener Region einnehmen wird.

Lucien, verhinderter Staatsmann

Dem Innenminister Lucien Bonaparte gelingt es leider nicht einmal während der Abwesenheit Napoleons, sich in seinem Amt sonderlich zu profilieren. Es zeigt sich, daß er zwar ein glänzender Theoretiker der Staatslehre und Verfassung, weniger aber ein Praktiker der Verwaltung ist. Etwas von einem politischen Eunuchen hat dieser so sehr von Passion durchdrungene Mann schon an sich – er weiß, wie es gemacht werden sollte, aber er kann es nicht selber tun.

Gegenüber Napoleon, der sich auch auf den Gefechtsfeldern um alle zivilen Dinge nachhaltig kümmert, tritt Lucien in den Schatten. Die Reorganisation Frankreichs an Haupt und Gliedern durch das geniale Präfektursystem, die Gründung der Zentralbank, den Code civil und das öffentliche Strafgerichtsverfahren – das alles ist weit mehr eigenes Werk des Ersten Konsuls als seiner Minister, auch des Innenministers.

Lucien, gutherzig und vielleicht etwas gutgläubig, kollidiert bald mit einem einflußreichen Kabinettskollegen – Joseph Fouché, Altjakobiner auch er, der sich ebenso zäh wie skrupellos zum allmächtigen Chef der Polizei aufgeschwungen hat, weil er unentbehrlich ist. Wenn Lucien meint, daß eine »gute« Regierung ohne diesen »bösen« Mann auskommen müsse, so teilt Napoleon diese naive Ansicht keineswegs.

Kurz nach dem Sieg von Marengo taucht in der Pariser Gesellschaft ein Pamphlet auf. Darin wird »Bonaparte« mit Cäsar und Cromwell verglichen; er habe, wie diese großen Männer, keine natürlichen Erben, und so liege es nahe, einen seiner Brüder schon jetzt zu seinem Nachfolger zu erklären. Nach damaligem Stand der Dinge kam dafür kaum Joseph oder gar ein anderer Bruder, sondern nur Lucien in Betracht. Ihm muß man es abnehmen, daß er als überzeugter Republikaner diese Druckschrift, die fatalerweise den Stempel seines Ministeriums trug, weder gebilligt noch gar selbst verfaßt hat; vermutlich stammte sie aus der geheimdienstlichen Hexenküche des Monsieur Fouché und war von ihm als gezielte Indiskretion gegen den Innenminister gedacht. Denn eines stand fest: Auf solche Gedanken, die schon eine Erbmonarchie am Horizont auftauchen ließen, war Frankreich vor dem Frieden von Lunéville noch keineswegs vorbereitet – sie mußten in breiten Schichten Empörung auslösen.

Es ehrt den Charakter Luciens, daß er, als Napoleon sich höchst ungehalten zeigt, sofort die politische Verantwortung für diese Schrift auf sich nimmt und seinen Rücktritt erklärt – ein knappes Jahr nach Übernahme des Amtes. Napoleon weiß das Opfer zu würdigen und vergoldet seinem Bruder den Abschied durch Ernennung zum Botschafter in Spanien.

Für das Leben Luciens, dessen Frau Catherine inzwischen am Kindbettfieber gestorben ist, wird dieser Posten in zweifacher Hinsicht bedeutsam. Er bekommt Gelegenheit, seine diplomatischen Fähigkeiten zu beweisen, was ihm in hohem Maß gelingt, und er legt den Grundstock für ein beträchtliches Privatvermögen, das ihn von politischen Versorgungsrücksichten befreit.

Der Ambassadeur Lucien Bonaparte wird vom Madrider Hof mit offenen Armen empfangen; niemand ärgert ihn durch Anspielungen auf seine revolutionäre Vergangenheit. Binnen weniger Monate bringt er drei Staatsverträge zustande. Spanien schlägt sich auf die Seite Frankreichs und marschiert gemeinsam mit einer französischen Armee (dabei ist auch Oberst Louis Bonaparte mit seinem Regiment) gegen Portugal, das mit England verbündet ist.

Damals gilt in Europa ein Brauch, der heutzutage jedem Diplomaten den sofortigen Amtsverlust und eine Anklage wegen schwerer Bestechlichkeit eintragen würde: Bei Vertragsabschlüssen erhält jeder Botschafter von der Regierung, bei der er beglaubigt ist (also nicht etwa von der eigenen), wertvolle Geschenke. So bekommt denn Lucien aus der königlichen Gemäldegalerie zu Madrid zwanzig Bilder alter Meister und dazu für jeden Vertrag ein ledernes Beutelchen mit Brillanten. Damit ist er reich und auch äußerlich ein vollkommen unabhängiger Mann geworden.

Es ist aber bezeichnend für Lucien, daß auch seine Diplomatenzeit nicht länger dauert als sein Ministerialdienst, kaum ein Jahr, und daß er sich wieder selbst zum Rücktritt entschließt. Napoleon ist mit den Zugeständnissen, die Frankreich von Portugal im »Apfelsinenkrieg« erhält, nicht zufrieden und befiehlt Lucien, die Verhandlungen mit der Regierung in Lissabon bis zur totalen wirtschaftlichen Kapitulation weiterzuführen. Lucien, der das für ungerecht und wohl auch für aussichtslos hält, sieht sich als Vermittler desavouiert und reagiert mit korsischem Jähzorn.

Seine Prinzipientreue wird stets stärker entwickelt sein als sein Stehvermögen gegenüber den Forderungen des Tages – jedenfalls wenn sie ihm nicht gefallen. An seiner Stelle darf Oberst Louis Bonaparte, der zu spät zum militärischen Einsatz gekommen ist, den Frieden von Badajoz im französischen Auftrag – und natürlich auf ehrenvolle brüderliche Weisung Napoleons – unterzeichnen.

Im Herbst 1801 wirft Lucien seinen Madrider Posten hin und kehrt eigenmächtig nach Paris zurück, wo seine parlamentarischen Freunde es längst an der Zeit finden, daß er sich wieder um die französische Innenpolitik kümmert. Napoleon ist dort immer mächtiger geworden. Bald wird man ihn höchst legitim-demokratisch (aber vielleicht nicht mehr ganz republikanisch) zum »Konsul auf Lebenszeit« wählen und ihm sogar das Recht verleihen, seinen eigenen Nachfolger zu bestimmen. Lucien Bonaparte gerät nun auf Kollisionskurs, und sein Bruch mit dem Bruder zeichnet sich schon ab.

Es ist schwer zu sagen, welcher von beiden Männern den anderen weniger verstanden hat. Napoleon sieht in Lucien bald einen starrsinnigen Eigenbrötler, einen unbelehrbaren Dickkopf, der nicht immer den nötigen Sinn für die Realität besitzt. Er selbst marschiert auf der Straße des Sieges, nicht nur militärisch, sondern auch zivil; er hat die Vergangenheit liquidiert, teils transformiert und eingeschmolzen, er hat den Franzosen neues Selbstvertrauen und den Ruhm der Adler gegeben. Dann entwirft er den säkularen Traum vom Empire, eines dauerhaften Reiches mit Rechtsgleichheit und Rechtssicherheit für alle Völker Europas, und nimmt dafür die blutigen Verluste in Kauf, die ausgehalten und ertragen werden müssen.

Im ewigen Spannungsverhältnis des Staates zwischen Ordnung und Freiheit ist Napoleon gewiß derjenige, dem die Ordnung mehr bedeutet. In diesem Punkt werden sich die Schwestern Elisa und Caroline – künftig mehr Landesherrinnen als Landesmütter – dem großen Bruder, der sie zur Herrschaft beruft, anschließen; Joseph und Jerome werden, mit wechselnder Fortune, den Versuch eines balancierenden Ausgleichs unternehmen; »Madame Firlefanz« Pauline wird nicht näher gefragt und geprüft sein; Madame Mère Letizia wird, als Korsin mit aller familiär-historischen Last befrachtet, beredt schweigen – und nur Louis wird im Gefühl und im Temperament, doch ohne jede rationale Absprache oder auch nur Kontaktnahme, auf die Seite Luciens treten, des »Höchstbegabten« nach Meinung der Eltern.

Wie also denkt Lucien? Er sieht die Dinge – moralisch, politisch, philosophisch – aus einem Blickwinkel, der dem Napoleons entgegengesetzt ist. Das Glück des einzelnen, die Integrität der Person, scheint ihm allemal wichtiger als die Wohlfahrt einer (wie er nun nach kritisch-leidvoller Erfahrung meint) anonymen »Gesellschaft«. Das ist der Schluß, den er aus der Revolution gezogen hat. Für das Genie des Bruders, dem er zunehmend mißtraut, kann er sich politisch und menschlich nicht begeistern. Was bei Napoleon übermenschlich erscheinen mag, erweckt in ihm den Verdacht der Unmenschlichkeit. Dem Lieblingsbruder Joseph wird er bald seinen Eindruck mitteilen: »Mag er noch einmal Europa in Blut ertränken durch Kriege, die er vermeiden könnte – ich will beiseite stehen, will ihm nicht mehr sklavisch gehorchen!«

Immerhin »gehorcht« Lucien noch einmal, als ihm Napoleon, großzügig wie fast stets gegenüber den Familienangehörigen, den diplomatischen Ungehorsam verzeiht und ihn wieder als Senator, also als Mitglied des Oberhauses, ins Parlament beruft. Das freilich ist eine ebenso einflußlose wie wohldotierte Sinekure, und Lucien weiß es im voraus, denn an der Konsulatsverfassung hat er ja maßgeblich mitgearbeitet.

Er kommt zwar der angenehmen Pflicht nach, sich selbst einen Senatorialbezirk nebst Landsitz auszusuchen. Nach einer längeren Rheinreise in die von Frankreich okkupierten Gebiete wählt er das idyllische Schlößchen Poppelsdorf mit einem kleinen Eifel-Bezirk zwischen Bonn und Trier. So erhält dieses einst geistliche Territorium seine Vertretung im französischen Parlament in der Person des Senators Lucien Bonaparte – eine wenig bekannte historische Arabeske.

Aber die ihm weiterhin angetragenen Ämter – erst Schatzmeister des Senats, dann Großkanzler der Ehrenlegion (nach deren republikanisch umstrittener Stiftung) – lehnt Lucien ab in der Erkenntnis, daß sie ihn unwiderruflich zum Vasallen Napoleons machen würden. Durch diese Weigerung kühlt das Verhältnis zwischen den Brüdern ab. Die Spannung betrifft vorerst nur den politischen Bereich; das private Feld wird bald, und historisch vielleicht wichtiger, hinzukommen.

Joseph der Friedensstifter

Zu der Zeit, als Lucien noch Innenminister ist, beginnt der außenpolitische Aufgalopp des Bruders Joseph. Nach Weisung Napoleons, aber mit weitreichenden Vollmachten versehen und im

Detail auch durchaus nach eigenem Konzept handelnd, geht er bedachtsam und folgerichtig ans Werk. Im Lauf von zwei Jahren schließt er vier internationale Verträge ab, die das Antlitz (nicht nur) Europas verändern.

Dem »neuen« Frankreich des Konsulats muß ein Ausgleich, ja eine dauerhafte Freundschaft mit den Vereinigten Staaten von Amerika am Herzen liegen. Es gilt, sich bei den voraussehbaren Auseinandersetzungen mit England den Rücken freizuhalten. Frankreich besitzt Kolonien in der Neuen Welt, die im Kriegsfall nicht zu halten wären, vor allem das große Territorium Louisiana mit der Haupt- und Hafenstadt New Orleans an der Mississippi-Mündung. Die Vereinigten Staaten unter ihrem zweiten Präsidenten Thomas Jefferson sind an diesem Gebiet aus wirtschaftlichen und strategischen Gründen höchst interessiert; sie müssen jede fremde Macht, die Louisiana besitzt, als natürlichen Gegner betrachten.

Joseph erkennt mit Scharfblick, daß die freiwillige Preisgabe eines Vorteils, der ohnehin nicht von Dauer sein kann, mehr Nutzen einbringt als seine sinnlose Verteidigung – wenn man dafür etwas bekommt, das man sonst nicht haben könnte. Am 30. September 1800 schließt er in Mortefontaine mit dem US-Gesandten Livingstone die »Konvention von Paris«. Er kommt dem Vertragspartner nicht nur einen Schritt, sondern eine ganze Meile entgegen. Während die USA sich schon mit New Orleans und dem Flußdelta begnügt hätten, stellt Frankreich den Verzicht auf seine sämtlichen Kolonien in der Interessensphäre der Vereinigten Staaten in Aussicht. Ganz Louisiana wird den USA unter günstigsten Bedingungen zum Kauf angeboten und ihnen zwei Jahre später für nur siebzehn Millionen Dollar übereignet.

Wie es bei guten Verträgen sein muß, sind beide Seiten zufrieden. Die USA können ihre verwundbare Südflanke schützen und sich bis zum Golf von Mexiko ausdehnen. Frankreich aber hat sich ihre politische, wirtschaftliche und emotionale Unterstützung gegen England gesichert. Joseph feiert diesen Erfolg mit einem großen Gartenfest auf seinem Landsitz, und für »tout le monde« ist er der Held des Tages.

Schon zwei Monate später, im kalten Winter 1800, bricht er in das lothringische Städtchen Lunéville auf und schließt dort den gleichnamigen Friedensvertrag mit Österreich, der Frankreich – noch weit über die Ergebnisse von Campoformio hinaus – die territorialen Errungenschaften der Revolution bis zum linken Rheinufer sichert und seine Stellung in Holland, in der Schweiz und in Italien stärkt.

Das Ende des »Heiligen Römischen Reiches Deutscher Nation«

ist gekommen, und der Kaiser als Reichsoberhaupt wird seinen Titel bald nur noch für Österreich führen. Die linksrheinischen Reichsfürsten verlieren ihre Territorien und müssen rechtsrheinisch entschädigt werden. Das Haus Österreich ist aus Deutschland wie aus Italien hinausgedrängt, gibt seine Besitzungen in Belgien und Luxemburg auf und muß das französische Protektorat über die Batavische, die Ligurische und die Cisalpinische Republik anerkennen. Mit Venedig und Triest behält es, nur kurzzeitig, noch einen schmalen Zugang zur Adria.

Damit hat Frankreich erzielt, was weder seine Könige noch seine Revolutionäre in ihren kühnsten Träumen ahnen konnten. Es bekommt seine »natürliche Grenze« am Rhein und erhält Belgien als Glacis gegen England (das seinerseits freilich diese ständige Bedrohung an der Gegenküste niemals dulden wird). Mit beiden Beinen steht Frankreich in Italien, mit einem Fuß schon in der Schweiz und in den Niederlanden. Der Vertrag ändert die Landkarte Europas so, wie sie seit den Tagen der Karolinger nicht mehr umgestaltet worden war.

Die Verhandlungen, die Joseph über all dies mit dem österreichischen Bevollmächtigten führen muß, sind zäh. Zwar ist Graf Cobenzl ein Mann, der schon vor Napoleons kalkulierten Wutausbrüchen schreckhaft zurückgewichen war; der siegreiche Feldherr hatte beim Traktat-Geplänkel zu Leoben eine relativ wertlose Porzellan-Teekanne in »bewußter Fahrlässigkeit« (wie die Juristen sagen) umgeworfen und zerschmettert – was allerdings (wie die Historiker sagen) nur eine jener unverbürgten Anekdoten darstellt, an denen die Überlieferung aller Napoleoniden so überreich ist.

Nun, mit solchen Methoden kann der sanfte Joseph nicht aufwarten. Er begegnet Cobenzls hinhaltender Verzögerungstaktik mit ganz anderen Mitteln. Von gleichen erlesenen Manieren und höflichen Formen wie jener, auch an Bildung ihm nicht nachstehend, setzt er auf milde Zermürbung des Kontrahenten. Er nimmt sich Zeit, trotz Napoleons Ungeduld und trotz des unwirtlichen Aufenthaltes im Lunéviller Schloß, das keine Heizung hat und in dem man über Weihnachten frieren muß. Jünger und körperlich-geistig widerstandsfähiger als der empfindsame Aristokrat, ringt er jenem beharrlich die Zugeständnisse ab, die er von ihm braucht. Man schließt persönliche Freundschaft, diniert miteinander, und die harte Faust bleibt im Samthandschuh verborgen. Am 9. Februar 1801 wird der Vertrag von Lunéville paraphiert. Das Werk, das Joseph geschaffen hat, spricht für sich selbst – und auch für ihn.

Der Verhandlungspartner, mit dem es Joseph bei seinem dritten Vertrag, dem Konkordat mit dem Heiligen Stuhl, zu tun bekommt, ist von anderem Format und Kaliber als der Österreicher Cobenzl.

Der italienische Prälat Ercole Consalvi gehört jener kleinen Gruppe von Kirchenfürsten an, deren Rangklasse als »Kardinaldiakone« es ihnen ermöglicht, nicht die bischöfliche und nicht einmal die priesterliche Weihe empfangen zu müssen; sie begnügen sich freiwillig mit dem Weihegrad eines Diakons, um sich – nicht gebunden durch geistlich-sakramentale Pflichten – ganz der römisch-kurialen Verwaltung und Diplomatie widmen zu können. Daher ist ein Kardinaldiakon bei rein gottesdienstlichen Handlungen jedem Bischof und sogar jedem einfachen Priester nachgeordnet (nur wenn er selbst zum Papst gewählt würde, müßten bei ihm die entsprechenden Weihen nachgeholt werden), aber in der kirchlichen Hierarchie steht er wie die anderen Purpurträger, die »Kardinalbischöfe« und die »Kardinalpriester«, ganz oben.

So hat es auch Ercole Consalvi zum päpstlichen Staatssekretär, zum Außenminister der Kirche gebracht. Er dient nun Pius VII., der nach dem Tod Pius' VI. (gestorben, trotz Josephs verzweifelter Interventionen, in französischer Gefangenschaft) und nach einer langwierigen, international brisanten Konklave-Wahl den Stuhl des Petrus bestiegen hat. Eminenz Consalvi ist ein ebenso formvollendeter Weltmann wie Cobenzl, aber hinter solchem Auftreten verbirgt sich nicht nur tiefe Frömmigkeit, sondern auch unerbittliche kirchenpolitische Härte und bedingungslose Treue zum Heiligen Vater. Der Vorsprung der Jugend – auch Consalvi, dreiundvierzig, ist zehn Jahre älter als der französische Kontrahent – nützt Joseph diesmal wenig, denn der Kardinal verhandelt mit ihm, wie er nach Rom berichtet, »usque ad divisionem corporis et animae«, bis zur Trennung von Leib und Seele, dem körperlichen Erschöpfungstod.

Worum geht es? Joseph vollendet im Auftrag des Bruders ein Werk, das in seinem Vaterland mehr als hundert Jahre Bestand haben wird und nur geringer Korrektur bedarf, als Frankreich später erstmals ein nichtkatholisches Staatsoberhaupt bekommt. Es geht um die Wiederherstellung der freien Religionsausübung und der kirchlichen Hierarchie.

Seit Ausbruch der Revolution gleicht die katholische Kirche in Frankreich fast einem Leichnam. Zehn Jahre schon schweigen die Glocken, die nichts mehr zu verkünden haben. Die Messe wird nicht gefeiert, die Predigt nicht gehalten, die Beichte nicht gehört und der Religionsunterricht nicht erteilt. Denn die Priester, die für all dies zuständig wären, sind an die Laternen gehängt oder in der Loire ertränkt worden (allein zweihundertneunundachtzig von ihnen hat man in einem Massengrab auf der Île Madame verscharrt) oder leben als religiös Verfolgte im Untergrund, weil sie den Eid auf die revolutionäre »Zivilverfassung des Klerus« verweigert haben. Wer den politischen Schwur geleistet hat, darf zwar polizeilich überwachte Gottesdienste abhalten, aber die werden von guten Christen kaum besucht, weil sie dem päpstlichen Interdikt unterliegen.

Selbst unter dem Direktorium hat sich zwischen den beiderseits starren Fronten so gut wie nichts bewegt. Aber der Erste Konsul Napoleon strebt nun die »Versöhnung aller Franzosen« an, nicht bloß auf politischem, sondern auch auf religiösem Gebiet, und dazu gehört notwendig der Ausgleich mit dem Papst; nur so können die Kirchen wieder geöffnet, die Spaltungen im Volk überwunden werden.

Joseph und Consalvi kennen und schätzen einander aus Josephs römischer Botschafter-Zeit. Man lächelt sich zu. Aber die beiden Männer haben sich nichts zu schenken, denn sie vertreten unterschiedliche Interessen von höchstem prinzipiellem Gewicht, und in der Strategie des Verhandelns sind sie ebenbürtig. So machen sie es sich, und auch der eine dem anderen, nicht leicht. Napoleon mischt sich persönlich ein, wirft mühsam errungene Teilergebnisse wieder über den Haufen, brüllt den Kardinal öffentlich an und bezichtigt den Bruder, ebenfalls vor Publikum, der feigen Nachgiebigkeit. Auch der Papst ist in seinen Direktiven an den »geliebten Sohn« Consalvi unerbittlich: »Gehen Sie bis an die Pforten der Hölle, aber nicht weiter!«

Doch wie auch immer, die Kontrahenten stehen unter Erfolgszwang, denn der Heilige Vater will den Frieden nicht weniger als der Erste Konsul, und am 15. Juli 1801, frühmorgens um zwei Uhr, unterzeichnen Joseph und Consalvi die siebzehn Artikel des Konkordats. Dann umarmen sie einander und vergießen Tränen der Rührung; der allzeit auf Wirkung bedachte Joseph hat die Nachricht von der Geburt seiner ersten Tochter, Zenaide, absichtlich für einige Stunden zurückgehalten, um die Gratulation Consalvis just zum rechten Moment empfangen zu können.

In der Tat, die Kirche ist bis an die »Pforten der Hölle« gegangen. Nicht nur die Revolutionspriester, die den Staatseid geleistet haben, sollen ihre Ämter verlieren, sondern auch die romtreu gebliebenen Eidverweigerer dürfen nicht mehr in ihre Diözesen und Pfarreien zurückkehren; anstelle einer Belohnung für ihre Standhaftigkeit werden sie ebenfalls zum Verzicht gezwungen. Napoleon will einen völligen Neubeginn in der Hierarchie, und dem kann der Papst nur schweren Herzens zustimmen – ebenso wie der Klausel, daß der Gottesdienst »allen polizeilichen, im Interesse der öffentlichen Ordnung nötigen Bestimmungen entsprechen« müsse, und der weiteren Einschränkung, daß der römisch-apostolische Glaube nicht als Staatsreligion, sondern nur als »Bekenntnis der großen Mehrheit der französischen Bürger« anerkannt und geschützt wird.

Aber in allem übrigen kann die Kirche mit dem Konkordat zufrieden sein. Zwar wird der französische Staatschef die Bischöfe ernennen, aber sie bedürfen der päpstlichen Investitur; wird diese verweigert, so können sie ihr Amt nicht ausüben. Die Bischöfe ihrerseits sind weitgehend frei in Auswahl und Berufung der Pfarrer. Der Staat garantiert die freie Ausübung der Religion und den kirchlichen Unterricht. Er behält zwar die enteigneten Kirchengüter, sorgt aber für Renovierung der verfallenen Kirchen und baut neue Gotteshäuser; vor allem, er zahlt allen Geistlichen angemessene Gehälter, in Angleichung an die Besoldung der Beamten.

Innerhalb eines Vierteljahres ergreifen sechzig neuernannte Bischöfe (statt früher neunundachtzig) Besitz von ihren neugegliederten Diözesen. Die Kirchen werden geöffnet, die bisher stummen Glocken läuten wieder über ganz Frankreich, und das erste Tedeum mit der neuen Fürbitte »Domine, salvam fac rem publicam – Domine, salvos fac consules« wird in Notre-Dame zu Paris zelebriert; der Weg Napoleons ist frei, zumindest vom mächtigen Rom und von den Gläubigen aus gesehen, und schon bald wird es heißen: »Domine, salvum fac imperatorem!«

Wenn keine andere Friedenstat Napoleons ihm so begeisterte Zustimmung in der Öffentlichkeit einträgt wie dieses Konkordat, so ist es doch wieder Bruder Joseph gewesen, der den »Teufel im Detail«, diesmal im ganz wörtlichen Sinn, besiegt und damit auch die Weichen zum Empire gestellt hat.

Zwei prominente Zeitgenossen sind in sehr spezieller Weise vom Konkordat betroffen – der eine negativ, der andere positiv, keiner von beiden gerecht. Dem Außenminister Talleyrand, Bischof von Autun unter dem Ancien régime, wird die dringlich gewünschte Rückversetzung in den Laienstand (dem er sich längst wieder angehörig fühlt) schweigend verweigert. So kann er (auf eine Todsünde mehr oder weniger kommt es schon nicht mehr an) seine langjährige Mätresse Catherine Grand nur standesamtlich heiraten; voll sublimen Trotzes tut er das auch, und erst auf dem Sterbebett wird er sich mit der Kirche versöhnen.

Wer aber wird, mit massiver Förderung Napoleons und Josephs, erster Botschafter der Konsularregierung beim Heiligen Stuhl? Kein anderer als der Stiefonkel, Abbé Joseph Fesch, abtrünniger Staatspriester, dann doch Bischof geworden und nun gar zum Kardinal erhoben. Consalvi und der Papst nehmen ihm – bongré, malgré – ungeprüft die wohlfeile Entschuldigung ab, er sei zum Eid auf die Zivilverfassung des Klerus gewaltsam gezwungen worden. So kann Fesch bald aufrücken zum nominell höchsten Geistlichen Frankreichs – denn mit dem Erzbischofsstuhl von Lyon, den er nach Rückkehr aus Rom besteigen darf, ist der Traditionstitel »Primas von Gallien« verbunden. Die fromme Letizia aber freut sich über die klerikale Bilderbuchkarriere ihres Halbbruders noch viel mehr, als sie sich demnächst über die Kaiserkrone ihres Sohnes Napoleon freuen wird. Ja, der Clan erstrahlt, auch für die Christenheit, in höchstem Glanz.

Joseph krönt seine erstaunliche Vertragsserie mit dem Frieden von Amiens am 25. März 1802. Dieses vierte Abkommen, das er mit dem britischen Bevollmächtigten, Lord Cornwallis, schließt, beendet den Krieg mit England – leider nur für zwei Jahre, aber historisch unvergänglich bleibt, daß der englische König seinen jahrhundertelang geführten Titel und Anspruch, auch »König von Frankreich« zu sein, jetzt erstmals und endgültig aufgibt. Das ist sensationell; dieser stillschweigende Verzicht ist wichtiger als alles, was auf dem Papier des Vertrags geschrieben steht.

Seit Österreich mit dem Separatvertrag von Lunéville die europäische Koalition verlassen hat, kann England für den Einzelkrieg gegen Frankreich keine Begeisterung mehr aufbringen. Der Streit ist zu kostspielig geworden, zumal die USA – Josephs »Konvention von Paris« hat ihre Früchte getragen – an der Seite Frankreichs stehen. Premierminister Pitt meint, daß man nun ebenfalls Frieden braucht – vorläufig jedenfalls, zum Atemholen; später wird man bei günstigeren Machtkonstellationen auf dem Festland weitersehen. So will er (fürs erste) die territorialen Erwerbungen Frankreichs gemäß dem Lunéviller Vertrag nicht anfechten. England verzichtet auch auf alle kolonialen Erwerbungen der letzten Jahre, mit Ausnahme von Trinidad und Ceylon (es behält auch, allerdings vertragswidrig, die Insel Malta, die Napoleon gewissermaßen auf der Vorbeifahrt nach Ägypten den Rittern des Heiligen Johannes weggenommen hatte).

Joseph Bonaparte kann alle diese Forderungen stellen, der englische Lord ist weisungsgemäß zum Nachgeben verurteilt. Damit zieht sich England ebenso vom Kontinent zurück, wie Österreich aus Deutschland hinausgegangen ist. »Man mochte«, schreibt Jacques Bainville, »die ganze Geschichte durchgehen, sie wies keinen Frieden auf, der sich mit Amiens vergleichen ließ, mit diesem Triumph der Revolution, der die Macht Frankreichs auf den Gipfel führte.«

Wenn Joseph Bonaparte in seinem ganzen Leben nichts anderes getan und verrichtet hätte als die Aushandlung der vier Staatsverträge für Frankreich, so müßte ihn das allein zu einem großen Franzosen gemacht haben. Und so sahen es die Zeitgenossen in der Tat. Der französische Senat bereitet Joseph triumphale Empfänge, das Volk von Paris spannt ihm die Kutschpferde aus und feiert ihn mit Fackelzügen, wenn er von seinen Vertragsabschlüssen heimkehrt. Madame de Staël aber wendet nun ihm die temperamentvolle Freundschaft zu, die sie Napoleon vergeblich angetragen hat – der Beiname Josephs, der bald in aller Munde ist, stammt von ihr: »Le Pacificateur« – der Friedensstifter.

Joseph hört das gern, und der neue Ruhm gefällt ihm sehr. Halböffentlich verstreut er allerhand orakelnde Andeutungen: Die Republik könne wohl noch mehr von ihm erwarten; es gebe ja nicht nur den Ersten Konsul Napoleon; und vielleicht, eines Tages, wer könnte es denn wissen, wenn dem Bruder etwas zustoßen sollte...

Nein, dieser Joseph weiß nicht oder will (anders als Lucien) nicht glauben, daß die Republik schon im Sterben liegt und daß er selbst es ist, der wie kein anderer für den Bruder die Laufbahn zum Kaisertum öffnet. Er hat den »Frieden gestiftet«, den Napoleon braucht, um sich mit des Volkes Zustimmung zum Kaiser aufzuschwingen.

Der republikanischen Titelerfinderin bekommt auch dieser idealistische Einsatz nicht gut. Sie muß auf Befehl des Ersten Konsuls ihren Salon schließen und bald ins schweizerische Exil nach Coppet gehen. In Frankreich ist die Zeit des Räsonnierens und Debattierens in den Clubs und Salons vorbei; insbesondere die Frauen sollen sich des politischen Geschwätzes enthalten. Ist vielleicht etwa Eifersucht Napoleons im Spiel? Das mag wohl sein, denn an besonderer Aufwertung des Bruders Joseph ist ihm auch jetzt nicht gelegen. Wiederum bleibt die Belohnung dürftig – der Großoffiziersstern der Ehrenlegion und (wie schon für Lucien) ein Sitz im Senat, beides dekorativ und auch sehr lukrativ, aber politisch bedeutungslos. Die juwelenbesetzte Tabaksdose mit dem Porträt Napoleons empfindet Joseph eher als Verspottung, weil er weder raucht noch schnupft.

Eine Frage drängt sich auf: Warum hat Napoleon seinem Bruder Joseph nicht den Außenministerposten gegeben, auf dem sich Herr von Talleyrand (der erst später zu seiner Höchstform auflaufen wird) so phlegmatisch zurückgehalten hat? Daß Napoleon auf diesen »Ci-devant« wegen dessen einschlägiger Erfahrungen und Beziehungen nicht verzichten will, haben wir schon festgestellt. Aber eines kommt, nachdem – und gerade weil – Joseph sich nun so glänzend in der Diplomatie bewährt hat, vielleicht hinzu. Napoleon glaubt wohl, Talleyrand als abhängige Kreatur besser in der Hand zu haben als Joseph. Der verborgene Respekt, die Scheu des Korsen vor dem »erstgeborenen« Bruder darf nicht übersehen werden; hier hat jegliches Kommando seine inwendige, unübersteigbare Grenze.

Wie auch immer, Napoleon täuscht sich furchtbar: Talleyrand

wird ihn verraten, als sein Stern sinkt – Joseph hätte das, trotz all seiner zweideutigen Redensarten, niemals getan; der Verrat blieb unter allen Familiaren der Schwester Caroline vorbehalten, aber soweit war es noch lange nicht.

Es sind schöne, leider nur vier kurze Friedensjahre, die das Konsulat den Franzosen beschert. Es geht aufwärts, auf vielen Gebieten. Und selbst Korsika ist zur Ruhe gekommen – die »Erste Familie« des Staates konnte ungehindert zur Restaurierung des halbzerstörten Familienhauses in Ajaccio schreiten. Es ist Joseph, der die Arbeiten bezahlt; Lucien ist es, der sie überwacht und dafür sorgt, daß alles wieder fast genauso aussieht wie früher.

Aber bevor Napoleon sich die Krone aufsetzen und den Clan zur Hochblüte führen kann, muß er noch einige Turbulenzen durchstehen – auf dem privaten wie auf dem politischen Feld.

V.

Allianzen und Mesalliancen – Das Erbe des hochseligen Vaters

Streiche des Jüngsten

Carlo Bonapartes jüngster Sohn, Jerome, war mit zwei altklugen, für ihn typischen Sentenzen in die Geschichte eingetreten. Nach dem erwähnten Duell gegen einen Mitschüler hatte er Napoleons Vorwürfe so beantwortet: »Mein Bruder, es tut mir keineswegs leid, denn zu Anfang des Lebens kommt es darauf an, nicht für feige gehalten zu werden.« Und als er ein sündhaft teures Maniküre-Etui kaufte, das der Erste Konsul bezahlen mußte, wies er dessen erneuten Vorwurf so zurück: »Auch das bedaure ich nicht, mein Bruder, denn ich bin nun einmal so, daß ich nur die schönen Dinge liebe!«

Das geistige Erbe des Vaters leuchtet hier ebenso durch wie die Lebenshaltung der italienischen Renaissance. Ja, so ist Jerome zeit seines Lebens gewesen: tapfer bis zur Tollkühnheit, prachtliebend bis zur Verschwendung.

Wir müssen zurückblenden. Als Frankreich 1800, nach dem Sieg von Marengo, mit den Festlandmächten in Frieden lebt, sind beim Heer vorerst keine Lorbeeren mehr zu gewinnen. Der Kriegssruhm, den ein junger Bonaparte (wie Napoleon und Louis, wie Eugen und Murat) benötigt, liegt jetzt auf dem Wasser, im Kampf gegen England.

Als Seekadett Zweiter Klasse eingekleidet, überbringt der sechzehnjährige Jerome im November 1800 dem Admiral Ganteaume in Brest ein Schreiben Napoleons: »Ich schicke Ihnen, Bürger Admiral, den Bürger Jerome Bonaparte, damit er seine Lehre bei der Marine antritt. Er muß sehr streng gehalten werden, weil er Zeit verloren hat. Verlangen Sie von ihm, daß er alle beruflichen Verrichtungen mit Genauigkeit erfüllt!«

Etwas später schreibt Napoleon an Jerome selbst: »Lernen Sie auf dem offenen Meer einen Beruf, der Ihren Ruhm begründen soll. Sterben Sie jung, so werde ich mich trösten. Wenn Sie aber sechzig Jahre ohne Ruhm leben, ohne dem Vaterland nützlich gewesen zu sein, ohne Spuren Ihres Wirkens zu hinterlassen – das in der Tat hieße, umsonst gelebt zu haben.«

Da hören wir ihn wieder, den herben, zugleich von verborgener Zärtlichkeit zeugenden Ton des Ersatzvaters, den Napoleon schon Louis gegenüber angeschlagen hat; und wie jener, so zeigt sich auch Jerome beeindruckt. In den beiden folgenden Jahren erbringt er ansehnliche Beweise der Courage und der Kriegskunst zur See. Im Mittelmeer nimmt er persönlich den Kommandanten eines englischen Schlachtschiffs gefangen. Auf Haiti steht er in der ersten Welle der Landungstruppen, die den Negeraufstand dort niederschlagen, und beim Sturm auf die Inselhauptstadt Port-au-Prince ist er wieder in vorderster Linie zu sehen. Schnelle Beförderungen zum Fähnrich und zum Schiffsleutnant sind verdient, sein Admiral schenkt ihm nichts. Im Alter von siebzehn Jahren wird Jerome zum Kommandanten der Korvette »Épervier« ernannt, mit der er in westindischen Gewässern erfolgreich operiert. Er überlebt sogar einen schweren Gelbfieberanfall durch eine selbstverordnete Heißwasser-Roßkur, während Schwager Leclerc an der gleichen Krankheit stirbt.

Dienstliche Aufträge führen Jerome bald in die Vereinigten Staaten, wo er – als Sohn des befreundeten Frankreich und Bruder des Ersten Konsuls – von Präsident Jefferson ehrenvoll empfangen wird. Er bezaubert in Boston und Philadelphia die Salons von Neuengland (für die Pariser Cercles war er ja noch zu jung gewesen) mit seinem Charme, und die feine Pflanzergesellschaft hofiert ihn.

Die freundliche Aufnahme, die ihm zuteil wird, gefällt ihm so gut, daß er es gar nicht eilig hat, den Befehl Napoleons zur alsbaldigen Rückkehr – der Frieden von Amiens ist greifbar nahe, und Frankreich braucht keine Kriegsschiffe mehr im Atlantik – zu befolgen. Eine Weile läßt er Napoleon bewußt in dem Glauben, er selbst sei von den Engländern gefangengenommen worden. Er taucht einfach unter, und ein Jahr lang hört die Familie überhaupt nichts von ihm.

Warum tut er das? Nicht er selbst, aber sein Herz ist in Gefangenschaft geraten. In Baltimore hat er sich stürmisch verliebt in die Tochter eines eingewanderten schottischen Kaufmanns, Elisa Patterson. Das Mädchen ist hübsch, verfügt über Geist und Witz – vor allem ist es Erbin eines bedeutenden Vermögens. Noch wenige Jahre zuvor wäre diese Elisa für jeden Bonaparte eine ebenso gute Partie gewesen wie Julie Clary für Joseph. Aber das Rad der Geschichte hat sich weitergedreht, die »Konsularische Familie« ist etabliert, und wenn sich nun ein Napoleonide mit einer bürgerlichen Kaufmannstochter verbinden will, so ist das eine untragbare Mesalliance.

Jerome, alles andere als ein Dummkopf, ahnt das wohl. Er

fürchtet auch, daß er den Heiratskonsens des Familienoberhaupts (den er aus doppeltem Grund braucht, weil er nicht nur Familiar, sondern auch noch minderjährig ist) nicht erhalten würde. Mit verschwörerischer Hilfe des spanischen Gesandten in Washington erschleicht er sich im Dezember 1803 eine kirchlich-katholische Trauung in aller Stille. Erst ein Vierteljahr später informiert er die Familie eher beiläufig von dem vollzogenen Schritt – wohlweislich zunächst in einem Brief an die Mutter, nicht an den gefürchteten Bruder. Letizia ist erschrocken, ihr schwant Böses, und sie behält die Nachricht einstweilen für sich.

Jerome aber verkriecht sich beim Schwiegervater Patterson, der als echter Schotte skeptisch bleibt und für einen Ehevertrag sorgt, nach dem seiner Tochter für den Fall der Scheidung oder Trennung ein Drittel des gegenwärtigen und zukünftigen Vermögens des Ehemannes zufallen soll.

»Er hat tatsächlich geheiratet«

Die Mesalliance des jüngsten Bruders erhitzt den Ersten Konsul also vorerst nicht, weil er noch nichts von ihr weiß. Aber nun ist es Lucien, der mit einer viel ernsthafteren und gewichtigeren Liaison seine Querköpfigkeit aufs neue beweist.

Immer noch ist »Senator Bonaparte« einer der bekanntesten Republikaner Frankreichs, dessen Freundschaft man eifrig sucht. In Paris führt er als begehrter Jungwitwer, nun achtundzwanzig Jahre alt, ein großes Haus, besucht Feste und gibt Empfänge. Auf einer Abendgesellschaft bei seiner Lieblingsschwester Elisa begegnet er einer drei Jahre jüngeren Frau, die sein Schicksal wird: Alexandrine Jouberthon, Witwe eines verkrachten Börsenspekulanten, der vor seinen Gläubigern nach Haiti geflohen und dort verstorben war.

Alexandrine, Tochter eines Advokaten und mütterlicherseits aus einer Marineoffiziersfamilie stammend, ist keine blendende Schönheit, aber sie hat Esprit, lebhafte dunkle Augen und eine hohe, anmutige Gestalt. Nach dem jähen Tod ihres hochverschuldeten Mannes ist sie (wie Josephine es in ähnlicher Lage war) arm wie eine Kirchenmaus und hat noch eine kleine Tochter zu ernähren.

Ihre Begegnung mit Lucien muß, nach allen zeitgenössischen Bekundungen, mehr als Liebe auf den ersten Blick gewesen sein. Es ist ein Donnerschlag, ein Naturereignis, ein Exempel höchster Leidenschaft. Alle Bonapartes sind ja überschwenglich in ihren Gefühlen, worin sich wiederum die italo-korsische Herkunft ausweist. Josephine hat über Napoleon berichtet: »Mein Mann liebt mich so, daß er ganz krank ist – ich glaube, er wird noch total verrückt.« Und Pauline hat an ihren früheren Liebhaber Fréron dieses eindrucksvolle briefliche Trommelfeuer gerichtet: »Ti amo, ti amo, per sempre ti amo, amato mio, ti amo, passionatissimamente ti amo!«

Da steht Lucien nicht zurück, und in einem Punkt erweist sich seine Liebe als ungewöhnlich selbst unter den Bonapartes: in der lebenslangen Ausschließlichkeit, die alle anderen Werte und Ziele in den Schatten stellt. Mehr noch – wenn das moralische Format eines Menschen nicht zuletzt sich darin zeigt, was er für einen anderen Menschen zu tun bereit ist, dann rangiert Lucien an der Spitze aller Bonapartes.

Stellen wir ihn hier nur in Gegensatz zu Jerome, der wie er mit dem napoleonischen Hausgesetz in Konflikt gerät. Lucien wird auf jede Fortsetzung seiner politisch-staatsmännischen Laufbahn verzichten, während Jerome nicht den Charakter hat, auf mehr zu verzichten als auf sein Herz (und selbst was dieses betrifft, wird er sich rasch trösten, als er dafür eine richtige Prinzessin und ein nagelneues Königreich eintauschen kann).

Die Spatzen von Paris pfeifen die neue Liaison des Senators Bonaparte von den Dächern, als er seiner Alexandrine ein Haus kauft und dort ein und aus geht. Geheimnis der Beteiligten und eines verschwiegenen Abbé bleibt vorerst, daß Lucien und Alexandrine im Frühjahr 1803 kirchlich heiraten; schon im Mai wird ein Knäblein geboren, das mit dem Namen Charles-Laurent Bonaparte seine eheliche Legitimation etwas außerhalb der Staatsgesetze erhält.

Napoleon hat von der Beziehung des Bruders erfahren, sie aber für ein »Verhältnis« wie andere Affären auch gehalten. Er plant für Lucien immer noch eine hochrangige staatliche Verwendung und möchte ihn verheiraten mit einer spanischen Infantin, die als Thronerbin des kurzlebigen französischen Vasallenreichs Etrurien (vorher, und dann wieder, Toskana) vorgesehen ist. Luciens barsche Ablehnung (»Ich will keine Königin heiraten!«) verletzt Napoleon sehr, aber er denkt, sie beruhe auf unnachgiebiger republikanischer Gesinnung, nicht auf anderweitiger Herzensbindung.

Der Lieblingsbruder Joseph wird von Luciens heimlicher Trauung informiert. Er zeigt Verständnis, kann freilich nichts Entscheidendes tun, weil er nicht Familienoberhaupt ist. Immerhin ist er dem Liebespaar bei der zivilen Eheschließung behilflich – in einem entlegenen Arrondissement, wo der Standesbeamte den Rechtsbegriff der »Konsularischen Familie« entweder noch nicht kennt oder bewußt ignoriert; sogar ein Aufgebot der Brautleute unterbleibt, damit es schneller geht.

Nun faßt Lucien Mut und offenbart Napoleon brieflich seinen neuen Status. Dieser – es ist inzwischen Oktober 1803 geworden – erhält die Nachricht bei einer Abendgesellschaft in Malmaison und benimmt sich so, daß Josephines naive Frage verständlich erscheint: »Ist ein neuer Krieg ausgebrochen?« Er stampft vor Zorn mit den Füßen und schreit: »Lucien hat tatsächlich seine Mätresse geheiratet!« Er droht mit Verstoßung, ja mit Verhaftung des Widerspenstigen. Noch in der Nacht muß sich der Zweite Konsul Cambacérès in Marsch setzen, um Lucien die angebliche Nichtigkeit seiner Ehe, mangels Zustimmung des konsularischen Familienvorstands, vor Augen zu führen. Lucien wirft den großen Juristen aus dem Haus mit der bissigen Antwort, er kenne keine »Konsularische Familie«, sondern nur Bürger der Französischen Republik, allesamt freie und gleiche Menschen, deren Privatleben den Staat nichts angehe.

Wie denkt die vielberufene Familie selbst? Sie teilt, zunächst, nicht einhellig die Meinung ihres Oberhaupts. Louis hält sich aus dem Streit heraus, Joseph als ältester Bruder und Elisa als älteste Schwester versuchen zu vermitteln, während Madame Letizia offen für Lucien Partei ergreift mit der feinen Bemerkung: »Nabulione hat kein Recht, von Lucciano zu fordern, daß er sich nach seinem Geschmack richtet; denn Nabulione hat sich selbst bei seiner eigenen Heirat nicht nach Luccianos Geschmack gerichtet – und, nebenbei, auch nicht nach dem Geschmack seiner Mutter.«

Da liegt der Hase im Pfeffer und der Knüppel beim Hund. Als der Erste Konsul seinen Bruder unbeherrscht anfährt, wie man denn überhaupt eine Witwe heiraten könne, noch dazu eine mit zweifelhafter Vergangenheit, da muß er Luciens ironische Replik hinnehmen: »Eh bien, mon frère, das haben Sie auch getan, aber die Witwe Jouberthon ist immerhin jünger und hübscher als die Witwe Beauharnais.«

Lucien entzieht sich mit Alexandrine den häuslichen Querelen durch eine lange Hochzeits- und Erholungsreise nach Italien. Aber weil er ahnt, daß ihm der Abbruch aller Brücken in Frankreich bevorsteht, will er im Süden auch ein politisches Asyl vorbereiten, eine rein private Existenz ins Auge fassen. Er fährt in den Kirchenstaat und wird vom Papst empfangen. Bruder Joseph vermittelt ihm bereitwillig Kontakt zu kurialen und adligen Kreisen, in denen er, der einstige Erzjakobiner, rasch Freunde gewinnt. Erst im Sommer 1804, wenige Monate vor der Kaiserkrönung, wird er nach Paris zurückkehren – und Frankreich dann sehr bald wieder verlassen, bis 1815.

Ein Familienbündnis – legal, doch unglücklich

Der Erste Konsul sieht sich von den meisten seiner Brüder enttäuscht. Joseph strebt zu sehr nach Unabhängigkeit, Lucien steuert dem offenen Bruch entgegen, der Leichtfuß Jerome treibt sich verdächtig lange in Amerika herum. Das ist für Napoleon beunruhigend, vor allem im Hinblick auf die Frage seiner politischen Erbschaft und Amtsnachfolge, die er ja nun höchstselbst regeln darf und erwägen muß.

Eigene Kinder hat er von Josephine wohl nicht zu erwarten; die drei genannten Brüder will er aus den genannten Gründen nicht auf den Schild heben; Joseph hat nur zwei Töchter, die für ein hohes Staatsamt nicht in Betracht kommen; Luciens Söhnchen ist für Napoleon »illegitim« – und Carolines erstes Kind ist zwar männlich, aber es heißt eben »Murat« und nicht »Bonaparte«.

Die eine positive Ausnahme, die dem Ersten Konsul noch nie Verdruß bereitet hat, ist der brave Bruder Louis. Es soll Josephines Idee gewesen sein, diesen einzigen Familiar, der sie nicht haßt oder verachtet, mit ihrer Tochter Hortense zu verheiraten, um so auch ihre eigene Stellung zu stärken – dann würde eine neue Dynastie Bonaparte-Beauharnais entstehen.

Napoleon gefällt der Plan sehr gut. Er hatte schon den Staatsrat Roederer, als der ihm einmal Joseph, Lucien und Jerome als mögliche Nachfolgekandidaten nannte, nachdenklich gefragt: »Warum erwähnen Sie nicht Louis? Er hat mir in Italien das Leben gerettet und mir stets vorzügliche Dienste geleistet. Er hat alle guten Eigenschaften seiner Brüder, aber keinen ihrer Fehler.« Wenn Napoleon nun die Beauharnais-Familie noch näher an sich zieht (bald wird er die Stiefkinder Hortense und Eugen gar adoptieren), so kann das nur Vorteile bringen.

Weder Josephine noch Napoleon fragen sich, ob die beiden jungen Leute wohl auch zueinander passen – daß es keineswegs der Fall ist, wird sich rasch erweisen. Aber sie sind gehorsam. Die achtzehnjährige Hortense fühlt sich geehrt, einen berühmten Krieger heiraten zu dürfen. Louis wünscht sich Kinder, hat keine andere Herzensdame und findet Hortense nicht unsympathisch. Er tut Gamaschen- und Garnisondienst, der ihn in Friedenszeiten nicht ausfüllen kann, und sehnt sich nach eigener Häuslichkeit.

So wird eine der unglücklichsten Ehen gestiftet, von denen die Geschichte zu berichten weiß. Als typischer Jungfrau-Geborener neigt Louis zur Hypochondrie, zu selbstquälerischen Zweifeln, zu übertriebenem Pflichtbewußtsein. Stets fragt er sich, ob er auch persönlich genug leiste, ob er nicht alle bisherigen Erfolge etwa nur dem großen Bruder Napoleon zu verdanken habe. Mit diesen

Hortense Beauharnais, Stief- und Adoptivtochter Napoleons, von ihm mit seinem Bruder Louis, dem König von Holland, glücklos verheiratet. Hier mit dem Sohn Napoleon-Louis, dem älteren Bruder des späteren Kaisers Napoleon III.

Eigenschaften hätte er eine Frau benötigt, die ihm Verständnis entgegengebracht, seine Bestrebungen aufmunternd und anerkennend geteilt, ihn angespornt und vielleicht ein wenig führend durchs Leben begleitet hätte. Das alles kann Hortense nicht bieten. Sie ist flatterhaft, leichtsinnig und vergnügungssüchtig wie ihre Mutter; geistigen Fragen bringt sie kein Interesse entgegen, und Probleme jeglicher Art öden sie an. Nein, soviel guten Willen die Brautleute auch mitbringen, diese Ehe kann nicht gelingen.

Im Januar 1802 heiraten der Colonel Louis Bonaparte und die Citoyenne Hortense Beauharnais, und pünktlich im Oktober wird das erste Kind geboren – ein männliches gar, das auf den Namen Napoléon-Charles getauft wird. Die Tatsache, daß sie nun einen Sohn haben, zieht den Eltern die glühende Eifersucht der übrigen Bonaparte-Geschwister auf den Hals. Die Familie hat ohnehin vergeblich alles versucht, um die Ehe – schon wieder mit »einer Beauharnais« – zu verhindern: Man sieht die eigenen vermeintlichen »Erbansprüche« aufs neue gefährdet, zumal auch Eugen, der Bruder der aufgezwungenen Schwägerin, immer näher ans Machtzentrum heranrückt.

Napoleon jedoch ist glücklich. Er befördert Louis noch während der Konsulatszeit zum Brigade- und Divisionsgeneral. Dem Bruder Joseph aber schreibt er, als dessen zweite Tochter geboren wird, mit unverhohlener Ironie: »Ihre Frau bringt so schöne Mädchen zur Welt, daß man sich darüber trösten kann, wenn sie Ihnen keine Söhne schenkt.«

Nun scheint die Nachfolge gesichert. Da ist Louis, später vielleicht dessen Sohn, und da steht, gegebenenfalls, auch Eugen zur Verfügung.

Die Affäre Enghien

Napoleon hat einigen Grund, sich Gedanken zu machen über die Zeit, die nach ihm kommen soll. Er ist, äußerlich gesehen, im Jahr 1803 schon fast der mächtigste Mann Europas, aber innenpolitisch sieht es für ihn nicht so günstig aus. Seine Gegner sind aus dem Schock der Erstarrung aufgewacht. Seine erstaunliche Feststellung: »Die Revolution hat ihre Ziele erreicht – sie ist damit beendet« weckt Unbehagen und Widerspruch bei Gruppen der verschiedensten Färbung.

Die radikalen »Königsmörder«, die Altjakobiner, sehen ihre ideologischen Errungenschaften, ja ihre persönliche Existenz gefährdet. Die abgestuft-gemäßigten Männer vom Thermidor, Fructidor und Brumaire – Freiheit nehmen sie sich längst, von

Gleichheit halten sie gar nichts, und Brüderlichkeit haben sie nie geübt – wollen doch zumindest an der Republik festhalten, die sie durch den Anspruch eines einzigen Machthabers bedroht sehen. In der west- und südfranzösischen Landbevölkerung aber sammeln sich die »Königstreuen« des Ancien Régime, die den Thron der Bourbonen wieder errichten wollen. Es werden Attentate auf den Ersten Konsul verübt, eines wäre um ein Haar gelungen. Selbst »die Luft von Paris ist voller Dolche«, wie Polizeichef Fouché fast literarisch in einem Rapport schreibt.

Eine Republik ist Frankreich eigentlich schon 1803 nicht mehr. Napoleon kann nicht rückwärts, sondern nur vorwärts gehen, nachdem er das tastende Angebot des bourbonischen Kronprätendenten Graf von Provence, zu dessen Gunsten für den erblichen Rang eines »Kronfeldherrn von Frankreich« auf das höchste Staatsamt zu verzichten, ebenso höflich wie entschieden abgelehnt hat. Er muß sich entschließen, ob er selbst – in höchst zweifelhafter Legitimität – »König von Frankreich« oder, von Heeres und Volkes Gnaden, »Kaiser der Franzosen« werden will. Welchen Weg er auch einschlägt: Nicht nur Republikaner, sondern auch Royalisten werden ihm entgegentreten.

Die letzteren erhalten Auftrieb, als England den Frieden von Amiens bricht, Frankreich erneut den Krieg erklärt und nun auch die Partisanenarmee der königstreuen Emigranten, die hinter der Grenze am Oberrhein auf die bewaffnete Heimkehr wartet, finanziell unterstützt. In dieser Armee dient als Oberst der Prinz Louis Condé de Bourbon, Herzog von Enghien. Er hat sich englischem Oberbefehl unterstellt und englische Subsidien angenommen; im badischen Ettenheim sieht er dem Kommando zum Kampfeinsatz ungeduldig entgegen.

Auf Befehl Napoleons, der ein Exempel statuieren will, wird Enghien im März 1804 aus der Markgrafschaft Baden entführt, über den Rhein nach Frankreich zur Festung Vincennes gebracht, dort vor ein Militärgericht gestellt, wegen Hoch- und Landesverrats angeklagt, zum Tode verurteilt und erschossen.

Neueste Forschungen haben ergeben, daß die »Affäre Enghien« weder ein Justizmord noch ein Fehlurteil war. Das Todesurteil beruhte auf gesetzlicher Grundlage des geltenden französischen Strafrechts. Im Sinne der einschlägigen Vorschriften war Enghien schuldig: Er hatte die Waffen gegen das eigene Vaterland geführt, den Bürgerkrieg gefördert, Geld und Befehle von Frankreichs Kriegsgegnern akzeptiert und über dies alles ein freimütiges Geständnis abgelegt. Es gab und gibt keinen Rechtsstaat, in dem derartiges straffrei wäre. Und auf dem (wohl von Talleyrand listig empfohlenen) Bruch des Völkerrechts, der bei der Entführung als solcher freilich nicht auszuräumen ist, hat das Urteil keineswegs beruht. Das war beim Eichmann-Prozeß nicht anders.

So wird die Affäre hier nur aus zwei Gründen erwähnt. Zum einen markiert sie das ideelle und faktische Ende der französischen Revolution wie auch der Republik: Die Royalisten sind zutiefst eingeschüchtert und stellen ihren Widerstand gegen die heraufziehende »neue« Monarchie in Form des Empire ein; die Republikaner erkennen, daß eine Rückkehr zur Bourbonen-Herrschaft nicht mehr zu befürchten ist, weil Napoleon sich wieder als »General Vendémiaire« erwiesen hat; und für die Altjakobiner ist Napoleon paradoxerweise einer der Ihrigen geworden, weil auch er »königliches Blut vergossen« hat – das stopft selbst ihnen den Mund. Niemand und keiner wird mehr Barrieren vor Napoleons Thron aufrichten, Barrikaden schon gar nicht.

Wegen dieser eminenten historischen Bedeutung ist, zweitens, hier der Anteil der »Familiare« an der Enghien-Affäre zu beleuchten. Er ist gering und beschränkt sich auf zwei Personen, Murat und Josephine.

Man hat Murat vorgeworfen, er habe als beflissener Handlanger Napoleons das Kriegsgericht, das Enghien verurteilte, als Sondertribunal willkürlich eingesetzt und beeinflußt. Davon kann keine Rede sein. Enghien gehörte als Soldat nicht vor ein ordentliches Strafgericht, sondern vor ein Militärgericht, das nur ein Divisionsgeneral einberufen konnte. Das Gericht mußte in Paris zusammengestellt werden; diese örtliche Zuständigkeit der französischen Hauptstadt folgte daraus, daß der Emigrant Enghien keinen Wohnsitz in Frankreich mehr hatte. Murat aber, Divisionsgeneral, war Stadtkommandant von Paris.

Murat hat auch die Vorschrift des Militärrechts beachtet, nach der sich ein Beschuldigter vor Richtern seines Dienstgrades unter Vorsitz eines Ranghöheren zu verantworten hat. Exakt so ist es gewesen: Die Richter des Colonel Enghien waren fünf Obristen unter dem Präsidium eines Brigadegenerals; sie haben keinerlei Weisung oder auch nur Empfehlung erhalten, wie sie zu entscheiden hätten; ihre Beratung war frei und unbeeinflußt; zwei der Richter hatten sich zunächst sogar gegen die (gesetzlich jedoch als einzige Sanktion vorgeschriebene) Todesstrafe ausgesprochen.

So hat Murat einen korrekten Befehl seines obersten Kriegsherrn ebenso korrekt befolgt, und sein weiterer Aufstieg ist keine Belohnung für »schmutzige Hände« gewesen.

Von Josephine aber, der allzeit Gutmütigen, Gutherzigen und Hilfsbereiten, ist zweifelsfrei bezeugt, daß sie bei Napoleon für Enghien um Gnade gebeten hat – in Malmaison, unter Tränen, in der Nacht zum 21. März 1804, als das Urteil rechtskräftig gesprochen war, und vor dessen Vollstreckung. Napoleon hat sie kalt abgewiesen mit der Antwort, sie möge sich nicht um Dinge kümmern, von denen sie nichts verstehe. Noch im Exil zu St. Helena hat er sich zur Rechtfertigung seines Entschlusses, hier Gnade zu verweigern, auf Staatsnotwehr berufen – und das muß man so stehenlassen, denn »Gnade« (auf die kein Verurteilter einen »Anspruch« hat) hängt allezeit nicht nur von persönlicher Gesinnungsmilde des Staatsoberhaupts, sondern eben auch von der »raison d'état« ab.

Jedoch ist es Josephine gelungen, für eine Vielzahl anderer Royalisten, die von ordentlichen Strafgerichten wegen Verschwörung zum Tode verurteilt wurden, Gnade zu erwirken, und auch das hat einen Hintergrund. »Ihr gutes Herz«, schreibt ein Zeitgenosse, Staatsrat Pasquier, »kam der Politik ihres Mannes sehr entgegen, so zu tun, als lasse er sich von ihr erweichen.« In der Tat kann sich Napoleon nach der Affäre Enghien nun Großzügigkeit leisten. Er verspricht den royalistischen Emigranten (mit wenigen Ausnahmen) Generalamnestie, und sie kehren in Scharen aus England, Italien und Deutschland nach Frankreich zurück, wo sie mit offenen Armen empfangen werden. Man braucht sie auch zur Etablierung des Empire, das sein Licht noch von der Sonne des Königtums beziehen muß, bis es selbst zum Zentralgestirn aufsteigt.

In diesem Versöhnungsfeldzug Napoleons spielt Josephine eine wichtige Rolle. Es gibt bald kaum noch eine französische Adelsfamilie, die Madame Bonaparte nicht um irgendeine Vermittlung oder Fürsprache gebeten hat – meist mit Erfolg. Die anderen Familiare ärgern sich, daß man ihnen nicht gleichen Einfluß auf den Staatschef zutraut. Als es dann aber doch einmal anders ist, tritt die persönliche Charakterprägung wieder hervor: Eine Dame bittet Murat um eine Intervention, die er wegen Aussichtslosigkeit ablehnt; als die Dame ihn bestürmt – »Aber das können Sie durchsetzen, Napoleon ist doch Ihr Freund!« –, da erwidert Murat: »Ich bin der seinige, Madame, das ist ein Unterschied.«

Ränge und Titel im Widerstreit

Am 18. Mai 1804 wird Napoleon vom französischen Senat zum »Kaiser der Franzosen« proklamiert und erstmals mit »Majestät« angeredet. Für die Familie nebst Anhang ist das folgende Halbjahr bis zur Krönung eine lebhaft bewegte Zeit, ausgefüllt von Eifersucht und Rivalität, Intrige und Machtkampf. Denn aus der »Konsularischen« wird nun eine »Kaiserliche« Familie, und diese

Umwandlung erzeugt Streitigkeiten – nahezu aller gegen alle, mit wechselnden Parteiungen, wie so oft bei diesem Clan.

Anstandslos akzeptiert wird gerade noch die Bezeichnung, die Napoleon seiner Mutter verleiht: »Son Altesse Impériale Madame la Mère de l'Empereur«, woraus sich bald die gängige Kurzformel »Madame Mère« entwickelt. Das ist, so findet man überwiegend, ein sehr schöner, gefühlvoller Titel, und nur leise Kritik erhebt sich in dem Punkt, daß Letizia ja nicht bloß Mutter »des Kaisers«, sondern auch aller anderen Brüder und Schwestern ist.

Die Rangerhöhung der Kaisergattin Josephine zur »Majestät« ist nicht selbstverständlich, aber Napoleon will es so; er wird nicht nur sich selber zum Kaiser, sondern auch Josephine zur Kaiserin krönen, was dem alten Gesetz der Salier widerspricht. Die Familie meint, daß insoweit auch der Titel »Kaiserliche Hoheit« mit bloßem Prinzessinnenrang genügt hätte, aber sie protestiert vergeblich.

Letzteren Titel mit dem prinzlichen Status erhalten die Brüder Joseph und Louis mitsamt ihren Ehefrauen Julie und Hortense. Da stimmen die drei Schwestern, die zunächst titellos bleiben, ein Wutgeheul an. Napoleon kann nur beschwichtigen, indem er auch die drei Schwestern zu Prinzessinnen erhebt.

Aber die Schwestern sind immer noch nicht zufrieden. Wenn schon, so argumentieren sie, ihre Schwägerinnen »Kaiserliche Hoheiten« werden, so müßten ihre eigenen Ehemänner dies auch sein. Zu ihrem Pech stimmen ihre Interessen nicht gänzlich überein, und so können sie ihre weiblichen Kräfte nicht bündeln.

Pauline ist an der gemeinsamen Fronde, zur Erleichterung Napoleons, am geringsten beteiligt. Sie ist halbwegs saturiert, denn sie hat inzwischen wieder geheiratet – 1803, ein Jahr nach dem Tod des ersten Ehemannes, ein Jahr vor Errichtung des Kaisertums und dem frühen Tod ihres Sohnes. Aus der »Generalin Leclerc« ist schon eine »Durchlauchte Hoheit« geworden, denn Bruder Joseph, der unermüdliche Ehe- wie Friedensstifter, hat ihr die Beziehung zu einem veritablen Fürsten vermittelt: Don Camillo Borghese, vom römischen »schwarzen Adel« des Kirchenstaats, erblicher Thronassistent Seiner Heiligkeit, aus uralter Nobel-Familie stammend, die selbst mehrere Päpste und Kardinäle hervorgebracht hat. Napoleon hat wegen des hohen Rangs und immensen Reichtums des Heiratskandidaten, aber auch wegen der nun erwünschten Kontakte zum päpstlichen Hof die Eheschließung genehmigt – wenngleich er den neuen Schwager für einen ebensolchen Schafskopf hält wie den Schwager Bacciochi, den dürftigen Gatten Elisas.

Paulines anfängliche Neigung zu dem hübschen Kerl erweist

»Madame Mère«, Letizia Bonaparte, im Alter von sechzig Jahren. Porträt von François Gérard, um 1810.

sich bald als Strohfeuer, sie betrügt ihn – Kinder sind von vornherein nicht geplant – schon wenige Monate nach ihrer Hochzeit, und ein gemeinsames Leben wird sie in Zukunft kaum mit ihm führen, weil er ihren sexuellen Leidenschaften nicht genügen kann oder will. So ist es ihr insgeheim nicht unangenehm, wenn Borghese (der ihr doch den Fürstentitel und damit den bisher höchsten Rang in der ganzen Bonaparte-Familie verschafft hat) nun zum Prinzgemahl herabsinkt, indem sie selbst, aber nicht er »Kaiserliche Hoheit« wird. Nur aus Paritätsgründen setzt sie sich, wenig überzeugt und überzeugend, für »den guten Camillo« ein.

Napoleon hat es bei ihr mit der Ablehnung fast ebenso leicht wie bei Elisa, die in ihrer ehrgeizigen Selbstsucht auch eher formell dafür plädiert, daß ihr Mann Felix Bacciochi ein Prinz wird. In Wahrheit strebt sie allein ein hohes Amt, ja einen Thron, einen Aufstieg im künftigen Empire an – da würde ein ranggleicher Ehemann nur hinderlich sein. So wird Bacciochi zwar mühsam ein Titular-Obrist, aber ebensowenig ein »Kaiserlicher Prinz« wie der Fürst Borghese.

Bei Caroline liegen die Dinge anders. Sie besitzt, wie die Franzosen sagen, einen »egoisme à deux«, der sich also nicht nur auf sie selbst, sondern auch auf den Ehemann Murat bezieht. Sie will ebenso einen Thron haben wie Elisa, aber sie möchte ihn nicht allein, sondern mit einem ebenbürtigen Gatten besteigen. Da die Schwestern sie nur halbherzig unterstützen, wirft sie sich als Einzelkämpferin in die Schanze. Sie macht Napoleon zornige, tränenreiche Szenen – und hat Erfolg, zumal ihr Mann ja der einzige Schwager ist, den der Kaiser, mit Recht, persönlich schätzt; er verdient es sehr wohl, eine Frau zu haben, die ihn allzeit ansporn und in den Vordergrund schiebt. So wird Murat ein Prinz und eine »Kaiserliche Hoheit« – wenn auch nicht sofort, aber doch wenige Monate nach der Kaiserkrönung. Seinem militärischen Ehrgeiz genügt vorerst der Marschallstab, den er, wie auch Schwippschwager Bernadotte, alsbald erhält.

Die familiären Quengeleien, Ansprüche und Forderungen zerren an Napoleons Nerven, die ohnehin nicht die besten sind, zumal er gerade die Enghien-Affäre ausgestanden hat. Einmal bricht der Grimm bei ihm heraus: »Wenn man euch hört, möchte man glauben, unser hochseliger Herr Vater wäre der König von Frankreich gewesen, und ich hätte sein Erbe verschleudert!« Vielleicht ahnt er, daß dies nur der Anfang ist. Später, wenn es an die Verteilung von Kronen und die Verwaltung von Ländern geht, wird er ausrufen: »Hat wohl irgendein Mensch in Europa soviel Ärger mit seiner Familie wie ich?!«

Es fehlen im frühimperialen Ensemble noch die Brüder Lucien und Jerome. Sie können auch nicht gleich nach der Kaiser-Proklamation auftauchen, denn es ist stets Napoleons Prinzip gewesen, beim Ausstreuen von Titeln, Würden und Funktionen nur die Anwesenden zu berücksichtigen: Wer nicht körperlich präsent ist, der bekommt auch nichts. Jerome sitzt nach wie vor in Amerika, und schon deshalb kann er »seinen« Prinzenrang nicht erhalten; das häusliche Gewitter wegen seiner Mesalliance wird sich, allerdings gefolgt von erneutem brüderlichem Sonnenschein, erst 1805 über ihm entladen.

Lucien aber ist um die Jahresmitte 1804 nach Paris zurückgekehrt. Man kann Napoleon nicht vorwerfen, daß er von seinem

Ein beinahe rührendes Familienporträt: Napoleon mit Neffen und Nichten – den Söhnen und Töchtern der Schwester Caroline und des Schwagers Murat. Der Erste Konsul hatte für kindliche Spiele noch ein wenig Zeit, der Kaiser nicht mehr.

Standpunkt aus irgend etwas unterlassen hätte, um den Widerborstigen doch noch für den Dienst am Staat und nun am Empire zu gewinnen. Er legt ihm ein Angebot vor, das vielleicht wenig moralisch, aber doch nicht unfair ist. Lucien kann den Prinzentitel für sich und seine Nachkommen erhalten, und er soll sich für den Thron eines besetzten Landes zur Verfügung halten. Er darf mit seiner Frau Alexandrine weiterhin zusammenleben und sie im privaten Kreis als seine Ehefrau vorstellen; aber in den Tuilerien würde sie niemals empfangen werden, und offiziell müßte sie den Namen »Madame Jouberthon« führen. Das bedeutet, immerhin, Duldung einer »Ehe zur linken Hand«.

Lucien überlegt nicht lange. Man kann nur spekulieren, ob er, dem es gewiß nicht an Ehrgeiz fehlt, diesen Vorschlag auch dann abgelehnt hätte, wenn Frankreich eine Republik nach seinen politischen Vorstellungen geblieben wäre – das heißt, wenn der Bruder als Erster Konsul und nicht als Kaiser seine Unterwerfung gefordert hätte. Wie auch immer, es kommen zwei Hindernisse zusammen, ein politisches und ein privates: Luciens Ablehnung der Monarchie und die Demütigung seiner Frau, die er nicht hinnehmen will.

Die Gründe für die Verweigerung sind denn auch doppelter Art. Lucien sagt dem Bruder: »Meine Frau hat ein Recht auf meinen Namen, den Namen des Bürgers Lucien Bonaparte!« Aber er ruft Napoleon auch zu: »Sie haben den Eid gebrochen, den Sie in meine Hand abgelegt haben. Den Thron haben Sie mit Waffengewalt erobert. Sie werden auch durch Kriege wieder von ihm gestürzt werden!«

Es gibt damals kaum einen anderen Franzosen, der es gewagt hätte, mit Napoleon in solchem Ton zu reden. Das Zerwürfnis erscheint perfekt. Lucien bricht mit seiner Familie sofort nach Italien auf, wo er sich im Kirchenstaat ansiedelt. Er transferiert sein gesamtes Vermögen, es ist eine Emigration auf Dauer.

Wer aber folgt ihm bald, besuchsweise nur, doch für mehrere Monate, nach Rom? Es ist Madame Mère Letizia, die in stumm-demonstrativem Protest zweierlei bewirken will: ihrem Sohn Lucien den Rücken stärken gegen Napoleon, zugleich aber ihre Ablehnung des Kaisertums zum Ausdruck bringen, indem sie sich der Teilnahme an der Krönung entzieht. »Pourvu que ca doure« – wenn das nur von Dauer ist –, so hat man es in ihrem korsischen Französisch während der folgenden Jahre immer wieder von ihr gehört.

Warum denkt Letizia so? Sie ist weder Royalistin noch Republikanerin, weil sie sich für Politik (darin gleicht ihr nur Tochter Pauline) kaum interessiert. Aber sie ist auch nie eine richtige Französin geworden, und der Begriff »Europa« – mit dem des »Empire« bald untrennbar verbunden – sagt ihr gar nichts. Sie ist Korsin geblieben und bevorzugt die kleine, begrenzte, heile Welt, weil sie unter Krieg, Umbruch und Umsturz genügend gelitten hatte. Sie will – vorsichtig, skeptisch, mißtrauisch – die Dinge überschauen können; große Dimensionen und gar Visionen erschrecken sie. Ganz konsequent wird sie nicht bleiben, denn der Sohn Napoleon imponiert ihr doch sehr, sie läßt sich die Annehmlichkeiten ihres neuen Standes durchaus gefallen, und an Luciens Seite harrt sie nicht lange aus. Nur eben, ihr Herz schlägt nicht für das Empire.

Unsere korsische Wirtin, Madame Laorenzi, aber gab auch dazu ihren Kommentar: »Man kann durch Abwesenheit glänzen, Monsieur, und wenn jemand so geglänzt hat, dann war es Letizia. Der Maler David mußte das große Krönungsbild ja fälschen, indem er Napoleons Mutter in eine Loge hineinmalte, in der sie gar nicht gesessen hat. Da hätte eher der Vater Carlo hineingepaßt, wenn er nicht schon lange tot gewesen wäre.« Wir fanden keinen Anlaß zum Widerspruch.

VI.
Majestät braucht eine Familie – Des Kaisers Traum von Frankreich und Europa

»Le Sacre«

Die Symbolik, die dem konsularischen Spektakel des Einzugs in die Tuilerien noch fehlte, muß bei Napoleons Krönung um so augenfälliger demonstriert werden. Eine neue Monarchie ist zu gründen – nicht von Gottes Gnaden, sondern durch Volkes Willen, von den französischen Bürgern in einer Abstimmung mit überwältigender Mehrheit gutgeheißen. Die Herrschaft erwächst also gewissermaßen aus der demokratischen Republik, aber eine Anknüpfung an die »alte« Monarchie des Königtums ist dennoch unverzichtbar, damit man vor den Royalisten, insbesondere aber auch vor den kritischen Augen des feudalen Europa bestehen kann. Damit kommen Gott und seine irdischen Vertreter, es kommen das Christentum und die katholische Kirche notwendig ins Spiel, sowenig das den französischen Atheisten gefällt. Die Krönung eines Monarchen war in Frankreich stets eine religiöse Weihe, »le Sacre« genannt, eigentlich gar ein Sakrament – und das muß sie auch, gerade, diesmal sein.

Es ist eine schwierige Balance, die gesucht und endlich auch gefunden wird. In Paris brütet man drei Monate, in der Römischen Kurie ein halbes Jahr die Zeremonien und Formalitäten aus, bis die Einigung zustande kommt.

Daß der Papst einen »Kaiser der Franzosen« krönen soll, ist nicht selbstverständlich. Bei den früheren Königen hatte meist der Erzbischof von Paris für diese Rolle ausgereicht. Aber Napoleon besteht auf päpstlicher Mitwirkung: Europa soll wissen, daß er sich an den ehrwürdigen Beispielen Pippins und Karls des Großen orientiert, die ihre Kronen von Päpsten empfangen hatten. Freilich gebietet die Rücksichtnahme auf den »republikanischen« Ursprung der neuen Souveränität einen Kompromiß: Der Papst wird Napoleon nur salben, die Krone will sich der Kaiser selbst aufsetzen – um darzutun, daß er sie eben nicht unmittelbar »von Gott« empfängt.

Pius VII., der sich, so kurz nach dem erfreulichen Abschluß des

Konkordats, noch in den politischen Flitterwochen mit dem neuen Frankreich befindet, ist mit Napoleons Vorschlag durchaus einverstanden; er wird, entgegen häufiger Meinung, keineswegs überrumpelt sein, als Napoleon nach der Salbung persönlich die Lorbeerkronen für sich und Josephine ergreift. Der Papst stimmt auch der »schlichten Vereinfachung« zu, daß er statt der üblichen neun Körperstellen nur zwei, das Gesicht und die Hände des Imperators, mit dem heiligen Chrisam ölen soll. Ebenso verzichtet er taktvoll auf den Kommunionempfang Napoleons während der Krönungsmesse.

Aber in zwei für die Kirche nicht unwichtigen Punkten setzt der Papst sich durch.

Als er, von Rom aus in Paris angelangt, seine Gastsuite in den Tuilerien schon bezogen hat, erfährt er mit Schrecken, daß Napoleon und Josephine noch nicht kirchlich miteinander verheiratet sind; es ist nicht sicher, ob Josephine ihm selbst einen diskreten Hinweis hierauf gegeben hat, aber das kann man nach ihrer familiären Interessenlage wohl vermuten. Pius VII. besteht darauf, daß die Trauung sofort nachgeholt wird – und wie durch Zauberhand herbeigewinkt, ist Stiefonkel Joseph Fesch zur Stelle, um hierbei zu assistieren; er tut, obwohl er als Bonaparte-Familiar »die Beauharnais« natürlich auch nicht mag, seine Pflicht als »Primas von Gallien«.

Ferner verlangt der Papst, daß Napoleon das modernistische Versprechen des Krönungseides, »die Freiheit des Glaubens« (das heißt aller Bekenntnisse) zu schützen, just zu dem Zeitpunkt ablegt, da er sich selbst nach der Messe in der Sakristei umzieht, also dies nicht mithören muß – und auch das wird ihm zugestanden.

Insgesamt hat Napoleon es mit dem Oberhaupt der Kirche leichter als mit seiner Familie, die ihm wieder einmal Verdruß bereitet. Wie wertvoll wäre Bruder Lucien als geborener Zeremonienmeister bei der Regie des Krönungstages gewesen, wenn er nicht auf der »falschen Seite« gestanden hätte. Die übrigen Geschwister kämpfen – jeder für sich, die meisten gegeneinander – um ihre Rangplätze in der Kathedrale von Notre-Dame, damit ihre neuen Stellungen, Kostüme und Roben auch richtig zur Geltung kommen.

Napoleon, beraten von dem in diesen Fragen so erfahrenen Talleyrand und dem etwas juristisch-hölzernen Cambacérès, wälzt das »Pontificale Romanum« ebenso wie die alten französischen Krönungsrituale, und praktisch entscheidet er alles allein, nach höchst eigenwilliger Kombination mit persönlichen Reformideen. Wichtig ist ihm, daß die Krönung zwar im Kirchenraum stattfindet, aber für das Volk öffentlich zugänglich ist, was früher nicht der Fall war.

Das berühmte Krönungsbild »Le Sacre« aus dem Louvre, oft abgebildet und in allen Personen, die damals Namen oder doch Rang hatten, zu identifizieren. Hier erscheint bedeutsam, daß Madame Mère Letizia sich fernhielt und keineswegs in der Mittelloge saß, die der Maler David ihr (bewußt fälschlich?) zugewiesen hat. Ausschnitt des Gemäldes von Jacques-Louis David, 1806/07.

Die Brüder Joseph und Louis bestehen darauf, daß sie in Napoleons und Josephines Kutsche, dem Kaiserpaar gegenübersitzend, mitfahren dürfen. Joseph ist (vorübergehend) begeistert, denn solche Plätze gebührten im alten Frankreich nur dem Dauphin als Kronprinz und »Monsieur«, dem ersten Königsbruder. Die schönere Uniform trägt Louis, denn er ist zum »Connétable de France«, zum nominell höchsten Soldaten des Staates erhoben worden – jenem Amt, das die Bourbonen Napoleon selbst für einen Verzicht auf die Krone angeboten hatten.

Als man vor der Kathedrale aussteigt, flüstert Napoleon im kehligen Korsisch dem Erstgeborenen Joseph ein paar Worte zu, die jener der Nachwelt überliefert hat: »Si Babbu ci vidia!« – wenn Vater uns jetzt sähe. So äußert sich manchmal spontan-unkontrolliert ein gutes Gedächtnis, auch wenn es offiziell unterdrückt wird. Wer es nicht unterdrückt, sondern zu wahren versucht hat, ist immerhin Louis – 1803 hat er die Leiche des Vaters von Montpellier auf sein neuerworbenes Landgut St. Leu bei Paris überführen lassen und Carlo dort sogar ein Denkmal gesetzt. Joseph und Lucien haben diesem Unternehmen brieflich zugestimmt, die übrige Familie (einschließlich Letizia) hat es ignoriert.

Dann, während der Feierlichkeiten im Chorraum der Kirche, spielen die drei Schwestern wieder ihre delikate Rolle. Sie sind zwar darüber erbost, daß die Schwägerinnen Julie und Hortense unmittelbar neben ihnen stehen, trösten sich aber damit, daß sie alle dem Kaiserpaar näher gerückt werden als die Brüder. Das nun hat seinen Grund, denn Napoleon will, daß sie die Schleppe von Josephines Krönungsmantel tragen. Hierüber entsteht erneute Empörung – mit dem Kompromiß, daß sie die Schleppe nur »halten« sollen. Aber die Regie wird boshaft unterlaufen, denn als Josephine doch ein paar Schritte nach vorn gehen muß, folgen Elisa und Caroline ihr nicht – sie halten den Mantel stehend fest, so daß die Kaiserin stolpert, beinahe fällt. Ein zorniger Blick Napoleons scheucht die Schwestern zurück, und es sind dann zwei Hofdamen von altem Adel, Madame de la Rochefoucauld und Madame de la Valette, die eilig herbeibemüht werden und sich ordnungsgemäß um die vermaledeite Schleppe kümmern.

Ansonsten aber läuft alles nach Plan ab. Auf Davids bekanntem Bild – den Augenblick festhaltend, in dem Napoleon die Josephine krönt – sind alle Figuren zu sehen (einschließlich jener, die nicht präsent war, nämlich Letizia), die hohen Kleriker und die neuen Großwürdenträger des Empire, in der Tracht und mit den Insignien der wiederbelebten Ränge und Ämter des alten Königtums. Das Diplomatische Corps ist vertreten durch die Botschafter Österreichs, Spaniens, der USA und sogar des Türkensultans – die Welt, außer England, erweist dem Kaiser der Franzosen ihren Respekt und seiner Familie auch. Der Papst persönlich tauft, bevor er Paris wieder verläßt, den zweitgeborenen Sohn des Louis auf den Namen Napoléon-Louis, und das ist, nach eigenem Geständnis, eines der schönsten Ereignisse im Leben des tiefgläubigen Vaters.

Jeromes tätige Reue

Mit familiärer Windstille kann Napoleon auch nach der Krönung nicht rechnen. Endlich erfährt er offiziell, was englische Gazetten schon längst genüßlich ausgeplaudert haben: die Heirat Jeromes in Amerika. Er tobt ebenso wie im vorangegangenen Fall der Mesalliance Luciens, verweigert den Heiratskonsens, schließt Jerome formell von der Thronfolge aus und befiehlt ihm, sofort ohne »diese Frau« nach Hause zu kommen. Er gibt Order, die »Demoiselle Patterson«, falls sie es wagen sollte, französischen Boden zu betreten, unverzüglich festzunehmen und mit dem nächsten amerikanischen Schiff in ihre Heimat abzuschieben.

Jerome trifft schließlich, sehr kleinlaut geworden, im Frühjahr 1805 auf einem schlichten Handelskahn in Le Havre ein. Er unternimmt es vergeblich, Napoleon seine Frau vorzustellen und ihn durch persönlichen Eindruck umzustimmen. Der Kaiser denkt gar nicht daran, das Paar zu empfangen. Er schreibt dem Bruder einen groben Brief: »Ihre Verbindung mit Demoiselle Patterson ist nach Auffassung der Religion und des Gesetzes null und nichtig. Sagen Sie ihr, daß sie nach Amerika zurückkehren soll. Ich werde ihr eine lebenslängliche Jahresrente von sechzigtausend Francs aussetzen unter der Bedingung, daß sie keinesfalls meinen Namen trägt oder führt. Hierauf hat sie keinen Anspruch, da eine rechtliche Verbindung mit Ihnen nicht besteht.«

Jerome gerät auch unter konzentrisches Feuer der weiblichen Familienmitglieder. Ob Lucien etwa Schadenfreude empfindet, ist nicht überliefert, seinem Charakter wäre das nicht angemessen, und er ist der einzige, der zu Jerome hält, aber er ist ja fatalerweise in ähnlicher Lage und hat nichts mehr »zu sagen«. Joseph und Louis halten sich zurück, sie haben eigene Ambitionen und Ziele. Aber Madame Mère und sämtliche Schwestern liegen Jerome in den Ohren, er möge doch ein Einsehen haben, sich von Elisa Patterson trennen und die Verzeihung Napoleons erwirken.

Jerome widersteht nicht lange, anders eben als der reifere, zehn Jahre ältere Lucien. Lockung und Drohung zeigen Wirkung. Er kriecht zu Kreuze, leistet Verzicht und wirft sich in die Arme des großen Bruders. Er ist damit einverstanden, daß seine Ehe auf Befehl des Kaisers von dem (völlig unzuständigen) Generalvikar des Erzbistums Paris annulliert wird.

Napoleon ist, wie meist mit bußfertigen Familiaren, rasch versöhnt. Er wirft Jerome eine hohe Apanage aus, stellt ihn wieder in den seemilitärischen Dienst ein und befördert ihn zum Fregattenkapitän. Der Marineminister Decrès glaubt nicht richtig zu lesen, als ihm brieflich mitgeteilt wird: »Monsieur Jerome hat Geist, Charakter und Entschlußkraft. Er hat seine Fehler eingesehen und verspricht, Wunder zu verrichten.«

Jerome – auch er ein Sohn jenes Carlo, der nie aufgegeben hat – wirft sich, von Liebe und Ehe vorerst zwangsweise enttäuscht, erneut und mit doppeltem Eifer auf das Schlachtfeld zur See. Zunächst erhebt er sich, auch insoweit ein echt toskanischer »Buonaparte«, gleich selbst um einen vollen Dienstgrad, indem er unbekümmert die Uniform eines »Capitaine de vaisseau« anlegt.

Aber so etwas hat es bei der französischen Marine, und vielleicht nicht nur bei ihr, auch später gegeben. Der Graf Las Cases, prominenter Exilbegleiter und Memoirenschreiber Napoleons auf St. Helena, hat eine ebenso eigenwillige – vom Ex-Kaiser und von der Geschichte schweigend geduldete – Rangerhöhung vorgenommen, und von der Inspektion Generals Charles de Gaulle auf einem Kriegsschiff, 1944 kurz nach der Befreiung Frankreichs, berichtet eine verbürgte Anekdote dies: Vier Offiziere sind an Deck angetreten; drei von ihnen tragen, neben den Ärmelstreifen eines Kapitänleutnants, den verdächtig »neu« glänzenden Balken des höherrangigen Korvettenkapitäns; zum vierten Mann sagt de Gaulle todernst: »Können Sie nicht nähen?« und sorgt »sur le champ« für die (zumindest durch Ehrlichkeit verdiente) Beförderung dieses Mannes zum angemaßten Dienstgrad der Kameraden.

Man soll also Jerome nicht wegen einer taktischen Lappalie verurteilen, zumal er sehr bald zeigt, was in ihm steckt. Mit dem kleinen Geschwader, das er nun kommandieren darf, holt er zweihundert Christensklaven aus den Kerkern des islamischen Beys von Algier heraus – was mit heutigen spektakulären Geiselbefreiungen durch Einsatzkommandos europäischer Mächte vergleichbar ist. Dies ist damals auch in Frankreich eine Sensation gewesen, und Jerome bekommt legal den höheren Dienstgrad, als Kommandant eines Linienschiffs. Er fährt weit hinaus über die Meere, stört den englischen Seeweg am Kap der Guten Hoffnung, kreuzt dann vor Brasilien auf und krönt seine Marinelaufbahn, als er sechzehn englische Handelsschiffe bei den Azoren kapert und nach Frankreich überführt.

Paris vergißt die Niederlage von Trafalgar, die der große Brite Nelson als Sieger mit seinem Leben bezahlt hat, und steht vor Freude kopf. Die Familie jubelt über ihren Jüngsten, und niemand nennt ihn mehr mit Herablassung »Monsieur Fifi« (während Pauline die »Madame Firlefanz« auf den Leib geschrieben bleibt). Nun schüttet auch Napoleon sein Füllhorn aus: Jerome wird, wie seine Geschwister außer Lucien, ein »Prince Impérial« und eine »Kaiserliche Hoheit«, er bekommt, wie die Brüder Joseph und Louis, den Großadler der Ehrenlegion, zudem den Rang eines Konteradmirals.

Es ist ungefähr jener Zeitpunkt, zu dem Napoleon sich über seine Brüder so ausläßt: »Lucien ist der klügste von uns, aber ein Querkopf. Joseph ist ein ausgezeichneter Mann, aber träge, man kann ihn schwer aus seinem Mortefontaine herausholen. Louis ist ein guter Kerl, nur leider sehr kränklich. Jerome aber hat das Ansehen der französischen Marine wiederhergestellt.«

Schon anderthalb Jahre später wird Jerome, dann als Divisionsgeneral – ein Napoleonide »kann« alles –, beweisen, daß er nicht nur zu Wasser, sondern auch zu Lande etwas taugt. Man wird ihm im Krieg gegen Preußen in Schlesien kurz, später länger und höchst zivil in seinem Königreich »Westphalen« wieder begegnen.

Die Händlertochter Elisa Patterson aber zeigt jene Würde, die ihrer Persönlichkeit und ihrer schottischen Abstammung entspricht. Sie pfeift auf Napoleons Staatsrente, führt den Namen »Bonaparte« mit eiserner Konsequenz in ihrer amerikanisch-republikanischen Heimat und tauft ihren Sohn – in der Neuen Welt kurz »Bo« genannt, den Stammvater der »amerikanischen Bonapartes« – auf den Namen des Vaters Jerome. Später als König will der Ex-Ehemann sie in den Rang einer »Fürstin von Schmalkalden« erheben (unter Jeromes Untugenden befand sich eine nicht, nämlich die Undankbarkeit), aber dann wird sie wiederum den Stolz und den Takt haben, so etwas abzulehnen.

Das abschließende Urteil über sie hat vielleicht Talleyrand gesprochen, einer der wenigen, dem sie vorgestellt worden war: »Welch eine Königin hätte diese Frau abgegeben! Napoleon hat sie nie gesehen; er irrte sich sehr in der Meinung, sein Bruder hätte eine Mesalliance geschlossen.« Ja, was wäre gewesen, wenn ... Soviel ist sicher: Das Königreich »Westphalen« hätte unter einer amerikanischen Königin ebensowenig Bestand gehabt wie das Kurfürstentum und Königreich Hannover, das sogar von englischen Monarchen in Personalunion regiert wurde.

Der erweiterte Horizont

Die familiären Zwischenspiele im Vorhof des Empire sind damit beendet. Joachim Murat ist, auf dringlichen Wunsch seiner Frau Caroline, zum »Großadmiral« befördert worden, obwohl er das Meer nur vom Lager Boulogne aus gesehen hat; das ist aber nur ein Ehrentitel wie der »Connétable« des Louis. Und Joseph hat mit der Beförderung zum Obristen der Infanterie, mühsam genug, die Spitze seiner militärischen Karriere erreicht; das bedeutet ebenfalls nicht viel, denn einmal, als er seinen Urlaub überschreitet, muß Napoleon ihn zurechtweisen: »Auch ein Oberst, der ein Prinz ist, bleibt im Krieg immer nur ein Oberst und hat sich an das Reglement zu halten.«

Der Clan (von den zwei »schwarzen Schafen« Jerome und Lucien ist eines, nämlich Jerome, wieder ein »weißes« geworden) hegt nun größere Ambitionen. Seine Mitglieder haben weiter gesteckte Ziele, sie wollen nun ganz nach oben auf der Karriereleiter – wobei sie ihre unverwechselbaren Eigenschaften keineswegs verlieren, aber bisher unerprobte Talente und Fähigkeiten entwickeln werden.

In Frankreich ist ein neues Hofzeremoniell, ebenso streng wie prächtig, eingeführt worden. Die Anklänge an die Königsmonarchie sind deutlich. Die alten Staats- und Hofämter sind von Napoleon wiederbelebt worden: Es gibt wie früher das Marschallat (das aber jetzt erstmals auch eine zivile Würde darstellt); es gibt wieder »Großwürdenträger«: Erzkanzler, Erzschatzmeister, Großkämmerer und Großsiegelbewahrer mit genau festgelegten Funktionen in minuziöser Abstimmung.

Auch der Adel wird restauriert, mit gewissen Vereinfachungen und Automatismen; er führt vom Ritter über den Baron bis zum Grafen, später kommen Herzöge und (wenige) Fürsten hinzu. Der »alte« Adel nimmt solche Bonbons gerne an, und mancher ehemalige Marquis des Ancien régime sieht sich erfreut als neugebackenen Baron des Empire. Mit den entsprechenden Titeln werden ebenso die Spitzenbeamten des Staates wie die höchsten Prälaten der Kirche versehen, um sie zuverlässig an das Reich und die Krone zu binden (was unter dem Königtum nicht immer gelungen war). So sieht das aus: Jeder Präfekt und Erzbischof wird ein Graf, jeder Unterpräfekt und Bischof ein Baron. Bei der Armee wird der Adel mehr an die Verdienste als an die Stellung gebunden.

Und an der Spitze dieser Pyramide stehen – mit alleinigem direktem Zugang zum »Ersten Vorzimmer des Kaisers« – die napoleonischen Familiare, soweit sie »Kaiserliche Hoheiten« als Prinzen und Prinzessinnen geworden sind. Sie residieren glanzvoll, mit eigenem (gar nicht so kleinem) Hofstaat in prächtigen Etablissements, Villen und Schlössern. Joseph pendelt zwischen dem Landgut Mortefontaine und seinem Pariser Stadthaus in der Faubourg St. Honoré, Louis zwischen dem Landgut St. Leu und dem Pariser Stadthaus in der Rue de la Victoire, auch Jerome kauft ein Anwesen in Stains nahe der Hauptstadt. Madame Mère hält hof in der alten Patriziervilla »Hôtel de Brienne«, an der Rue Dominique gelegen. Josephine baut ihr Malmaison aus, und auch die Schwestern sind höchst annehmlich untergebracht. Alle beziehen Apanagen und üppige Einkünfte aus zahlreichen Ehrenämtern – das Gehalt des Louis als Kronfeldherr beläuft sich beispielsweise auf die skurrile Summe von 333333 Franc jährlich.

Aber damit ist der Clan erst halbwegs, und das auch nicht lange, zufrieden. Insoweit zumindest ist man sich wiederum einig.

In Frankreich selbst ist weiterer Aufstieg über die beschäftigungsarmen Zeremonialränge hinaus versperrt. Napoleon hat das Kernland persönlich fest im Griff. Er regiert es zur allgemeinen Zufriedenheit. Er füllt den Franzosen – vom städtischen Arbeiter und dörflichen Bauern über die immer kräftiger blühende bürgerliche Mittelschicht hinweg bis zu den staatstragenden Notabeln der Hauptstadt und der Departements – die Taschen mit klingenden »Napoleondoren« (vorn mit seinem überkrönten Porträt, hinten noch immer mit der obsoleten Umschrift »République Française« versehen) statt der früheren wertlosen Papierassignaten jener Republik. Und er findet tüchtige Männer – selbst die einstigen entmachteten Mit-Konsuln dienen ihm getreulich weiter – für Verwaltung und Rechtspflege, als Minister und Präfekten, als Oberrichter und Justizräte.

Hier also ist für die Familie verzweifelt wenig Platz zur eigenen Entwicklung, woraus sich ihre Unbehaglichkeit erklärt. Napoleon hat sich keineswegs bewogen gefühlt, »Joseph den Erstgeborenen«, wie es dessen geheimem Wunsch entsprach, doch endlich nach der Kaiserkrönung zu seinem Stellvertreter im Reich und designierten Nachfolger zu erheben. Lucien hat seine zivile Mitwirkung (wie es scheint, auf Dauer) versagt. Für die Kriege, die er allerdings fast pausenlos führen muß, kann der Kaiser nur Eugen Beauharnais, Joachim Murat und Bruder Jerome gebrauchen, denn Louis ist in der Tat von schwacher Gesundheit und wird, wie auch die drei anderen, seinen Ruhm bald auf staatspolitischem Schauplatz finden.

Und die Schwestern? Es ist, sogar für sie selbst, undenkbar, daß Frauen in Frankreich mitregieren oder auch nur Staatsämter bekleiden. So etwas propagiert höchstens Madame de Staël, aber die sitzt im ausländischen Exil und hat allenfalls dort etwas zu sagen, was noch mit müdem Amüsement vernommen wird.

Jedoch der Horizont erweitert sich, und der Clan weiß es, weil er sein Oberhaupt kennt. In Zukunft wird Frankreich nur das Herzstück des europaweiten Empire sein – daß es dies bleibt, ist für Napoleon selbstverständlich, denn hier ist Freiheit und Gleichheit geboren worden, und mit diesen Errungenschaften der Revolution soll nun auch der Rest des Kontinents beglückt werden.

Schon dieses Frankreich hat nicht mehr die Territorialgrenzen des Königreichs, es ist auch längst – durch und mit Napoleon – über die revolutionären Grenzen hinausgewachsen. Zu ihm gehören Belgien und das westliche Rheinland, Savoyen, Piemont, Parma und Genua, die kurzlebige »Republik Ligurien«. Es besitzt sogar die seestrategisch wichtigen Ionischen Inseln samt Korfu vor der griechischen Westküste. Die »Cisalpinische Republik« in Oberitalien ist ein klassisches Nebenland Frankreichs, es wird demnächst in ein »Königreich Italien« (dessen Krone Napoleon selbst trägt) umgewandelt, zudem mit Venezien und einem Teil des Kirchenstaats erweitert werden. Nach der Abschaffung des

»Königreichs Etrurien« wird auch die reiche Toskana, jenes Stammland der »Buonapartes«, ferner gar Illyrien und Dalmatien unmittelbar zu Frankreich zählen.

Das Empire ist in Italien, aber ebenso in Deutschland weit vorgedrungen, und in beiden Ländern ergeben sich Perspektiven der staatlichen Neuordnung. Inzwischen nicht mehr oberhoheitlich organisiert, sind beide Territorien politisch und staatsrechtlich ein heilloser Flickenteppich.

In Italien verhindert der Kirchenstaat, der wie ein breiter Querriegel vom Tyrrhenischen Meer bis zur Adria reicht, schon räumlich die Einheit des Landes. Das »Königreich beider Sizilien« im Süden ist, nach dem Untergang der revolutionären »Parthenopäischen Republik« von Neapel, wieder von den Bourbonen in Besitz genommen worden, sehr zum Verdruß und Widerwillen seiner Bewohner. Die oberitalienische Kleinstaaterei liegt immer noch in den vorletzten Zügen.

In Deutschland bewegen sich die rechtsrheinischen und süddeutschen Fürsten, die praktisch längst kein kaiserliches Haupt in Wien mehr haben, orientierungslos zwischen den Fronten. Sie wissen nicht, ob sie Napoleon bekämpfen oder sich mit ihm arrangieren sollen, um ihren Hals zu retten, wo sie doch schon die ungeliebten, entthronten linksrheinischen Vettern miternähren müssen. Da ist der Kurfürst von Baden, der vor kurzem noch Markgraf war, nie etwas zu »küren« hatte und gern Großherzog wäre, wenn er noch den österreichischen Breisgau bekäme und zum Bodensee vorstoßen könnte; der Kurfürst von Bayern (künftiger Schwiegervater des Eugen Beauharnais), der nach dem österreichischen Tirol schielt und gern König wäre; dazwischen der dicke Friedrich von Württemberg (künftiger Schwiegervater Jeromes), der letzteres auch dringlich wünscht, aber möglichst auf Kosten der beiden Nachbarstaaten im Westen und Osten. Der Preußenkönig Friedrich Wilhelm III. hält die Spitze des Wankelmuts, er wechselt in drei Jahren sechsmal die Koalition für und gegen seine englischen, russischen und österreichischen Verbündeten – mit dem Ziel, baldmöglichst Hannover zu annektieren, wobei ihm Napoleon vielleicht behilflich sein könnte.

Deutschland bricht auseinander – fast so, wie das unglückliche Polen schon zwischen Preußen, Rußland und Österreich zerrieben worden ist. Napoleon wird dazwischenfahren, nicht nur mit dem Schwert, sondern auch mit kühl-exakten Paragraphen. Er wird den größten Teil Deutschlands ganz neu organisieren.

Dort also, in Italien und dann in Deutschland, ergeben sich die neuen Wirksamkeiten des Empire und, notwendig damit verbunden, des Napoleon-Clans. Napoleon hat, wie er auf St. Helena dem Grafen Las Cases diktierte, beide Länder zur staatlichen Einheit führen wollen. Wir müssen ihm das nicht unbedingt glauben – und wir wissen nicht, ob er das nur unter dem Aspekt einer französischen Vorherrschaft, zumindest des französischen Übergewichts, gemeint hat (was eher wahrscheinlich ist). Aber er ist es gewesen, der wie kein anderer diese Einheit Italiens wie auch Deutschlands be- und gefördert hat. Es waren nicht zuletzt die Familiare, die dabei hilfreich gewesen sind; mehr noch, ihr Beitrag ist historisch nicht wegzudenken.

Aber damit nicht genug. Der Dauerkrieg gegen England zwingt das Empire zu einer möglichst lückenlosen Kontrolle der europäischen Küsten – nicht nur am Mittelmeer, sondern auch an der Nordsee. Nur so kann der britische Handel unterbunden, der insulare Erzfeind vielleicht in die Knie gezwungen werden.

Im Norden Frankreichs aber, weithin zum Meer geöffnet, vegetiert immer noch die unselige »Batavische Republik«, die seit ihrer revolutionären Gründung von einer Verfassungskrise in die andere taumelt. Man muß sich um eine neue Regierungsform für dieses »Holland« (wie es bald, pars pro toto, genannt wird) kümmern. Im Süden muß der britische Einfluß auf das von Bourbonen regierte und unzuverlässige Königreich Spanien ausgeschaltet werden. Dort am westlichen Mittelmeer ist, wie auch in Süditalien, am Tyrrhenischen und Adriatischen Meer, der »weiche Unterleib« des Empire, der geschützt werden muß – wenn die »Vereinigten Staaten von Europa« nach den Ideen des Kaisers unter französischer Führung entstehen sollen.

Freilich ist es nicht nur England, das einem solchen Konzept im Wege liegt. Die »alten« Fürstenhöfe von Österreich, Spanien, Preußen und Rußland sind damit ebensowenig einverstanden. Daß sie sich über das für sie mit betrüblichem Traditionsbruch behaftete Erscheinungsbild des (wiederum für sie) doch illegitimen Empire insgeheim belustigen, wäre in Paris gelassen hinzunehmen. Aber fast unentwegt fädeln sie, trotz formeller Anerkennung des »Kaisers der Franzosen«, internationale Intrigen gegen den korsischen Emporkömmling ein, rüsten auf und schmieden neue Koalitionen. Napoleon muß ihnen entgegentreten, und das kann er nicht als der eine und einzige. Die staatliche Vielfalt seines erträumten Empire, aber auch die Sicherung seines Bestandes erfordert Männer (und diesmal sogar Frauen), die als Monarchen neuer Art und Ära etabliert werden müssen.

So stellt sich, von Napoleon aus gesehen, seine prekäre Lage und die allzu bunte Landkarte des Kontinents in den Jahren 1805/1806 und auch in der Folgezeit dar.

Für Frankreich wird der Kaiser seine Verwandten erst wieder

(und dann sogar in besonderem Maß auch Lucien) brauchen, wenn sein Stern sinkt.

Jetzt aber braucht er sie für Europa, und sie stehen zur Verfügung, ein jeglicher auf seine Weise. Man wird sie schon kennenlernen, mitsamt dem Murat und dem Beauharnais, diese Herren und Damen aus uraltem südeuropäischem Patriziat, von rückständig-entlegener Insel stammend, zu modernen und weltläufigen Menschen gereift in zahlreichen persönlich-politischen Wechsel-Jahren. Und bis auf Joseph sind sie alle noch immer recht jung, als sie nun die Zügel abgeleiteter, bald gar eigenständiger Staatsmacht ergreifen.

VII.
Regierungen mit Elan und Hemmung – Gekrönte Präfekten und Amazonen

Strukturen Italiens

Italien ist das erste Exerzierfeld, auf dem territoriale Flurbereinigung stattfindet, nationale Einigung präpariert und napoleonische Modellstaaten eingerichtet werden.

Frankreich selbst springt schon vor bis zur Mitte Oberitaliens; aber es gibt dort noch eine »Verfügungsmasse« kleiner Herrschaften und Republiken, die bald eingeschmolzen werden. Vom Fluß Tessin bis zur Adria, im Norden bis zur Schweiz und südlich bis zum Kirchenstaat (an den man sich erst später herantrauen kann) erstreckt sich die Cisalpinische, dann »Italienische« Republik, die nun zum »Königreich Italien«, als Teil fürs Ganze, proklamiert wird und die wahre Kernzelle des neuen Italien – damals schon mit der grün-weiß-roten Trikolore – darstellen soll. Südlich des Kirchenstaats liegt das »Königreich Beider Sizilien«, womit ganz Süditalien einschließlich jener Insel gemeint ist – es wird, leider ohne diese Insel, bald als »Königreich Neapel« renoviert werden.

Von allen Gebieten, die noch hinderlich im Wege liegen, hat Napoleon nur die Zwergrepublik San Marino bestehen lassen. Wohl in einer imperialen Laune der Großzügigkeit dekretiert er: »Sie muß als Leuchtfeuer einer Republik erhalten bleiben!« Das war die gleiche Jovialität, die ihn später bewogen hat, auch den uralten Pyrenäen-Zwergstaat Andorra nicht anzutasten; hingegen hatte er das Fürstentum Monaco, schon von der Revolution okkupiert, stillschweigend als Bestandteil Frankreichs übernommen – dieser Zwergstaat erlangte erst wieder 1815 auf dem Wiener Kongreß seine traditionelle Unabhängigkeit.

Elisa reitet voran

Man schreibt das Jahr 1805, die Schlacht von Austerlitz ist noch nicht geschlagen. Es ist paradox, ja fast ein historischer Treppenwitz, daß Elisa Bonaparte allen Napoleoniden auf dem Weg zu monarchischen Thronen voraussprengt. Wieso gerade Elisa, die doch erstens »nur« eine (wenn auch gewiß maskuline) Frau und zweitens die von Napoleon am wenigsten geliebte Schwester ist?

Talleyrand und Fouché streiten vor der Geschichte um den Anspruch, der Kaiserlichen Prinzessin Elisa in die Steigbügel der ersten ihrer Herrschaften (zwei weitere, zunehmend wichtigere werden folgen) verholfen zu haben. Da die persönlichen Interessen beider Ex-Priester, Empire-Grandseigneurs und grauen Eminenzen meist gegenläufig waren, so kann es wohl nur einer von ihnen gewesen sein – wahrscheinlich Fouché (den dabei der Eigennutz geleitet haben mag); denn Talleyrand hat Elisa später doch zu oft als »Semiramis von Lucca« und »Amazone vom Arno« mit Spott von geringer Freundlichkeit übergossen.

Andererseits, beim Ex-Bischof Monseigneur d'Autun bleibt alles in der zeitgenössischen wie auch historischen Schwebe, bezeichnet er Elisa doch auch, nicht ohne Respekt, als »den Mann unter den Schwestern« – falls dies nicht wiederum (wir kommen aus der Spekulation über die Sphinx Talleyrand-Périgord nicht heraus) nur eine besonders erlesene Sottise gewesen sein sollte; sein Kompliment für Caroline Bonaparte: »Ein Kopf von Cromwell auf den Schultern eines schönen Weibes« klingt da schon fast aufrichtiger.

Und wenn wir das Problem nochmals zur anderen Seite wenden: Talleyrand ist, insoweit stets auf seiten der Bonapartes, ein Feind der Beauharnais-Sippe; da hat er, der sonst so Undurchschaubare, durchaus Partei ergriffen. Er ahnt schon, was wir noch betrachten und begründen müssen: Das »Königreich Italien« soll, direkt unter Napoleon, von Eugen Beauharnais als Vizekönig regiert werden. Dieses Reich, schon stattlich zugeschnitten, der Erweiterung durch Venetien und Teile des Kirchenstaats entgegensehend, ist nur der Adria zugewandt; es könnte aber einen schmalen Zugang zum Tyrrhenischen Meer gewinnen – dort, wo das Mini-Fürstentum Piombino und, weiter nördlich, die Republik Lucca liegen, und dann befände sich dieses prospektive Italien höchst zukunftsträchtig »entre deux mers« (wie immer noch der Kirchenstaat, den man erst später, zu Talleyrands Freude, liquidieren kann). Wie besser also könnte man dem Eugen Beauharnais diesen strategisch wichtigen Besitz vorenthalten, als zunächst einmal die Herrschaft Piombino einer Bonaparte-Schwester zuzuschanzen?

Aber vielleicht lagen die Dinge auch schlichter, wenn nicht gar simpel. Wie sonst niemand unter den Geschwistern bestürmt Elisa den großen Bruder pausenlos, er möge sie an der Macht in seinem Empire beteiligen. Ihre ungeduldige, zornig-tränenreiche Auf-

Charles Maurice de Talleyrand et de Périgord, auch Fürst von Benevent. Säkularer französischer Staatsmann, langjährig Außenminister Napoleons, den er später verließ und verriet. Kolorierter Lichtdruck nach dem Gemälde von François Gérard aus dem Jahre 1808.

dringlichkeit wird Napoleon regelrecht lästig. Für die Brüder hat der Kaiser schon andere Posten im Auge, und Elisa ist von den Schwestern immerhin die Älteste, zudem am besten ausgebildet. So will er ihrem Druck nachgeben, sie vielleicht auch befristet aus Paris loswerden, und überträgt ihr – probeweise, wie so oft bei den Familiaren – die Herrschaft über ein außerfranzösisches Staatsgebiet. Er proklamiert sie zur erblichen Fürstin von Piombino, und dem Senat seines Reiches erklärt er es so: »Ich tue das nicht aus brüderlicher Liebe, sondern aus politischen Gründen.«

Wir müssen nicht mehr den Mangel der Liebe, wohl aber den

juristischen Status aufklären, weil dieser nun doch in Zukunft bedeutsam sein wird, nicht nur für Piombino.

Ein Fürst rangiert im Empire – nach französischem Adelsrecht bis heute, und anders als im übrigen Europa einschließlich England – nicht unter, sondern über einem Herzog. Letzterer besitzt – ähnlich wie die niederen Adligen Frankreichs vom Ritter über den Baron bis zum Grafen (deren Würde aber mit ihrem persönlichen Namen verknüpft ist) – nur einen symbolischen Titel von geographischem oder militärischem Lokal- oder Regionalbezug, womit er belohnt, jedoch nicht »belehnt« wird, denn irgendeine Regierungsfunktion ist hiermit nicht verbunden; der Herzog bezieht lediglich Einkünfte aus staatlichen Domänen oder aus solchen Gütern, die ihm fiskalisch zu rein privatem Eigentum oder zur Nutznießung übertragen sind.

Hingegen genießen die Fürsten als investierte Inhaber kaiserlicher, im Prinzip erblicher Kronlehen echte Territorial- und Staatsgewalt über einheimisches Volk, auf definiertem Gebiet in festen geographischen Grenzen. Souverän wie die noch höher eingestuften Satelliten-Großherzöge und Könige des Empire (Murat in Kleve-Berg und dann in Neapel, Joseph in Neapel und dann in Spanien, Louis in Holland und Jerome in Westphalen) sind sie zwar nicht, denn es fehlt ihnen die Militärhoheit und das Recht auf eigene Außenbeziehungen; soweit sie Truppen befehligen, unterstehen sie direkt dem Kaiser, und diplomatisch werden sie von Frankreich vertreten. Auch muß im Todesfall der Erbprinz als Nachfolger vom Kaiser bestätigt, die Investitur erneuert werden.

Ansonsten aber besitzen die Fürsten alle Qualitäten und Attribute autonomer Staatlichkeit: eigene Regierung, Verwaltung und Rechtspflege einschließlich der Polizei-, Zoll- und Steuerhoheit. Obwohl ihr Territorium meist klein und die Zahl ihrer Untertanen gering ist, haben sie doch internationalen Rang als Staatsoberhäupter – alle Potentaten Europas verkehren mit ihnen unter der Anrede »Mon Cousin« (oder, fallweise, »Ma Cousine«).

Es hat nicht viele solcher Fürstentümer im Empire gegeben; die späteren, mitsamt einem verunglückten Experiment, lernen wir noch kennen, aber Piombino ist das erste Modell dieser Staatskategorie.

Das dürftige Seestädtchen mit nur wenigen Quadratkilometern Hinterland, gegenüber der (nun auch französisch gewordenen) Insel Elba gelegen, hat früher von seinen – wie es der Name besagt – Blei- und Eisengruben gelebt, aber diese sind nun verfallen und abgesoffen, von Arbeitern entblößt. Handel, Wandel und Verkehr regen sich nicht mehr, die kriegerischen Wirren haben alles paralysiert.

Elisa muß, ebenso wie ihr Prinzgemahl Bacciochi (der nun immerhin nominell den Fürstentitel erhält und zum Brigadegeneral ernannt wird), dem großen Bruder einen Eid leisten, in dem sie verspricht, stets gute Französin und getreue Untertanin des Kaisers zu bleiben. Was wird sie, an solche Kette geschmiedet wie der imperiale Adler mit gestutzten Flügeln, den sie später in ihrem Palast hält, ausrichten können? Zu Paris lächeln die Geschwister in ihren Salons, die Minister in ihren Amtssitzen. Jedoch man irrt sich gewaltig.

Auf einem Rappen, mit großem Gefolge, sprengt die 28jährige Elisa in ihre Kleinmonarchie ein, im Damensattel, versteht sich; den Herrensitz wird sie erst in Florenz erproben. Dann gibt sie ihre Kommandos – kurz, scharf und trocken, im Sexa-Stil des Bruders und der postrevolutionären Salons, jenem Komment, den sie mit ihrer siebenjährigen Disziplin von St. Cyr erfolgreich verbindet. Sie kopiert den großen Napoleon, gewiß, aber so wie ihr ist die Nachahmung im Positiven kaum einem anderen Familiar gelungen, auch nicht den Männern, die aber ja gar nicht »kopieren« wollten.

Bald verstummt der Hohn darüber, daß sie ihren Herrschernamen »Elisa« abkürzt mit der schwungvollen Paraphe »E«, wie eben »N« für »Napoléon«. Und wenn sie später in der Toskana den »Code Napoléon« einzuführen hat, so wird sie dasselbe Gesetzeswerk für ihre Fürstentümer Piombino und Lucca unter dem Titel »Code Elisa« in Kraft setzen. Ja, diese Frau will ein weiblicher Napoleon werden, und die Historiker können nicht bestreiten, daß es ihr teilweise – in ihren geographischen Rayons, ihrer zeitlichen Konfinierung und ihrer fremdbestimmt-imperialen Beschränkung – auch gelungen ist; sämtliche anderen Geschwister, auch den Juristen Joseph, hat »Mademoiselle de St. Cyr« in der Regierungs- und Verwaltungskunst übertroffen. Dabei stört ihr Ehemann sie in keiner Weise, zumal Napoleon ihm von vornherein klargemacht hat, daß er aus eigenem Recht keine Befugnisse habe – worauf jener auch gar keinen Wert legt.

Geradezu blitzartig organisiert Elisa ihr Ländchen, nicht nur auf dem Papier. Sie holt tüchtige Beamte, Agrarfachleute, vor allem Ingenieure heran. Als erstes bringt sie die Bergwerke wieder in Schwung, ja zum Export. Sie bekämpft die fast heillose allgemeine Korruption, hebt einige unproduktive Klöster auf und sorgt für Sicherheit auf den Straßen. Schon nach wenigen Monaten ist Napoleon derart beeindruckt, daß er Elisas dringlichem Wunsch auf Gebietserweiterung nachgibt. Er installiert sie zusätzlich als Fürstin des einstigen Adels-Freistaats Lucca, der außer der hübschen Metropole ein arrondiertes, fruchtbares Hügelland mit immerhin 150 000 Einwohnern umfaßt.

Elisa Bonaparte, Napoleons älteste Schwester. Sie war keine Schönheit, war aber nach Meinung Talleyrands »der Mann unter den Schwestern« und bewies hohe Verwaltungskunst in ihren Herrschaftsgebieten. Unvollendetes Gemälde von Louis David aus dem Jahre 1805.

Da kann Elisa nun in einem richtigen Schloß ihre Residenz aufschlagen und einen Hofstaat nach Pariser Vorbild einrichten. Ebenfalls nach französischem Exempel gibt sie ihrem Ländchen eine Verfassung. Sie zieht bedeutende Bildhauer, Dichter, Maler und Musiker an sich; bei ihr verkehren Thorvaldsen und Paganini, Tieck und Rauch, Bartolini und Canova.

Aber sie müßte nicht Elisa sein, wenn sie es damit bewenden ließe. Sie verdoppelt die Seidenproduktion und die Olivenernte, renoviert Gerbereien und Seifenfabriken. Die Marmor-Steinbrüche von Carrara exportieren Grabsteine, Vasen, Piedestale, Statuen und Büsten (letztere meist vom Kaiser) und geben Tausenden Steinmetzen lohnende Arbeit. Dem Bey von Tunis wird sogar eine komplette Moschee zum Zusammenbau geliefert. Auf den Gebieten der Wissenschaft und der Volkspädagogik ist die Doppel-Fürstin nicht weniger rührig. Sie gründet eine Akademie für Architektur, eine medizinische Hochschule, zwei öffentliche Bibliotheken und, in Nachahmung von St. Cyr, das »Elisa-Institut« für Mädchenerziehung.

Ein bezeichnend-symbolisches zeitgenössisches Gemälde zeigt Elisa, wie sie sich, in eines ihrer geliebten schneeweißen Kleider gehüllt, porträtieren läßt; in respektvollem Abstand, am rechten Bildrand, sieht man den Gatten Felix, der als bloßer Titularfürst nichts mitzuregieren hat. Was betrachtet er sinnig? Eine Marmorbüste seiner Frau. So will es Elisa, und nur so kann sie glücklich sein.

Wir werden der »Semiramis von Lucca« nach knapp drei Jahren wieder begegnen; dann wird sie sich zu einer noch größeren Herausforderung als Großherzogin der Toskana und »Amazone vom Arno« emporgedient haben.

Madame Firlefanz, Landkarten prüfend

Wir überspringen für einen Augenblick die Schlacht von Austerlitz und den Preßburger Frieden, wenn wir ins Jahr 1806 hineinsehen und dem Vorspiel der italienischen Staateninszenierung gleich das Satyrspiel folgen lassen, dessen »Lustige Person« hier Pauline Borghese-Bonaparte, Kaiserliche Hoheit, darstellt.

Sie, die aus eigener Fähigkeit oder auch nur Bemühung nicht einmal einen Maulwurfshügel regieren könnte, fühlt sich gegenüber Elisa zurückgesetzt. Auch sie möchte so etwas haben, einen eigenen Staat mit einem Schloß, mit Untertanen und Ministern. Mit heiterem Optimismus und völligem Mangel an Selbstkritik glaubt sie, entsprechende Aufgaben bewältigen zu können.

Napoleon will der Lieblingsschwester nicht verweigern, was er der weniger geschätzten Elisa zugestanden hat; nur beruft er sich hier, in klarer Erkenntnis der Beschränktheiten von »Madame Firlefanz«, nicht einmal auf »politische Gründe« wie bei der anderen Schwester. Aus seiner oberitalienischen »Verfügungsmasse« bricht er ein winziges Stückchen heraus, den bei Parma gelegenen, von ein paar Kuhdörfern umgebenen Marktflecken Guastalla. Und er macht »Unsere geliebte Schwester Pauline« (man beachte den Unterschied zu Elisa) zur Fürstin dieser Mini-Herrlichkeit.

Leider besitzt Pauline nicht Elisas Format. Sie hält nichts davon, sich aus kleinen Anfängen zäh nach oben zu arbeiten. Sie weint, als sie ihr Fürstentümchen auf den Landkarten, die sie in immer größerem Maßstab anfordert, wegen seiner Zwergenhaftigkeit kaum finden kann, und zeigt nicht die geringste Lust, es in Augenschein oder gar in Besitz zu nehmen. Nun hat sich die geographische Suche manchem Napoleoniden aufgedrängt: Auch Désirée Bernadotte fragt, als ihr Mann zum Fürsten von Pontecorvo in Süditalien erhoben wird, mit einiger Verwirrung: »Wo liegt Pontecorvo?« Aber Pauline läßt ihren Recherchen gleich die wütende Abfuhr folgen: Nein, dieses Guastalla ist ihr viel zu klein und daher ihrer nicht würdig; was den Titel betrifft, so kann sie kaum etwas verlieren, denn eine Fürstin ist sie ja seit ihrer zweiten Eheschließung ohnehin schon.

Napoleon zeigt Verständnis, wahrscheinlich ist er sogar sehr erleichtert. Er schließt Guastalla nun an das Königreich Italien an (wohin es territorial auch eigentlich gehört). Pauline stuft er von der regierenden Fürstin des Empire zur Herzogin herab und überschreibt ihr, zum Ersatz für die Einkünfte aus Guastalla, staatliche Domänenrenten in gleich hohem Wert. Allerdings streicht er ihr dafür die bisherige Apanage als kaiserliche Prinzessin, denn eine kleine Zurechtweisung hat »Madame Firlefanz« für ihre inkonsequente Aufdringlichkeit doch verdient.

Pauline verabschiedet sich damit aus der Geschichte der napoleonischen Staatenwelt, aber das Geschick ihres »Fratello« (wie sie das »Brüderchen« neckisch nennt) wird sie später nicht ohne menschliche Größe begleiten – dann nämlich, als Napoleon keine Kronen mehr zu vergeben hat, sondern im Exil materieller Hilfe und seelischer Ermunterung bedarf, wird Pauline sich ihm gegenüber nobler betragen als mancher Opportunist unter den Familiaren.

Was aber bemerkt Monseigneur d'Autun, »Prince de Talleyrand et de Périgord« des Ancien régime, nun französischer Außenminister, residierend in der Pariser Rue du Bac, just neben dem einstigen Salon der Madame de Staël, mit schilfig-starren Augen zu seinen Chefbeamten? »Messieurs, surtout pas de trop zèle« – nur nicht zuviel Eifer. Monseigneur wird bald, nicht ohne stille Befriedigung, doch auch ohne jede Erregung (er hat seine hochadlige Familiengeschichte im Rücken) selbst ein kleines Fürstentum im Empire entgegennehmen: Benevent, neben Bernadottes Herrschaft Pontecorvo gelegen; er braucht dafür keine Landkarte, er gewiß nicht, und er wird durchaus die Signatur wählen: »Charles-Maurice Prince de Bénévent« – während sein Nachbar, hochmütig-militärisch, weiterhin firmieren wird: »J. Bernadotte«. Das sind Quisquilien – und doch vielleicht auch mehr.

Aber Herr von Talleyrand wird nun immerhin beträchtlichen Eifer aufwenden, denn er handelt um die Weihnachtszeit 1805, vier Jahre nach Josephs Lunéville, den Preßburger Vertrag aus, nach-

Napoleons jüngste Schwester Pauline, »Madame Firlefanz« und Fürstin Borghese. Der große Canova hat sie hier als »siegreiche Venus« auf dem unvermeidlichen »Récamier« skulptiert.

dem sein Dienstherr die Dreikaiserschlacht von Austerlitz gewonnen hat. Dies hat Auswirkungen in Italien ebenso wie in Deutschland.

Zwei Königreiche, unterschiedlich formiert

Der Friede von Preßburg amputiert Österreich. Es wird vom Zugang zum Meer ausgeschlossen und sinkt zu einem Binnenstaat herab. Venezien fällt (Talleyrand hätte das gern verhindert) ans Königreich Italien, Tirol an Bayern, Dalmatien unmittelbar (als »Illyrische Provinzen«) an Frankreich. Der Papst ist seiner traditionellen Schutzmacht Österreich beraubt, und die Bourbonen in Süditalien, mit dem Haus Habsburg innig verbunden, werden sich nicht mehr lange halten können. Napoleons Familiaren schlägt die große Stunde. Sie stehen vor dem internationalen Durchbruch.

Die erneuerte Langobardenkrone des Königreichs Italien, aus Eisen gefertigt, hat Napoleon sich in der Hauptstadt Mailand selbst aufgesetzt – ganz nach dem Muster von »Le Sacre« zu Paris, nur daß diesmal der Kardinallegat Caprara den Papst vertreten hat und mit der wichtigen Besonderheit, daß Josephine nicht zur »Königin von Italien« gekrönt worden ist. Der Kaiser will nämlich diesen Nebenland-Thron nicht auf Dauer in Personalunion behalten. Er hat den »Völkern Italiens« versprochen (und versichert es nun sogar dem Haus Österreich), daß dieser Staat niemals mit Frankreich verbunden sein, sondern, irgendwann, seine Souveränität erhalten werde.

Napoleon sucht und braucht also einen Familiar, dem er die Regierung dieses so wichtigen Nordteils und Kernstücks der italienischen Halbinsel – erst stellvertretend, dann vielleicht für immer – anvertrauen kann. Lucien und Joseph hatten schon abgewinkt, als ihnen die Präsidentschaft des Vorläuferstaats, der Cisalpinischen und dann der »Italienischen« Republik, angetragen wurde. Nun ist Lucien (welch einen »republikanischen« Präsidenten hätte er abgegeben!) ausgeschieden als Kandidat. Joseph wird erneut gefragt, ob er »Vizekönig von Italien« werden wolle. Aber nein, das ist dem verärgerten Erstgeborenen zu wenig, er will nicht bloß Stellvertreter des Bruders, sondern Monarch aus eigenem Recht sein.

Napoleon, der unermüdliche dynastische Bastler, plant ein neues Modell. Er möchte den erstgeborenen Sohn des Bruders Louis adoptieren und ihn nach dessen Volljährigkeit (nur bis dahin will er die Krone noch selbst tragen) rite als »König von Italien« unter dem Namen »Napoleon II.« einsetzen. Wieder holt er sich einen Korb; Louis zeigt sich erstmals störrisch, er will nicht hinter seinem Sohn zurücktreten, schon gar nicht auf seine Vaterrechte verzichten.

In der Tat, der Kaiser hat es mit den Geschwistern nicht leicht. Aber es gibt ja jene familiäre Reserve, wo das Prinzip von Befehl und Gehorsam noch gilt. Eugen Beauharnais steht zur Verfügung; Napoleon proklamiert ihn zum »Vizekönig von Italien« – ebenso zum Entzücken Josephines und der Italiener wie auch zur ohnmächtigen Wut aller Bonapartes. Der Zorn letzterer steigert sich womöglich noch, als der Kaiser ihn nach dem Frieden von Preßburg gar adoptiert und zum »Kaiserlichen Prinzen« erhebt; auch »Fürst von Venedig« darf er sich nennen.

Prinz »Eugen Napoleon«, wie er nun heißt (vom Kaiser nicht mehr mit »Mein Vetter«, sondern als »Mein Sohn« angeredet), ist erst vierundzwanzig Jahre alt, ein kreolisch-dunkler Typ wie Mutter Josephine und Vater Alexandre, mit martialischem Schnurrbart und buschigen Brauen, romanisch aussehend und sehr romantisch veranlagt, einem mittelalterlichen Troubadour etwas ähnlich, temperamentvoll und von aufrechter Gesinnung, vor allem erfüllt von leidenschaftlicher Verehrung für den Stief- und nun Adoptivvater, dem er (außer dem Leben) buchstäblich alles verdankt. Vom Kriegshandwerk versteht er, der im Militärdienst aufgewachsen ist, natürlich mehr als von der Verwaltung, aber an pflichtbewußtem Fleiß wie auch an zupackender Intelligenz fehlt es ihm nicht, und er hat hinreichendes Organisationstalent, um seinen neuen Posten auszufüllen.

Seine Stellung, durch Herrn von Talleyrand, den Beauharnais-Gegner, minuziös umschrieben, ist delikat. Er ist nur »zweiter Mann« in seinem Reich, und darin unterscheidet er sich von allen Bonapartes, die zu Monarchen aufsteigen. Seine Funktionen sind eng begrenzt, auch gegenüber dem Staatsrat und seinem Großkanzler, dem italienischen Patrioten Melzi d'Eril, einem höchst selbst- und nationalbewußten Mann. Napoleon dirigiert ihn in allen Einzelheiten, von der Regierungspraxis bis hin zur höfischen Etikette (die Eugen als Militär verabscheut), und legt ihm eine tägliche (!) Berichtspflicht auf. Auch optisch wird der Status deutlich: Auf dem Thron im Mailänder Schloß darf Eugen nur sitzen, wenn das Bild des Königs (Napoleon) unter dem Baldachin angebracht ist, sonst hat er daneben zu stehen, und die Krone liegt auf einem Tischchen, das er nicht einmal berühren darf.

Historisch bemerkenswerter als dieses Handicap eines bloßen »Lieu-Tenant« ist das nationale Element, das hier mit dem Staatsziel eng verbunden ist.

Wir stoßen wieder auf ein Paradox. Eugen ist und bleibt der einzige Familiar, dem der Kaiser nicht die Richtschnur gibt: »Immer Franzose bleiben!«, sondern dem er, im Gegenteil, befiehlt: »Vergessen Sie, daß Sie Franzose sind!« (was wohl für Napoleons Aufrichtigkeit im Hinblick auf ein unabhängiges Italien der Zukunft spricht). Nur ist Eugen betrüblicherweise gerade hierzu nicht in der Lage, und so ist er mehr »Franzose« geblieben als die meisten anderen Napoleoniden in den Ländern ihrer Herrschaft. Den Wechsel des Vaterlandes haben fast alle gegen Napoleons Willen vollzogen; ihm aber ist diese Umwandlung des Nationalgefühls nicht gelungen, obwohl sie gerade – und nur! – von ihm erwartet wurde; sein Lebensabend als deutscher Standesherr in Bayern ist eher der tragische Schlußpunkt einer »Entwicklung« gewesen, die so und als solche gewiß nicht in seinem Lebenskonzept angelegt war.

Der Vizekönig beherrscht nicht einmal die Sprache seiner Untertanen, da er ja – anders wiederum als die Bonapartes – nicht im italienischen Sprachraum aufgewachsen ist. Auch hat er, der immer wieder (darin Joachim Murat ähnlich) von seiner Staatsfunktion zum Kriegsdienst für das Empire abgerufen wird, nicht die Zeit zum konzentrierten Studium der Sprache – so wie Louis das Niederländische und Joseph später das Spanische erlernt haben.

Im Rahmen dieser Defizite wird Eugen Beauharnais aber ein guter, nicht nur gutwilliger Regent sein, und die Italiener sind mit ihm höchlichst zufrieden; sie hoffen, daß er eines Tages ihr »richtiger« König sein und das Land ebenso zur Erweiterung wie zur Souveränität führen wird.

Zudem markiert Eugen einen weiteren Höhepunkt napoleonischer Familienpolitik. Der Kaiser stiftet ihm die Ehe mit der ältesten Tochter Augusta des Kurfürsten Max Joseph von Bayern, der nun ebenso wie sein württembergischer Nachbar zum König befördert wird. Dem neu aufpolierten und doch so uralt-verwurzelten Familien- und Selbstbewußtsein dieses Wittelsbach-Vaters ist nicht leicht Genüge zu tun. Die Adoption Eugens durch Napoleon ist der Preis für seine Zustimmung zur Ehe, die er sonst keineswegs für standesgemäß gehalten hätte, auch schon als Kurfürst aus der ehrwürdigen Linie Pfalz-Zweibrücken nicht. Ohnehin erscheint ihm ein bloßer Vizekönig als Schwiegersohn etwas dürftig. Er sähe Eugen gern als regierenden oder zumindest designierten Monarchen eines italienischen Staates, mit dem sein eigenes Land jetzt sogar, infolge Ausdehnung Bayerns bis Südtirol, eine gemeinsame Grenze hat. Aber in diesem Punkt will sich Napoleon, über vage andeutende Absichtserklärungen hinaus, nicht festlegen, und das wird er auch niemals tun; in und für Polen wird er später ähnliche Unverbindlichkeiten äußern, um den russischen Zaren nicht vorzeitig zu verärgern.

Hingegen möchte der Kaiser die Verbindungen seines Hauses mit den süddeutschen Landesherren ausbauen und fortsetzen. Er weiß, daß der bayerische König zunächst einen anderen Bewerber um die Hand der Tochter Augusta favorisiert hatte, und noch am Tag vor der Hochzeit herrscht er deren Hofdame an: »Hat die Prinzessin mit dem Erbprinzen von Baden geschlafen?« Als das ehrbare Fräulein von Wurmb daraufhin in Ohnmacht fällt, nimmt Napoleon diese Reaktion, gewiß zutreffend, als negative, ihn befriedigende Antwort.

Das ist keine stellvertretende Eifersucht, es ist kaum seine Absicht, dem »Sohn« Eugen eine jungfräuliche Braut zu verschaffen, aber jenen Erbprinzen, dessen regierender Großvater vom Kurfürsten zum Großherzog aufrückt, will er im eigenen familiären Interesse seines Clans sicherstellen. Es gibt da die junge Stephanie Beauharnais, eine Nichte zweiten Grades des ersten Josephine-Gatten Alexandre. Sie darf die Kaiserin, die viel für sie tut, »Tante« nennen, und der »Onkel« Napoleon möchte sie (nicht nur Josephines wegen) so ordentlich wie zukunftsträchtig etablieren;

Eugen Beauharnais, der Stief- und Adoptivsohn Napoleons, in einem Porträt von Andrea Appiani. Als Vizekönig von Italien bewies er seine Tüchtigkeit und Loyalität ebenso wie als General der französischen Armee.

der Erbprinz von Baden erscheint als beste Partie auch im Sinne des Empire, zumal Frankreich ja mit Baden eine gemeinsame Grenze hat.

Bedingung der anderen Seite ist freilich auch hier – den deutschen Zaunkönigen, bald im Rheinbund vereint, kommt der Appetit mit dem Essen, sie stellen zunehmend höhere Ansprüche –, daß Napoleon Stephanie adoptiert. Er zahlt den für ihn doch hohen Preis, damit wird sie wie Eugen »Kaiserliche Hoheit«, rangiert so höher als sämtliche Angehörige des badischen Hofes und kann bald an der Seite ihres Mannes den Thron von Mannheim und Karlsruhe besteigen.

Im Jahr 1807 wird dem Kaiser der dritte Geniestreich bei seinen Liaisons im südlichen Deutschland gelingen, indem er den Bruder Jerome mit der Tochter Katharina des neugebackenen württembergischen Königs Friedrich verheiratet. Der »schwäbische Zar«, der – eingekeilt zwischen den gleichermaßen auf sein Gebiet begierigen Nachbarn Bayern und Baden – staatspolitische Lebensluft braucht und auch bestens bekommt, schafft ihm da keine Probleme, denn Jerome ist ja nicht nur ein »Kaiserlicher Prinz«, sondern dann auch ein echter, ebenbürtiger König in dem für ihn zugeschnittenen Rheinbund-Staat »Westphalen«.

Wir werden auf diese Clan-Verflechtungen bei Betrachtung der deutschen Verhältnisse, insbesondere des Rheinbundes, zurückkommen, müssen aber noch in Italien verharren, wo 1806 ein zweites Königreich, den Süden der Halbinsel umfassend, unter einem Bonaparte neu formiert wird.

In Neapel hat bis dahin eine bourbonisch-habsburgische Linie nach feudalem Muster mit reaktionären Mitteln regiert. Der träge, mäßig begabte König Ferdinand IV., von ausbeuterischen Schranzen und Hofnarren à la mode umgeben, hat nie seine Hauptstadt verlassen und alle Regierungsgeschäfte seiner höchst intelligenten Ehefau Maria Carolina überlassen, einer österreichischen Erzherzogin, Schwester der unglückseligen Marie Antoinette. Sie hat in den Kriegen gegen Frankreich verständlicherweise stets auf der Seite Österreichs gestanden, und sie hat nicht nur die Werke Voltaires (was Napoleon ihr vielleicht vergeben hätte), sondern auch die ersten Exemplare des neuen französischen »Code civil«, derer sie habhaft werden konnte, öffentlich verbrennen lassen, obwohl sie diese sinnlose Geste (so etwas befördert oft den eigenen Untergang) gar nicht nötig gehabt hätte.

Das aber ist für Napoleon nicht verzeihlich. Der Frieden von Preßburg gibt ihm die Möglichkeit zur Revanche. Er dekretiert: »Die Bourbonen von Neapel haben aufgehört, über diesen Teil Italiens zu regieren.«

Wieder wird ein Familiar benötigt, um die verurteilte Dynastie abzulösen, und aufs neue ergeht des Kaisers Ruf an den erstgeborenen Bonaparte, der sich (wie so oft im Gefühl der Gekränktheit) nach Mortefontaine zurückgezogen hat. Napoleon schreibt ihm: »Ich will auf dem Thron von Neapel einen Prinzen meines Hauses haben – Sie, wenn er Ihnen zusagt«, aber er fügt bissig hinzu: »...sonst eben einen anderen!« Er soll sich ja nicht zuviel einbilden, dieser Joseph, so unentbehrlich ist er gar nicht, und einen italienischen Auftrag hat er ja schon einmal verweigert.

Aber diesmal greift der ältere Bruder sehr entschlossen zu, denn so beleidigt wie bisher ist er auch nicht. Er ist Realist genug, um die Dinge im historischen Augenblick richtig anzupacken; wieder weht, auch für ihn, der Mantel der Geschichte, vielleicht der Fortuna. Nicht nur ein nachgemachtes politisches Kunstgebilde wie

Eugens Statthalterschaft, sondern ein wirkliches Königreich kann er bekommen, wo er nicht bloß Regent und Stellvertreter, sondern eine wahrhaftige »Majestät« sein wird – mit so viel Souveränität, wie er sie unter dem Kaiser im Empire eben entwickeln kann. Joseph erklärt sich bereit, an den Golf zu ziehen, und er hat es nicht zu bereuen: Die kurzen zwei Jahre, die er in Neapel verbringen darf, werden die schönsten seines Lebens sein – obwohl sie, an der historischen Bedeutung gemessen, wohl erst an zweiter Stelle nach seinem späteren Einsatz in Spanien rangieren.

Er muß sich seinen Staat, mit Hilfe des tüchtigen Marschalls Masséna, noch selbst erobern, aber das gerät zum militärischen Spaziergang. Der Papst erlaubt ihm den Durchmarsch durch den Kirchenstaat, weil er Joseph schätzt und sich freut, einen solchen Nachbarn, von dem er nichts befürchten muß, im Süden zu haben. Das entthronte Königspaar flieht, ohne Widerstand zu leisten, nach Sizilien, wo es sich mit britischer Flottenhilfe bis zum Ende des napoleonischen Empire halten kann (ebenso wie die schon früher abgesetzte Piemont-Dynastie auf Sardinien). Auf diese Insel, die dem Staat – »Königreich Beider Sizilien« – den eigentlichen, etwas seltsamen Namen gegeben hat, muß Joseph also verzichten; die geplante, vom großen Bruder stets angemahnte Eroberung wird weder ihm noch seinem Nachfolger Murat gelingen. Aber er übernimmt ein großes, zusammenhängendes Territorium, das gesamte süditalienische Festland umfassend; darin eingeschlossen sind nur zwei kleine Enklaven des Kirchenstaats, Benevent und Pontecorvo – Napoleon hat sie dem Papst weggenommen, damit sie »fürstliche« Belohnungen für Talleyrand und Bernadotte werden können.

Die anstehenden Reformen, die Joseph durchzuführen hat, sind freilich von kaum vorstellbarer Dimension. Sie sind noch viel schwieriger zu bewältigen als im oberen oder im »französischen« Italien, wo das Bürgerbewußtsein, das Kulturniveau und der Lebensstandard schon immer höher gewesen sind als hier »unten« (was ja noch heute für Italien im Vergleich zwischen dem Norden und dem »Mezzogiorno« gilt). Trennlinie war damals der Kirchenstaat, und heute sind es, nicht nur geographisch, der Apennin und die Abruzzen (die es allerdings damals, zusätzlich, auch schon waren).

Die fünf Millionen Einwohner seines Reiches sind die ärmsten und rückständigsten Menschen Westeuropas, selbst die Iren und Portugiesen nicht ausgenommen. Vergleichbar sind sie durchaus mit den russischen Leibeigenen, von deren Status sie sich in ihrer unentrinnbaren Schuldknechtschaft kaum unterscheiden. Es herrschen Aberglaube, Willkür, Bestechlichkeit und Privatfehde. In den Wäldern regieren die Räuber. Ein freies Bauerntum gibt es so gut wie nicht; zwei Drittel des Bodens gehören dreitausend Adligen und achttausend Klerikern, die von ihren Tagelöhnern extensive Latifundienwirtschaft betreiben lassen. Viele Äcker und Weingärten liegen brach. Der Seehandel ist zum Stillstand gekommen. Bei Josephs Regierungsantritt ist die Staatsschuld mit einhundertdreißig Millionen Franc siebenmal höher als die französische. Das verjagte Königspaar hat die Staatskasse geplündert, und viele Beamte haben ihre Posten verlassen.

Mit nun achtunddreißig Jahren ist Joseph reifer und erfahrener als die übrigen Geschwister. Als Träger eines italienischen Namens, der Landessprache perfekt mächtig, der Kirche wohlgesinnt, den Wissenschaften und Künsten zugetan, aber auch konsequent in der Verfolgung seiner Staatsziele – so geht der gelernte Jurist mit Bedacht und Methode an die schwere Aufgabe in Süditalien. Er regiert mit Elan, der freilich auch bei ihm von den Zwängen des Empires und den Wünschen seines Bruders gebremst wird – aber Napoleon hat den Erstgeborenen, wie wir noch sehen werden, stets weniger kontrolliert und zu gängeln versucht als die übrigen Familiare (auch hier zeigt sich die Respekt-Scheu der korsischen Sippentradition).

Was Joseph in nur zwei Jahren leistet, kann hier lediglich stichwortartig verzeichnet werden; aber ein späterer Vergleich mit den Taten der anderen Brüder und Schwestern wird nicht zu Josephs Nachteil ausfallen.

Der neue, von Napoleon ernannte König beseitigt mit einem Federstrich die Feudalgerichtsbarkeit der landsässigen Barone und führt das napoleonische Rechtssystem wie auch Grundbücher und Kataster ein. Er verwandelt viele Adelsgüter in Bauernhöfe oder stellt sie für aufstrebende Bürger zum Verkauf. Er tilgt die enorme Staatsschuld, hebt alle privaten Wege- und Wasserrechte auf, organisiert Volkszählung und Kinderimpfung. Die Arbeitslosigkeit bekämpft er mit öffentlichen Aufträgen, vor allem für den Straßenbau, zu dem er Tausende Zwangsmüßiggänger als Freiwillige heranzieht – mit der wohl zeitlos gültigen Begründung: »Es ist besser, die Leute für ihre Arbeit zu bezahlen, als sie für ihr Nichtstun doch ernähren zu müssen.«

Das Steuerwesen wird vereinfacht, das Räuberunwesen erfolgreich bekämpft – teils mit Waffengewalt, teils durch das großzügige Angebot einer Amnestie für Rückkehr aus der Illegalität. Zweihundert überzählige, aus eigener Wirtschaftskraft nicht lebensfähige Klöster werden aufgehoben, aber die betroffenen Mönche werden entweder der aktiven Seelsorge in den Bistümern zugeführt oder mit persönlichen Renten abgefunden. Bis heute unvergeßliche Kulturtaten sind der Ausbau der Abtei Monte Cassino und die Rettung der Ruinen von Pompeji, die damals dem endgültigen Verfall preisgegeben waren.

Als selbst schreibender und publizierender »homme de lettres«, der sich gern »Philosophenkönig« nennen läßt, gibt Joseph seiner Hauptstadt Neapel neuen Glanz im Geiste. Er erweitert die Universität und inspiriert ein reges kulturelles Leben. Sein Hof wird, wie derjenige Elisas, ein Anziehungspunkt für Literaten, Bildhauer, Architekten und Schauspieler. Der König ernennt den Maler Wicar, einen David-Schüler aus Lille, zum Präsidenten der Kunstakademie. Erstmals läßt er im Theater von Neapel die großen Dramen von Corneille und Racine (er selbst bevorzugt letzteren, Napoleon hat Corneille höher geschätzt) aufführen, von französischen und italienischen Akteuren und Aktricen.

So hat der Napoleon-Clan seine italienischen Ursprünge nicht vergessen, er hat sich vielmehr der alten Heimat der Familie nachhaltiger als je zuvor wieder bemächtigt. Da steht Napoleon selbst, der nach der bald folgenden Okkupation auch des Kirchenstaates ein Drittel Italiens als »Franzose« beherrscht; dann Eugen mit dem zweiten Drittel und Elisa mit kaum meßbarem, doch vorbildlichem Teil, aber dann als Toskana-Großherzogin Napoleon direkt untergeben – und da ist Joseph, der das dritte Teilstück im Süden klug regiert.

Durchlauchte Hoheiten

Vergessen wir, bevor wir dieses neue Italien einstweilen wieder verlassen, auch nicht ganz den Minister Talleyrand und den Marschall Bernadotte, die ihre Zwergfürstentümer, ganz von Josephs Reich umschlossen, zwar nie (darin Pauline ähnlich) besichtigt haben, sie aber doch (anders als jene) akzeptierten und von tüchtigen Gouverneuren – einem Elsässer und einem Italiener – verwalten ließen.

Und prüfen wir auch die etwas rätselhafte Frage, die eigentlich nur eine historische Arabeske betrifft: Warum gerade diese beiden?

Die Antwort ist leichter für Talleyrand zu geben, dem Napoleon wohl zeigen will, daß es neben dem ererbten, nun etwas verstaubten Périgord-Titel auch noch einen imperialen Fürstenrang gibt, der den Monseigneur alten Rechts (Dank schuldet man ihm immerhin) an das Kaiserreich binden, wohl auch seiner eitlen Parvenü-Gattin den erwünschten Grad »Altesse Sérénissime«, Durchlauchte Hoheit, verschaffen soll.

Warum aber Bernadotte, der ungeliebte Schwippschwager, dem Napoleon stets mit Unbehagen, Skepsis und Mißtrauen begegnet – Gefühle, die jener sehr wohl rechtfertigen wird? Die Antwort kennt nur der Kaiser, und ihm müssen wir sie selbst überlassen; er schreibt dem Bruder Joseph: »Ich dachte, es würde Ihre Frau, die Königin von Neapel (Julie Clary), freuen, wenn ich ihren Schwager (Bernadotte, Gatte von Julies Schwester Désirée) zu einem hohen Rang erhebe.« Dies ist vielleicht sogar die Wahrheit – sie spräche wieder einmal für den unzerstörbaren, stets intakten Familiensinn Napoleons, der selbst einem voraussehbaren politischen Feind und militärischen Gegner noch ein verwandtschaftliches Präsent (das ihn freilich wenig kostet) zukommen lassen will.

Das letzte Territorialfürstentum des Empire, das der Kaiser fast gleichzeitig mit Benevent und Pontecorvo stiftet, liegt als einziges nicht in Italien, sondern an der französisch-schweizerischen Juragrenze. Neufchâtel, die ehemalige preußische Exklave Neuenburg, ist größer als die beiden anderen Herrschaften zusammen und dient als Belohnung für den Generalstabschef Marschall Berthier – wie Talleyrand kein Familiar, aber ebenso wie jener hochbewährt und daher nicht nur, wie die anderen Marschälle, mit einem Herzogtitel abzufinden. Berthier ist der einzige, der sein Fürstentum persönlich in Besitz und Besichtigung nimmt, aber es bringt ihm kein Glück: Gegen Ende des Empire wird er aus einem Fenster seines Palais in Bamberg tödlich abstürzen; es soll Selbstmord gewesen sein, aber bis heute weiß man es nicht genau.

Louis und sein Thron von Holland

In diesem für alle Napoleoniden so wichtigen Jahr 1806 erhält auch Bruder Louis seine Krone, nicht in einem warmen, sonnigen Land des Südens (das seiner Arthritis besser bekommen wäre), sondern in einer kühlen, wasserreichen und nebelfeuchten Gegend. Er, wohl der relativ Bescheidenste des Clans, hat sich zu dieser Herrschaft nicht gedrängt; genauer gesagt, er fällt aus allen Wolken, als der Ruf Napoleons an ihn ergeht, aber nach kurzer Bedenkzeit ist er gehorsam.

In Holland ist die »Batavische Republik« (altertümelnd, im Stil der Zeit, nach den germanischen Ureinwohnern benannt) als einzige der famosen Revolutions-Staatsschöpfungen übriggeblieben. Sie hat sich selbst überlebt, sie hat abgewirtschaftet, aus politischen wie auch ökonomischen Gründen.

Ein Verfassungsexperiment jagt das andere. Man versucht es abwechselnd mit verschachtelten Ratsversammlungen, komplizierten Wahlprozeduren, beschränkten und dann wieder autoritär erweiterten Machtbefugnissen der Exekutive. Der unsinnige »Eed van Aafkeer« – mit dem alle Staatsdiener sowohl dem provinzialen Föderalismus als auch einer monarchischen Staatsform und ebenso dem »Papismus« abschwören und entsagen müssen – hält viele, oft gerade die tüchtigsten Männer von der Teilnahme an den öffentlichen Angelegenheiten fern. Die Aristokraten, die Patrizier und heimlichen Royalisten, die dem Haus Oranien aus der einst blühenden »Statthalter-Ära« nachtrauern, verweigern sich der Republik ebenso wie die Katholiken, die vor allem im Süden eine starke Minderheit bilden.

Noch verheerender ist der wirtschaftliche Niedergang. In den chronischen Auseinandersetzungen zwischen Frankreich und England droht Holland die Zerreibung, ja die Pulverisierung. Das Land ist zum Meer hin ausgerichtet und hat in seinem »Goldenen Zeitalter« unermeßliche Reichtümer aus den überseeischen Kolonien eingeführt. Nun hat England nicht nur die holländische Kriegs- und Handelsmarine dezimiert, sondern auch die ostindischen Kaffee- und Gewürzinseln weggenommen. Die Häfen sind verödet und werden nur noch von Heringsfängern angelaufen. Für die Werften gibt es keine Aufträge mehr, und in den früher so stolzen Städten wie erst recht auf dem platten Land grassiert die Arbeitslosigkeit. Unter der kontinentalen Handelssperre, die Napoleon zur Bekämpfung britischer Importe verhängt, hat kein europäischer Staat (abgesehen von den deutschen Hansestädten Hamburg, Bremen und Lübeck) so zu leiden wie Holland.

Die militärischen Gründe, aus denen er das Land unter seine zumindest mittelbare Kontrolle bringen will – die direkte Okkupation folgt erst 1810 –, sind für den Kaiser freilich ausschlaggebend: Mit einer britischen Invasion muß dort jederzeit gerechnet werden, und dagegen kann er mit den Resten der holländischen Flotte nach dem Debakel von Trafalgar nicht mehr viel bewerkstelligen. Der letzte führende Staatsmann, Ratspensionär Schimmelpenninck – sein Perücken-Porträt adelt noch heute die farbige Bauchbinde einer niederländischen Zigarre –, bemüht sich verzweifelt, die »Republik« mit fast diktatorischen Mitteln zu retten, aber seine beflissene politische Anpassung genügt Napoleon nicht mehr. Holland muß ein Königreich im Empire werden – natürlich unter einem Napoleoniden als »gekröntem Präfekten«, und Napoleon denkt, dies sei eine geeignete Aufgabe für den kränkelnden Louis, der für seine bisher fast stetige Loyalität und Anhänglichkeit einen Lohn verdient hat, auch wenn er bei Napoleons italienischen Plänen nicht mitspielen wollte.

Der Thronkandidat, der nun dem Parlament der sterbenden

Batavischen Republik mit ihren knapp zwei Millionen Einwohnern präsentiert wird, ist den »hochmögenden Herren«, wie sie sich im Anklang an eine besonnte Vergangenheit ihrer politischen Vorväter immer noch nennen, nicht ganz unbekannt. Er war schon zu einem kurzfristigen militärischen Einsatz in ihrem Lande (bis, wiederum, Austerlitz und Preßburg diesen Einsatz dann überflüssig machten) – und man fand ihn dort sympathisch: Er redete und gestikulierte weniger als andere Franzosen, erschien schwerblütig, ernsthaft, pflichtbewußt, sogar fromm und war der »am wenigsten südländisch aussehende und wirkende Bonaparte«. Das hatte den nüchtern-prüfenden Menschen des Nordens, die sich nicht leicht Zitronen für Rüben verkaufen lassen, durchaus gefallen.

Man gibt in Holland also dem sanften Druck aus Paris nicht gerade unwillig nach, denn jedermann weiß, daß es so wie bisher mit den Staatsgeschäften auch nicht weitergehen kann. Um den Schein zu wahren, bestellt Napoleon eine parlamentarische Dreierkommission nach St. Leu, die Louis dort die Krone anbieten muß. Es spricht für die Treuherzigkeit und wohl auch für die Naivität des Kandidaten, daß er vor einer Zusage »erst den Kaiser fragen« will – als ob nicht gerade dieser der Initiator der wohlgeplanten Aktion gewesen wäre.

Dieser Plan Napoleons wird deutlich, wenn man den Staatsvertrag betrachtet, den Talleyrand aufgesetzt hat: Er entspricht im Prinzip den Bestimmungen, mit denen der Kaiser sämtliche regierenden Brüder und Schwestern – sei es Joseph oder Jerome, Elisa oder Caroline – an das europaweite Empire binden will. Wenn man einen dieser Texte liest, kennt man sie alle – obwohl die eigentlichen Wertungen und Gewichte subtiler, differenzierter ausfallen müssen.

Louis wird König und seine Frau Hortense – die Napoleon zugleich mit ihrem Bruder Eugen aus Paritätsgründen auch adoptiert hat – Königin von Holland (wie der Staat nun, pars pro toto, heißen wird, obwohl er ja keineswegs nur die Hauptprovinz »Holland« umfaßt). Die Krone soll im Mannesstamm erblich sein, mit Regentschaft der Königinwitwe im Fall der Minderjährigkeit des Thronfolgers. Aber Louis bleibt »Kaiserlicher Prinz« und sogar »Connétable de France«, damit eindeutig weiterhin Untertan des Kaisers. Seine Erbfolge bestimmt sich ausschließlich nach den Hausgesetzen der kaiserlichen Familie. Er muß dem Kaiser Heerfolge leisten und dessen Außenpolitik unterstützen. Sein Wappen, allerdings von der Königskrone überhöht, trägt die französischen Adler in zweien der vier Schilde, von nicht nur heraldisch größerer Wucht und Wichtigkeit als die nebenstehenden altholländischen Embleme. Louis wird auch, wie schon Eugen und später dann

Louis Bonaparte, zweitjüngster Bruder Napoleons, König von Holland – nach Meinung seiner Untertanen »der am wenigsten südländisch aussehende Bonaparte«. Der Zuschnitt der Augenpartie, vor allem die »schweren« Brauen und Lider, belegen schon optisch die oft bestrittene Vater- und Erzeugerschaft zum letzten Franzosenkaiser Napoleon III. Lithographie von Zephirin Belliard, um 1830.

Jerome, der Zweitname »Napoleon« beigelegt; bei Joseph war das nicht nötig, denn er hatte diesen Zweitnamen ja schon bei der Taufe erhalten, führte ihn also aus eigenem Recht. Das Versprechen, daß Holland »niemals mit Frankreich unter demselben Zepter vereinigt« werden soll, ist eher zur Beruhigung gedacht: Napoleon hat es nicht lange gehalten und 1810 massiv gebrochen.

Der praktische Start einer »souveränen« Regierung wird fast heillos belastet durch die handelsrechtlichen Zusätze dieses Vertrags, und um sie geht es ja eigentlich. Holland muß sich – wie alle Napoleoniden-Staaten des Kontinents, aber hier an der Nordseeküste doch mit schlimmsten ökonomisch-politischen Perspektiven – der Kontinentalsperre gegen England anschließen; es bekommt keinen Franc Finanzhilfe oder gar Entschädigung für die von England besetzten Kolonien, und Schiffe dürfen nur für französischen, sehr beschränkt auch für eigenen, aber keinesfalls für ausländischen Bedarf und Auftrag gebaut werden. Das ist, genau besehen, ein wirtschaftliches Todesurteil, und es wird kaum dadurch gemildert, daß man dem Sterben ohnehin sehr nahe ist zwischen der Maas und der Zuidersee.

So ist gerade diesem Königreich, das zudem noch mit Frankreich die gemeinsame belgische Grenze hat, mit dem Elan der neuen Regierung noch mehr als den anderen Satelliten die hemmende Bremse eingebaut. Aber der vermeintlich gefügige, schwächliche Louis wirft bald alle Gewichte und Gegengewichte über den Haufen – viel mehr als die anderen gekrönten Familiare.

Napoleon stellt die Proklamation des Prinzenbruders zum König als Erfüllung eines »Wunsches« der Holländer selber dar. Aber wie er sich den weiteren Lauf der Dinge vorstellt, das wird bei seiner Ansprache in den Tuilerien im Juni 1806 offenbar: »Mein Prinz, hören Sie nie auf, Franzose zu sein! Der Titel eines Kronfeldherrn von Frankreich bleibt Ihnen und Ihren Nachkommen erhalten. Möge er Sie immer an die Pflichten erinnern, die Sie mir gegenüber zu erfüllen haben!«

Louis äußert, wie es seine Art ist, zu diesem Zeitpunkt noch nicht viel. Er beschränkt sich auf die unverbindliche Erklärung, er werde Holland regieren, weil »das Volk es wünscht und Eure Majestät es befehlen«, wobei man allenfalls die Reihenfolge der Gründe beachten mag.

Dann bricht Louis im Eiltempo nach Norden auf und beweist dort, daß er alles andere sein will als ein französischer Untertan. Er reformiert das holländische Recht, das in Trümmern liegt, und gibt dem Land eine neue Verfassung. Die Armenfürsorge und das Medizinalwesen (das gerade ihm, dem keineswegs Gesunden, besonders am Herzen liegt) fördert er mit Nachdruck. Er legt den Grundstock zum »Rijksmuseum«, fördert Kunst und Wissenschaft. Er unterläuft nach Kräften, und in geheimem Bündnis mit seinen Untertanen, die französische Kontinentalsperre, indem er den Import englischer Waren duldet, auch Kaufleute und Fischer auf verbotene Hochsee- und Schmuggelfahrten schickt.

Als er die Häfen nicht mehr geöffnet halten kann, vollbringt er seine größte historische Tat (an die man sich in den Niederlanden wieder gut erinnern wird, als nach dem Zweiten Weltkrieg die Kolonien wiederum, und diesmal endgültig, verlorengehen): Er wendet das Antlitz eines Landes, das jahrhundertelang nach Westen, den Weltmeeren zugewandt war, in die östliche Gegenrichtung, zum europäischen Festland. Die »wüsten Provinzen« längs der deutschen Grenze, die er hoffnungslos vernachlässigt vorfindet, führt er zu einmaliger Blüte; diese unfruchtbare Region, die magere, verunkrautete Geest, wo sich Fuchs und Hase gute Nacht sagen, läßt er beackern und besiedeln, er schafft Handwerks- und Handelsmetropolen in einst verschlafenen Dörfern wie Assen und Hoogeveen, Apeldoorn und Zwolle, Zutphen und Deventer.

Kartoffeln, Zuckerrüben und Schafwolle müssen nun – mehr schlecht als recht, aber doch auskömmlich – die »Kolonialwaren« ersetzen: den Reis und Weizen, den Rohrzucker, die Seide und den Kattun. Ein Land, das weder Holz noch Kohle besitzt, verweist Louis auf den Torf, der im Osten gestochen werden kann.

Zu all dem erweist sich Hollands erster König als »Mehrer des Reichs«. Es gelingt ihm bald, die Staatsgrenze nach Osten über die Ems hinaus zu verschieben, indem er das preußische Ostfriesland und ein paar andere schmalere deutsche Gebietsstreifen in seinen Besitz bringt.

Aber diese territorialen Veränderungen sind nur in bezug zu den »affaires allemandes« einsehbar – denn nächst Italien ist Deutschland der wichtigste Schwerpunkt des personellen Einsatzes der Napoleoniden.

VIII. Napoleoniden im Dritten Deutschland – Der Rheinbund und die Folgen

Ein neues Staatenmodell

Mit dem Rheinbund, den er im Schicksalsjahr 1806 gründen läßt, formiert Napoleon ein größeres Drittel der deutschsprachigen Staatsterritorien nach seinen Ideen.

Die Kammerung – oder etwas mißverständlich »Kantonisierung« – deutscher Länder wird hier ebenso die Vorstufe zur späteren Einheit sein wie das gleiche System bei der Dreigliederung Italiens. So ist dies nur scheinbar widersprüchlich: Der Rheinbund besiegelt formell das Ende des alten Deutschen Reiches (das praktisch schon seit Lunéville und dem Reichsdeputationshauptschluß von 1803 tot ist), aber er steht gleichwohl noch in der Reichstradition, ja, er setzt sie fort, denn durch ihn und mit ihm gelingt erstmals ein staatlicher Zusammenschluß als »dritte Kraft« zwischen Österreich und Preußen; der Drang zur Eigenstaatlichkeit und zur selbständigen Entwicklung wird im westlichen und mittleren, vor allem im südlichen Deutschland nachhaltig gefördert. Und: »Raum für deutsche Gesinnung ist immerhin gegeben«, wie Heinrich von Srbik bemerkt. Diese Feststellung ist durchaus zutreffend, denn die Rheinbundfürsten sind keine Verräter am deutschen Wesen.

Drei Familiare des Kaisers sind es, die in diesem System wichtige Rollen übernehmen: zunächst Caroline und Murat in »Berg«, ein Jahr später Jerome in »Westphalen«, er sogar mit einer Wirkung, die über den sechsjährigen Bestand seines Reiches weit hinaus dauert.

Auch hier wirkt Talleyrand als listiger Regisseur, mehr noch als praktischer Drahtzieher hinter den Kulissen. Die Faust bleibt im Handschuh versteckt, ähnlich wie bei Joseph in Lunéville; seine lockenden Versprechungen des Fortbestandes oder gar einer Vergrößerung der jeweiligen Staaten, die er sich freilich mit Handsalbe und Schmiergeld (eleganterweise, und nach Meinung der Zeitgenossen gar nicht unehrenhaft, »Douceurs« genannt) kräftig bezahlen läßt, fallen weit mehr ins Gewicht als die Drohungen für den ganz unwahrscheinlichen Fall des politisch-militärischen Ungehorsams.

So unterzeichnen zu Paris, in der Nacht vom 16. zum 17. Juli 1806, die Gesandten von sechzehn deutschen Staaten den Rheinbund-Vertrag (»Acte de la Confédération du Rhin«), ein wechselseitiges Schutz- und Trutzbündnis, das ihren Ländern, bei gleichzeitigem Austritt aus dem Deutschen Reich, die Souveränität unter dem Protektorat des Kaisers der Franzosen verschafft. Historisch merkwürdig bleibt bis heute, daß der Vertragsschluß um vier Tage rückdatiert wurde und keiner der Emissäre eine schriftliche Vollmacht seines Monarchen besaß.

Als Gründungsmitglieder, die teilweise zum Lohn Rangerhöhungen und Gebietserweiterungen erhalten, figurieren die meisten süd- und westdeutschen Landesherren, also die neuen Könige von Bayern und Württemberg, der Kurfürst (nun Großherzog, da es nichts mehr zu küren gibt) von Baden, der Kurfürst-Erzkanzler von Regensburg (nun »Fürstprimas« und später Großherzog von Frankfurt), der Herzog von Kleve und Berg (nun Großherzog von Berg), der Landgraf (nun Großherzog) von Hessen-Darmstadt, der Herzog von Aremberg, die Fürsten von Nassau-Usingen, Nassau-Weilburg, Hohenzollern-Sigmaringen, Hohenzollern-Hechingen, Isenburg-Birstein, Salm-Salm, Salm-Kirburg und Liechtenstein sowie der Graf (nun Fürst) von der Leyen.

In den folgenden Jahren wird sich der Bund nach Osten hin, insbesondere durch Beitritt der Königreiche Sachsen und Westphalen sowie des Großherzogtums Würzburg und der beiden Herzogtümer Mecklenburg, auf das gesamte Restdeutschland mit Ausnahme Österreichs, Preußens, Dänisch-Holsteins und Schwedisch-Vorpommerns ausdehnen. 1808 schon umfaßt der Rheinbund vier Königreiche und weitere fünfunddreißig Einzelstaaten. 1810 werden einige Territorien (u.a. Oldenburg, Aremberg und die Hansestädte) ausscheiden, weil sie unmittelbar vom französischen Kaiserreich annektiert werden.

So entsteht eine Konföderation, nicht ein Bundesstaat mit unselbständigen Gliedern, sondern ein Staatenbund, dessen einzelne Landesherren die vollen Hoheitsrechte – Gesetzgebung, Verwaltung, Justiz- und Steuerwesen, Militär- und Polizeihoheit, auch auswärtige Diplomatie – erhalten. Napoleon, anerkannter Schutzherr des Rheinbundes (wozu wäre er sonst geschaffen worden?), erklärt ausdrücklich, daß er sich in diesen Staaten keine Rechte anmaßen werde, wie sie der Römische Kaiser als »Ober-Landesherr« ausgeübt habe: »Mächtiger als die verbündeten Fürsten, wollen Wir die Überlegenheit der Macht nicht gebrauchen, um ihre Souveränität einzuschränken, sondern um deren volle Ausübung zu verbürgen.« Das ist – allerdings um den Preis der Heeresfolge und der Rücksichtnahme auf die französische Außenpolitik – doch etwas mehr, als Napoleon den bisherigen Empire-Monarchen (auch den schon gekrönten Familiaren, die ja allemal noch den »kaiserlichen Hausgesetzen« unterliegen) zugesteht. Er tut das ohne Zögern, denn er braucht das militärische Potential der Vasallen – und ihre politische Unterstützung, gerade weil sie keineswegs »Franzosen werden« sollen.

Gebrochene Traditionen

Souveränität, Rangerhöhung, Gebietserweiterung: Diese drei Merkmale kennzeichnen einen der größten Rechts- und Traditionsbrüche der deutschen Geschichte, fortwirkend über den Deutschen Bund und das Kaiserreich bis hin zum Ende des Ersten Weltkriegs, im Zuschnitt der Territorien gar bis zur Gegenwart.

Es gibt eine Gruppe prominenter Personen, ja fast eine Hundertschaft Adelsfamilien von teilweise uralter Herkunft, die von solchem Bruch nachhaltig, und nicht ohne historische Tragik, betroffen werden. Das sind jene »Fürsten, Grafen und Herren«, auch geistliche Orden und Reichsstädte, die zu ihrem Unglück nicht in den Rheinbund aufgenommen werden. Sie unterliegen der »Mediatisierung«, verlieren ihre bisherige Reichsunmittelbarkeit und sehen sich herabgestuft zu lediglich privilegierten Untertanen der neuen Souveräne, denen sie jahrhundertelang – eben in gemeinsamer Abhängigkeit von »Kaiser und Reich« – gleichgestellt waren. Nur ein paar untergeordnete Hoheitsrechte und Privilegien (auch die familiäre Ebenbürtigkeit mit den arrivierten Landesherren, die immerhin beiderseits legitime Heiraten ermöglicht) beläßt man ihnen noch; diese Vorzüge werden den Wiener Kongreß von 1815 überdauern, aber dann zunehmend beschnitten und abgebaut werden.

Nun ist dies bereits die »zweite Welle« der Mediatisierung, die Deutschland überspült. Die erste, halbwegs legitimiert durch den Reichsdeputationshauptschluß von 1803, hatte schon die kleinsten der kleineren, die meisten Reichsfreiherren und Reichsritter, hinweggeschwemmt, und auch die meisten Klöster waren bereits säkularisiert worden. Aber das ist kein Trost für die jetzt Betroffenen, die doch in nicht geringer Zahl ihren Besitzstand gerettet und weiteres Überleben erhofft haben.

Leider entscheidet nicht Regierungsqualität oder Fürstentugend, sondern oft purer Zufall, die Laune Napoleons oder auch nur ungeschickte Verhandlungstaktik darüber, wer durch Einladung in den Rheinbund »befördert« wird und wen das harte Schicksal der Mediatisierung trifft. Unter den Benachteiligten sind nicht wenige, die den »Aufsteigern« an Gebietsgröße fast gleichstehen, an privatem Besitz gar überlegen sind und ansonsten ihre Ländchen trefflich verwaltet haben.

Zähneknirschend, ohnmächtig protestierend, müssen sie es dulden – die Thurn und Taxis und die Hohenlohe, die Leiningen und die Öttingen, die Thüngen und die Waldburg, die Fürstenberg und die Löwenstein –, daß sie nicht mehr »Kaiser auf ihrem Mist« sind (wobei dieses Rechtssprichwort nicht ein landwirtschaftliches Produkt, sondern das lateinische »mistium«, die Bannmeile der eigenen Herrschaft, bezeichnet). Ihr persönliches Purgatorium fällt um so härter aus, je kleiner das Gebiet der neuen Landesherren ist; wer von jenen »größer« dasteht, kann sich mehr Großzügigkeit, zumindest Rücksichtnahme und Takt gegenüber den neuen, einst gleichrangigen Untertanen leisten. Die Höflichkeiten kommen vom Hofe, da zeigt sich der Unterschied zwischen Hühnerstall und Residenz. Das wird sich auch später erweisen, als der Prozeß nach dem Wiener Kongreß fortgesetzt, Mediatisierung dann »strafweise« gegen einstige Napoleon-Getreue verhängt wird – und Preußen ist es, das unter sämtlichen deutschen Staaten »seine« Mediatisierten am anständigsten behandelt.

Allemal und für alle Zeit aber ist es für jene Standesherren, wie man sie jetzt nennt, vorbei mit der traditionellen Anrede von gleich zu gleich: »Viellieber Herr Vetter!« Man hat nun zu schreiben und zu sprechen: »Eure Majestät, allergnädigster König und Herr!«, um dann mit der herablassenden Replik »Würdiger Getreuer, hochgeborener Fürst!« (das immerhin noch, sonst eben fallweise nur: »Erlauchter Graf!«) abgespeist zu werden.

Wenn die doch so Hochgeborenen, die Durch- und Erlauchten, am Schloß des neuen Landesherrn vorfahren, werden sie dem einstigen, jäh avancierten »Vetter« zugeführt und müssen, entblößten Hauptes, ein Knie zur Huldigung beugen – woraufhin »des Königs Majestät ein wenig den Hut rückt«, wie es der »schwäbische Zar« hochnotpeinlich anordnet. Er, der dicke König Friedrich von Württemberg, kann sich solche Brutalität leisten, weil er genau weiß, daß Napoleon ihm da den Rücken stärkt. Und er ist es auch, der seinen unterjochten ehemaligen Standesgenossen (seine eigenen Ahnen waren vor nicht langer Zeit selbst »nur« Markgrafen, dann Herzöge) ein Zwangsdomizil auferlegt: Sie müssen ein Absteigequartier in seiner Hauptstadt Stuttgart mieten und sich dort für ein Drittel des Jahres persönlich aufhalten, damit er sie da besser als auf ihren pompösen Schlössern im Umland unter Kontrolle hat. Und wenn sie das Land verlassen wollen, müssen sie einen Paß beantragen, nicht einmal beim König selbst, sondern bei dessen Außenminister. Der Standesherr als Staatsgefangener mit sublim beschränkter Freiheit: Ein solches Modell war Württemberg vorbehalten, aber es hätte sehr wohl auch in anderen Rheinbundstaaten eingeführt werden können.

Bilanz des Rheinbunds

Vielleicht aber waren solche Rechtsverletzungen, derart erlesene, konsequent durchgehaltene Grausamkeiten historisch unabdingbar. Denn der Rheinbund hätte ohne sie nicht etabliert werden, nicht existieren können. Und seine Gesamtbilanz muß positiv ausfallen. Daran sind auch Napoleoniden führend beteiligt. Nehmen wir diesmal nicht die Einzelleistungen, sondern die Gemeinsamkeiten vorweg. Da schließt sich ein Kreis, und manches wird uns schon vertraut vorkommen.

Die Einverleibung der standesherrlichen Gebiete in die neuen oder doch neu strukturierten Staaten drängt sich aus ökonomischen und fiskalischen Gründen geradezu auf. Die meisten dieser Territorien sind klein, einige winzig, wie jene der Reichsritter und Reichsfreiherren. Andere haben keinen geographischen Zusammenhang, sind in Gemengelage zerstückelt – der italienische »Flickenteppich« ist auch und gerade in Deutschland betrübliche Realität. Die bereits säkularisierten Klöster sind von kulturell tätigen oder gar arbeitenden Mönchen entblößt. Manche Liliput-Ländchen sind nicht mehr subsistenzfähig. Die Reichsstädte ersticken in wachsender, landflüchtiger Bevölkerung, sind hochverschuldet, vom Handel abgeschnürt und fast unregierbar geworden, weil sich Patriziat und Bürgertum dem öffentlichen Dienst verweigern; so und nicht anders ist auch das »alte Rom«, so sind Venedig, Genua und Siena untergegangen.

Im Rheinbund entstehen nun weit größere Gebietskörperschaften unter straffer Führung. Enklaven und Exklaven werden eingeschmolzen, die Grenzen der Mitgliedsstaaten auch durch wechselseitigen Bodentausch abgerundet. So können Binnenzölle und Handelsschranken abgebaut, auch Steuern abgeschafft oder gesenkt werden. Das kommt der Wirtschaft, dem Verkehr, dem allgemeinen Lebensstandard und der Volkswohlfahrt zugute. Die organisierten Räuberbanden, legendär in Deutschland wie in Italien, können zentral verfolgt und niedergekämpft werden.

Die alten landständischen Verfassungen bleiben nur in Sachsen und Mecklenburg erhalten. In den übrigen Staaten entwickelt sich – und dies ist eine zeitgerechte Fortschreibung des aufgeklärten Despotismus in Europa – ein absolutes Regiment der Landesherren, die kaum mehr durch herkömmliche Interessengruppen und Quertreibereien des Adels behindert werden, es sich daher auch eher erlauben können, dem »Verdienst« einen Vorrang zu geben vor der »Geburt«; so werden neue, unverbrauchte, aufstrebende Volksschichten für den Staatsdienst gewonnen. Fortschrittliche konstitutionelle Elemente entwickeln sich nur zögernd (der Rheinbund als solcher hat es nur auf dem Papier zu einer Verfassung gebracht), sind aber doch in Ansätzen schon vorhanden.

Das Staatsgebiet wird, nach dem Vorbild der französischen Departement-Einteilung, zentralistisch unter funktionalen oder geographischen Gesichtspunkten neu gegliedert. Wichtigste Reform aber ist die Trennung von Justiz und Verwaltung. So werden die Grundlagen der richterlichen Unabhängigkeit einerseits und des modernen, nur dem Staat verpflichteten Beamtentums andererseits gelegt.

Überwiegend werden die französischen Gesetzeswerke des »Code civil« und des »Code pénal« mit den zugehörigen Prozeßordnungen eingeführt. Das bedeutet einheitliches Vertrags-, Eigentums-, Ehe- und Erbrecht, Abschaffung des geheimen Inquisitionsprozesses, öffentliches Strafverfahren und die Einrichtung von Schwurgerichten mit maßgeblicher Beteiligung der Laienjury. Beseitigt wird überall das Lehnswesen und die Leibeigenschaft, vielfach auch der Zunftzwang der Handwerker, die Hand-, Spann- und Frondienste der Bauern sowie – sehr schonend zunächst, dann radikaler – gewisse Adelsprivilegien.

In den meisten Staaten werden Schulpflicht, Volkszählung und Kinderimpfung sowie Grundbuch und Kataster eingeführt. Die Straßen werden ausgebaut, die Häuser numeriert, die Kanäle verbessert. Die Religionsfreiheit wird im Prinzip anerkannt. Es beginnt die Emanzipation der Juden durch Abschaffung diskriminierender Sondersteuern und Berufsbeschränkungen.

Nicht zuletzt: Es entsteht auch ein neuer, staatstragender Adel. Wenn künftig jemand Graf oder gar Fürst wird, so ist er das durch persönliche Auszeichnung des Landesherrn, nicht mehr kraft ererbter Legitimität. Dieser moderne Dienstadel steht nun den Altadligen gleich, ja er fühlt sich jenen überlegen, weil sein Titel eben »verdient«, mit einem Staatsamt neuen Rechts verbunden ist. Die alleinige »Fons honorum«, die Quelle der Ehrenvorzüge, liegt bei den neuen Monarchen; man hat keine verstaubten Stamm- und Ahnentafeln mehr aufzuschlagen.

Die abgedrängten, entmachteten Standesherren reagieren darauf so unterschiedlich, wie Menschen eben sind. Die einen ziehen sich in schweigend-hochmütiger Opposition in ihre Wälder und

Schlösser zurück (wo sie noch Ehrengarden halten, auch eigenes höfisches Zeremoniell entfalten dürfen). Sie verweigern die Teilnahme am politischen Leben der neuen Staaten. Andere – in der Minderzahl, doch gewiß nicht die schlechtesten – stellen sich den emporgekommenen Monarchen loyal zur Verfügung, arbeiten mit deren Regierung zusammen und nehmen ihre Plätze in der »Ständekammer«, die man für sie bereitstellt, aktiv ein. Unter diesen Voraussetzungen sind sie dem neuen Regime hoch willkommen und können ihre Rolle als »Erste des Landes« (nächst dem Monarchen) spielen. Einige von ihnen haben sich in diesem – dann durchaus fortschrittlichen – Sinn auch nach dem Wiener Kongreß im Deutschen Bund hervorgetan.

Dies alles sind just die Reformen, die Napoleon in Frankreich durchgeführt hat, die seine Familiare auch in Italien und Holland schon begonnen haben; andere werden in Deutschland nun ein Gleiches tun. Der Rheinbund ist geistig-politisch zum Westen geöffnet und, als ein Sonderbestandteil des Empire, nach Frankreich hin orientiert. Durch ihn gelangen die Ideen der französischen Revolution erstmals über das rechte Rheinufer hinaus nach Deutschland; durch seine Vermittlung setzen sich die Prinzipien der Menschenrechte und Bürgerfreiheiten auch hier durch, ja sie befruchten durch Beispiel und Vorbild auch Länder, die dem Bund nicht angehören. So wird ein wesentlicher Beitrag zu den Grundlagen moderner deutscher Staatlichkeit geleistet.

Dann ist es soweit, das politische Begräbnis folgt dem endlich beurkundeten Tod: Kaiser Franz legt die Krone eines Reiches nieder, das nach Meinung verzweifelter Staatsrechtler, die sein Wesen schon längst nicht mehr definieren konnten, zu einem »Monstrum« entartet war.

Caroline und Murat – ein Großherzogspaar

Caroline Bonaparte und Joachim Murat sind die beiden ersten Napoleoniden, die auf deutschem Boden einen Rheinbund-Modellstaat übernehmen und regieren.

Wer sich nun als eines der ehrgeizigsten Mitglieder der Familie erweist, ist Caroline. Nachdem Pauline als Konkurrentin ausgeschieden ist, prägt sich die Rivalität zur ältesten Schwester Elisa immer stärker aus. Jene ist schon Fürstin, zweifach sogar, und erregt Aufsehen durch ihre so geschickte wie autoritäre Regierung. Ähnliches traut sich Caroline (trotz fachlich-politisch geringerer Begabung) selbst auch zu, obwohl sie erst vierundzwanzig Jahre alt ist. Sie hat nicht die gleiche Ausbildung wie »Demoiselle de St.

Cyr« genossen, weil sie vor der Revolution ja zu jung war. Aber der große Bruder hatte sie später in ein feines, restauriertes Internat geschickt; die Eliteschule stand (natürlich) unter Leitung einer heimgekehrten »Ci-devant«, Madame de Campan, einst Hofdame der Marie Antoinette, die von Konsulat und Empire reaktiviert wird, um den Stiefkindern der Revolution ordentliches Benehmen und Grundwissen beizubringen.

Caroline hat es bei Madame nur zwei Jahre ausgehalten und den Unterricht eher langweilig gefunden; die baldige Heirat mit Murat war ihr wohl wichtiger. Den starken korsischen Akzent ihres Französisch kann sie nie ganz unterdrücken. Aber sie hat doch gelernt, wie man tanzt und Konversation betreibt, Roben geschmackssicher auswählt, eine Tasse Tee oder ein Glas Wein zum Munde führt. Auch hat die Direktorin vom alten Adel ihr den karg-republikanischen Gruß »Je vous salue« abgewöhnt und sie gelehrt, daß es im Kaiserreich nun wieder wie unter dem Ancien régime heißen muß: »Ich bitte Gott, Sie unter Seinen gnädigen Schutz zu nehmen!« Das genügt wohl für den Anfang; in weit wichtigeren Dingen wird Caroline sich als erstaunliches Naturtalent erweisen.

Napoleons jüngste Schwester wirkt weniger durch Schönheit als durch Charme – wenn sie ihn zeigen will, was nicht immer der Fall ist. Sie ist sehr klein und reicht ihrem Gatten Murat gerade bis zur Brust. Aber sie hat einen ganz unkorsischen Teint wie Milch und Blut, weit bessere Zähne als die verhaßte Schwägerin Josephine, und auf den zierlichen Schultern sitzt eben, ganz überraschenderweise, jener »Kopf wie Cromwell« nach Herrn von Talleyrands Formulierung.

Nun soll sie ein Großherzogtum im Rheinbund bekommen. Das ist – bisher gab es so etwas nicht – schon fast ein Königreich, nur ein wenig tiefer eingestuft aufgrund der relativ geringeren Gebietsgröße und Einwohnerzahl (wie etwa Baden im Verhältnis zu Bayern und Württemberg). Die Herrscher sind nicht »Majestäten«, aber immerhin »Königliche Hoheiten«, was der unersättlichen Caroline freilich nicht lange genügen wird.

Für sie und Murat wird, wie später auch für Jerome, ein neues Territorium aus alten, doch sehr verschiedenartigen Land- und Herrschaften zusammengeschnitten, das die Rheingrenze mit Frankreich gemeinsam hat und als Puffer gegen das noch intakte Preußen konzipiert ist. Es umfaßt die zwischen Lippe und Ruhr, Sieg und Lahn gelegenen Herzogtümer Kleve und Berg, die sich schon durch Abtretung in Napoleons Hand befinden, mit einigen nördlich angrenzenden Gebieten. So erstreckt sich der Staat als langer Schlauch vom Emsland und Münsterland nach Süden bis zum Sauer- und Siegerland.

Caroline Bonaparte, Napoleons Schwester, nach Meinung Talleyrands »ein Kopf wie Cromwell auf den Schultern eines schönen Weibes«. Hier mit ihren Kindern aus der Ehe mit Joachim Murat. Das Gemälde von Robert Lefevre entstand um 1810.

Das Großherzogtum Berg befindet sich bei Regierungsantritt des neuen Herrscherpaares in erheblich besserem Allgemeinzustand als die Länder, die Joseph, Elisa und Louis vorgefunden hatten. Zwar haben die französischen Revolutionstruppen hier ebenso gewütet wie auf dem linken Rheinufer, aber Kleve und Berg sind nicht schlecht regiert worden. Kleinindustrie, Gewerbe und Binnenschiffahrt waren solide entwickelt, die Land- und Forstwirtschaft bot auskömmliche Existenz, auch die Verkehrsverbindungen waren brauchbar.

Die Metropole Düsseldorf ist, als Caroline und Murat dort auf Schloß Benrath einziehen, den Rang einer Hauptstadt gewöhnt, denn pfalzbayerische Kurfürsten hatten dort als Landesherzöge schon glanzvoll hof gehalten; ein verschlafenes Fischernest ist man längst nicht mehr, der Löwe ersetzt den Anker im Stadtwappen. Das Großherzogspaar sieht gleichermaßen prächtig aus; allseits ist man gespannt, wie es sich einführen wird. Kaiser Napoleon ist den rheinisch-bergischen Bürgern nicht unsympathisch, man sieht in ihm einen Garanten des Friedens und der Sicherheit nach den Wirren und Leiden der revolutionären Jahre. So gewährt man seinen Familiaren einigen Vorschußlorbeer, den sie sich dann auch verdienen werden.

Murat und Caroline befleißigen sich einer eigenwilligen Arbeitsteilung, die auf den ersten Blick seltsam erscheint. Während es traditionell naheliegen würde, daß der Mann sich mehr um die Regierung, die Frau eher um Kultur und Hofleben kümmert, so wird es hier umgekehrt sein. Caroline zeigt sich (darin der Schwester Elisa nicht unähnlich, wenngleich ihr in der Fähigkeit und Konzentration unterlegen) interessiert und auch begabt für die politisch-administrative Führung des Staates. Davon versteht ihr Ehemann weit weniger, er findet dafür auch kaum Zeit, weil er dem Kaiser immer wieder für militärische Einsätze zur Verfügung stehen muß; sein Land sieht ihn nur selten, wenngleich er keineswegs ein Bacciochi an der Seite einer Elisa ist.

So ist es im wesentlichen die Großherzogin, die nach napoleonischer Vorgabe, französischem Modell und rheinbündischem Muster die Verwaltungs- und Justizreform durchführt. Säkularisiert und auch mediatisiert ist hier schon, damit hat sie keine großen Probleme mehr; die Abteien Essen und Werden, auch ein paar annektierte Graf- und Herrschaften an Sieg und Lahn gehören ihr schon unangefochten – die »notwendigen Grausamkeiten« sind, wie Talleyrand es empfahl, »sofort« verrichtet worden.

Der Kaiser hat Caroline erfahrene französische Chefberater mitgegeben, die Grafen Beugnot und Roederer. Sie finden in dem deutschen Grafen Franz Josef von Nesselrode-Reichenstein einen hervorragenden Innenminister, der früher Direktor der »Alt-Bergischen Ritterschaft« gewesen war. Nesselrode ist es, der das durchweg »deutsche« Personal auf allen Führungsebenen, vom Präfekten über die Unterpräfekten bis hinab zu den – in ihrer Stellung gestärkten – Bürgermeistern (erst später »Maire« genannt), auswählt, ernennt und anleitet. Das zersplitterte Gerichtswesen wird vereinheitlicht und das Verfahren beschleunigt, die Prinzipien der Mündlichkeit und Öffentlichkeit werden eingeführt, und in Düsseldorf gibt es nun einen »Appellhof« als oberste Justizinstanz, natürlich mit Deutsch als Gerichtssprache.

Eine Staatsverfassung hingegen gelangt nicht über diverse Pläne und Entwürfe hinaus. Napoleon wird sich dieses Mangels erinnern, als er wenig später dem Königreich Westphalen eine Konstitution gleich mit in die Wiege der Gründung legt. Auch die Gewerbe- und Agrarreform der Großherzogin und ihrer Mitarbeiter bleibt in den Anfängen stecken; das Bedürfnis hierzu ist allerdings geringer als in anderen Rheinbundstaaten. Später in der eigentlichen »Franzosenzeit« von 1808 bis 1813 wird man gröber zugreifen, aber auch nicht alles richtig machen.

Großherzog Joachim Murat jedoch zieht Offiziere und Militärbeamte, von deren Kaufkraft wiederum Händler und Handwerker profitieren, an seinen Benrather Hof. In seiner bekannten Prunkliebe fördert er Theater und Oper, mehr noch Bauwesen und Baukunst. Er ist der Meinung, daß eine Verschönerung der Residenz Düsseldorf seinem Ansehen nur dienlich sein kann. Es sind hochbegabte, wenn nicht geniale Männer, die er ermuntert und denen er großzügig freie Hand läßt: der Bürgermeister Freiherr von Pfeill, die Stadtbaumeister, Architekten und Gartengestalter Weyhe, Huschberger und Vagedes.

Nach Schleifung der beengenden Festungsmauern und Abbruch der alten Stadttore muß Düsseldorf sowohl konzentrischen Abschluß als auch freie Erweiterung, neue Zugänge und eine neue Arrondierung erhalten. Das ist, wie bei so manchen derartigen Metropolen, die jäh der modernen Zeit und einer wachsenden Population zugeführt werden, eine schwierige Aufgabe.

Im Nordosten der Stadt wird die Lösung gefunden. Da entsteht die doppelbreite, einheitlich mit durchlaufenden Giebeln und Simsen bebaute »Allee-Straße« (die heutige Heinrich-Heine-Allee). Der Zugang zu ihr wird über den Friedrich-Platz (heute Grabbe-Platz) eröffnet. Der Blick schweift von dort auf den Chor der Andreaskirche und das ihr gegenüberliegende Statthalter-Palais. Die anliegende, querlaufende Mühlenstraße führt zum Stadtschloß, die Ratinger Straße zur Kreuzherrenkirche und zu dem umgebauten Coelestinerinnenkloster. Später wird der eindrucksvolle klassizistische Doppelbau des Ratinger Tores mit Wachthaus und Zollstation errichtet.

Der fast exotisch anmutende, blumen-, denkmal- und wasserreiche »Hofgarten« wird angelegt, und auch ihn gibt es noch heute. Die damals noch nicht so berühmte Königsallee wird erstmals mit Bäumen bepflanzt und mit Brücken versehen. Aber nicht dort, sondern an der genannten »Allee-Straße« in ihrer strengen Pracht soll das neue Stadtzentrum entstehen, hier sollen die Ministerien, ein Theater und das großherzogliche Palais gebaut werden – ein meisterlicher Plan, der freilich bis zum Zusammenbruch des Empire nicht mehr ausgeführt werden kann; im später preußischen Düsseldorf, das ja keine Residenz mehr war, ist hierfür kein Bedarf gesehen worden. Aber das Kernbild der heutigen Landeshauptstadt von Nordrhein-Westfalen präsentiert sich, mitsamt den ruhigen Naturoasen, in wesentlichen Zügen noch so, wie es damals unter Murat konzipiert worden ist.

Nur zwei Jahre, von 1806 bis 1808, dauert die Regierungszeit der Murats in Berg. Sie haben in dieser für ihr Land der »unteren Mittelklasse« allzu kurzen Spanne wohl nicht soviel vollbracht wie Joseph während der gleichen Zeit in Neapel. Aber als sie den Bruder und Schwager dann in Süditalien ablösen, haben sie in den Augen Napoleons ihre Bewährungsprobe gewiß bestanden. Sonst hätte der Kaiser nicht dem Drang Carolines nachgegeben, der ihr Großherzogtum schon zu klein geworden ist. Wenn sie in Düsseldorf nicht gerade mit Regieren beschäftigt ist, verläßt sie immer öfter das provinzielle Schloß Benrath und fährt nach Paris, wo Napoleon ihr das Elysée-Palais geschenkt hat; dort unterhält sie einen prächtigen Nebenhof.

Aber das befriedigt sie nicht auf Dauer, Caroline verlangt es nach einer Königskrone, und Napoleon wird sie der jüngsten Schwester dann auch geben – gegen den erbitterten Protest Elisas, die selbst »nur« mit dem Titel einer Großherzogin in der Toskana entschädigt wird. Der ewige Wettstreit der Familiare miteinander, selbst im Reigentanz: Hier führt er wieder zu temperamentvollem Gefühlsausbruch, gepaart mit verbissenen, konkurrenzfördernden Anstrengungen für das Empire und die eigene Person.

Empire und Preußen – Begegnung mit Komplikationen

In schwieriger, ja gefährlicher Einzellage sieht Preußen sich der »Dritten Kraft« des Rheinbunds und damit dem näher rückenden Empire gegenüber. Um die Wende zum 19. Jahrhundert schon zeigt der einstige Staat des Alten Fritz einen Januskopf, der dem Betrachter Rätsel aufgibt.

Das Königreich, das seit der Eroberung Schlesiens geographische Taille besitzt, auch über eine Landverbindung zur Großexklave Ostpreußen verfügt, hat seit den polnischen Teilungen Statur, sogar ein gewisses Embonpoint im Osten gewonnen. Das nun weitgehend zusammenhängende Territorium hat sich nahezu verdoppelt, es bedeckt ein Drittel des alten Deutschen Reiches und kann, so will es scheinen, nicht mehr ohne weiteres durch militärische Gewalt von außen in Stücke geschlagen werden. Man ist schon fast zu einem Staat der unteren Oberklasse aufgerückt.

Preußen hat, früher als Österreich in Lunéville, mit dem republikanischen Frankreich seinen Separatfrieden gemacht, 1795 durch den Vertrag von Basel. Seither ist es in den fortgesetzten, langweilig numerierten »Koalitionskriegen« neutral geblieben. Die reichen säkularisierten Bistümer Münster und Paderborn hat es schon eingesammelt, wenngleich nicht für lange Zeit. Es hofft auf Annektierung des früher britisch regierten, nun französisch besetzten Kurfürstentums Hannover und damit auf weitere Arrondierung nach Westen, über die Elbe hinaus bis zur Weser. Dafür hat man die rheinisch-westfälischen Vorposten Kleve, Mark und Ravensberg leichtherzig den Franzosen geopfert – in der Hoffnung auf eine Gegenleistung, die man leider nicht bekommen wird; erst 1866 fällt Hannover endlich und endgültig an Preußen.

So ist dieser Staat an der Schlacht von Austerlitz, die Napoleon gegen den österreichischen Kaiser und den russischen Zaren gewinnt, nicht beteiligt, und damit ist ihm wohl eine frühe Niederlage erspart geblieben. Die Beziehungen zum Empire sind nicht schlecht. Louis Bonaparte hat man noch als Obristen in Berlin ehrenvoll empfangen und zu einem Manöver eingeladen, und Joseph Bonaparte wäre beinahe Botschafter in Berlin geworden. Die französischen Marschälle Murat, Berthier und Bernadotte (letzterer verwaltet Hannover) haben dann 1805 den Hohen Orden vom Schwarzen Adler als gutnachbarliche Friedensauszeichnung erhalten.

Aber eben durch Austerlitz und den Preßburger Frieden wird auch die politische Isolation Preußens begründet, ja bald schmerzhaft deutlich. Die früheren »antirevolutionären« Bündnispartner Österreich und Rußland sind für absehbare Zeit handlungsunfähig; sie bleiben nur unverbindliche, zu nichts verpflichtete Sympathisanten. Im Vertrag von Schönbrunn wird für Preußen die harte Alternative enthüllt: entweder mit Napoleon gegen England oder, ziemlich allein, gegen Napoleon. Das ist eine Zwickmühle, denn Napoleon verlangt als Freundschaftspreis, nicht nur für Hannover, den Anschluß an die Kontinentalsperre mit den bekannten wirtschaftlich ruinösen Folgen, auch gravierende außenpolitische Zugeständnisse – und gegen Napoleon, mitsamt seinen bald noch vermehrten Rheinbund-Vasallen, wird man ohne aktive eigene Verbündete kaum bestehen können.

Oder hätte man es doch gekonnt? Hier offenbart sich das Paradoxon: Das Antlitz Preußens, in geistig-kultureller Hinsicht gar prachtvoll leuchtend, sieht völlig anders aus als sein staatspolitisch und militärisch verzweifelt kümmerliches Profil im napoleonisch-preußischen Schicksalsjahr 1806.

Deutschland zur Zeit
des Rheinbundes, 1807
KGR.
DÄNEMARK
Ostsee
Nordsee
HZM.
HOLSTEIN
Lübeck
Kolberg
Hamburg
Hzm.
Mecklenburg-
Schwerin
Hzm.
Meckl.-
Strelitz
Stettin
NIEDER-
LANDE
Bremen
KGR.
PREUSSEN
HANNOVER
BRANDENBURG
Hannover
Berlin
KGR.
Frankfurt
Magdeburg
WESTFALEN
Fstm. Anhalt
Cottbus
Düssel-
dorf
KGR.
SACHSEN
Kassel
Ghzm.
Hessen
Leipzig
Ghzm.
Berg
Cöln
Aachen
Eisenach
Weimar
Dresden
Hzm.
Nassau
Ghzm.
Frankfurt
Ghzm.
Würzbg.
Mainz
KGR. BÖHMEN
Prag
Würzburg
KAISERREICH
FRANKREICH
Rhein
Nürnberg
KAISERREICH
ÖSTERREICH
Nancy
KGR.
BAYERN
KGR.
Straßburg
WÜRTTEM-
BERG
ÖSTERREICH
Ghzm.
Baden
München
Linz
Salzburg
Basel
Zürich
Innsbruck
STEIERMARK
Bern
Fsm.
Neuenbg.
SCHWEIZ
KÄRNTEN
Trient
REPUBLIK
VENEDIG
ILLYRISCHE
PROVINZEN
Mailand
KGR.
ITALIEN
Venedig

Der lange, schon über zehn Jahre andauernde Friede hat Preußen inmitten des europäischen Waffengeklirrs zu einer Oase der Künste und Wissenschaften werden lassen. Nicht ohne Grund nennt Burkhard Nadolny diese Epoche ein fast »perikleisches Zeitalter«; es spielt sich nicht nur in Preußen ab, sondern auch in den mit ihm zunächst eng verbundenen, noch nicht dem Rheinbund angeschlossenen mitteldeutschen Kleinstaaten. Kant und Fichte, Hegel und Schelling sind die Könige der Philosophie, Goethe, Schiller und Wieland die Fürsten der Dichtung und des Theaters. Der Bildhauer Schadow und der geniale Baukünstler Schinkel schaffen Meisterwerke. Die Brüder Humboldt wie auch die Gebrüder Schlegel und die Gebrüder Grimm arbeiten auf historischen, völkerkundlichen und poetischen Feldern; Jean Paul Richter und Ludwig Tieck schreiben ihre Romane und Übersetzungen.

Solche Blüte wäre kaum denkbar gewesen ohne die Salons zu Berlin – jener märkischen Stadt, die längst über die nüchterne Zentrale des preußischen Staates hinausgewachsen und zu einem Mittelpunkt des kulturellen Lebens der Zeit emporgestiegen ist. Die Salons werden aufgetan und geführt nicht von den Künstlern und Gelehrten selbst – die meisten könnten das in ihrer vertieften Selbstschau und Arbeitsbesessenheit gar nicht leisten –, sondern von Außenstehenden, die jenen erst Kristallisationspunkt, Kontakt und Austausch vermitteln.

Zwei Frauen sind es, die in dieser romantischen Zeit ihre Salons begründen: Henriette Herz und Rahel Levin, aus alten jüdischen Familien stammend, die sich emanzipiert haben, fast schon assimiliert sind, jedenfalls das Stadium bloßer Toleranz und Tolerierung längst überwunden haben. Bei ihnen verkehren Kreise der etablierten Kaufmannschaft und des aufstrebenden Bürgertums, auch Diplomaten und Militärs, ansonsten aber wenige Vertreter des Adels und der Beamtenschaft. Die sorgsam ausgewählten prominenten Gäste, unter ihnen jedoch auch begabte Dilettanten, finden hier Bühne und Plattform für ihre Darbietungen und Produktionen. Es wird vorgetragen und rezitiert, musiziert und konversiert.

Ein vergleichender Seitenblick auf die französischen Salons des Directoire, der Konsulatszeit und des beginnenden Empire drängt sich auf, die mit den Berliner wie auch den Wiener Institutionen kaum mehr als den Namen gemeinsam haben. Das kulturelle Niveau und Gewicht liegt in Berlin ganz wesentlich höher; dies wird in Paris erst – durch Napoleons Befehle, Protektionen und finanzielle Zuwendungen – mit den »Instituts« der Wissenschaften und den »Académies« der Künste erreicht, dann gar übertroffen werden. Die befreienden, aber eben auch verheerenden Folgen einer Revolution gibt es in Preußen nicht; ein »Sexa-Stil« wie in Paris wäre unmöglich, er ist mit der persönlichen Kommando-Sprechweise des gehemmten »Königs Infinitiv« ganz inkomparabel. Man braucht weder für die Umgangsformen noch für die Substanz der Unterhaltung die bemühte Bewegungshilfe einer Adelsschicht »von gestern«. Zu Berlin ist der Salon autark, er zehrt vom eigenen Geist, der sich versammelt und potenziert.

Wichtiger noch ist der Unterschied des Führungsstils. Die Damen Herz und Levin sind bessere Regisseure, können auch durchweg intelligenter, oft bescheidener zuhören als die Damen Récamier, Tallien und Josephine Bonaparte, selbst Germaine de Staël. Sie lassen es nicht zu, daß sich etwa jemand in den Vordergrund spielt und andere in die Ecke drängt. Ihre freundliche Zuwendung gilt jedem und allen gleichermaßen. So findet sich erstaunlicherweise bei ihnen weit mehr Gleichheit und Gleichstellung als in den Pariser Cercles, die doch aus der »Egalité« hervorgewachsen sind.

Und obwohl im Berliner Salon ebenso preußische Gardeoffiziere verkehren wie in Paris französische Generäle und Marschälle, so gibt es hier keineswegs jenen Militärton, wie er dort – von Napoleon gefördert oder doch geduldet – sich zunehmend durchgesetzt hat. Wenn der Generalmajor und Preußen-Prinz Louis Ferdinand bei Rahel Levin erscheint, dann äußert er zwar höchst freimütig seine patriotisch-oppositionellen politischen Ansichten, aber im übrigen brilliert er am Klavier, nicht mit kriegerischen Sentenzen.

Hätten die Napoleoniden in den Berliner Salons ähnliche Aufstiegschancen gehabt wie im Pariser gesellschaftlichen Umfeld? Die Frage erscheint unhistorisch, aber eine Antwort fiele wohl verneinend aus. Des Kaisers Familiare hätten sich – obwohl doch ebenfalls hochbegabte Amateure als »hommes de lettres« – hier selbst im Wege gestanden: durch ihren Ehrgeiz und ihren Durchsetzungswillen (»coûte que coûte«), dem man in Berlin keinen Raum gegeben hätte; durch ihr korsisches, dem preußischen kaum wesensverwandtes Temperament; durch das heftige Bemühen, den Ton anzugeben, das Gespräch an sich zu reißen und zu bestimmen. Das alles wäre in Berlin als parvenühaft angesehen und allenfalls einer Figur wie Talleyrand nachgesehen worden. Diese Eigenschaften konnten die Bonapartes in den stilunsicheren, wenn nicht orientierungslosen Pariser Salons gewiß eher entfalten; und so, wenngleich nicht nur so, haben sie das Empire zur Größe geführt.

Aber natürlich fehlt auch da die geschichtliche Gegenprobe. Es ist den Berliner Salons ihrerseits nicht gelungen, dem Preußenland die Männer zu geben, die es zur Wende seines aktuellen Schicksals benötigt hätte.

Der Staat als solcher ist eben, ganz im Gegensatz zu seiner Kultur, in erstarrtem, verwahrlostem, insgesamt sehr traurigem Zustand. In der Verwaltung, die noch keineswegs sauber von der Justiz getrennt ist, gehen fachliche und geographische Zustände so verworren wie hemmend durcheinander: Die Nähte und Flickstellen des raschen territorialen Wachstums schauen überall hervor. In den Ministerien gibt es keine moderne Ressorteinteilung. Bauernbefreiung und Agrarreform sind noch nicht über die königlichen Domänen hinausgekommen. Die ständische Gesellschaft ist, aufs Ganze gesehen, nur um ein geringes durchlässiger geworden; rigide Adelsprivilegien und (immer noch) Berufsbeschränkungen hindern fähige Menschen am Aufstieg, vor allem im Staatsdienst, wo sie noch mehr als anderswo gebraucht würden. Die schlecht ausgerüstete und noch schlechter motivierte Armee ist in ihrer längst veralteten »fritzischen« Strategie und Taktik der geschlossenen Linie befangen; die neue, erst von den Heeren der französischen Revolution, dann von Napoleon entwickelte Kampfführung durch locker-bewegliche Gruppenformationen ist unbekannt geblieben.

Da liegt, zumindest äußerlich, der entscheidende Mangel. Ebenso düster wie hellsichtig, in der Vorahnung seines nahen Todes im Gefecht von Saalfeld, äußert Prinz Louis Ferdinand: »Ich werde mein Blut für das Vaterland vergießen ohne die geringste Aussicht, es retten zu können.« Ein Defätismus, der vice versa in den Pariser Salons gewiß nicht geduldet worden wäre.

Wenn je das aktuelle Bonmot, ein Land werde »unter seinen Verhältnissen regiert«, zugetroffen hat, so gilt es für Preußen im Jahre 1806. Der Staat besitzt gute Ressourcen, ihm fehlen auch nicht die rettungsfähigen Reformideen, aber er hat zur falschen Zeit die verkehrte Führung: Der Freiherr vom Stein und der Graf von Hardenberg, jetzt als »widerspenstig-trotzige Staatsdiener« beschimpft, werden sich erst später, nach dem militärischen Desaster, durchsetzen können und zum Zuge kommen.

Insbesondere hat Preußen nicht den richtigen König. Friedrich Wilhelm III. ist ein rechtschaffener, sittenstrenger, pflichtgetreuer Monarch, er besitzt guten Willen und sogar kritischen Verstand. Es fehlen ihm aber sowohl Antrieb, Schwung und Phantasie als auch Reaktionsvermögen und Entschlußkraft. Ein Pedant, schwerfällig, steif und hausbacken, sitzt auf dem Thron – umgeben von verantwortungsscheuen Höflingsnaturen wie dem Grafen Haugwitz, dem erboste Patrioten einmal die Fensterscheiben seines Palais einwerfen.

Die unsicher schwankende Neutralitätspolitik dieses Herrschers hat keiner europäischen Macht imponiert, am wenigsten Napoleon. Dem Katz-und-Maus-Spiel, das der Kaiser jetzt veranstaltet, ist Friedrich Wilhelm nicht gewachsen. Die dauernden Änderungen und Verschiebungen der Grenzen in den Rheinbundstaaten irritieren ihn. Er fühlt sich bedroht durch Napoleons pausenlose »Königs-Bäckerei«, die der englische Karikaturist Gilray verspottet und die auch Prinz Louis Ferdinand so kommentiert: »Es vergeht keine Woche, ohne daß er Fürsten ein- oder absetzt.« Da sind lockende Bündnisversprechungen: Preußen hat Hannover schon provisorisch besetzen dürfen und soll es bald endgültig erhalten, ja es soll unter seiner Führung in Norddeutschland ein Gegenstück zum Rheinbund errichten. Doch der König kann sich nicht entschließen, denn verderben will er es auch nicht mit England, das ihm zwar Hannover verweigert, aber das östliche Belgien vage in Aussicht stellt – freilich erst nach gemeinsamem Sieg über Napoleon, denn selbst die Briten können ein Fell nicht verteilen, bevor der Bär erlegt ist.

Wie denkt Napoleon wirklich? Es ist sicher, er will Preußen nicht angreifen, jedenfalls jetzt im September 1806 noch nicht, zumal ihn dies auch in zusätzlichen Konflikt mit Rußland brächte, denn immerhin haben der Preußenkönig und der Zar inzwischen ein »ewiges Freundschaftsversprechen« am Sarkophag Friedrichs des Großen mit Handschlag besiegelt. Aber die Verständigung mit England erscheint dem Kaiser viel wichtiger als die Rücksichtnahme auf Preußen, von dem er, mit Recht, keine akute Gefahr für das Empire befürchtet. Wie einst die oberitalienischen Kleinstaaten und später Polen, so ist auch Hannover für ihn nur eine »Verfügungsmasse«, die er jeweils zweckentsprechend ins politische Doppelspiel bringen will. So bietet er gleichzeitig England, als Preis für einen Friedensschluß, dieses alte Stammland der britischen Monarchen zur Rückgabe an. Und die alte preußische Markgrafschaft Ansbach, die Bernadotte treuhänderisch verwaltet, soll dem Königreich Bayern, das sie schon gänzlich umschließt, zur Abrundung zugeschlagen werden.

Dieser »Verrat«, wie er in Berlin aufgefaßt wird, führt beim Preußenkönig (wie so oft bei Menschen seiner Bewußtseins- und Geisteshaltung) zum psychologischen Kurzschluß im unglücklichsten Moment: Er mobilisiert seine Armee und läßt gegen Napoleon marschieren, zu einem Zeitpunkt, als dieser schon in Thüringen und Sachsen steht, der russische Zar mit seinen Truppen aber noch viel zu weit entfernt für wirksame Hilfeleistung ist.

Die vernichtende Niederlage, die Preußen erleidet, ist nicht unprovoziert und noch weniger unverdient. Der König hätte sich, gerade weil sein Staat in so miserablem Zustand war, viel früher entscheiden müssen, für welche Seite auch immer; oder er hätte, bis zum Herannahen der nun endlich verbündeten Russen, das doch schon besetzte Hannover gänzlich annektieren sollen, wie die Patrioten der preußischen Opposition es längst empfohlen hatten – vollendete Tatsachen beeindruckten Napoleon stets, und England hätte auf dem Kontinent damals weder eingreifen können noch wollen.

Beide Alternativen werfen eine Frage auf, die wiederum spekulativ bleiben muß: Hätte Preußen, mit der von Napoleon angeregten Gründung eines »Parallelbundes« im mittleren und östlichen Deutschland (mit Sachsen, Thüringen, Mecklenburg, Anhalt und Braunschweig), das Schicksal wenden und seinen Aufstieg, ungebrochen durch die schwere Niederlage, friedlich fortsetzen können? Auch diese Frage ist eher zu verneinen. Die deutsche »Einheit« wäre dadurch kaum früher zustande gekommen. An Preußens Entgegenkommen gegenüber dem Empire und dem etablierten Rheinbund hätte Napoleon nicht lange Genüge gefunden, und spätestens in der unausweichlichen Konfrontation Frankreichs mit Rußland hätte Preußen der Untergang gedroht.

Nebenbei und zum Trost: Die notwendigen Reformen des preußischen Staates hätten sich noch länger verzögert, als sie dann – eben durch rheinbündisches Exempel, aber doch auch aus eigener Kraft im Geist des »Befreiungskriegs« – bewirkt worden sind. So erweist sich Napoleon hier wieder vor der Geschichte als Förderer staatlicher Einheit in Deutschland. Es wird das – ansonsten in seinem Bestand nicht denkbare – »Königreich Westphalen« unter einem Bonaparte-Familiar sein, das solcher Entwicklung nun wichtige Impulse gibt, wichtigere, als sie die Berliner Salons jemals zu geben vermochten.

Militärexkurs, Fortune in Schlesien

Am Feldzug gegen Preußen, 1806 und 1807, sind auf französischer Seite drei Familiare wesentlich beteiligt: Marschall Murat, Großherzog von Berg, Marschall Bernadotte, Fürst von Pontecorvo, und Jerome Bonaparte, Kaiserlicher Prinz.

Murat, wieder einmal aus seiner zivilen Herrschaft in Düsseldorf abberufen, trägt mit seiner Kavallerie zum Sieg des Kaisers in der entscheidenden Doppelschlacht von Jena und Auerstedt bei. Zum eher bürgerlich-kulturellen Ruhm gereicht es ihm, daß er im besetzten Weimar eine Ehrenwache vor dem Haus des Dichters Christoph Martin Wieland aufziehen läßt, um dieses Domizil des dreiundsiebzigjährigen Seniors der deutschen literarischen Aufklärung und poetischen Anakreontik vor Plünderung durch beutegierige französische Soldaten zu schützen – ein nobles Verhalten, das Marschall Lannes gegenüber dem Herrn Geheimrat Goethe ebenso praktiziert. Gebildete Empire-Militärs wissen, was sie ihrem noch gebildeteren Kaiser schuldig sind, der bald, in abenteuerlich-hochfahrender Vereinfachung, in Deutschland und anderswo, sich derart vernehmen läßt: »Jeder Kulturmensch ist auch ein Franzose, gleichgültig, wo er geboren ist!«

Bernadotte sichert den Sieg, indem er die fliehenden Preußen verfolgt, in einer glänzenden strategischen Operation bis zur Ostsee vorstößt, den großen Marschall Blücher vor der dänisch-holsteinischen Grenze einkeilt, ihm den Rückzug nach Osten abschneidet und so die preußische Teilkapitulation von Ratekau erzwingt.

Jerome aber hat seinen Dienstgrad als Konteradmiral befehlsgemäß gegen die gleichrangige Funktion eines Divisionsgenerals eingewechselt. Bald darf er vertretungsweise sogar ein Armeekorps kommandieren. Er ist es, der die schlesischen Festungen Breslau und Glogau erobert; deren Kommandanten hatten es verschmäht, dem Beispiel ihrer hasenherzigen Kameraden im übrigen Preußen zu folgen und kampflos zu kapitulieren mit ihren wohlverproviantierten Garnisonen.

Auch diesmal glänzt Jerome durch persönlichen Mut, ja durch Verwegenheit. Immer wieder taucht er bei den Vorposten auf und kämpft in vorderster Linie mit, was nicht unbedingt seine Aufgabe ist. Von langwieriger Belagerung hält er wenig. Napoleon selbst versucht ihn zu belehren: »Man kann eine Festung nicht stürmen, ohne vorher eine Bresche geschossen zu haben.« Selbst der gleichfalls so tapfere Bruder Louis hätte das als Artillerist gewußt, aber Jerome hat es nie glauben wollen, und der Erfolg gibt ihm mehrfach recht.

Truppen führt er so, wie er Pferde reitet: gegen alle Regeln der Kunst, unorthodox und schulmäßig miserabel, aber immer draufgängerisch und in gestreckter Karriere, bis zur totalen Erschöpfung – auch der eigenen. Sein Regierungsstil im künftigen Staat, den Napoleon nun für ihn vorbereitet, wird gewisse Anklänge an diese ungewöhnliche Kampfesweise zeigen.

Westphälischer Hieronymus

Angesichts seiner militärischen, nun gar in einem Landkrieg erbrachten Leistungen ist es selbstverständlich, daß auch Jerome – wie schon vor ihm alle Geschwister außer den »Dienstverweigerern« Lucien und Pauline – die Krone eines besetzten Landes erhalten muß. Eine Zeitlang wiegt er sich (er traut sich, wie Elisa und Caroline, wohl alles zu) in der Hoffnung, auf den Thron von Preußen gesetzt zu werden, falls dessen besiegter Monarch seines Amtes enthoben und sein Staat dem Rheinbund zugeschlagen würde.

Es sind dann nicht die Tränen der Königin Luise, sondern die Vorstellungen des Zaren Alexander und doch auch eigene staatsmännische Einsichten, die Napoleon bewegen, in Preußen die angestammte Dynastie zu erhalten – wenn auch unter schweren Gebietsverlusten, drückenden Kontributionen und militärischen Reduktionen. So fällt, als Frucht des Tilsiter Friedens vom Juli 1807, Jerome ein anderes Territorium zu: das Königreich »Westphalen«, nach französischer Manier mit »ph« geschrieben.

Dieses Westphalen ist eine künstliche Schöpfung, die mit der alten historischen Landschaft gleichen Namens wenig zu tun hat. Die westfälischen Kernbezirke Münsterland, Börde und Sauerland gehören dem neuen Gebilde gar nicht an. Westphalen wird räumlich ebenso nach Osten verschoben, wie etwa Polen nach dem Zweiten Weltkrieg umgekehrt in den Westen verlagert worden ist: Was hinten wegfällt, wird vorn hinzugefügt.

Wichtigster Bestandteil wird das bisherige Kurfürstentum Hessen-Kassel. Dort hat der alte Kurfürst Wilhelm das seltene Talent deutscher Fürsten besessen, sich zwischen sämtliche Stühle zu setzen. Er ist General in der preußischen Armee, hat seine eigenen Landeskinder als Soldaten nach England verkauft und zugleich nur zögerlich versucht, sich bei Napoleon anzubiedern; dem Rheinbund hat er sich verschlossen. Sein Staat wird nun ebenso kassiert wie das Herzogtum Braunschweig. Hinzu kommen die westelbischen Gebiete, die Preußen abtreten muß: die Altmark, Halberstadt und Magdeburg, dazu Paderborn, Minden und Bielefeld. Drei Jahre nach seiner Gründung wird Westphalen vorübergehend noch um den südlichen Teil des Kurfürstentums Hannover (bis dahin zum zweiten und später dann zum dritten Mal direkt von Frankreich besetzt) vergrößert. Anhalt und Lippe-Detmold bleiben hingegen bis zuletzt als selbständige Enklave-Staaten im Rheinbund erhalten, sind jedoch mit Westphalen, das sie rundum einschließt, durch Zollunion verbunden.

So liegt das geographische Zentrum des seltsam gestückelten, jedoch territorial geschlossenen Königreichs etwa bei Hildesheim. Die Grenzen sind im Osten die Elbe, im Westen Lippe und Ems, im Süden der Harz, im Norden die ungefähre Linie von Verden bis Lauenburg. Ein Zugang zum Meer, wie Jerome ihn dringlich wünscht, hat nie bestanden; der Binnenstaat liegt zwischen den

Die für Preußen so schmerzhaften »Tage von Tilsit«, an denen Napoleon den besiegten Staat amputierte und erstmals Verständigung mit Rußland suchte, im Juli 1807. Im Vordergrund v.l.n.r.: Zar Alexander, Königin Luise und König Friedrich Wilhelm III. von Preußen, Napoleon. Links preußisches Gefolge (darunter Luises Oberhofmeisterin Voß), rechts französische und russische Generäle. Gemälde von Nicolas Louis François Gosse.

Großherzogtümern Berg und Hessen-Darmstadt, zwischen Preußen und den thüringischen Fürstentümern. Aber mit etwa dreißigtausend Quadratkilometern, so groß wie das heutige Belgien, und fast drei Millionen Einwohnern ist dies doch keineswegs ein Duodezstaat oder ein Zaunkönigreich. Im Rheinbund, dem es sofort beitreten muß, kann Westphalen sich an Größe und Volkszahl durchaus mit Bayern und Sachsen messen.

Geschichte, Tradition und Verfassung der westphälischen Landschaften sind ebenso buntscheckig, wie die Rechtslage der Einwohner unterschiedlich ist. Während König Friedrich Wilhelm III. loyalerweise seine preußischen Untertanen in den abgetretenen Gebieten vom Treueid entbindet, denken die verjagten Landesherren von Kurhessen und Braunschweig keineswegs daran, ein Gleiches zu tun. Dies schafft aber nur selten (und nicht unbedingt bei den schlechtesten Bürgern) Gewissenskonflikte, die Jerome ohnehin mit Takt und Verständnis entschärfen wird.

Wenn Napoleon das neue Reich zu einer politischen Einheit

zusammenschmieden will, so verfolgt er hierbei drei Zwecke. Erstens sind Jeromes Meriten zu belohnen, und zweitens soll mit diesem nördlichsten Eckpfeiler des Rheinbundes ein Bollwerk gegen Preußen geschaffen werden. Wichtigstes Ziel aber ist das Vorbildmodell eines ganz neuen Staates, der – mehr noch als das Großherzogtum Berg in seiner Randlage und mit seinen engen Grenzen – den Deutschen im Herzen Deutschlands beispielhaft zeigen soll, welchen Nutzen die napoleonische und napoleonidische Herrschaft auch ihnen bringen kann. Eines der wichtigsten Teilstücke des umfassenden, europaweiten Empire ist hier zu gestalten.

Napoleon beurteilt Jerome objektiv genug, um zu wissen, daß der immer noch blutjunge Mann hilflos überfordert wäre, wenn er alsbald ohne Anleitung und Vorbereitung eine so delikate politische Aufgabe übernehmen müßte. So schickt er, der sich um alles kümmert, die besten Männer der Verwaltung und Justiz, die er im Empire entbehren kann, als Vorkommando in die neue Hauptstadt Kassel, damit sie als »Regenten« den westphälischen Staat aus der Taufe heben. Es sind der vielseitig verwendbare Ex-Präfekt Beugnot, der schon unter den Murats sein Meisterstück geliefert hat, und der bedeutende südfranzösische Jurist Siméon, Mitglied des Staatsrats zu Paris, Mitverfasser der Gesetze des Code Napoléon.

Schon im Juli 1807 hat Napoleon seinem Bruder brieflich mitgeteilt, daß er zum König von Westphalen bestimmt sei. Einige Monate später, just an seinem dreiundzwanzigsten Geburtstag, erhält Jerome ein Schreiben des Kaisers, nebst voluminöser Anlage, das deutlich macht, welche Vorstellungen Napoleon hegt – und auch von dessen inzwischen gereifter Einsicht zeugt, daß diesmal in Kassel, anders als in Neapel, Düsseldorf und Den Haag, nichts dem Zufall überlassen bleiben darf:

»Mein Bruder! Beiliegend finden Sie die Verfassung Ihres Königreichs. Sie müssen sie getreulich befolgen. Das Glück Ihrer Völker liegt mir nicht nur um Ihres und meines Ruhmes wegen am Herzen, sondern auch im Hinblick auf die allgemeine europäische Politik. Hören Sie nicht auf diejenigen, die Ihnen sagen, Ihr an Knechtschaft gewöhntes Volk würde Ihre Wohltaten mit Undank vergelten. Man ist in Westphalen aufgeklärter, als man Ihnen zugestehen möchte, und Ihr Thron wird in der Tat nur auf dem Vertrauen und der Liebe Ihrer Untertanen begründet sein. Was aber das deutsche Volk am sehnlichsten wünscht, ist, daß diejenigen, die nicht von Adel sind, durch ihre Fähigkeiten gleiche Rechte auf Auszeichnung und Anstellung haben; daß jede Art Leibeigenschaft und vermittelnde Obrigkeit zwischen dem Souverän und auch den untersten Volksmassen aufgehoben werde!«

Weiter heißt es in diesem bemerkenswerten Brief: »Ihr Königtum muß sich bewähren durch die Wohltaten des Code Napoléon, durch das öffentliche Gerichtsverfahren und die Einrichtung der Schwurgerichte. Auf deren Wirkungen rechne ich, was Ausdehnung und Stärkung Ihres Reiches betrifft, mehr als auf das Ergebnis der glänzendsten militärischen Siege. Ihr Volk muß sich einer Freiheit, einer Gleichheit, eines Wohlstandes erfreuen, wie das alles den übrigen Völkern Deutschlands unbekannt ist. Eine solche liberale Regierung muß für die Politik des Rheinbundes und für die Macht Ihres Reiches die heilsamsten Veränderungen bewirken. Sie wird Ihnen eine mächtigere Schranke gegen Preußen sein als die Elbe und alle Festungen!«

Der Kaiser schließt: »Welches Volk wird zu der willkürlichen preußischen Verwaltung zurückkehren wollen, wenn es einmal die Vorteile einer weisen und liberalen Regierung genossen hat? Die Völker Deutschlands, Frankreichs, Italiens und Spaniens wünschen Gleichheit und aufgeklärte Ideen. Seien Sie ein konstitutioneller König! Dadurch werden Sie große Kraft in der öffentlichen Meinung gewinnen und einen natürlichen Vorteil gegenüber Ihren Nachbarn, die sämtlich absolute Fürsten sind!«

Die psychologisch-politische Kommentierung dieses brüderlichen Briefes erlaubt es, einige entscheidende Schlußfolgerungen zu ziehen. Erstens: Das vielberufene »Erbe der Französischen Revolution« ist, wenn auch interessanterweise ohne namentliche Benennung, deutlich genug zwecks moderner Rechtfertigung und erhoffter populärer Akzeptanz hervorgehoben. Zweitens: Der fortschrittlich-exemplarische Modellcharakter dieses Staates Westphalen wird weit mehr als in den bisher begründeten Familiar-Monarchien und auch den Rheinbundstaaten hervorgehoben. Drittens: Dieser von Napoleon eher gezeugte als geschaffene Staat erhält jene sogenannte Ewigkeitsgarantie, wie sie in öffentlichen und privaten Verträgen auf deutschem Boden seit Jahrhunderten, in besonderer Feierlichkeit der Kontrahenten, üblich war: »... solange das Heilige Römische Reich besteht.« Und viertens, eher profan, aber in napoleonischer Perspektive vielleicht am wichtigsten: Das Königreich Westphalen ist, wenn denn nur seine »Verfassung getreulich befolgt« wird, räumlich wie ideell ausdehnungsfähig; der Mantel der Geschichte wird es – wohin wohl sonst? – nach Osten über die Elbe tragen, nach Preußen, ja vielleicht nach Polen hinein, und das Empire könnte mit ihm seine endgültige Grenze gegen Rußland gewinnen.

Es sind große, bewegende Worte, die Napoleon da findet. Nicht weniger eindrucksvoll-staatsmännisch fällt die Proklamation aus, die Jerome bei seinem Regierungsantritt in Kassel an sein Volk erläßt – nun als »Hieronymus Napoleon, durch Gottes Gnade und durch die Konstitutionen König von Westphalen, Kaiserlicher Prinz«; auch dieser Satellitenmonarch bleibt natürlich, wie seine Geschwister, kaiserlicher Familiar und damit den Hausgesetzen unterworfen. Da ist die Rede von einem neuen Vaterland, das an die Stelle der alten Lehnsherrschaft treten soll; vom Gesetz, das allein die Obrigkeit darstellen werde; von der Pflicht des Königs, sein Volk glücklich zu machen; von Freiheit und Gleichheit aller Bürger nach dem großen französischen Vorbild.

Die westphälische, von Siméon im Auftrag Napoleons entworfene Verfassung ist für zeitgenössische Begriffe modern und fortschrittlich, zumindest auf dem Papier. Jerome wird nicht als absoluter Herrscher ausgewiesen. Gesetzentwürfe sollen in einem vom König ernannten Staatsrat – das entspricht der napoleonischen Konstruktion für Frankreich – vorbereitet und dann einer gewählten, hundertköpfigen »Ständeversammlung« (leider wird sie dann nur ein einziges Mal einberufen) zur Diskussion und Entscheidung vorgelegt werden. Vier verantwortliche Minister, für Inneres, Äußeres, Justiz und Finanzen, leiten die Verwaltung des Reiches, das nach französischem Vorbild, ähnlich wie im Großherzogtum Berg, in acht Departements mit Präfekten, weiterhin in Distrikte und Munizipalitäten gegliedert wird. Die Richter sind unabhängig, im Prinzip unabsetzbar, und Bürgerliches Gesetzbuch Westphalens wird natürlich der Code civil.

Französisch und Deutsch sind gleichberechtigte Amtssprachen, die Gesetze und Dekrete werden in beiden Sprachen verkündet und veröffentlicht. In der Praxis wird es so aussehen, daß im Ministerkabinett und im Staatsrat französisch, jedoch in der Ständeversammlung, bei den Verwaltungsinstanzen, bei den Gerichten und der Polizei deutsch gesprochen wird, während die Mittel- und Unterbehörden ihre Berichte an den König in Französisch abfassen, miteinander aber und selbstverständlich mit den Bürgern in deutscher Sprache verkehren. Man muß daran erinnern, daß damals an vielen deutschen Höfen die französische Sprache gegenüber der deutschen durchaus bevorzugt wird.

Der junge König Hieronymus stürzt sich mit dem gleichen Eifer, mit dem er Schiffe und Divisionen geführt hat, in die Regierungskunst und die ihm bisher völlig unbekannte praktische Administration. Die Bürger empfangen ihn, wie es den Murats in Berg widerfahren ist, mit Vorschußlorbeeren, sie jubeln ihm zu, obwohl sie, anders als die wendigen Rheinländer, doch stammesartlich eher schwerblütige Menschen sind, darin den holländischen Untertanen des Louis nicht unähnlich. Die Studenten der Universitäten Marburg, Göttingen, Halle und Helmstedt begrüßen ihn mit Fackelzügen. Den ungeliebten früheren Landesfürsten weint kaum jemand eine Träne nach. Beim deutschen Adel beginnt, nach der etwas ironischen Feststellung des westphälischen Ministers von Wolffradt, ein »Rennen, Jagen und Laufen« nach Stellungen am Hof zu Kassel.

So hat Jerome auf Schloß Wilhelmshöhe, das nun »Napoleonshöhe« heißt, einen guten Start. Er bestätigt die Meinung des Bruders Napoleon, er halte wenig von dem Sprichwort, daß jemand erst dann befehlen könne, wenn er vorher das Parieren gelernt habe. Es ist schon erstaunlich, wie dieser erst Dreiundzwanzigjährige, der weder Gehorsam noch Wissenschaft »gelernt«, nie eine Prüfung abgelegt hat und keinerlei Verwaltungserfahrung besitzt, in kürzester Zeit reformiert und was er leistet; wenngleich man dabei natürlich auch, wie bei Caroline, nicht den Einfluß der mitgegebenen und neugewonnenen deutschen Berater vergessen darf.

Was Jerome gemäß der Verfassung und aus eigenem Entschluß beseitigt, das kennen wir im wesentlichen schon aus dem rheinbündischen Kontext: Lehnswesen und Leibeigenschaft, bäuerliche Fron und adlige Vorzugsrechte, Handelsschranken und Abgabelasten – es wird in Westphalen die Zahl der verbrauchssteuerpflichtigen Waren von 1700 auf ganze zehn verringert. Selbstverständliche Neuerungen sind wiederum Schulpflicht und Impfung, auch die »französische« Organisation von Justiz und Verwaltung, wodurch der Geschäftsgang beschleunigt und dennoch Personal eingespart wird. Achtzehntausend Juden erhalten ihre zivile Gleichberechtigung.

Erstmals auf deutschem Boden präsentieren französische Soldaten vor stadtsässigen Kleinbürgern und befreiten Bauern des platten Landes das Gewehr, wenn diese als durchaus demokratisch gewählte Abgeordnete der westphälischen Ständeversammlung in Kassel eintreffen. Daß die so Geehrten dies begeistert zu Hause erzählen, hebt natürlich das Ansehen der neuen Regierung beim Volk, und das ist keine Augenwischerei: Der König selbst sucht den Kontakt zum »einfachen Mann«, kümmert sich persönlich um private Petitionen – und fördert, was die weniger einfachen Leute beeindruckt, die schönen Künste, wie man solches unter dem kurfürstlichen Banausen Wilhelm nie erlebt hatte.

Wir besitzen sehr unverdächtige Zeugnisse über die Tätigkeit Jeromes aus den drei ersten Jahren seiner Regierung. Sie stammen von ausländischen Gesandten am Kasseler Hof, die weder Opportunisten noch Liebediener waren, überaus kritisch denken und nach ihrer vorgegebenen Stellung dazu bestimmt sind, ihren Monarchen eher Ungünstiges über den französischen Parvenü zu

Jerome Bonaparte, Napoleons jüngster Bruder. Als König von Westphalen hier in Militäruniform, am Hals den von ihm gestifteten »Orden der westphälischen Krone«. Im Hintergrund sein Residenzschloß. Holzstich aus dem Jahre 1810 nach einer Zeichnung von F. G. Kinson.

berichten. Keiner von ihnen ist der berüchtigten »Diplomaten-Krankheit« erlegen, die einen Ambassadeur dazu verführt, die Politik des Empfangsstaats mehr als die Interessen des eigenen Landes zu vertreten. Dennoch, es überwiegen die positiven Urteile.

So schreibt etwa der preußische Geschäftsträger von Küster 1808 an König Friedrich Wilhelm III.: »Was mir in Kassel das meiste Vergnügen bereitet, ist das Erlebnis einer aufgeklärten und gerechten Verwaltung. Es ist nicht zweifelhaft, dass dieser neue Staat, dessen Herrscher mit Bedacht und Entschlossenheit das

Gute will, bald zu einem hohen Grad der Vollkommenheit und des öffentlichen Wohlstands gelangen wird.«

Interessanterweise hat Küster den König Jerome als denjenigen bezeichnet, der unter allen Brüdern des Kaisers am meisten mit Energie und eigenem Willen ausgestattet sei. Die Historie muß wohl widersprechen, denn in solchem Bezug rangiert, wie wir sehen werden, ausgerechnet der körperschwache Louis vor sämtlichen Familiaren – selbst, hors de concours, vor Lucien. Aber Küsters Urteil korrespondiert doch auffallend mit der späteren, nach dem Sturz des Empire geäußerten Warnung Metternichs an den österreichischen Kaiser, daß der Ex-König Jerome Bonaparte »der gefährlichste aller Napoleoniden« sei.

Der holländische Gesandte, General van Hogendorp, weiß seinem König Louis zu berichten, daß Jerome viel und unermüdlich bis in die Nacht hinein arbeite. Nun, dies hat »Koning Lodewijk« in seinem Reich auch getan; seine familiären Beziehungen zu Bruder Jerome waren ausgeglichen, aber doch nicht derart, daß er sich über solche vergleichenden Nachrichten sonderlich gefreut hätte.

Der Gesandte von Hessen-Darmstadt, Baron von Moranville, meldet nach Hause, daß der König Jerome stets selbst den Vorsitz im Staatsrat führe, und er fügt hinzu: »Obwohl der Staatsrat durchweg aus klugen Männern besteht, kann niemand mit dem König an Geistesschärfe wetteifern!« Das klingt, aufs erste Gehör und mit verkehrter Front, wohl schmeichlerisch. Aber Seine Königliche Hoheit, der hessische Großherzog, ist ein rheinbündischer, verschnupft-eifersüchtiger Territorialnachbar des Königreichs Westphalen, man hat ihm zu dessen Gunsten einige Gebietsstreifen weggeschnitten, die er gern wiederhaben möchte; auch ihm wären herabsetzende Äußerungen über Jerome willkommener gewesen als solche Elogen – und sein Diplomat hat das sicherlich in Kauf genommen.

Die wichtigste, weil sehr ausgewogene Einschätzung verdanken wir schließlich dem französischen Gesandten, Baron von Reinhard, den Napoleon als Aufpasser und Vertrauensperson nach Kassel delegiert hat. Dieser Mann, ein intimer Freund Goethes, ist ein bedeutender Kopf. In der zitierten »Schattenbeschwörung« von Theodor Heuss figuriert er neben jenem aus Westfalenland stammenden König, der einmal kurzfristig die Insel Korsika regiert hatte: Baron Theodor von Neuhof.

Reinhard denkt nüchtern und objektiv, er wird Jerome später, als dieser die Regierungszügel schleifen läßt, mit aller Härte kritisieren. Aber jetzt, 1808, berichtet er seinem Kaiser: »Niemand übt einen direkten oder indirekten Einfluß auf den König Jerome aus. Seine Wünsche äussern sich oft, sind aber stets bestimmt. Seine

Entscheidungen beruhen immer auf einem schnellen Entschluß, der mehr aufgrund des Nachdenkens als des Studiums gefasst wird. Nichts ist der Leichtigkeit und Würde zu vergleichen, womit der König repräsentiert. Nichts erscheint affektiert. Die Krone, die er trägt, drückt ihn nicht, weil er sich würdig fühlt, sie zu tragen.«

Man kann diesem aufrichtigen Ehrenmann, der gewiß französischer Patriot war, wohl glauben. Was bleibt dann noch von der stupiden Abstempelung als unsaubere Emporkömmlinge und verächtliche Parvenüs, die den Napoleoniden so oft zuteil geworden ist? Der jüngste, der am wenigsten »gebildete«, der womöglich leichtsinnigste aller Familiare – wenn wir, wiederum hors de concours, von Pauline absehen – widerlegt die Legende; nicht er allein, aber doch und gerade auch er.

Was Jerome als Person wie auch als Staatsfigur angeht, so steht seine Beurteilung nicht nur in den (vielleicht doch ein wenig gefärbten) Memoiren seiner »deutschen« Minister, sondern ebenso im späteren Fazit des französischen Historikers Cassan: Er verstand nicht weniger klug zu regieren, als tapfer zu kämpfen. Selten ist in der Geschichte das eine mit dem anderen verbunden.

Familiare für Regensburg und Frankfurt...

Im »Dritten Deutschland« dürfen aber nicht nur die Murats, Jerome und seine deutsch-württembergische Frau Katharina erwähnt werden. Auch die Städte Regensburg und Frankfurt werden im Rheinbund Verbindung haben mit zwei weiteren Napoleoniden; das Seltsame hieran ist nur, daß die Akteure an ihren vorbestimmten Schauplätzen gar nicht persönlich auftreten. So ist es lediglich eine historische Arabeske, die wir betrachten müssen – aber auch sie zeugt aufs neue vom stets regen und wachsamen Familiensinn des Kaisers.

In Regensburg regiert während der Anfangsjahre des Rheinbundes der Reichsfreiherr Karl Theodor von Dalberg. Er war als Erzbischof von Mainz der letzte geistliche Kurfürst des Heiligen Römischen Reiches, und nach der Säkularisation seines Gebiets im Jahre 1803 ist er in Regensburg als nomineller Reichserzkanzler und ebenfalls letzter Kirchenfürst mit eigenem Territorium übriggeblieben. Napoleon braucht ihn, zunächst jedenfalls, als »Fürst-Primas« und Kanzler seines Rheinbunds. Dalberg, ein ehrgeiziger, den Ideen der Aufklärung zugänglicher Prälat, läßt sich die Aufnahme in den Rheinbund als Gründungsmitglied gern gefallen. Er hofft, in seiner fortgesetzten geistlich-weltlichen Doppelfunktion später auch Primas einer eigenständigen deutschen

Nationalkirche zu werden, die zwar nicht ganz unabhängig vom Papst, aber doch zum Heiligen Stuhl in ähnlicher Distanz stehen soll wie die gallikanische Kirche in Frankreich.

Seine Haltung kommt den kirchenpolitischen Wünschen Napoleons sehr entgegen. Weil aber doppelte Naht besser hält, gibt der Kaiser ihm einen »Koadjutor mit dem Recht der Nachfolge« zur Seite – in der Person seines eigenen (und einzigen geistlichen) Familiars, Halbonkel Kardinal Fesch, Primas von Gallien.

Die Idee erscheint genial. Dalberg ist immerhin schon zweiundsechzig Jahre alt, und wenn man ihn in absehbarer Zeit mit sanftem Druck zur Resignation und Demission bringt, dann wird Fesch zwei Primas-Titel, in Frankreich und in Deutschland, auf sich vereinigen; er wird nicht nur, auf eigenem Staatsgebiet, für politische Kontinuität im Rheinbund sorgen, sondern auch die deutsch-französischen Regionalkirchen zusammenführen können – alles natürlich im Sinn und Geist des Empire.

Die Perspektiven haben sich jedoch nicht erfüllt. Dalberg ist über die Ernennung des ranghöheren geistlichen Mitbruders Fesch, die der Kaiser ihm aufzwingt, keineswegs amüsiert, und Fesch macht es ihm leicht, denn er wird sich um seine Funktion auf deutschem Boden wenig kümmern, weil er in seinem Erzbistum Lyon genug zu tun hat.

So geht des Kaisers Rechnung nicht auf, aber hartnäckig schreibt er sie fort. Wir müssen, um den Zusammenhang verständlich abzuschließen, wieder einige Jahre vorgreifen. 1810 wird Napoleon das Regensburger Gebiet zu Austauschzwecken für Bayern brauchen. Er versetzt den Fürst-Primas Dalberg kurzerhand nach Frankfurt am Main. Die altehrwürdige Freie Reichsstadt, längst mediatisiert wie die Schwestermetropolen Nürnberg und Augsburg, wird nun als Rheinbundmitglied – mit ihrem Umland und einigen ebenfalls mediatisierten Standesherrlichkeiten – zum Großherzogtum erhoben. Für Dalberg ist die entsprechende Würde eher ein Aufstieg, sein neues Reich ist auch größer als das bisherige, und so akzeptiert er wieder mit Freude.

Aber hinter dieser Territorialverschiebung steckt ein neues Personalkonzept. Napoleon benötigt ein Trostpflaster für den »geliebten Sohn« Eugen, dem er – als einem Beauharnais, nach der Scheidung von Josephine und der neuen Ehe mit der Österreicherin Marie Louise – nicht mehr die Hoffnung lassen kann, einmal »richtiger« König von Italien oder gar sein eigener Nachfolger in Frankreich zu werden. So wird Onkel Fesch, mit dem Napoleon zu jener Zeit nicht mehr gut steht, bald als Koadjutor für Frankfurt abgelöst, und dem unglücklichen Großherzog-Primas Dalberg wird ein neuer Stellvertretergehilfe als designierter Nachfolger beigeordnet: eben Eugen.

Die Zukunftsidee Napoleons ist im Prinzip dieselbe geblieben. Wie Fesch die gedachten Staatskirchen in Frankreich und Deutschland organisieren sollte, so würde Eugen als »zweiter Mann« in Italien und gleichzeitig als »erster Mann« im Rheinbund-Deutschland für das Empire konzentrisch wirken können.

Wiederum spielt bei diesem Experiment die Geschichte nicht mit. Die zweite Kandidatur scheitert aus gleichem Grund wie die erste. Auch für Eugen ist die Koadjutorstellung nur ein zwar dekoratives, aber doch lästiges Nebenamt; er ist, abgesehen von seiner häufigen Kriegsteilnahme, in Italien, wo er ja Vizekönig bleibt, ebenso nachhaltig beschäftigt wie der Kardinal Fesch in Frankreich, und so wird auch er weder Zeit noch besondere Lust zum Einsatz in Deutschland haben.

Zudem beweist Dalberg nicht nur gesunde Langlebigkeit, sondern auch zähe politische Taktik, er läßt sich in Frankfurt das Heft noch weniger aus der Hand nehmen als in Regensburg. So überdauert er unangefochten den Rheinbund und das Empire; erst 1813 wird ihm sein Großherzogtum von den alliierten Mächten weggenommen, und er stirbt vier Jahre später als – nunmehr rein geistlicher – Erzbischof im bayerischen Regensburg, wo er mit dem eher mißvergnügten Segen des Papstes wieder inthronisiert worden ist.

So sind diese beiden Familiare, Joseph Fesch und Eugen Beauharnais, auf deutschem Boden nicht zur Regierung gelangt. Das war nicht nur ihr eigener Fehler, aber sie hätten wohl im Rheinbund zu- und eingreifen können. Vielleicht – obwohl es doch eher unwahrscheinlich bleibt – hätten sie hier zu Wirkungen gelangen können, wenn sie im Genie und in der Energie ihrem Kaiser etwas ähnlicher gewesen wären. Aber damit hätten wir ihnen, historisch gesehen, sicherlich zuviel angesonnen; im beschränkten Kreis bleiben ihre Verdienste freilich respektabel.

... aber kein König für Polen

Das polnische Land – wie wir es nun in historischer Verlegenheit nennen müssen, denn es ist 1807 weder ein Königreich noch eine Adelsrepublik oder eine sonst staatsrechtlich faßbare Organschaft – hat wenig mit dem Rheinbund, aber einiges mit dessen Folgen zu tun und daher auch mit Napoleoniden – »in spe«, denn einige von ihnen hatten Aussicht, dort als Herrscher etabliert zu werden.

Das trotzige, später zur Nationalhymne gewordene Lied »Noch ist Polen nicht verloren« ist von niemandem so häufig gesungen worden wie von den polnischen Legionären, die unter Napoleon gegen Österreich, Preußen und Rußland gekämpft haben, gegen die verhaßten Nachbarn und Erbfeinde, die das Vaterland in dreimaligem Anlauf, und buchstäblich restlos, unter sich aufgeteilt hatten. Nun sehen diese Krieger und auch die Patrioten im Land selbst die Stunde der Wiedergutmachung nahen.

In der Tat, Napoleon kommt ihnen mit dem Tilsiter Frieden entgegen. Er restituiert Polen, nicht in den alten weiten Grenzen zwischen Ostsee und Schwarzem Meer, aber doch auch nicht in so kleinem Umfang wie das spätere »Kongreßpolen« nach 1815. Preußen muß die von ihm annektierten polnischen Westgebiete, Österreich 1809 auch einen Teil Galiziens wieder herausgeben; nur Rußland behält, was es sich einverleibt hat. So entsteht – als Binnenstaat, doch mit 150 000 Quadratkilometern und vier Millionen Einwohnern – das »Herzogtum (später Großherzogtum) Warschau« mit der gleichnamigen Hauptstadt; der Name »Polen« wird, auf Ersuchen des russischen Zaren, ebenso sorgfältig vermieden wie später im Zweiten Weltkrieg, als das Dritte Reich einen separaten Teil der »besetzten polnischen Gebiete« lediglich als »Generalgouvernement« bezeichnete.

Den polnischen Patrioten genügt dieses Territorium bei weitem nicht, ihnen fehlt der Zugang zum Meer und der russisch besetzte Ostteil des Landes, aber sie leben weiter von der Hoffnung, vor allem auf einen einheimischen Monarchen. Fürsprecherin mit solchem Ziel ist die schöne Gräfin Maria Walewska; mit ihr verbringt Napoleon einige stürmische Wochen während der Schlachtpausen auf Schloß Finckenstein in Ostpreußen; die Liaison mit der »polnischen Gemahlin«, wie Talleyrand sie süffisant nennt, wird jahrelang dauern und erst mit einem letzten Abschied im napoleonischen Exil zu Elba ihr Ende finden.

Die Bitten und Vorstellungen der durchaus politischen Aristokratin nützen jedoch nichts. Kein Czartoryski oder Radziwill, kein Potocki oder Poniatowski, auch weder ein Laczynski noch ein Walewski wird Monarch im Vaterland. Vielleicht schrecken Napoleon die Spuren der unseligen traditionellen Verfassung der einstigen Adelsrepublik, wonach schon eine einzige Gegenstimme im Reichstag, als »Liberum Veto«, jegliche Gesetzesvorlage zu Fall bringen konnte. Solche Unregierbarkeit darf sich nicht wiederholen.

Fürs erste erhält der neue Autonomstaat eine Grundkonstitution und eine Verwaltung nach französischem Vorbild. Das preußische Strafrecht bleibt in Geltung, die preußische Währung auch, nur im Bürgerlichen Recht wird der Code civil eingeführt.

Aber wer soll Regent des Herzogtums Warschau werden? Drei Familiare Napoleons kommen ins Blickfeld.

Da ist Jerome, der den Polen – wenn man ihnen denn schon einen Monarchen aus den eigenen Reihen verweigert – nicht unwillkommen wäre, gerade als Kaiserbruder mit freundlichem Empfang rechnen könnte; aber er hat ja eben erst sein westphälisches Reich übernommen und leistet nach Meinung Napoleons in Kassel wichtigere Arbeit. Jerome selbst wird sich erst in einigen Jahren, als Westphalen vor dem Staatsbankrott steht, für die polnische Krone interessieren, aber dann ist es zu spät.

Großherzog Joachim Murat drängt nach vorn, er strebt nach baldiger Beförderung zu einem größeren Reich und bemüht sich, von den Polen als ihr Mitbefreier (was er, militärisch gesehen, auch tatsächlich ist) anerkannt zu werden. Der Marschall des Empire posiert und paradiert mit prächtigen Uniformen und schwungvollen Reden; er versucht, an Ort und Stelle in Warschau Eindruck zu machen. Aber er übertreibt wohl gewaltig, er imponiert den Polen nicht, und auch sein Kaiser-Schwager will ihn jetzt im Rheinbund nicht ablösen – ein Jahr später, 1808, wird er ihn dann doch als Nachfolger Josephs nach Süditalien schicken, was Murat (und erst recht Caroline) natürlich noch viel besser gefällt.

Der beste Mann für den neugeborenen Staat wäre gewiß Eugen Beauharnais gewesen. Er ist den Polen – nach Statur und Figur, Erscheinung und Benehmen, Temperament und ehrenhafter Gesinnung – höchst sympathisch, und auch der Adoptivvater macht ihm eine deutliche Offerte. Aber erneut ist es Eugen selbst, der (wie schon die Frankfurter Chance) das Angebot ablehnt. Sein Grund ist nach eigenem Bekenntnis: »Ich könnte es nicht so weit vom Kaiser entfernt aushalten. Ich habe nur einen Ehrgeiz: möglichst nahe bei ihm zu leben und zu sterben, aber nicht den Wunsch nach Thronen.« Man darf ihm das, jedenfalls für die damalige Zeit, wohl abnehmen und charakterlich hoch anrechnen; allerdings hätte er diesmal sein schönes Vizekönigreich Italien ganz aufgeben müssen, was ihn, und mehr noch seine bayerische Ehefrau Auguste, sicher hart angekommen wäre.

Die erneute Weigerung Eugens wird sich, historisch gesehen, in seinem Interesse als klug erweisen. Als polnischer Großherzog hätte er sich spätestens 1812 im Rußlandkrieg jegliches Wohlwollen des Zaren Alexander verscherzt – dessen schützende Hand, die ihm zuletzt einen friedlich-ehrenvollen Lebensabend in der deutschen Heimat seiner Frau ermöglichte, wäre dann niemals ausgestreckt worden.

So greift Napoleon zu einer politischen Notlösung, die den Polen am allerwenigsten zusagt. Er ernennt den rheinbündischen König Friedrich August von Sachsen in Personalunion zum Großherzog von Warschau. Geschichtlich weiß er das zu rechtfertigen. Die sächsischen Kurfürsten August II. (»der Starke«) und August III. hatten schon einmal, für mehr als ein halbes Jahrhundert, zusätzlich die polnische Krone getragen. Aber sie hatten, abgesehen von der Architektur in einigen polnischen Städten, für ihr »Nebenland« nie sonderliches Interesse gezeigt und sich dort auch kaum beliebt gemacht. Es war ihnen allerdings auch nicht gelungen, den trennenden, schmalen Landkorridor, der Preußen Zugang zu Schlesien gab, zu durchstoßen und so ihrerseits eine territoriale Verbindung zwischen Sachsen und Polen zu schaffen – wieder erklärt die nüchterne Geographie manche historische Entwicklung.

Eine Wiederholung dieses Experiments ließ, trotz der rheinbündischen Konnektion, wenig Gutes erwarten. Auch dieses Modell hat den Wiener Kongreß nicht überdauert. Und der sächsische König wurde für seine Treue zu Napoleon hart bestraft, indem er die nördliche Hälfte seines Stammlandes an Preußen verlor.

Aber im Grunde ist das reduzierte Polen schon 1807 für Napoleon nur die oft berufene »Verfügungsmasse«, die er – wenn er denn nur ein dauerhaftes Bündnis mit Rußland zustande brächte – jederzeit dem Zaren opfern würde; bis dahin ist Polen ein Puffer, nicht mehr. Die vagen Versprechungen, die er den Polen gibt, immer wieder, sind nicht ehrlich gemeint. Jene erkennen es spät und verbittert. Der Sturz des Empire reißt sie dann in den Abgrund: Preußen bemächtigt sich wieder der westpolnischen Gebiete, Galizien fällt an Österreich zurück, und der Rest des Landes wird für mehr als hundert Jahre in russische Abhängigkeit geraten – woran gewiß kein Napoleonide etwas hätte ändern können.

Zu den vier politischen Kardinalfehlern, die Napoleon nach eigener, nachträglich im Exil zu St. Helena geäußerter Meinung begangen hat, zählt auch dieser: »Ich hätte einen König in Polen einsetzen und nicht nach Moskau gehen sollen.«

Wohl wahr; das erste erscheint mit dem zweiten, Wichtigeren, untrennbar verbunden, aber dennoch widerspricht das eine dem anderen. Wie sieht die spekulative Gegenprobe denn aus? Der russische Zar hätte, auch wenn er nicht direkt von Napoleon angegriffen worden wäre, niemals einen »König von Polen« als Satelliten des Franzosenkaisers an der europäischen Westflanke seines Reiches geduldet, nicht einmal Jerome Bonaparte oder Eugen Beauharnais, erst recht keinen »eingeborenen« polnischen Edelmann. Polen – das war für das Zarenreich dasselbe, was das Land später noch einmal für Hitler gewesen ist: ein Arbeitsreservoir, ein unterjochtes »Nebenland«, ein namenlos-funktionales »Gouvernement«, in dem jegliche nationale Identität zu verneinen und Selbstverwaltung allenfalls auf unterster Stufe zu gewähren war.

So wäre es früher oder später doch zur großen französisch-russischen Auseinandersetzung gekommen, wenn Napoleon den Polen einen König gegeben hätte – wobei er freilich, wenn er nicht »nach Moskau gezogen« wäre, die besseren militärischen Chancen auf der »inneren Linie« gehabt hätte.

Aber das alles hat der Sturmwind von Borodino und von der Beresina verweht, unrettbar und unwiederholbar.

IX.
Einsam, aber nicht allein – Bürger Lucien und König Don José

Idylle im Kirchenstaat

In diesen für alle Napoleoniden so wichtigen Jahren von 1805 bis 1807 haben wir den freiwilligen Exilanten Lucien Bonaparte nicht ins Blickfeld genommen. Er hat weder Schlachten geschlagen noch gar Siege errungen, auch kein Land regiert und an der Veränderung Europas nicht teilgenommen. In Italien, umgeben von glorreich regierenden Verwandten, lebt er einsam, wenn auch keineswegs allein – umgeben von seiner Familie, die neben ihm und Alexandrine schon aus fünf Kindern besteht: zwei Töchtern aus der eigenen ersten Ehe, einer Tochter aus Alexandrines erster Ehe, dazu einem gemeinsamen Sohn und einer gemeinsamen Tochter; nicht weniger als weitere acht Kinder werden im Lauf der Jahre noch hinzukommen.

Seine private Existenz ist eine Art Nebenkriegsschauplatz. Er hat sich in den Kirchenstaat zurückgezogen, ist päpstlicher Untertan geworden, enthält sich aber taktvollerweise aller politischen Äußerungen oder gar Aktivitäten auf fremdem Staatsgebiet. Von Papst Pius VII., der ihn zunehmend schätzt und an sich zieht, erwirbt er das Lehen Canino, ein Landgut bei Viterbo, wenige Meilen vom Meer und von der Heiligen Stadt entfernt. Dort, als vornehm-schlichter, immer noch bürgerlicher Grundherr, läßt er sich mit den Seinen nieder und entwickelt bald Aktivitäten, die er im bisherigen Leben nicht im geringsten gelernt hat, von denen er sich auch nichts hat träumen lassen.

Wie einst Vater Carlo bebaut er das Feld, erntet Korn und zieht Weinreben. Er stellt ein verfallenes Eisenbergwerk wieder her. Eine verschüttete Quelle läßt er freilegen und einfassen – so entsteht ein kleiner Kur- und Badeort für die Öffentlichkeit. Unter den Fußböden seines Farnese-Ritterkastells entdeckt er die Reste einer altrömischen Villa, läßt weitergraben und findet Vasen, Werkzeuge und Schmuck aus etruskischer Zeit. So zahlreich sind die zutage geförderten Antiquitäten, daß es sich lohnt, sie zu konservieren, zu klassifizieren und auszustellen. Lucien tut all dies, und von nun an ist er, bis zum Ende seines Lebens, ein begeisterter Amateurarchäologe, dessen Publikationen auch wissenschaftliche Anerkennung finden.

Nicht genug damit, Lucien wirft sich zudem auf die Poesie, in der er als klassischer Überzeugungsemigrant wie Ovid, Chateaubriand und Victor Hugo seine Ersatzbefriedigung für die Politik sucht. Hier bleiben seine Erfolge mäßig. Ein langatmig-holpriges Versepos über Karl den Großen, das er dem Papst vorlesen und widmen darf, wird von der Literaturkritik ebenso verrissen wie seine späteren dichterischen Erzeugnisse.

Aber als Mäzen und Anreger wird Lucien bald, auch ohne Regent eines Landes zu sein, Mittelpunkt eines illustren Kreises von Künstlern und Gelehrten. Er gewinnt den Respekt und die Zuneigung bedeutender Zeitgenossen, nicht zuletzt die Freundschaft der Gebrüder Humboldt, von denen der ältere, Wilhelm, in jenen Jahren preußischer Resident und hessen-darmstädtischer Gesandter beim Heiligen Stuhl in Rom war. So fließen die Tage in der feierlichen Landschaft der Campagna angenehm und ausgefüllt dahin. Lucien widmet sich seiner Familie, seinen Freunden und seinen Liebhabereien.

In einer Tagebuchnotiz aus dem Jahre 1806 rechtfertigt er das beschauliche Dasein: »Die Frage, warum ich nicht wie meine Brüder ins Lager des Kaisers gesprungen bin, kann ich nur dahin beantworten, daß jeder nach seinem Geschmack lebt und daß ich die Unauffälligkeit des Privatlebens dem Glanz eines Thrones vorziehe, zumal wenn ich den Preis bedenke, den mein generöser Bruder mir dafür abverlangen möchte. Zudem bin ich aus einer Laune heraus, die ich Republikanertum nenne, weder zum Befehlen noch zum Gehorchen geneigt – es sei denn, was letzteres betrifft, dass ich nur meine Pflicht tun will als freier Bürger eines freien Landes, als Christ und als Vater.«

Da tauchen sie wieder auf, die beiden Hindernisse – das private und das politische, die einer Teilhabe des Lucien Bonaparte an der Herrschaft im Empire entgegenstehen.

Neue Avancen

Aber die Idylle trügt nochmals. Die Familie läßt nicht nach in ihrem zähen Bemühen, den verlorenen Bruder und Sohn doch noch zur Versöhnung mit Napoleon zu bringen.

Madame Mère ist auf die Empire-Linie eingeschwenkt und beschwört Lucien: »Suche den Kaiser auf und beuge Dich seinem Willen! Er hat das Recht zu fordern, daß seine Brüder sich ihm

Lucien Bonaparte, Senator von Frankreich. Als einziger unter den Bonaparte-Geschwistern blieb der überzeugte Republikaner zeitlebens ohne Thron und Krone. Punktierstich von Christian Schule aus dem Jahre 1815.

unterwerfen!« Das klingt aus ihrem Mund ganz anders als früher. Aber Letizia hat einmal auf die indiskrete Frage, welches ihrer Kinder sie am meisten liebe, die feine Antwort gegeben: »Dasjenige, das im Unglück ist und meiner Hilfe am meisten bedarf!« Nun denn, für sie ist inzwischen die Ferne vom »Kaiser«, wie sie den größten Sohn immer häufiger gegenüber anderen Familiaren nennt, zum »Unglück« geworden, und deshalb ist es jetzt Lucien, der ihre »Hilfe« benötigt.

1807 schreibt Elisa dem Lieblingsbruder einen insistierenden Brief: »Mama und ich, wir alle wären so glücklich, wieder eine einzige politische Familie zu sein. Lucien, tue es für uns, die wir Dich lieben, und für das Volk, das unser Bruder Dir anvertrauen will, damit Du es regierst und es glücklich machst. Seine Majestät muß eine Familie haben, über die Sie verfügen kann. Du kannst mit dem Herrn der Welt nicht streiten wie mit Deinesgleichen! Die Natur hat uns zu Kindern *eines* Vaters gemacht, aber durch Napoleons Wundertaten sind wir seine Untertanen geworden. Obgleich wir Fürsten sind, verdanken wir alles ihm. Dies zu gestehen, ist ein edler Stolz. Unser einziger Ruhm besteht darin, uns durch unsere Regierung seiner würdig zu erweisen.«

Dieser Brief hat keinerlei Wirkung, aber er ist interessant. Er zeugt von Elisas Zuneigung zu diesem Bruder ebenso wie von ihrer scheinbar bedingungslosen Ergebenheit gegenüber Napoleon. Aber ein wenig berauscht Elisa sich doch auch an ihren eigenen Worten. Ihr geheimes Selbstbewußtsein, ihr eigener Herrschaftsdrang ist unübersehbar; sie wird, wenn sie ein Jahr später zu einer größeren Herrschaft in der Toskana aufrücken darf, durchaus an eigenen »Ruhm« denken und nicht nur daran, sich des Kaisers würdig zu zeigen.

Schließlich erhält Lucien sogar noch eine Offerte von Napoleon selber. Sie ist äußerlich glanzvoller, aber für Lucien noch unannehmbarer als das frühere Angebot vom Jahr 1804. Luciens Ehe soll nachträglich anerkannt, auch seine Kinder sollen legitimiert werden, aber pro forma müsse er sich alsbald scheiden lassen. Danach würde »Madame Jouberthon« zur Herzogin von Parma erhoben werden, und Lucien dürfe weiterhin so intim wie er wolle mit ihr zusammenleben. Er persönlich solle sich dafür eine Krone aussuchen dürfen: Italien, Neapel oder gar Spanien. Könne es ihn nicht reizen, dort König zu sein, wo er einmal Botschafter war? Alles stünde zu seiner eigenen Wahl.

In Mantua, im Palazzo Guerrieri, kommt es im Dezember 1807 zu einem langen Gespräch zwischen beiden Brüdern. Es dauert eine halbe Nacht, und es wird für sieben Jahre ihre letzte Begegnung sein. Gewissensfragen werden beiderseits temperamentvoll aufgeworfen, aber nicht gelöst. Napoleon beschwört Lucien, sich der Idee des Kaiserreichs nicht länger zu verweigern. Er selbst werde sich, so vertraut er ihm damals schon an, aus Staatsräson von Josephine scheiden lassen und eine ausländische Prinzessin heiraten, um die Dynastie zu sichern. Also verlange er von Lucien nichts anderes, als was er selber zu tun bereit sei. Er schmeichelt dem Bruder, lobt seine politischen Fähigkeiten, redet ihn wie in alten Zeiten als »Monsieur le Président« an. Er gestikuliert über der – wie stets auf dem Fußboden ausgebreiteten – Landkarte Europas und zeigt, wie einst der Versucher auf dem Berg Tabor, dem anderen die Länder, die er ihm geben wolle.

Lucien bleibt nicht unbeeindruckt. Sein Ehrgeiz regt sich wieder, vor allem sein Gefühl ist lebhaft angesprochen. Aber er gibt nicht nach. Wie er selber berichtet – es gab keine Zeugen dieses Gesprächs unter vier Augen –, will er dem Kaiser gesagt haben: »Und wenn Sie mir gar Ihr schönes Frankreich abtreten, um den

Preis meiner Scheidung kann ich es nicht annehmen.« Napoleon gerät in Jähzorn und beschimpft den Bruder als »ewig unreifen Jakobiner«. Lucien verabschiedet sich abrupt und verläßt Mantua im Morgengrauen des nächsten Tages – fluchtartig, seine Verhaftung ernsthaft befürchtend. Mit Eilpost erreicht er die (noch) rettende Grenze des Kirchenstaates.

Es spricht für Napoleon, daß er sich nicht zu erhaben dünkt, in einer persönlichen Botschaft an Luciens Ehefrau sämtliche Angebote zu wiederholen, vor allem die erbliche, hier auch mit echter »fürstlicher« Territorialhoheit verbundene Würde einer Herzogin von Parma. Wäre Alexandrine Bonaparte, verwitwete Jouberthon, geborene Bleschamps, die berechnende Kokotte gewesen, als die sie oft verleumdet wurde, so hätte sie gewiß gierig nach diesem Rang gegriffen; es bleibt eine Ironie der Geschichte, daß ausgerechnet Napoleons zweite Frau, Marie Louise, nach dem Sturz des Empire Herzogin von Parma geworden ist, wo sie die Regierung allerdings weitgehend ihrem Liebhaber Neipperg überlassen wird.

Alexandrine will es nicht – keinesfalls um den geforderten Preis, die Trennung von Lucien. Voller Tapferkeit und Stolz schreibt die Offizierstochter dem mächtigsten Mann der Welt: »Das Herzogtum Parma und der Genuß allen weltlichen Besitzes würde mich nur um so tiefer die schwarze Undankbarkeit empfinden lassen, mit der ich die Liebe des großherzigsten aller Männer vergelten müßte. Niedergeworfen zu den Füßen Eurer Majestät, erflehe ich die einzige Gunst, in irgendeinem Winkel Ihres Reiches friedlich zu leben. Nur dies erbittet auch Lucien. Wir gehören zusammen, zueinander bis zum Tod.«

Napoleons Erwiderung besteht in dem barschen Bemerken, er lasse sich seine Politik »nicht von einer Frau diktieren«. So ähnlich hat er Josephine abgefertigt, als sie ihn bat, das Leben des Herzogs von Enghien zu schonen – und auch die Gräfin Walewska, als sie sich für einen Polen als König in Warschau einsetzt.

Querelen um Spanien

Es ist weniger seine so zielgerichtete Politik, von der Napoleon redet, sondern eher ein unerwarteter historischer Zufall, der dem Empire im Jahr 1808 einen neuen, gewichtigen Zuwachs beschert: das Königreich Spanien.

Die Pläne des Kaisers haben sich – obwohl er ja Lucien, unter anderem, schon die spanische Krone angeboten hatte – ursprünglich nicht auf dieses Nachbarland Frankreichs erstreckt. Im Gegenteil: Napoleon schließt, in Nachfolge der von Lucien vermittelten Abkommen, mit dem spanischen Premierminister Godoy einen Vertrag, durch den man in schönster Einmütigkeit die Zerschlagung Portugals, ja die Aufteilung der portugiesischen Kolonien zwischen Frankreich und Spanien beschließt. Denn dieses Portugal, weit weg am Rande Europas, verweigert hartnäckig den Anschluß an Napoleons Kontinentalsperre, es hält seine Häfen weiterhin für den britischen Handel geöffnet. Dieses Loch muß gestopft werden. Eine französische Armee unter General Junot erringt Anfangserfolge und besetzt Lissabon; die portugiesische Königsfamilie Braganza flieht Hals über Kopf in das sichere Brasilien, das riesige Nebenland des Reiches.

Aber Spanien erweist sich als ein nur halbherziger Verbündeter, der passiv-teilnahmslos zusieht. Der Staat ist ohnehin fast unregierbar geworden, und diese politische Schwäche wird von Napoleon aufmerksam-mißtrauisch registriert. Familiäre Machtkämpfe um den spanischen Thron, vom listenreichen Manuel Godoy gesteuert, führen dazu, daß der sechzigjährige Bourbonenkönig Carlos IV. zugunsten seines Sohnes Ferdinand zurücktritt. Alsbald aber widerruft er seine Abdankung und verfällt auf eine Idee, die man nur als aberwitzig bezeichnen kann: Er bittet ausgerechnet den Franzosenkaiser, Schiedsrichter in diesem hausgemachten Konflikt zu sein. Das ist in der Tat so, als wolle man den Wolf zum Hirtenhund oder den Fuchs zum Schlichter im Hühnerhof ernennen.

Napoleon nutzt mit Vergnügen diese fast unbegreifliche Verblendung eines hilf- und orientierungslosen Monarchen von ältestem europäischem Hochadelsblut. Er bestellt Vater und Sohn in den französischen Grenzort Bayonne und erreicht es, daß ihm die spanische Krone – »treuhänderisch«, wie es vernebelnd heißt – zur Verfügung gestellt wird. Es ist kaum zu fassen, daß der alte König und sein junger Infant wahrlich so naiv waren zu glauben, daß Napoleon einem von ihnen diese Krone jemals zurückgeben würde. Jedenfalls fällt dem Kaiser, vorerst ohne Säbelhieb und Kanonenschuß, eine Gabe in den Schoß, die sich freilich bald als Danaergeschenk erweisen wird – aber das sieht er, was wiederum seiner höchsteigenen Verblendung entspricht, keineswegs voraus.

Den Anschluß Spaniens an das Empire begründet Napoleon nicht mehr, wie er es am Rhein, in Belgien und Italien, auch noch in Holland getan hat, mit irgendwelchen »Errungenschaften der Revolution«. Nein, es tritt jetzt – ähnlich wie bei der Gründung des Rheinbundes und dann des Herzogtums Warschau – ein dynastisch-imperiales Argument in den Vordergrund: In Spanien habe stets, seit Louis XIV., ein mit Frankreich verbundenes Haus die Krone getragen, und dieser Zustand müsse wiederhergestellt werden.

Der wichtigste Ratgeber, der sich gegen das spanische Abenteuer Napoleons ausspricht, ist Herr von Talleyrand, dessen politische Klugheit mit zunehmendem Alter zur Weisheit des Staatsmannes wird. Er sieht voraus, daß dieser übergroße territoriale Bissen aus historischen und kulturellen Gründen nicht verdaut werden kann, daß hier der Anfang vom Ende des Kaiserreichs aufscheint. Als Außenminister ist er schon abgetreten, gefolgt von einem Herrn von Champagny, und als er sich auch diesmal nicht durchsetzen kann, erteilt er dem Empire seine innere Kündigung: Fortan wird er nicht mehr für Napoleon, sondern nur noch – sei es mit Rußland, noch viel lieber aber mit Metternichs Österreich – für Frankreich arbeiten (und sich selber dabei natürlich auch nicht vergessen). Um es ihm wegen seiner Schwarzseherei heimzuzahlen, schickt ihm Napoleon die Spanier Carlos und Ferdinand, die er in milde Ehrenhaft genommen hat, als Zwangspensionäre auf sein südfranzösisches Landschloß Valencay.

Joseph muß den Hut wechseln

So ist wieder einmal ein Herrscher für ein Empire-Land aufzutreiben. Dem König Joseph zu Neapel bringt im Mai 1808 ein Eilkurier diesen Brief Napoleons: »Der König von Spanien hat mir seine Krone abgetreten. Sie sind es, den ich für diese Krone bestimme. Sie erhalten dieses Schreiben am 19. Mai. Am 20. reisen Sie von Neapel ab, am 1. Juni werden Sie hier bei mir in Bayonne sein, an der französisch-spanischen Grenze. Sie werden sodann zum König von Spanien gekrönt und den spanischen Granden vorgestellt werden.«

Dies ist nicht mehr, wie früher doch mehrfach gegenüber dem erstgeborenen Bruder, ein freibleibendes Angebot, sondern ein bündiger Befehl, der keinen Widerspruch oder gar Widerstand duldet. Dafür gibt es zwei Gründe. Erstens ist die Frage des spanischen Thronwechsels von verzweifelter Dringlichkeit. Napoleon kann nicht lange warten, weil die Krone, die ihm da unverhofft vor die Füße gerollt ist, bald wieder außer Reichweite gelangen könnte – eine kleine Revolte hat es in Madrid schon gegeben. Zweitens aber: Außer Joseph kommt kein Familiar als Kandidat in Betracht, nachdem der so überaus geeignete Lucien sich endgültig zurückgezogen hat; für die übrigen Brüder und Schwestern, die ohnehin woanders nutzbar untergebracht sind, erscheinen die spanischen Stiefel um einige Nummern zu groß, das gilt auch für Murat und Eugen Beauharnais.

So kann Napoleon nur Joseph die größte und zugleich härteste

Aufgabe zumuten, die er je einem Familiar angesonnen hat. Daß er es tut, läßt trotz der kommandierenden Form immer noch die stille Hochachtung erkennen, die er dem »Frère aîné« entgegenbringt.

Joseph ist diesmal weit davon entfernt, Freude und Genugtuung zu empfinden. Was ihm früher oft »zuwenig« war, erscheint ihm jetzt, jählings, als »zuviel«. Es ist ungewiß, ob er damals schon geahnt hat, daß sogar er an einem solchen Auftrag scheitern muß. Jedenfalls verläßt er sein schönes Neapel höchst ungern. Hier, im geschlossenen, überschaubaren Raum Süditaliens, hat er sich wohl, fast »zu Hause« gefühlt; er hat mit viel Erfolg regiert und die Zustimmung, ja Zuneigung breiter Schichten seiner Untertanen gewonnen.

Nun wird auch er aus einer Idylle – in der Lucien, auf so ganz andere Weise, noch lebt, bis der Papst ihn nicht mehr schützen kann – herausgerissen. Ein sehr viel größeres, für ihn völlig fremdes Reich hat er zu übernehmen, und wiederum soll er kämpfen, was seinem Naturell so wenig entspricht. Eine militärische Exkursion, die ihn einst so bequem und umjubelt, ja mit päpstlicher Hilfe nach Neapel führte, ist ihm diesmal nicht beschieden. Die Schwierigkeiten, die ihn erwarten, sind aufgetürmt wie die spanischen Gebirge: Ein Volk, das seine »Hispanidad« hinter der Pyrenäengrenze, seine Identität so ernst nimmt wie keine andere europäische Nation, das seinem angestammten Herrscherhaus und der katholischen Kirche bedingungslos ergeben ist, das die Ketzer haßt und die Mönche verehrt, das auf liberale Reformen höhnisch pfeift – ein Volk, das, ganz anders als die von Napoleon so oft und mit Recht akklamierten »Völker Italiens«, für seine eigene »Befreiung« nicht den geringsten Anlaß sieht, dieses spanische Volk soll Joseph Bonaparte dem Empire zuführen, mit allen politischen, ideellen und nicht zuletzt militärischen Konsequenzen.

Jedoch der Erstgeborene gehorcht. Vielleicht hilft ihm innerlich sein angeborenes philosophisches Phlegma, das ihn einst die Französische Revolution als historisch unbedeutend im Vergleich mit korsischen Händeln und Dauerkriegen empfinden ließ – vielleicht aber auch reizt ihn, den selbstbewußten Ersten Sohn des »Carlo Buonaparte il Magnifico«, doch die einmalige, unerhörte Herausforderung. Pünktlich trifft Joseph beim Kaiserbruder ein und stellt sich zu seiner Verfügung.

Fast in fliegendem Wechsel wird er als König von Neapel abgelöst von den Murats, von Joachim und Caroline, die sich endlich am Ziel ihrer Sehnsucht finden. Das Paar praktiziert – aufeinander eingespielt, wie es schon ist – im wesentlichen die gleiche Arbeitsteilung, die es am nördlichen Rhein unternommen hat, nun

Joachim Murat, Marschall des Empire, dann Großherzog von Berg und König von Neapel. Hier vor dem rauchenden Vesuv – in einer seiner pompösen Uniformen, die ihm bisweilen den Spitznamen »Zirkusdirektor der Armee« eintrugen. Ein tapferer, auch durchweg ehrenhafter Familiar als Schwager Napoleons. Gemälde von Antoine-Jean Gros, um 1808.

auch am südlichen Golf. Marschall Murat wird sich, in den seltenen Feldzugspausen seines vorrangigen Militärdienstes, um äußere Repräsentation, um Kultur und überdauernde Architektur, seine Frau aber um die täglichen Regierungsgeschäfte kümmern. Im übrigen finden beide in Neapel ein von ihrem familiaren Vorgänger wohlbestelltes Haus, das sie auch weiter ausgebaut und mitnichten ruiniert haben.

Joseph und Schwager Murat: Sie sind, wie Chateaubriand bissig schreibt, »zwei Gendarmen, die auf Befehl ihre Tschakos wechseln müssen«. Freilich, welche anderen Befehle hätte Napoleon aus seiner Sicht denn erteilen können? Für die nominelle Nachfolge der Murats im Großherzogtum Berg zieht er einen Sohn des Bruders Louis von Holland heran, aber der ist noch minderjährig, und so wird er sich höchstpersönlich um diesen Rheinbundstaat kümmern – bis er ihn, 1810, gänzlich mit Frankreich verbinden kann.

Und damit in der Familie die graduelle Abstufung wieder einigermaßen stimmt, erhält auch Elisa eine Beförderung zu dem Rang, den die Rivalin Caroline bisher hatte und jetzt gegen eine Königskrone tauschen darf: Sie wird Großherzogin. Allerdings bekommt sie kein Staatsgebiet zur Regierung aus eigenem Recht, sondern sie wird mit diesem Titel nur eine Art Super-Präfektin des (unmittelbar) französischen »Département Toscana« – erfreulicherweise unter Beibehaltung der autonomen Fürstentümer Piombino und Lucca. Immerhin darf sie nun, den Prinzgemahl Felix Bacciochi mitschleppend, den Palazzo Pitti in Florenz beziehen, dort auch Hofstaat, Prunk und Verwaltungsgeschick entfalten, als wäre sie eine »regierende« Großherzogin (wie etwa die Rheinbundfürsten in Baden, Hessen-Darmstadt, Frankfurt und Würzburg); daß sie letzteres, juristisch gesehen, eben doch nicht ist, wird sie schwerlich begreifen.

Eine Dornenkrone, einsam getragen

Unterdessen hat Napoleon in Bayonne eine sehr willkürlich ausgewählte Adelsrepräsentanz in Form einer »Junta« zusammengetrommelt. Diese Herren nehmen eine vorläufige Verfassung ihres Landes nach französischem Vorbild an, erklären die Folter und das Lehnswesen für abgeschafft, dürfen aber den Adel, die weltlichen Vorrechte des Klerus wie auch die Inquisition zunächst bestehen lassen.

Als den Granden ihr neuer Monarch zur »Wahl« vorgestellt wird, legen sich einige in ihre hochfüßigen Himmelbetten und schützen Krankheit vor, um nicht erscheinen zu müssen; das sind die Vorsichtigen. Andere erklären, daß es nach ihrem besten Wissen und Gewissen keiner Neuwahl bedürfe, weil die Bourbonen, sei es Carlos oder Ferdinand, nach wie vor legitime Könige von Spanien seien; das sind die Tapferen. Der Rest wählt mit hauchdünner Mehrheit Joseph Bonaparte zum König von Spanien »und von Indien« (womit die Kolonien in Südamerika gemeint waren); das freilich sind nicht nur Feiglinge, sondern zum Teil auch Ehrenmänner, die aufrichtig an einen politischen Neubeginn unter einem Napoleoniden glauben. Zudem ist Joseph, wie man rückschauend nicht vergessen darf, in Europa durchaus bekannt, er wird von vielen positiv eingeschätzt, und manche sehen in ihm immer noch den Napoleon-Nachfolger »im Wartestand«.

Aber die Unterstützung dieser Wahlmänner wird »Don José Primero«, wie er nun heißt, leider wenig nützen. Als er, durch starke französische Truppen beschirmt, von seiner neuen Hauptstadt Besitz ergreift, haben sich die Madrileños hinter verschlossenen Fenstern und verbarrikadierten Türen versteckt, der erhoffte Volksjubel – wie erhebend war er doch bei Josephs Einzug in Neapel! – bleibt hier aus, und selbst im Escorial-Palast haben sämtliche Hofdiener das Weite gesucht. Schockiert berichtet Don José dem kaiserlichen Bruder: »Alle Schloßangestellten haben zur gleichen Zeit ihren Arbeitsplatz verlassen. In den Ställen konnte ich keinen einzigen Kutscher auftreiben. Die Bauern verbrennen die Räder ihrer Wagen, damit man sie nicht zu Fahrdiensten heranziehen kann. Außer dem Gefolge, das mich hierher begleitet hat, finde ich keinen Menschen, der mir dienen will.«

Es ist paradox, und es gehört zur Tragik der Napoleoniden: Das Erlebnis der Einsamkeit überfällt den Joseph als König von Spanien nicht weniger als seinen Bruder Lucien auf dessen Landgut Canino in Italien – obwohl jener doch Gefolgsmann des Kaisers ist und dieser eben nicht. Das Gefühl seiner Isolation wird Joseph inmitten eines Volkes, das ihn in überwältigender Mehrheit ablehnt, ja haßt, nie verlassen.

Allein freilich bleibt König Don José in seiner spanischen Epoche nicht, weniger denn je. Immer seltener findet er Zeit, sich auf sein geliebtes französisches Gut Mortefontaine zurückzuziehen und dort geruhsame Kurzurlaube zu verbringen. Nie hat er so hart arbeiten müssen wie in Madrid, nie hat er so sehnsüchtig Kontakte zu seinen Widersachern, die er zu Freunden machen wollte, gesucht. So ist er stets von vielen Menschen umgeben – den aus Italien mitgebrachten Beratern und seinen spanischen Ministern, doch auch von französischen Truppen, die ihn schützen sollen, ihm aber leider nicht unterstehen und nur ihren Marschällen gehorchen: »Ich habe in der Armee nicht einmal die Autorität eines Unterleutnants«, beklagt er sich einmal bitter bei Napoleon.

In der Tat ist manches ungerecht. Das Volk macht den König, obwohl er nicht die geringste Befugnis zur Abhilfe hat, für alle Fehler, Übergriffe und Gewaltakte des französischen Militärs persönlich verantwortlich. Als eine disziplinlose Korporalschaft in Jerez einen Weinkeller plündert und sich betrinkt, erscheint prompt ein Flugblatt, das den König als »Don Pepe Botella« (Herr Klein-Joseph Flasche) verhöhnt. Andere Flugschriften beschimpfen ihn, der kaum einen Tropfen Alkohol trinkt und pflichtschuldigst jeden Tag die Messe besucht, als »Atheisten, abscheulichen Trunkenbold und Abgesandten des Satans«.

Ehefrau Julie läßt sich im rauhen Klima der spanischen Hauptstadt nur selten bei ihrem Mann sehen. Ihre Titulierung zur Königin und diejenige ihrer Töchter zu Infantinnen von Spanien nimmt sie eher als Pflichtübung hin. Das kränkt König Don José, es vermehrt auch seine Einsamkeit.

Die Leistungen, die Joseph insgesamt bis 1813 vollbringen wird, sind respektabel; noch mehr allerdings sind es seine aufrichtigen, konsequent verfolgten Absichten. Er gibt dem spanischen Staat, nach der Übergangskonstitution von Bayonne, seine erste Verfassung, die man schon frühliberal nennen kann. Die Legislative besteht aus einem vierundzwanzigköpfigen, vom König ernannten Senat und einer gewählten Deputiertenkammer mit einhundertzweiundsechzig Standesvertretern; unter den Notabeln gibt es fortan nicht nur Adlige, sondern auch Repräsentanten des Bürgertums.

Joseph baut Straßen und Wasserleitungen und beginnt eine Agrarreform, die er jedoch nicht durchsetzen kann. Er führt, wie es in allen Napoleoniden- und Rheinbundstaaten geschieht, die allgemeine Schulpflicht ein, die über ein paar musterhafte Ansätze in den Oasen des Bürgerkriegs freilich nicht hinauskommt. Mit der Bekämpfung des Bettlerunwesens sieht es ähnlich trübe aus – und die Straßenräuber begeben sich stracks in die antifranzösische »Resistencia«, womit sie ihre Schurkereien in den hehren Mantel des politischen Freiheitskampfes einhüllen. Nach der Folter, die schon beseitigt ist, schafft Joseph auch die Inquisition ab. Er bemüht sich, womit er aber selbst für die Dauer seiner Regierung nicht durchkommt, um Glaubensfreiheit für Protestanten und Juden.

Auf architektonischem und kulturellem Gebiet sind die äußeren Erfolge sichtbarer. Don José verschönert das Stadtbild von Madrid; er läßt in der Hauptstadt Parks und Plätze mit Blumenbeeten anlegen, was ihm bei einer späteren Generation den – ausnahmsweise anerkennenden – Spitznamen »El Rey de las Placuelas« einbringen wird. Er sorgt dafür, daß die Kunstwerke aus aufgehobenen Klöstern und beschlagnahmten Bischofspalästen den betrachtenden Bürgern zugänglich gemacht und zur Schau gestellt werden. Die Einrichtung des Prado-Museums, das allerdings erst nach dem Ende seiner Regierung eröffnet werden kann, geht auf seine Ideen zurück – nicht anders als das holländische Rijksmuseum auf die Initiative des Bruder-Königs Louis-Lodewijk.

Joseph fördert die spanische Oper und das spanische Theater – statt, wie in Neapel, die Commedia dell'arte und die französischen Klassiker des Dramas, läßt er in Madrid Calderón und Lope de Vega in neuen Inszenierungen aufführen. Er beschäftigt, nicht zuletzt, den großen Goya als Hofmaler; genauer gesagt, er hält ihn in seiner Stellung, denn jener war schon bei Josephs Vorgänger Carlos beschäftigt; das gräßliche, ironisch denunzierende Ensemble-Porträt der bourbonischen Königsfamilie Spaniens stammt von diesem düsteren Genius, der später die »Greuel des Krieges« im josephinischen Spanien, der Nachwelt zum Schauder, dargestellt hat. Sich selber läßt Joseph nicht von Goya malen; hierfür bestellt er den französischen Prominentenmaler Kinson, aber dessen Bild – heute in den Staatlichen Kunstsammlungen von Kassel zu besichtigen – erzählt auch nicht unbedingt Schmeichelhaftes von Don José.

Da steht der König auf der roten spanischen Erde vor dem Escorial, der im blauen Dunst des Hintergrunds versinkt. Er trägt – ähnlich wie Bruder Napoleon – die Uniform eines Obristen seiner eigenen Gardejäger (eine der wenigen Einheiten, die ihm persönlich unterstehen) mit goldenen Schultertressen, gelber Weste, weißen Kniehosen und hohen schwarzen Stiefeln, den Degen an der Seite, den Zweispitz in der Linken, die Rechte fordernd ausgestreckt. Die Gestalt wirkt groß, aber seltsam unproportioniert – zu lange Arme und Beine, ein zu kleiner Kopf, die spärlichen dunklen Haare in die Stirn gekämmt. Mit scharfer Nase, freundlichen Augen und sinnlichen Lippen versucht der Porträtierte, den Anschein von Kühnheit zu erwecken, erreicht aber nicht einmal den Eindruck von Entschlossenheit und Willensstärke.

Der neuralgische Punkt des verhinderten Staatsmanns, des »Roi malgré lui«, wird hier deutlich. Sanftmut und Liebenswürdigkeit prägen Joseph, auch ein gewisses Phlegma, das ihn ja zu der erstaunlichen Meinung geführt hat, die Umstürze der Französischen Revolution seien viel unbedeutender als die korsischen Wirren und Händel. Geht er mit solchem trügerischen Selbsttrost vielleicht auch in das spanische Abenteuer? Joseph vermag es selten, im richtigen Augenblick nein zu sagen, und diejenigen Ratgeber, die ihn als letzte verlassen, behalten bei ihm meistens recht. Er ist keineswegs temperamentlos, aber sein Jähzorn überfällt ihn oft im falschen Moment; dann trifft er verkehrte Entscheidungen und setzt sich selber ins Unrecht.

Wären diese Wesenszüge noch prägnanter aufgeschienen, wenn nicht Kinson, sondern Goya ihn gemalt hätte?

Nicht allein, aber sehr einsam: Joseph wendet in Madrid die gleichen Rezepte an wie in Neapel, aber in Spanien wirken sie nicht. Er gewinnt weder die Liebe des Volkes noch – von Ausnahmen abgesehen – die Sympathie des Adels und der übermächtigen Geistlichkeit, die hier, eben anders als in Italien, weder asozial dahinlebt noch antisozial agiert. Bald wird Joseph mit dem vernichtenden Schimpfnamen markiert, der ihn, ohne eigenes Verschulden, fünf Jahre lang landauf, landab begleitet: »El Rey Intruso« – König Eindringling.

Weder einsam noch allein – »Monsieur Göt«

Die spanische Bürde, die er sich und dem Bruder Joseph aufgeladen hat, kann Napoleon vorübergehend vergessen – nicht am Rande, sondern im Herzen Europas nähert er sich dem Gipfel seiner Macht. Auf dem Fürstentag zu Erfurt, im Oktober 1808, entfaltet sich der höchste Glanz des Empire und der Familiare. Der Kaiser will hier mit dem Zaren von Rußland die Früchte des Friedens von Tilsit sichern; alle Rheinbundfürsten wirken als pflichteifrige Statisten mit, und es geschieht erstmals auf deutschem Boden, daß Napoleon in bürgerlichem, ganz unkommandiertem Byzantinismus als »der Große« gefeiert wird – als »Weltseele« ist er bereits vom Philosophen Hegel bejubelt worden.

Der prominenteste deutsche Dichter aber, der die allgemeine Begeisterung des Volkes teilt, ist der nun schon sechzigjährige Herr von Goethe. Er fühlt sich überaus geschmeichelt, als Napoleon ihn, wie auch Wieland, zur Privataudienz empfängt und ihn mit den anerkennenden Worten »Monsieur Göt – Vous êtes un homme!« auszeichnet, ihn gar zu einem mehrmonatigen Arbeitsbesuch in Paris einlädt. Noch gerührter ist Goethe am nächsten Tag; da wird ihm eine Schatulle mit dem Ritterkreuz der Ehrenlegion überbracht. Nun ist diese unterste Stufe des schönen Ordens eigentlich etwas zu gering für einen rheinbündischen Minister, der Goethe in Weimar ja auch ist. Aber immerhin, diese Freude ist groß, und bald schreibt Wilhelm von Humboldt mißbilligend – vielleicht auch ein wenig neidisch? – seiner Frau: »Ohne das Legionskreuz geht Goethe niemals, und von dem, durch den er es hat, pflegt er immer ›Mein Kaiser‹ zu sagen.«

In der Tat, Goethe begegnet den Anfängen der deutschen Freiheitsbewegung gegen »seinen Kaiser« mit kühler Reserve: »Rüttelt nur an Euren Ketten! Der Mann ist Euch zu gross, Ihr werdet sie nicht zerbrechen!« Sogar seine falsche Prognose huldigt dem Mit-Genius. Aber wie hat er auch einmal selber gesagt: »Der Scharfsinn verlässt geistreiche Männer am wenigsten, wenn sie unrecht haben.«

Die Anhänglichkeit an Napoleon den Großen hindert Goethe übrigens keineswegs, nach dem Sturz des Empire erhebliche Schreibereien (nicht unbedingt geschmackvoller Art) auf sich zu nehmen, um vom neuen französischen Bourbonenkönig seine Beförderung vom Ritter zum Offizier der Ehrenlegion zu erwirken – eine Gnade, die ihm Louis XVIII. denn auch mit ironischer Freundlichkeit gewährt.

Nein, »Monsieur Göt« will zu keiner Zeit einsam oder auch nur allein sein. Er sucht allerwege den Schutz und die Gunst der Mächtigen; aber die Anforderungen, die so mancher Napoleonide im äußeren und inneren Konflikt erfüllt hat, sind an ihn auch niemals gestellt worden.

Christoph Martin Wieland freilich, wie Goethe mit dem Ritterkreuz der Légion d'honneur geehrt, macht von seiner Dekoration kein Aufhebens und lehnt, unter Vorschützung seiner Altersbeschwerden, weitere Einladungen Napoleons ab. Er unternimmt keinerlei Demarchen für eine Beförderung im Orden, aber 1813 ist er ja auch schon tot. In Erfurt stellt der Kaiser an »Monsieur Villand« eine Frage: »Was halten Sie von Leuten, die behaupten, Jesus Christus habe nie gelebt?« Da erwidert der große Spötter der sterbenden Aufklärung mit der gelassenen Altersweisheit des einstigen Pietisten: »Das kommt mir so vor, Sire, als wenn einige Jahrhunderte nach uns die Menschen sagen würden, Eure Majestät hätten nicht existiert.«

Wieland stirbt achtzigjährig, so einsam wie auch allein, von den wenigen Freunden verlassen, weil sie meist auch schon tot sind, in Weimar – von Goethe verspottet in der Satire »Götter, Helden und Wieland«, schon früher vom brauseköpfigen Hain-Bund aufs Korn genommen, dann von den deutschen Patrioten als Französling, poetischer Nachäffer und literarischer Dieb geschmäht – er, der aber doch auch Shakespeare übersetzt hat, noch vor Schlegel und Tieck, und der im Abderiten-Roman den kleinbürgerlichen deutschen Spießern ihren entlarvenden Spiegel präsentiert hat.

Man darf annehmen, daß »Monsieur Villand« sich, unter allen Napoleoniden, mit »Bürger Lucien«, dem kultivierten Freigeist und Literaten, am besten verstanden hätte, wenn beide Männer sich nur einmal begegnet wären. Dem insoweit eher unbedarften

Hof zu Kassel würde dieser Mann gewiß zur Zierde gereicht haben, wenn er nicht eine Avance des Königs Hieronymus von Westphalen ignoriert hätte – wie doch immerhin auch »Monsieur Göt« die Aufforderung »seines Kaisers« zu einem hochbezahlten französischen Arbeitsurlaub ausgeschlagen hat.

Es muß, weil die hilflose Nachwelt dies nicht bewirken kann, ein ewiges Leben geben, in dem sich die Genien, die einander so tragisch wie unvermeidlich mißverstehen, im Angesicht Gottes verständigen können.

X.
Selbstbewußte Vasallen – Vom Wechsel des Vaterlandes

Das eigenwillige Streben

Die Chronologie erschließt, simpel wie sie ist, oft am besten die innere Konsequenz eines Geschehens. So haben wir, bis hin zum Scheitelpunkt des Empire, die Familiare Napoleons zu ihren Wirkungsstätten begleitet, auch ihre Leistungen in Grundzügen besichtigt. Aber nun können und müssen wir sie zueinander und zu Napoleon in Beziehung setzen, sie miteinander und mit ihren Gegenspielern vergleichen, um so ein politisches Panorama ihres Clans zu gewinnen.

Da wird sich zeigen, daß sie alle (außer Lucien) die Befehle des großen Bruders zwar anfänglich befolgt, sie dann aber nur in dem Umfang ausgeführt haben, wie es ihnen selber notwendig, richtig oder vernünftig erschien. Hier werden die Diskrepanzen deutlich. Die meisten Napoleoniden haben einen sehr starken eigenen Willen und versuchen ihn auch durchzusetzen, wobei ihnen das Wohl »ihrer Völker« als Richtschnur und Kompaß dient.

Ihre jeweilige Regierung, ihr höchstpersönlicher Habitus im politisch-gesellschaftlichen Umgang und ihr individueller Arbeitsstil geben dem Bild vom »Reigentanz«, das wir einmal gewählt haben, neue Konturen. Das Empire war nie uniform, bei weitem nicht. Es wurde keineswegs allein von Napoleons Willen beherrscht. Und dennoch: Gerade die Verschiedenheiten seiner Staaten wie auch der Menschen, die sie regieren, läßt das europäische Imperium Napoleons als ein Faszinosum in geheimnisvoller Einheit hervortreten.

Kann man Franzose bleiben?

Das Postulat »Nie aufhören, Franzose zu sein!« richtet Napoleon an alle regierenden Familiare – außer, wie bemerkt, an Eugen Beauharnais, obwohl gerade er als Vizekönig von Italien diese Forderung am besten erfüllt. Die anderen haben es schwierig, dem

Grundbefehl als Fundament ihrer Herrschaft zu folgen. Das liegt nicht nur an ihren autonomen Persönlichkeiten, sondern auch, und dies fast zwangsläufig, an den Interessen ihrer Staaten, die der kaiserlichen Politik im Empire allzuoft zuwiderlaufen.

Da ist die gegen England gerichtete Kontinentalsperre, die nicht nur den Küstenländern, sondern auch den Binnenstaaten, die von Importen aus Übersee abhängen, erheblich zu schaffen macht. Da sind die Domänen und andere Fiskalgüter, die Napoleon den eigentlich verfügungsberechtigten Monarchen entzieht, weil er sie als Belohnungen für verdiente französische Offiziere und Beamte braucht. Da sind die enormen Versorgungskosten für französische Besatzungstruppen, die – nach altrevolutionärem Prinzip – »aus dem Land leben«, das sie befriedet halten und beschützen sollen. Und da ist die Konskription, jene Vorläuferin der allgemeinen Wehrpflicht, der in den Rheinbundstaaten sämtliche jungen Männer unterliegen – nicht nur als Reservisten und heimische Garnisontruppen, sondern vielfach als Kanonenfutter der ersten Angriffswelle in den napoleonischen Kriegsheeren, häufig nicht einmal unter dem Kommando eigener, sondern französischer Befehlshaber.

All diese Hindernisse einer gedeihlichen Entwicklung in den Napoleoniden-Staaten bewirken, daß sich die Familiare durchweg – der eine mehr, der andere weniger – auf die Seite ihrer Völker stellen, die Bedürfnisse der Untertanen verfechten und Front gegen Napoleon beziehen.

Wer auf diesem Feld voranreitet, ist ausgerechnet jener Familiar, dem das zitierte Postulat ganz nachdrücklich-persönlich gelten soll: Louis Bonaparte, der »kleine Luigi«. Er macht überhaupt keinen Hehl aus dem, was er denkt und was er tun wird. Unter atemloser Stille des prominenten, dann in stürmischen Beifall ausbrechenden Auditoriums der »Hoogmogenden« und anderer weltlicher wie geistlicher Führungspersonen der Exrepublik verkündet er bei seinem Regierungsantritt in Holland:

»Meine Herren, seien Sie davon überzeugt, daß ich von dem Augenblick an, in dem ich den Boden des Königreichs betreten habe, Holländer geworden bin. Jeder Mensch ist ein Spielball seiner Geburt. So war ich einmal Franzose. Nun habe ich das Vaterland gewechselt. Diese Entscheidung lag außerhalb meines Willens. Aber jetzt bin ich entschlossen, allzeit Holländer zu bleiben, was auch immer geschieht. Vertrauen Sie darauf, daß ich Ihre Wünsche und Bestrebungen für das gemeinsame Vaterland teilen werde. Wenn endlich der allgemeine Friede kommt, werden wir unter günstigeren Bedingungen arbeiten können. Bis dahin wollen wir mit allen Mitteln, die Gott uns gibt, versuchen, die Lage

Hollands zu bessern. Die erste Aufgabe des Königs ist es, das Recht anzuwenden. Allein nach dem Recht werde ich regieren. Das Volk soll wissen, daß von mir kein einziger Akt der Willkür zu erwarten ist!«

Da hat »Koning Lodewijk« kein einziges Mal den Namen des Kaisers oder den Begriff des Empire erwähnt. Bald findet er im Land Sympathie und Rückhalt bei gesellschaftlichen Gruppen, auf die er sich bei seinen Reformen und im Kampf gegen die französische Kontinentalsperre stützen kann: beim patrizischen Adel, der – wenngleich revolutionär abgeschafft – immer noch einflußreich ist und sich freut, daß Holland keine vom Chaos beherrschte Republik mehr ist; bei den Royalisten, die zwar einen Herrscher aus dem alten Statthalter-Haus Oranien lieber sähen, aber einen König wie diesen doch »faute de mieux« akzeptieren; bei der katholischen Minderheit, die von einem Monarchen ihrer glaubensstarken Konfession die volle Gleichberechtigung gegenüber den arroganten Calvinisten erwartet; bei den Bauern, Viehzüchtern und Handwerkern, denen der König zum wirtschaftlich-sozialen Aufstieg verhelfen soll.

Selbst die »Pfeffersäcke« des Kaufmannsstands erblicken in dem neuen Herrscher ihren einzigen Bundesgenossen gegen Napoleon, der ihren lukrativen Seehandel strangulieren will. Sie gewähren »Koning Lodewijk« gleich nach Regierungsantritt eine bedeutende Anleihe, mit der er ans Werk gehen kann.

Dieses Werk, das Louis in den folgenden Jahren verrichtet, dient ausschließlich dem Wohle Hollands. Der Kaiser bestätigt das auf seine Weise, indem er den Bruder brieflich belehrt: »Sie sind viel zu gutmütig für das Volk, das Sie regieren! Könige, die sich im ersten Jahr ihrer Regierung beliebt machen wollen, werden im zweiten Jahr ausgelacht! Könige müssen auf männliche Art geliebt werden und den Durst nach Ruhm erwecken!«

Louis sieht solchen Ruhm, wohl auch die Stillung des realen Hungers statt des ideellen »Durstes«, auf ganz anderem Gebiet. Er verschafft seinem Volk Luft zum Leben: im Westen, an der Seeseite, durch geduldeten und geförderten Importschmuggel, im Binnenland durch die bäuerliche Agrarreform und die gewerbliche Manufaktur. Der Friede von Tilsit beschert dem Land – Louis hat sich da persönlich eingeschaltet – erfreulichen Landzuwachs: das preußische Ostfriesland, das sofort als neue Provinz eingegliedert wird, auch einige Gebiete rheinbündischer Nachbarstaaten, des Fürstentums Salm und des Herzogtums Aremberg. Als 1808 Louis' zweiter Sohn von Napoleon als Nachfolger Murats zum Großherzog von Berg berufen wird, entsteht vor den Augen des Königs die Vision eines »Groß-Niederlands«, weit nach Osten ausgreifend – wenngleich der Traum nur kurz ist, denn der Kaiser will während der Minderjährigkeit des Kindes das Bergische Land selbst regieren, und so gehört dieses Land praktisch zu Frankreich, nicht zu Holland.

In Louis' neuem Königreich aber werden französische Einflüsse nach Kräften zurückgedrängt und gebremst. Louis läßt holländische Gesetze schaffen und führt sie auch ein, wobei er die Regelungen des Code Napoléon zwar zugrunde legt, aber nicht kopiert. Auch dies gefällt dem Kaiser keineswegs: »Ein Volk von knapp zwei Millionen Köpfen braucht keine eigene Gesetzgebung!« Louis erreicht es, daß die französischen Besatzungstruppen um die Hälfte reduziert werden. Den fremden Garnisonen im Land sperrt er den Unterhalt mit dem schlichten Hinweis: »Die staatliche Schatzkiste ist leer!« Die militärische Konskription, die Napoleon auch ihm aufzwingen will, führt er zwar auf dem Papier ein, aber er verhindert ihre Durchsetzung, so daß der Kaiser kaum holländische Rekruten für eigene Zwecke bekommt. Um so mehr widmet sich Louis dem Aufbau seiner eigenen Armee, die er aus Freiwilligen zusammenstellt.

So dauert es nicht lang, bis die Holländer den König als einen der Ihrigen, als »guten Käsekönig« loben, was durchaus nicht ironisch gemeint ist. Und es dauert kaum länger, bis Madame Mère Letizia, so mißbilligend wie zutreffend, äußern wird: »Der arme Luigi hat sich zum Holländer gemacht und will gar kein Franzose mehr sein!« Gleichermaßen beklagt die Ehefrau, Königin Hortense: »Mein Mann will nicht einsehen, daß er nur ein gekrönter Präfekt ist und den Willen des Kaisers zu tun hat!«

In der Tat, so radikal wie Louis hat kein anderer Napoleonide »das Vaterland gewechselt« – womit er freilich im Empire an Napoleons Übermacht scheitern muß. Doch auch die übrigen Familiare zeigen, in abgestufter Deutlichkeit, ihren Widerspruch und ihre Distanz zum »französischen« Patriotismus, den der Kaiser als so selbstverständlich von ihnen erwartet.

Da ist Joseph, der in Neapel seine königliche Unterschrift »Bonaparte« sehr bald in »Josephus Napoleon« ändert. In Madrid wird er als »José Primero«, Joseph der Erste, firmieren, und seine Dekrete beginnen mit der uralt-tradierten Formel: »Yo el Rey« – Ich, der König. In Italien schon weist er die Zumutung Napoleons – »Sie sind dort, um Schrecken zu verbreiten« – empört zurück und tut alles, um die Anhänglichkeit seiner Untertanen zu erwerben. Die bewußt nach außen demonstrierte Katholizität – die Kirche dankt sie ihm mit manchem Tedeum »Domine, salvum fac regem« zu seinen Ehren – hält Freimaurer Joseph für ein wichtiges Herrschaftsinstrument; in Neapel besucht er jeden Sonntag, in

Madrid sogar täglich die Messe, wohlkalkuliert in öffentlichen Kirchen, nicht in seiner Privatkapelle. Als er der Kathedrale von Neapel kostbare Juwelen schenkt und am ehrwürdigen Spectaculum der Blutverflüssigung teilnimmt, schreibt Napoleon ihm so knapp wie ironisch: »Ich freue mich, daß Sie Ihren Frieden mit dem heiligen Januarius gemacht haben. Hoffentlich denken Sie auch daran, die Festung Gaeta zu verstärken und gelegentlich die Insel Sizilien zu erobern.«

In Spanien wehrt sich Joseph, so verzweifelt wie vergeblich, gegen das Übergewicht der napoleonischen Militärkommandeure. Zweihunderttausend französische Soldaten unter den Marschällen Ney und Bessières, Soult und Augereau stehen in diesem unruhigen Land, dessen König doch auf friedliche Reformen statt auf brutale Unterdrückung setzt.

Immerhin gelingt es Joseph, einige Granden und Condes, auch Caballeros des niederen Landadels, progressiv gesinnte Beamte und sogar eine Handvoll liberaler Prälaten der Kirchen, sogar zwei Bischöfe auf seine Seite zu ziehen. Für ihn arbeiten selbstverständlich alle Protestanten, die von ihm (noch mehr als die Katholiken in Holland von Louis) Glaubensfreiheit erhoffen, und die Marannen, die zwangsgetauften Juden, die ihrem Jahwe nicht einmal privat dienen dürfen. Aber dies sind aussichtslos schwache Minoritäten, die Don José Primero nicht zur Anerkennung als König im spanischen Volk verhelfen können – vielmehr ihrerseits als »afrancesados«, kollaborierende Französlinge, gehaßt werden.

Aber es sind unter diesen doch einige wahrhafte Patrioten. Sie werden, als Joseph ihnen nach seiner Vertreibung mit eigenen Geldmitteln aus großer Notlage helfen will, dieses finanzielle Angebot höchst würdig so ablehnen: »Eure Majestät sind ein Spanier geworden, wie auch wir Spanier sind. Es ziemt sich für uns nicht, von unserem König Belohnungen anzunehmen für Dienste, die wir dem gemeinsamen Vaterland geleistet haben. Es genügt uns, weiterhin auf das Wohlwollen und Vertrauen Eurer Majestät zählen zu dürfen.« Dieses rührende, wenn nicht sogar erschütternde Zeugnis von Ehrenmännern der »Hispanidad« beweist mehr als manche Einzeltatsache: Auch Joseph hat den »Wechsel des Vaterlandes« nicht nur angestrebt, sondern vollzogen.

Wer aber dies nicht so weitgehend tun kann oder will, der versucht wenigstens, sich aus dem »Schatten des Titanen« zu lösen und als Herrscherfigur eigenen Rechts hervorzutreten – oder, anders gesagt, ein Fixstern zu sein statt eines Planeten, der seine Bahnen um die kaiserliche Sonne ziehen muß.

Murat und Caroline leisten hinhaltenden Widerstand, als Napoleon die Festung Wesel aus dem Großherzogtum Berg herausbrechen und sie aus strategischen Gründen unmittelbar französischem Kommando unterstellen will. Sie protestieren energisch, als ihr bisheriges Land, nach ihrer Versetzung an den Golf von Neapel, einem Sohn des Schwagers und Bruders Louis übertragen wird. Warum nicht, in Verfolgung dynastischer Ziele, einem ihrer eigenen Söhne, die freilich ebenso wie der Neffe noch minderjährig sind?

In beiden Fällen setzen sich die Murats nicht durch, aber in Neapel – nun weiter geographisch entfernt von Napoleons direktem Einfluß – erweisen sie sich durchaus, wie Vorgänger Joseph, als »italienische« Herrscher. Caroline nimmt hier schon bald behutsam-tastende Kontakte zu England und Österreich auf: Den Verrat, den sie später, als Überläuferin ins Lager der Feinde, am Empire und an Napoleon begehen wird, hat sie wohl langfristig vorbereitet.

Daß Eugen Beauharnais – er als einziger wider die Empfehlung Napoleons – »Franzose bleibt«, bemerkten wir schon. Aber seine von vornherein abhängige Stellung als bloßer Vizekönig im Norden Italiens, seine von Krieg zu Krieg wachsende Eingliederung in den französischen Militärapparat und, vermutlich wichtiger als alles andere, seine starke Gefühlsbindung an den Adoptivvater verhindern den »Wechsel des Vaterlandes«; vielleicht hätte auch er ihn vollzogen, wenn er – wie es den Wünschen der Italiener wie auch seinem eigenen Streben entsprach – zu einem »echten« König erhoben worden wäre.

Weder die definierte Stellung noch das private Gefühl hindert allerdings Elisa, in ihrer neuen Herrschaft am Arno höchst eigenwillig zu agieren. Die titulierte Großherzogin der Toskana ignoriert nach Kräften die juristische Tatsache, daß sie keineswegs die Nachfolgerin einer Katharina Medici, sondern französische Beamtin ist. In Florenz zeichnet sie, das große »N« der brüderlichen Paraphe kopierend, weiterhin ihre Verordnungen mit »E«, wie sie es als Fürstin von Lucca und Piombino ohnehin tut. Sie fühlt sich durchaus als Italienerin und benimmt sich auch so – das hält sie, sei es nun naiv oder raffiniert, für eine logische Fortsetzung der »Buonaparte«-Sippentradition.

Es ärgert sie (vergleichsweise ebenso wie den Bruder Joseph in Spanien) sehr, daß die französischen Truppen in der Toskana nicht ihrem Kommando unterstehen, während sie in Lucca doch immerhin eine eigene Miniarmee als legale Leibgarde – »vier Soldaten und einen Korporal«, wie Schwester-Rivalin Caroline untertreibend höhnt – unterhalten darf.

Als sie die Ausweisungsverfügung einer Adelsdame, die das französische Innenministerium erlassen hat, durch eigene Entscheidung aufhebt, wird sie von Napoleon brieflich gerüffelt: »Sie sind trotz Ihres Titels nur Verwalterin eines französischen Departements. Sie können gegen eine Anordnung des zuständigen Ministers Einspruch einlegen, haben aber nicht das Recht, sie außer Kraft zu setzen. Ihre Anweisung ist illegal; genaugenommen haben Sie sich strafbar gemacht. Sie sind eine französische Untertanin, und wie jeder Franzose haben Sie den Ministern zu gehorchen!«

Ja, da ist nun, was die Herrschaft zu Florenz betrifft, der große Bruder völlig im Recht; aber trotz aller Liebe zu ihm, dem sie nach eigenem Bekenntnis »alles verdankt«, sieht Elisa das nur unwillig ein. Ihre Intelligenz hindert sie künftig an Fehltritten solcher Art.

Wie aber steht es mit Jerome in seinem Königreich Westphalen? Er hat zunächst gar keine Zeit, das Vaterland zu wechseln, und innerlich ist er weit davon entfernt, dies zu tun. Seine deutschbürtige Ehefrau, die Württembergerin Katharina, Tochter des »schwäbischen Zaren« Friedrich, unternimmt auch nur zögerliche Versuche, ihn zu einem »Deutschen« zu machen. Das subjektive Problem kommt mit der objektiven Situation und ihrer eher betrüblichen Entwicklung. Die Lage seines Landes wie auch die Bedingungen seiner Herrschaft zwingen Jerome zum Nachdenken, ein später politischer Reifeprozeß setzt bei ihm ein. Gerade Westphalen ist unter den Rheinbundstaaten, von den Hansestädten abgesehen, ja am härtesten von Kriegs- und Kriegsfolgelasten betroffen. Jerome fährt mehrfach nach Paris, um Erleichterungen zu bewirken, hat aber keinen Erfolg; im Gegenteil, die Schraube der Kontributionen und Konskriptionen wird immer schneller gedreht und immer schärfer angezogen.

Als das Land 1809/1810 kurz vor dem Staatsbankrott steht, schreibt König Hieronymus dem Kaiserbruder einen ebenso respektablen wie verzweifelten Brief, in dem er die eigentlichen Unvereinbarkeiten in der Doppelfunktion aller Napoleoniden auf den Punkt bringt: »Sire, ich liebe weder die Deutschen noch deutsches Wesen und bin ganz Franzose. Aber gerade weil ich Ihr Bruder bin, will ich vom Weg der Ehre nicht abweichen, und so geht nicht beides zusammen: Ich kann nicht König von Westphalen und gleichzeitig französischer Untertan sein!«

Napoleon zieht es vor, diesen Brief unbeantwortet zu lassen, aber zu Talleyrand äußert er über den kleinen Bruder: »Ich glaube, wenn er 300 000 Mann unter Waffen hätte, würde er mir den Krieg erklären.«

Die Loyalitätskonflikte, die einige seiner deutschen Untertanen nach dem Herrschaftswechsel empfinden, weiß Jerome großzügig zu lösen oder doch zu mildern, wofür ein Beispiel genügen mag. Zwei seiner Hofpagen haben heimlich ihre frühere Dienstherrin, die Gattin des Ex-Kurfürsten Wilhelm, im Exil aufgesucht, um ihr zum Geburtstag zu gratulieren. Der Obersthofmeister entläßt die beiden auf der Stelle, als er dies erfährt. König Hieronymus denkt anders. Er läßt sich die Delinquenten vorführen, nimmt sie wieder in seinen Dienst auf und sagt: »Sie haben recht daran getan, die Kurfürstin, die Ihnen Wohltaten erwiesen hat, zu besuchen. Man darf niemals undankbar sein!« Ein schönes, ein großes Wort, das sich in Kassel wie ein Lauffeuer verbreitet.

Der Mann freilich, der, im wörtlichen Sinn, am radikalsten das Vaterland wechselt, ist kein eigentlicher Napoleonide, steht auch eher am Rande der Familiare: Jean-Baptiste Bernadotte, Marschall von Frankreich und des Empire, Fürst von Pontecorvo. Er läßt sich vom Reichstag zu Stockholm zum Kronprinzen von Schweden wählen und vom dortigen König adoptieren, scheidet mit unwilliger Duldung Napoleons aus allen französischen Ämtern aus und legt die angestammte Staatsbürgerschaft nieder – wenige Jahre später wird er die letzte europäische Koalition gegen seinen einstigen Dienstherrn und Kaiser erfolgreich anführen, dann als »Carl XIV. Johan« den schwedischen Königsthron besteigen und die heute noch amtierende Bernadotte-Dynastie begründen.

Aber das ist eine andere Geschichte.

Des Landes Sprache – Schlüssel zur Nation

Die Napoleoniden bemühen sich – auch hier wieder in abgestufter Intensität, und einige leider gar nicht –, die Sprachen der Völker zu lernen, deren Regierung ihnen anvertraut wird.

Es ist keineswegs Napoleon, der sie zu solcher Aktivität veranlaßt; eher mit Gleichgültigkeit sieht er dabei zu. Er selbst ist linguistisch vollkommen unbegabt. Außer dem Französischen (mit etwas eigenwilliger Expression und Orthographie) beherrscht er nur die italienische Sprache seiner korsischen Kindheit. Noch auf St. Helena freut es ihn, daß er sich mit dem Inselgouverneur Hudson Lowe bei den seltenen persönlichen Begegnungen im »neutralen« Italienisch – der Brite hat dies als Kommandeur einer korsischen Überläufertruppe beim Kriegseinsatz gegen das Empire gelernt – unterhalten kann; seine dortigen Versuche, beim Grafen Las Cases etwas Englisch aufzunehmen, gibt er rasch wieder auf.

Im übrigen, und bis hin zum letzten Exil: Er, Napoleon, hat es als Kaiser gewiß nicht nötig, sich sprachkundig zu machen – allemal kann ihm Französisch genügen, die herrschende europäische Kontinentalsprache der Gebildeten, die »Lingua franca« der Höfe,

Dem Emirat Adschman, Mitglied des Bundesstaates der Vereinigten Arabischen Emirate, kommt das historisch einmalige Verdienst zu, die Porträts der vier Brüder Napoleons – übrigens in zeitgenössisch-hervorragender Wiedergabe – auf und mit einer Briefmarkenserie publiziert zu haben. V.l.n.r.: Louis, Jerome, Joseph, Lucien.

der Diplomaten, Künstler und Wissenschaftler, der Großkaufleute und der Militärs.

Die Familiare sind in anderer Lage, aber einige denken auch anders: Wer das Vaterland wechselt, muß die Sprache der neuen Heimat kennen. Dies ist für sie nicht nur ein Herrschaftsinstrument gegenüber den Untertanen, sondern es entspringt persönlichem Interesse und Bedürfnis. Die Schwierigkeiten, die sie bei ihren sprachlichen Bemühungen haben und auf sich nehmen, sind wiederum sehr unterschiedlich.

Am leichtesten haben es, weil und so lange wie sie italienische Staaten regieren, die Bonaparte-Geschwister Joseph, Elisa und Caroline; sie beherrschen das Italienische seit der Kindheit, wie Bruder Napoleon, und sie wenden es auch unverzüglich an.

Elisa spricht, proklamiert und dekretiert in Piombino und Lucca ausschließlich auf italienisch. In der Toskana, die ja französisches Staatsgebiet ist, setzt sie es immerhin durch, daß die Verordnungen zweisprachig, also auf italienisch neben französisch, verkündet werden. Am Hof zu Florenz parliert die Großherzogin mit Franzosen und Italienern jeweils in deren Sprache.

Auch Joseph und dann Caroline befleißigen sich in Neapel des italienischsprachigen Umgangs mit den Bürgern ihres Königreichs. Caroline hat vorher in ihren zwei Jahren als Großherzogin von Berg allerdings kaum Deutsch gelernt, während Murat (was wohl verwundern mag) schon einige im Krieg erworbene Deutschkenntnisse nach Düsseldorf mitbringt, was man dort nahezu staunend zur Kenntnis nimmt. Aber als Murat nach Neapel versetzt wird, muß er dort erst – weil er ja nicht wie seine Ehefrau aus Korsika stammt – Italienisch lernen, was ihm auch ordentlich gelingt. Eugen Beauharnais, der sich in gleicher Lage wie Murat befindet, gibt sich in Mailand wenig Mühe, Italienisch zu lernen; seine vizeköniglichen Ansprachen an das Parlament läßt er übersetzen, um sie mühsam in der fremden Sprache ablesen zu können.

Ein peinlicher linguistischer Fehltritt unterläuft ausgerechnet dem klugen, gutwilligen Joseph. Bei der ersten Versammlung seiner spanischen Granden, die er in Madrid einberuft, redet er die so adelsstolzen wie nationalbewußten Herren in italienischer Sprache an. »El Rey Don José«, diplomierter Akademiker und promovierter Absolvent der Universität Pisa, kann schlechterdings nicht geglaubt haben, das Spanische sei eine Art von italienischem Dialekt; vermutlich hat er sich gedacht, es sei – wenn er schon das Spanische nicht beherrschte – immerhin vorerst opportuner, in Madrid die italienische statt der unbeliebten französischen Sprache anzuwenden. Mit einiger Sicherheit haben die Granden auch das meiste von Josephs Ausführungen verstanden, denn so weit laufen diese beiden südromanischen Sprachen ja nicht auseinander, aber sie geben dem König ihre grimmig-delikate Quittung: Alle tun so, als hätten sie kein einziges Wort begriffen, und keine Hand rührt sich zum Beifall.

Joseph lernt (wie fast immer) sehr rasch aus eigenen Fehlern. Er paukt sich die Sprache seines neuen Reiches im Rekordtempo ein, und bald kann er sie, im amtlichen wie privaten Umgang, ausschließlich benutzen. In politischer Hinsicht kommt ihm das kaum zugute; doch immerhin gibt es Spanier, die Josephs Bemühungen anerkennen. Seine eigene Genugtuung jedenfalls ist groß, denn auch dieser persönliche Erfolg – kein anderer Familiar beherrscht die spanische Sprache – bedeutet wieder einen Schritt weg aus der Abhängigkeit vom zweitgeborenen Bruder, hin zu noch mehr Eigenständigkeit und Selbstachtung.

Während die übrigen Geschwister immerhin im romanischen Sprachkreis verbleiben, sehen sich Louis und Jerome gänzlich unverwandten »germanischen« Idiomen gegenüber: Louis dem niederländischen und Jerome dem deutschen. Sie reagieren auf diese Herausforderung durchaus gegensätzlich. Kein Napoleonide hat sich so konsequent um die Sprache seiner Untertanen bemüht wie Louis – und keiner hat dies so wenig getan wie Jerome.

Für Louis gehört die Beherrschung der niederländischen Sprache notwendig zum Wechsel des Vaterlandes, den er ja ausdrücklich vollziehen will. Gleich nach seiner Ankunft im nördlichen Reich der Bataven engagiert er zwei Professoren der Universität Leiden für seinen intensiven Privatunterricht. Er nimmt, wie man heute sagen würde, einen »Crash-Kurs«, den er auch allnächtlich durch die Lektüre zweisprachiger Wörterbücher vor dem Einschlafen vertieft. Sehr bald kann er Niederländisch sowohl lesen als auch gut verstehen. Beim gesprochenen Wort kann er einen starken französischen Akzent nicht ablegen – wenn er sein Amt bezeichnet, klingt das bei ihm etwa so: »Ieek ben Konäng van Olland« – und auch beim Schreiben bringt er es nicht zur Meisterschaft, aber doch zu passabler Geläufigkeit.

Und er ist so radikal wie unerbittlich. Ein Jahr nach Regierungsantritt befiehlt er, daß an seinem Hof und in seiner Umgebung nur noch Niederländisch offiziell gesprochen werden darf. So weit ist kein anderer Napoleonide gegangen. Louis zwingt sogar seine Ehefrau Hortense und die wenigen Franzosen, die er überhaupt noch an seinem Hof duldet, die für sie so schwierige Sprache des Königreichs zu lernen. Nur für seine private Korrespondenz benutzt er weiterhin das Französische – und für seine Tagebücher das altvertraute Italienisch, in dem schon Vater Carlo auf Korsika seine hauswirtschaftlichen Aufzeichnungen gemacht hatte.

Vollkommen gegensätzlich zu Louis verhält sich Jerome als König von Westphalen. Außer der berühmten Sentenz »Morgen wieder lustik«, die ihm seinen Spitznamen eintrug, hat er keinen einzigen deutschen Satz gelernt, nicht einmal Höflichkeitsfloskeln oder Kommandoworte. Er hatte dazu wohl einfach keine »Lust«, sah bei seiner fast noch jugendlichen Unbekümmertheit insoweit auch kein politisches Bedürfnis; an mangelnder Intelligenz hat diese Vernachlässigung mit Sicherheit nicht gelegen.

Nicht einmal die Württembergerin Katharina vermittelt ihrem königlichen Gemahl einen Schimmer der deutschen Sprache. Das Ehepaar unterhält sich miteinander auf französisch, ebenso wie Eugen Beauharnais und seine ebenfalls deutschstämmige Frau, die Bayerin Augusta, dies tun.

Gleichwohl läßt Jerome die Zweisprachigkeit seines Landes stets einhalten und wendet sich strikt gegen eine Zurücksetzung der deutschen Sprache. Im Kabinett und im Staatsrat fragt er mit besonderer Freundlichkeit und Geduld seine deutschen Minister und Räte, wenn und soweit sie Schwierigkeiten mit der (dort freilich allein verwendeten) französischen Sprache haben. Mehr noch, der Gesandte Reinhard berichtet nach Paris: »Ich befragte verschiedene Staatsräte, welches die offizielle Sprache des Königreichs Westphalen wäre. Sie sagten mir alle, es wäre die deutsche Sprache, weil sie in Gerichten und Verwaltungen gebraucht werde und weil der deutsche Text des Code civil zum Bürgerlichen Gesetzbuch des Königreichs erklärt worden sei.«

So erweist sich Jerome, auch wenn er »ganz Franzose« sein will und in Westphalen die Bürgermeister »Maire« genannt werden, immerhin wohlmeinend als »König Hieronymus«, als Herrscher eines Landes, dessen deutsches Wesen außer Zweifel steht.

Minister, keine Marionetten

Napoleon mischt sich in die Auswahl der engsten Mitarbeiter, die seine Familiare als Monarchen treffen, erstaunlich wenig ein. Dem Erstgeborenen Joseph läßt er, was solche Personalentscheidungen betrifft, die Zügel am längsten. Seinem Bruder Jerome und dem Adoptivsohn Eugen, denen er sogar von vornherein Berater zuteilt, hält er sie am kürzesten; dazwischen rangieren die anderen. Alle bemühen sich – auch hier in abgestufter Intensität – um Heranziehung einheimischer Führungskräfte, die ihren Staaten eigenen Nationalcharakter erhalten oder aufprägen sollen.

Wieder ist es Louis, der entschlußkräftig vorangeht. Er kann, als er nach Holland abkommandiert wird, so gut wie keinen persönlichen Vertrauten aus Frankreich mitnehmen. Aber es sind auch fast nur gebürtige Holländer, die er dann zu Trägern der wichtigsten Staatsfunktionen macht: Mijnheer van Roëll als Premierminister, der englandfreundliche Mijnheer Mollerus als Innenminister, der ausgewiesene Bankfachmann Gogel als Finanzminister, der altgediente Diplomat van der Goes als Außenminister, der Ingenieur van Raaphorst als Minister für Wasserwirtschaft.

Das wichtige Landbauressort, mit dem er die Agrarreform im Osten durchsetzt, vertraut Louis dem Minister van der Capellen an; mit dem Handelsminister Baron van der Heim unterläuft er die Kontinentalsperre, und mit dem tüchtigen Rechtsanwalt Carl van Maanen als Justizminister erneuert er die Gesetze und die Gerichtsverfassung. Selbst in der Leitung des Kriegsministeriums wird der französische General Bonhomme bald durch einen Holländer, Baron van Kraayenhorst, ersetzt.

Diese durchweg vorzüglichen Männer sind Patrioten ihres Landes, ein Franzosenfreund ist (außer dem von Louis unwillig übernommenen Marineminister Admiral Verhuell) nicht unter ihnen, und so arbeiten sie ihrem ersten König, der ein so überzeugender Holländer geworden ist, loyal und willig zu.

Joseph hat bei seinem Regierungsantritt in Neapel das Glück, daß er von einigen französischen Freunden begleitet wird – er hat sie allein, ohne jede Ein- oder Mitwirkung Napoleons, für seinen Dienst ausgesucht und angeworben. Da ist der unentbehrliche Staatsrat Roederer, der Finanzminister wird; der verläßliche Korse Saliceti, der das Polizeiressort übernimmt; dann sind es der Innenminister Miot und der Kriegsminister General Dumas. Aber es ist auch bei Joseph noch hinreichend Platz für geborene Italiener – für den Marchese di Gallo, der zum Außenminister berufen wird, den Herzog di Pignatelli als Marineminister und den Herzog di Cassano-Serra, der das delikate Ministerium für kirchliche Angelegenheiten erhält.

Die überstürzte Berufung nach Spanien bringt Joseph dann in ähnliche Lage wie Bruder Louis: Er kann und darf kaum einen schon bewährten Mitarbeiter in den neuen Dienst berufen. Außer dem Innenminister Miot muß er sie alle in Neapel zurücklassen, damit sie dort seinen Nachfolgern Joachim und Caroline Murat (die sie dringlich benötigen) weiter zur Verfügung stehen. Aber noch bevor er die Krone von Neapel abgibt, befördert Joseph seine italienischen Chefbeamten – in großer Zahl, ja gleich serienweise –, um ihnen seine Dankbarkeit zu bezeigen.

In seinem zweiten Königreich folgt Joseph durchaus dem Beispiel des Louis. Er umgibt sich fast ausschließlich mit Spaniern als Ministern. Die bedeutendsten von ihnen, auch sie Patrioten, sind der Herzog de Santa Fé, der Marqués d'Almenara und der Graf d'Azanza. Sie teilen, ehrenhaft und pflichtbewußt, den dornigen Weg, den »El Rey José Primero« beschreiten muß – bis zum bitteren Ende, als auch sie Zuflucht in Frankreich nehmen müssen.

Die Murats haben im Großherzogtum Berg, nach dem Abzug der importierten französischen Berater, dem deutschen Innen- und Justizminister Nesselrode weitgehend freie Hand gelassen. Auch stützen sie sich auf die Dienste des Grafen von Spee und des Freiherrn von Pfeill. In Neapel übernehmen sie erleichtert Josephs italienische Kabinettsmitglieder und gewinnen auch weiterhin einheimische Persönlichkeiten hinzu.

Eugen Beauharnais ist in Mailand, ebenso wie Jerome in Kassel, zunächst auf die von Napoleon mitgegebenen und zugeteilten französischen Gehilfen angewiesen. Auch später bevorzugt er Franzosen für seine engere Umgebung, da es bei ihm mit den italienischen Sprachkenntnissen hapert. Aber er bringt doch eine Anzahl Italiener, die teilweise alte lombardische und venezianische Adelsnamen tragen, in die Staatsämter. Hervorzuheben ist Francesco Melzi d'Eril, ein bedeutender politischer Kopf; er war schon Vizepräsident der Republik Italien, wird unter Eugen Großkanzler des Königreichs, und 1807 ernennt ihn Napoleon zum Herzog von Lodi. Praktisch führt er die Regierungsgeschäfte, wenn der Vizekönig, wie so häufig, wegen militärischer Einsätze abwesend ist.

In Piombino wie auch in Lucca, wo sie aus »eigenem Recht« regiert, zieht Elisa Angehörige des italienischen Adels als Minister und Chefbeamte heran. In der Toskana, wo sie nur Präfektin ist, kann sie das nicht in gleichem Maß tun; hier bleibt sie auf französische Beamte angewiesen.

Das Königreich Westphalen zeigt, eben als künstlich geschaffenes Empire-Modell und insofern auch mit den übrigen Rheinbund-Staaten nur bedingt vergleichbar, ein besonderes politisches Antlitz. König Hieronymus hat Napoleons Vorstellung, daß dieses Land ein deutscher Staat sein und vorzugsweise von Deutschen getragen werden sollte, weitgehend verwirklicht, wobei ihn seine französischen Mentoren Siméon und Beugnot durchaus nicht behinderten. Freilich ist es Jerome kaum gelungen, im Staatsdienst Nichtadlige ebenso wie Adlige zu berücksichtigen – wie Napoleon es doch auch ausdrücklich gewünscht hat. Das nötige Reservoir an erfahrenen Verwaltungskräften war damals im »dritten Stand« einfach noch nicht vorhanden, und Jerome blieb nicht die Zeit, es aufzubauen.

Immerhin, von den vier Ministern des Königreichs sind zwei stets Deutsche, nämlich die für Inneres und für Finanzen, später von fünf Ministern gar drei: von Wolffradt, von Bülow und der nachträglich geadelte Malchus. Nur das Kriegsministerium bleibt einem französischen General vorbehalten, und das Ressort des Äußeren besetzt Jerome – dankbar, aber sachlich verfehlt – mit seinem Jugendfreund Lecamus, dem Sohn eines französischen Kolonialpflanzers, den er auf Haiti kennengelernt hat. Über ihn bemerkt Gesandter Reinhard so knapp wie vernichtend: »Das einzig Schlimme an ihm ist, daß er nichts Gutes bewirkt.«

Die meisten Staatsräte Westphalens sind Deutsche, auch fast alle Richter, weiterhin sämtliche Präfekten, Unterpräfekten und Bürgermeister (wenngleich unter der französischen Amtsbezeichnung »Maire«). Es wimmelt in diesem Staat von großen und angesehenen deutschen Namen, deren Träger Schlüsselpositionen bekleiden. Zu nennen sind die Prinzen von Salm, von Hohenzollern-Hechingen und von Hessen-Philippstal, die Grafen von Merveldt, von Pückler, von Schulenburg, von Bocholtz und von Waldburg, die Freiherren von Münchhausen, von Pappenheim, von Schlotheim, von Metternich und von Amelunxen. Der prominente Historiker Johannes von Müller wird zum Leiter des Unterrichtswesens, der junge Jakob Grimm zum Direktor der Schloßbibliothek ernannt. Insgesamt sind weniger Preußen als vielmehr Hessen und Braunschweiger im leitenden Staatsdienst beschäftigt.

Das »Rennen, Jagen und Laufen«, von dem Minister von Wolffradt zu melden weiß, hat sich in Kassel für die Amtsbewerber gelohnt. Auch der mediatisierte Adel hat keinem anderen Rheinbundstaat so bereitwillig, ja begeistert gedient wie dem Königreich Westphalen – vielleicht eben deshalb, weil hier kein ehemals gleichrangiger Standesgenosse, sondern ein gänzlich »neuer Mann«, ein Kaiserbruder gar, auf dem Thron saß. Es blieb eine

Ausnahme, wenn etwa der Landgraf von Rheinfels die ihm angetragene Kammerherrenwürde mit der arroganten Sottise ablehnte, Kammerherren habe er selber.

So bieten die Napoleoniden-Staaten auch in personalpolitischer Hinsicht ein vielseitiges Panorama. In den meisten von ihnen haben sich die Landeskinder keineswegs über Nichtbeachtung oder gar Diskriminierung zu beklagen; viele haben ihren fremden Monarchen später, nach deren Sturz, Lob und Anerkennung gezollt – und das nicht nur zur Selbstrechtfertigung, sondern auch, weil jene die ursprüngliche »Fremdheit« so erfolgreich überwunden hatten.

Last und Lust des Reisens

Es ist, wie im Europa des 18., so auch noch in dem des 19. Jahrhunderts nicht die Regel, daß die Monarchen persönlich mobil sind. Die meisten bleiben in ihren Residenzen, wenn sie sich nicht wechselseitig besuchen, sie wissen wenig von der Naturgestalt ihrer Länder und kennen ihre Untertanen, soweit diese nicht »von Stande« und damit »hoffähig« sind, nur aus den Berichten mehr oder minder verläßlicher Mittelspersonen oder Administratoren.

Napoleon ist es, der mit solch trägem Brauch aufräumt. Unermüdlich ist er – keineswegs nur als Feldherr im Kriege – unterwegs, inspiziert und kontrolliert an Ort und Stelle, sieht selbst nach dem Rechten, treibt an, ermuntert und tadelt. Sein Bewegungsdrang, der ihn noch im ersten Exil zu Elba unaufhörlich antreibt, gleicht einem Perpendikel, das erst auf St. Helena grausam angehalten wird. »Activité, vitesse!« – diesen militärischen Grundsatz, schon das Motto seiner Leutnantszeit, lebt er selbst nicht nur geistig, sondern eben auch körperlich vor.

Seine Familiare tun es ihm nach; es ist wohl das gemeinsame Erbe des ruhelos-temperamentvoll agierenden Vaters Carlo, das auch sie buchstäblich in Bewegung setzt und hält. Die Länder, die von ihnen regiert werden, haben vielfältigen Nutzen von derart rotierendem Impetus.

Joseph Bonaparte ist seit der Byzantinerzeit in Süditalien der erste Herrscher, der sein Land persönlich bereist, zwischen Tyrrhenischem und Adriatischem Meer, zwischen den Golfen von Neapel und von Tarent, quer durch das von Räubern gefährdete Kalabrien und wieder zurück, kreuz und quer. Dabei verschmäht er jegliche zeremonielle Begleitung, achtet auch kaum auf seine persönliche Sicherheit. Erst als sein Adjutant von Wegelagerern erschossen wird, läßt er sich widerwillig eine kleine militärische

Eskorte gefallen. Meistens reitet er und benutzt nur selten eine Kutsche.

In seinem räumlich viel größeren spanischen Reich ist Joseph noch häufiger unterwegs. Er besucht Asturien, Katalonien und Andalusien, wobei ihn die ständige Gefahr der Überfälle durch Partisanen nicht schreckt. Er, der früher die Kugeln zu meiden wußte, entwickelt in den rauhen spanischen Gebirgen Mut und Härte gegen sich selbst; mit dem Ausmaß seiner zivilen Herausforderungen wächst auch seine militärische Courage. Einmal stößt er in der Mancha unvermutet auf eine Guerilla-Truppe, die am Lagerfeuer kampiert. Die Lage ist höchst bedrohlich, aber statt die Flucht zu ergreifen, sprengt Joseph auf den Anführer zu und ruft vom Pferd herab: »Herr Kommandant, ich möchte Ihre Truppe inspizieren, lassen Sie sie zur Parade unter Waffen antreten!« – worauf der völlig überrumpelte Rebell Haltung annimmt, den Hut vom Kopf reißt und brüllt: »Viva el Rey Don José!« Das hätte gewiß anders ausgehen können, aber dieser Joseph ist nicht mehr der mühsam beförderte Obrist, der in schneeweißer Uniform durchs Lager von Boulogne stolzierte.

In Holland können immer mehr Menschen erzählen und berichten, daß sie »Koning Lodewijk« da oder dort selber gesehen haben, ja von ihm persönlich angesprochen worden sind. Die rastlosen Reisen des Louis – dreimal in vier Jahren hat er, jeweils für mehrere Wochen, sämtliche Provinzen seines Staates systematisch besichtigt – ist um so höher zu werten, als diese Inspektionen gerade für ihn körperlich strapaziös sind: Wie er sich, wegen seiner unerbittlich fortschreitenden Arthritis, beim Schreiben den Federkiel an den rechten Zeigefinger binden muß, so schmerzt ihn bald beim Gehen jeder Schritt. Reiten kann er schon nicht mehr, selbst beim Besteigen und Verlassen der Kutsche muß er sich stützen lassen.

Aber Louis beißt die Zähne zusammen und tut, was er ganz unprätentiös für seine königliche Pflicht hält. Polder und Deichbaustellen, Schulen und Kasernen, Krankenhäuser und landwirtschaftliche Anwesen besucht er überraschend, ohne Anmeldung, weil er mit einigem Recht glaubt, sich nur so ein ungeschminktes Bild über die Zustände zu machen, notfalls blitzartig für Remedur sorgen zu können – auch dies, wenn man vom längst gestorbenen preußischen Fritz absieht, sehr ungewöhnlich für die damalige Zeit.

Louis bewegt sich, obwohl er zwangsläufig im Wagen sitzen muß, ebenso wie Joseph, prunklos und schlicht, mit zwei oder drei Begleitern; allerdings hat er im friedlichen Holland keine Attentate zu befürchten wie Joseph in Neapel und viel mehr noch in Spanien. Auf seinen Exkursionen ernährt er sich von kleinen Käsestücken und stark verwässertem Rotwein. Wenn irgendwo in Holland eine Notlage entsteht oder eine Katastrophe ausbricht, erscheint Louis an der Unglücksstelle. Als in Leiden ein Pulvermagazin explodiert, kümmert er sich um die Verwundeten, ihre Pflege und einstweilige Unterbringung. Er leitet selber die Reparaturarbeiten und die Rettung, als in Gorinchem die Flut nach einem Deichbruch das Umland bedroht; mit letzter Menschen- und Pferdekraft gelangt seine Kutsche, schon vom Wasser umspült, auf trockene Verbindungsstraßen zurück. Derartige Einsätze stärken die Beliebtheit des Königs beim Volk – aber gerade Louis leistet sie nicht deswegen, aus Kalkül, sondern aus ethischen, wohl auch religiösen Gründen; wenn man solche vergäße, kann selbst Weltliches nicht immer angemessen verdeutlicht werden.

So stehen Joseph und Louis gewiß obenan, wenn man die »Reisekilometer« der Napoleoniden – relativiert nach der unterschiedlichen Größe ihrer Staaten – miteinander vergleichen will, was übrigens bisher noch niemals geschehen ist. Es stehen aber auch die anderen Familiare nicht so weit zurück.

Elisa und Caroline schätzen es sehr, sich »ihren« Italienern zu zeigen, wenn dies für sie auch zum »Gute-Figur-Machen« im Sinne des Vaters Carlo gehört und wenngleich sie, wie jener, auf Zeremoniell und Pomp viel Wert legen.

Ebenso reist Jerome unter großem Aufwand, mit vielen Begleitkutschen. Er läßt sich gern mit Jubel empfangen, der ihm aber – von obrigkeitlich aufgestellten Schulklassen abgesehen, die Papierfähnchen in den blau-weißen westphälischen Staatsfarben schwingen – auch unkommandiert zuteil wird. Denn der so junge und so hübsche, stets höfliche und charmante König Hieronymus erfreut die Augen und Herzen, auch wenn er leider nicht deutsch spricht. Mit besonderem Vergnügen besucht er (was seiner ihm nachgesagten geringen Neigung zur Geisteswelt doch widerspricht) Universitäten und Gerichte. Die Präsidenten und Räte des Appellationsgerichts in Celle, die nach dem Anschluß Hannovers an Westphalen einen Zwangsruhestand, wenn nicht Schlimmeres befürchten, beruhigt er höchstpersönlich: »Ich habe Ihren Hof aufrechterhalten, nun liegt es an Ihnen, seinen guten Ruf nicht sinken zu lassen.« Und davon reden ihre Nachfolger im Oberlandesgericht Celle noch heute.

Wenn Joachim Murat und Eugen Beauharnais reisen, so stehen, gemäß ihren Neigungen und den Schwerpunkten ihrer Tätigkeit, militärische Ziele im Vordergrund. Sie nehmen Paraden ab, visitieren Truppen und Kasernen und Festungen, all dies mit großem Eifer. Aber sie nutzen die Gelegenheiten auch, sich prominente Bürger vorstellen zu lassen und sich ihre Sorgen anzuhören.

Die Untertanen und Landeskinder der Napoleoniden-Staaten sind, von Spanien abgesehen, durchweg von den Reiseaktivitäten ihrer neuen Monarchen beeindruckt – sie spüren ein persönliches, ernsthaftes Interesse, das nur wenige der verjagten Vorgänger ihnen entgegengebracht haben. Und so ist auch dies ein Stück vom »Wechsel des Vaterlandes«.

Das höfische Leben

Wie einst die deutschen Duodezfürsten bestrebt waren, den höfischen Stil von Versailles zu kopieren, so bemühen sich Napoleons Familiare um Anpassung an die Gebräuche und Rituale des Kaiserhofs zu Paris; da aber dieser Hof wiederum auf die Bourbonenzeit des Ancien régime zurückgreift, so überträgt sich vieles vom legendären Sonnenkönig Louis XIV. auf die Napoleoniden-Residenzen, unter Überspringung von Krieg und Revolution.

So gibt es denn in Kassel wie in Amsterdam, in Düsseldorf, Lucca und Florenz, in Mailand, Neapel und Madrid die institutionalisierten Hofämter, denen Napoleon neuen Glanz gegeben hat: Obersthof- und Palastmarschälle, Oberkammerherren und Oberstallmeister, Siegelbewahrer und Generaladjutanten, auch geistliche Almoseniere im Bischofsrang und Schloßkapläne, ebenso natürlich Leibärzte und Hofapotheker – kurz, alle Chargen in penibel-tradierter Stufung, bis hinab zu den niedrigsten Rängen der unmittelbaren Bedienung. Die Familiare müßten nicht Korsen, nicht Kinder des »Buonaparte il Magnifico« sein, wenn sie solche Entfaltung, solche Zurschaustellung ihrer Herrschaft ablehnen würden.

Selbst die Witwe Carlos des Prächtigen, Letizia, läßt sich als »Madame Mère de l'Empereur« eine Rente von jährlich einer Million Franc und einen Hofstaat – für ihre Pariser Stadtresidenz Hôtel de Brienne wie für ihr später von Napoleon geschenktes Landschloß Pont-sur-Seine gleichermaßen verfügbar – in folgender Zusammensetzung gefallen: einen Prälaten als Chef-Hausgeistlichen mit zwei Abbés; einen Leibarzt, den großen Baron Corvisart, den sie sich freilich mit ihrem Kaiser-Sohn teilen muß, mit zwei Unterärzten; eine Ehrendame, vom »alten« Adel natürlich; zehn Gesellschafterinnen (sieben vom »alten«, nur drei vom »neuen« Adel, nämlich Marschallgattinnen und nun Herzoginnen); eine Vorleserin; einen Ersten und zwei Zweite Kammerherren; einen Ersten und zwei Zweite Stallmeister, sämtlich vom »alten« Adel; endlich drei »Bürgerliche« auf den Sachverstand fordernden Posten des Sekretärs, des Intendanten und des Notars. Dazu

Letizia Bonaparte-Ramolino, die Ehefrau des korsischen Edelmannes Carlo de Buonaparte, »Madame Mère de l'Empereur«, auch Mutter aller Bonaparte-Geschwister – keineswegs »Mutter des Kaiserreiches«, aber allzeit besorgte Hüterin des Napoleon-Clans. Gemälde von François Gérard, um 1810.

kommt natürlich ein geziemender Haufen von Subalternbediensteten – die in Preußen »Leute«, in Österrreich aber »Menscher« genannt werden.

Eigentlich braucht Letizia all dieses mehr oder minder prominente Personal kaum, weil sie – außer auf Reisen zum Besuch ihrer regierenden Kinder, wo Aufwand Staatspflicht ist – sehr zurückgezogen und sparsam, ja fast geizig lebt. Dies gilt auch für ihre Aufenthalte in der Hauptstadt, wo freilich das imperiale Zeremoniell unerbittlich durchschlägt.

Einmal muß der große Sohn sie gar brieflich rüffeln: »Madame, ich billige es zwar, daß Sie sehr oft in Ihre ländliche Besitzung retirieren, aber solange Sie sich in Paris befinden, gehört es sich, daß Sie jeden Sonntag bei der Kaiserin speisen, wo das Diner der Familie stattfindet. Meine Familie ist eine politische Familie! Wenn ich abwesend bin, so ist stets die Kaiserin Josephine das Oberhaupt, womit ich übrigens meiner Familie eine Ehre erweise!«

Eine ausdrückliche Antwort Letizias auf dieses Billett ist nicht bekannt, aber das dröhnende Schweigen, das sie im Gegensatz zu ihren wortreichen Kindern stets praktizierte, hat auch hier gewirkt. Von nun an befindet sie sich eben »sonntags nie« in Paris, weil sie der verhaßten Beauharnais-Schwiegertochter nicht als »Zweite unter Gleichen« (beider Wappen sind fast identisch, nur führt Letizia einen silbernen Buchstaben »L« unter dem Goldadler auf blauem Schild) nachstehen will. Und diese so leicht vollziehbare Praxis wird Madame Mère auch bei der zweiten Gattin ihres Sohnes, der von ihr kaum mehr geliebten Habsburgerin Marie Louise, nicht aufgeben.

Was für Letizias private Lebensführung gilt, das läßt sich auch, trotz der großen charakterlichen Unterschiede und Ansichten im einzelnen, von ihren Kindern sagen. Die meisten von ihnen leben persönlich bedürfnislos und bescheiden, wie sie es während ihrer korsischen Jugendzeit gewohnt waren. Jeromes Frühstück besteht aus einem trockenen Brötchen und einer Tasse Schokolade, Wein trinkt er mäßig und nur mit Wasser vermischt. Es ist bis heute unbewiesenes, anonymes Geschwätz geblieben, daß er in Champagner und Burgunder gebadet habe; Eugen Beauharnais, sein militärischer Jugendfreund, bemerkt ironisch, als ein Konfident ihm dies weismachen will: »Falls es stimmt, können seine Krankheitsbeschwerden nicht sehr groß gewesen sein.«

Louis bevorzugt zu seiner frugalen Hauptmahlzeit, die er abends meist allein einnimmt und binnen einer Viertelstunde beendet, Fisch und Gemüseeintopf, wie seine Holländer es auch tun, wenn sie ihren geliebten »Hutspot« essen. Joseph begnügt sich vielfach mit Obst, Omelettes und Toast. Die Schwestern vertragen wegen ihrer empfindlichen Mägen ohnehin keine schweren Gerichte in mehrgängiger Speisenfolge.

In diesem Punkt ähneln sie alle sehr dem großen Bruder, für den Essen und Trinken zeitlebens bloße Nahrungsaufnahme, eine eher nebensächliche, möglichst schnell zu erledigende Angelegenheit ist; selbst auf St. Helena, wo er außer der Abfassung seiner Memoiren nichts, gar nichts Imperiales mehr zu verrichten hat, wird er sich nicht anders verhalten.

Aber Repräsentation geht über alles: Auch da ist die Familie sich einig. Nicht auf den Arbeitsreisen und im meist ungezwungenen Privatkreis, aber beim offiziellen Auftritt in der Residenz, bei Empfängen und Bällen ist erheblicher Aufwand geradezu monarchische Pflicht, die auch das Nationalbewußtsein fordert. Bei Besetzung der höfischen Ehrenstellen, die zwar Ansehen, aber keine wirkliche Macht verleihen, wird der einheimische Adel noch stärker bevorzugt als bei den »politischen« Ämtern. In Neapel führt Josephs Oberküchenmeister den so pompösen wie doch etwas lächerlichen Titel: »Contrôleur de la bouche de Sa Majesté«. Später in Madrid verschlingt König Don José, sogar kulinarisch um Vaterlandswechsel bemüht, trotz geheimen Widerwillens tellerweise öltriefende Paella, um sich auch bei Tische als rechter Spanier zu erweisen.

Hoch geht es her bei den aus dem burgundischen Hofzeremoniell Karls des Kühnen abgeleiteten »Schau-Essen« der Majestäten Hieronymus und Katharina auf Schloß Napoleonshöhe zu Kassel. Der junge König, auch er ja Berufssoldat und kulturellen Belangen gegenüber eher hilflos, hat davon noch nie gehört, ebensowenig wie seine bürgerlichen Untertanen, aber die hocherfahrenen Franzosen Siméon, Beugnot und Reinhard geben ihm die richtigen Instruktionen.

Da wird, einem Staatsakt, ja fast einer Kulthandlung gleich, vor geladener westphälischer Prominenz die monarchische Festtafel aufgetischt und vorgeführt, sodann auch verzehrt, freilich nur von König und Königin höchstselbst. Die offiziell Einbestellten dürfen, zu ihrer besonders ehrenden Auszeichnung, lediglich zusehen und ihre vaterländische Erbauung finden. Da die biederen Bürgermeister zwischen Weser und Elbe, auch die Abgeordneten der Ständeversammlung aus den Harz-, Solling- und Diemel-Bezirken dies nicht wissen, haben sie auf ihr Frühstück verzichtet und haben nicht einmal ein Stück Eichsfelder Wurst oder Harzer Käse als Wegzehrung mitgenommen – in der Hoffnung, daß sie ja nun luxuriös abgespeist würden. Als diese Erwartung trügt, findet kaum einer von ihnen ein böses Wort; die meisten zeigen sich so hofiert, wie sie eben hofiert werden sollen, und sie glauben, wieder etwas zum Wohle des neuen Vaterlandes gelernt zu haben, auch zur Anerkennung ihrer eigenen Stellung.

In den überkommenen und übernommenen Schlössern (einen neuen Palast baut nicht einmal Jerome, als Napoleonshöhe abbrennt) wird, soweit das Geld reicht oder Schulden verantwortbar erscheinen, die Innenarchitektur des Empirestils kopiert; und auch dies quer durch das napoleonidische Europa – heroische Konfigurationen, Treppenaufgänge und Emporen, die Achtung und distanzierenden Respekt gebieten; Salons in Gold, der Farbe des Ruhms, und Rot, der Farbe des Blutes; Schlafzimmer, oft separat für jede Person des Monarchenpaares, mit Prunkbetten unter Baldachinen, einer ägyptischen Pyramide oder auch einem kriegerischen Zelt ähnlich, von der üppigen unteren Breite nach oben zur schlanken Spitze führend. Es gibt auch opulente Badezimmer mit Silberspiegeln und Wasserspeiern, denn die Liebe zum nassen Element haben Carlos Kinder vom Vater geerbt und erlernt; da geben sie einhellig einer ganz persönlich-privaten Neigung nach.

Im Ausmaß der Prachtentfaltung zeigen sich wieder die Unterschiede. Am sparsamsten ist Louis, der sogar auf einen Teil der ihm zustehenden staatlichen Zivilliste verzichtet, zugunsten gemeinnütziger Projekte. Er ist auch klug genug, um bald zu lernen, daß seine holländischen Untertanen, jedenfalls soweit sie Calvinisten sind, solche Menschen mißtrauisch beäugen, die ihren Reichtum sichtbar zur Schau tragen; und ohnehin verfügt er nicht über Reichtümer.

Joseph denkt da anders, und er kann das bis zu einem gewissen Grade auch, weil sein klug angelegtes Privatvermögen manche Ausgaben zuläßt. Napoleon hat ihn nach Neapel mit sehr widersprüchlichen Empfehlungen geschickt: Einerseits soll er »Schrekken verbreiten« (was er keineswegs tut), andererseits aber soll er »in die große Gesellschaft gehen, prächtig hofhalten und nicht allzu ernsthaft leben« – letzteres läßt sich der Erstgeborene nicht zweimal sagen. In Madrid freilich, wo er noch härter arbeiten muß, ist seine Hofhaltung deutlich schlichter.

Die Schwestern, wie auch Murat, der einstige »Armee-Franconi«, lieben den Glanz und zeigen ihn auch in ihren wechselnden Hauptstädten. Eugen als Vizekönig führt – eher folgsam als aus eigenem Trieb – Napoleons Befehle aus, die ihm ein großes Zeremoniell zur Pflicht machen.

Den Gipfel des Prunks hält Jerome, und das haben später die Napoleon-Gegner nach dem Fall des Empire weidlich ausgeschlachtet, obwohl sie manches auch übertrieben haben. Kein Zweifel, am Hof zu Kassel lebt man auf großem Fuß, allzu verschwenderisch für die Verhältnisse eines mittleren, von Kriegen und Kontributionen erschöpften Staates. Eine Veranstaltung jagt die andere, es gibt Operetten, Pfänder- und Schäferspiele, Bootsfahrten auf Werra und Fulda, Maskenbälle und Schlittenpartien. Und wenn man sich nachts ermüdet zur Ruhe begibt, hört man gern das königliche Versprechen, daß man schon am nächsten Tag »wieder lustik« sein werde. Der Hofstaat wird immer zahlreicher, und vieles, was in Paris aus Silber ist, muß in Kassel aus Gold sein. Immerhin profitieren die braven Bürger der Hauptstadt auch davon, daß in ihren Straßen an jeder Ecke Konditoreien, Boutiquen und Modegeschäfte wie Pilze aus dem Boden schießen.

Napoleon sieht diesem unmäßigen Treiben aus der Entfernung zunächst mit Gelassenheit zu. Seine anfängliche Kritik ist milde: »Mein Bruder, ich liebe Sie, aber Sie sind noch so entsetzlich jung!« Doch bald reißt ihm die Geduld. Als er feststellt, daß Jerome mit seiner jährlichen Zivilliste von immerhin fünf Millionen Franc nicht auskommt und ständig Schulden macht, weist er ihn energisch darauf hin, daß der große österreichische Kaiserhof sich mit der Hälfte dieser Summe begnüge und der König von Preußen auch in seinen besten Zeiten nie mehr als drei Millionen verbraucht habe. 1809 entlädt sich ein kaiserliches Gewitter über dem König von Westphalen: »Ihr Luxus ist unpolitisch und verderblich für Ihre Staaten. Verschwenden Sie nicht in so unsinniger Weise. Gehen Sie früher zu Bett und leben Sie regelmäßiger!«

Wo viel Licht ist, da ist auch Schatten; neben den positiven Regierungsleistungen Jeromes dürfen seine finanziellen Exzesse und Leichtfertigkeiten nicht verschwiegen werden. Wenn man nach Erklärungen sucht, so wird man sie – anders als Napoleon – nicht nur in jugendlicher Unreife und Unbekümmertheit finden, denn Eugen Beauharnais ist auch nicht viel älter und weiß sein Geld beisammenzuhalten. Jerome hat ein gutes und dankbares Herz. Er »verschwendet« weniger für sich als für andere. Er wirft mit Ernennungen, Rangerhöhungen, Douceurs, Geldgeschenken, Souvernirs und Dotationen nur so um sich, weil er (auch vermeintliche) Meriten, freundschaftliche Gesinnungsbezeugungen und sogar Servilitäten »belohnen« will – eine Großzügigkeit, die nicht nur von den Aufrichtigen, nach dem Stil der Zeit, angenommen, sondern auch von manch einem fragwürdigen Ehrenmann bedenkenlos ausgebeutet wird.

So handelt Jerome zumindest im eigentlichen Sinn nicht egoistisch, er häuft keine privaten Schätze an, und nach seiner Vertreibung wird er längere Zeit nicht wissen, von welchen Geldmitteln er leben soll. Einer seiner Minister berichtet, daß er ihm einmal gesagt habe, im Königtum sehe er vor allem die Freude, andere beschenken zu können.

Und wenn es, wirtschaftlich gesehen, mit dem Königreich Westphalen schon zwei Jahre nach Jeromes Regierungsantritt abwärtsgeht, so liegt das weniger an den höfischen Ausgaben – ein paar Millionen mehr oder weniger hätten da kaum eine Rolle gespielt –, sondern an den unerhörten militärischen und finanziellen Anforderungen, die das Land mehr als jeder andere Rheinbundstaat zu erfüllen hat.

Die Kriegsentschädigung, die Westphalen, stellvertretend für seine inkorporierten Vorgängerstaaten, an Frankreich zahlen muß, beträgt mit fünfundzwanzig Millionen Franc mehr als die Hälfte des Staatsbudgets; ein eigenes Heer von fünfunddreißigtausend Mann, durch rigorose Aushebung zusammengestellt, muß für das Empire bereitgehalten werden; das aufgezwungene Militärbudget von achtundzwanzig Millionen Franc kann kaum aus der zweiten Hälfte des Staatshaushalts gedeckt werden; ein französisches Besatzungskorps von zwölftausend Mann muß aus dem Land ernährt werden; und endlich hat Napoleon sich hier fast die Hälfte des öffentlichen Domanialgrundeigentums zur eigenen Verfügung im französischen Interesse vorbehalten.

Dies alles kann Jeromes Fehlhandlungen nicht entschuldigen, aber man muß diese von ihm selbst nicht beeinflußbaren Gegebenheiten und Voraussetzungen doch auch würdigen. Entschuldigt ist der König von Westphalen immerhin insoweit, als er aufrechten und aufrichtigen, auch tapferen Widerstand beim großen Bruder gegen die Benachteiligung seines Landes geleistet hat; man kann es ihm nicht anlasten, wenn seine hartnäckige Opposition gegen die Direktiven aus Paris, ebenso wie bei Louis und Joseph, erfolglos blieb.

Intimes, auch Allzumenschliches

Das höfische Leben und Treiben leitet über zur Betrachtung der sehr privaten Dinge, die wir hier aber an dem Rand, wohin sie historisch gehören, stehenlassen wollen.

Außer Lucien hat kein Napoleonide eine Musterehe geführt; die meisten haben ihre angetrauten Lebenspartner nicht nur gelegentlich im sogenannten »Seitensprung« (der ja, nach seinem Wortsinn, doch Ausnahmecharakter haben soll oder reklamieren will), sondern gewohnheitsmäßig betrogen – wie es allerdings an den anderen europäischen Höfen der Epoche, wie auch früherer und späterer Zeiten, durchaus nicht unüblich war.

Ein Stück »Vaterlandswechsel« vollzieht sich auch hier: Die meisten Mätressen sind Landestöchter, die den von Napoleoniden regierten Staaten angehören.

Napoleon geht auf dem delikaten Feld mit ähnlich ungutem Beispiel voran, wie er schon beim gezielten Vergessen und Verschweigen des Vaters Carlo ein wortlos befolgtes Exempel gab. Der Kaiser der Franzosen hat während zweier in Folge geschlossener und bestehender Ehen chronisch-flüchtige Aventüren ohne Zahl und Zählungen. In den Minimalfällen passiert es, daß er eine einbestellte Dame (die manchmal gar eine solche ist) so geistesabwesend wie ungeduldig in den Alkoven neben seinem Arbeitszimmer schickt: »Ziehen Sie sich schon einmal aus, Madame!« Dann vergißt er die Wartende total, weil er Dekrete entwerfen, Monarchen und Präfekten und Generäle ein- und absetzen muß, und nach ungemessener Zeit muß jene (zumindest vom Kaiser unberührt) sich wieder ankleiden und taktvoll verschwinden.

Immerhin bringt Napoleon es – außer dem Sohn von der zweiten Gattin Marie Louise, dem König von Rom und späteren Herzog von Reichstadt – zu zwei illegitimen Kindern. Das erste ist Charles-Léon, gezeugt mit der Hofdame Louise de la Plaigne, später beruflich als Koch tätig, dann in einen dubiosen Grafenstand erhoben und erst 1881 gestorben. Das zweite, eine weit bedeutendere Figur, ist Alexandre Walewski, Sproß aus jener dauerhafteren Liebe zu der polnischen Gräfin Maria Walewska, der später unter Kaiser Napoleon III. französischer Außenminister wird, in körperlicher Erscheinung und geistigem Habitus seinem Vater sehr ähnlich gewesen sein soll.

Unter den Geschwistern fallen die beiden »Nichtgekrönten« als Gegensätze auf: Lucien, der seiner zweiten Ehefrau Alexandrine bis zum Tod die Treue hält, und Pauline, die von der Treue zu ihrem fürstlichen Ehemann Borghese nicht das geringste hält. Elisa steht ihr da, in bezug auf den Gatten Bacciochi, wenig nach, und Schwester Caroline verbindet eine mehrjährige, durchaus offenkundige Beziehung mit dem General Junot. Joachim Murat und Eugen Beauharnais haben ihre sehr flüchtigen Liaisons eher diskret unterhalten, über sie sind nur spärliche Skandalgeschichten in Umlauf gekommen.

Arg schlimm hingegen treiben es Joseph und Jerome. Als Unterschied ist zu bemerken, daß Josephs Ehefrau Julie schon in Neapel selten, in Madrid so gut wie nie in seiner Nähe ist; sie bevorzugt – wie auch ihre Schwester Désirée, die Bernadotte-Gattin, und wie Louis' Ehefrau Hortense – den Aufenthalt zu Paris, ohne freilich den regen Briefverkehr mit Joseph je abreißen zu lassen. Hingegen teilt die Königin Katharina von Westphalen durchaus konstant den Aufenthalt ihres Mannes Jerome, was dessen Verhalten noch unerfreulicher erscheinen läßt.

Joseph wechselt die Mätressen wie die Länder, die er regiert. In Neapel ist es die blutjunge, aber doch selbst schon verheiratete Herzogin di Atri. Sie hat ihm zwei Kinder geboren, deren Zukunft er nach seinem Abschied großzügig (wenngleich aus Mitteln der Staatskasse) sicherstellt. In Madrid wendet er sich der spanischen Marquesa de Monte Hermoso zu. Der ganze Zorn des Vaterlands hat später diese schöne Frau getroffen, indem ihr Name aus den Adelsregistern getilgt wurde.

Julie duldet Josephs Eskapaden, ohne Gleiches mit Gleichem zu vergelten. Sie schlägt auch keinen Krach. In ihren Briefen an den ungetreuen Gemahl liest man allenfalls: »An Zerstreuung wird es Dir gewiß nicht fehlen« – oder gar: »Ich hoffe, daß Du Dich auch ohne mich gut amüsierst.«

Beweist Joseph immerhin eine gewisse Beständigkeit im Ehebruch, so kann davon bei Jerome keine Rede sein. Er teilt sein Bett mit ständig wechselnden, auch hier »eingeborenen« Favoritinnen – der Freifrau von Pappenheim, der Komtesse von Merveldt, der Baronin von Keudelstein, der Gräfin von Bocholtz und so mancher anderen, nicht nur adligen Dame. Theateraufführungen verzögern sich bisweilen mitten im Stück, weil König Hieronymus in seiner verhängten Loge noch mit einer Schauspielerin beschäftigt ist, die im nächsten Akt auftreten muß, und einmal wird die Vorführung nach solcher eigenwilligen Pause endgültig abgebrochen.

Königin Katharina reagiert ähnlich wie Schwägerin Julie. Sie schweigt, beschwert sich weder beim kaiserlichen Schwager in Paris noch beim königlichen Vater in Stuttgart und toleriert, was sich da so peinlich fast unter ihren Augen abspielt.

Louis, König von Holland, ist auch diesmal wieder ein Sonderfall. Seine Ehe ist, wegen Unvereinbarkeit der Charaktere beider Gatten, schon heillos zerrüttet, als er, manche Skrupel überwindend, eine Mätresse nimmt; diese ist aber keine Holländerin, sondern eine französische Schauspielerin, Madame Dangeville. Da lebt Königin Hortense schon längst von Tisch und Bett ihres Mannes separiert; mehr noch, sie gibt ihm Anlaß zur Eifersucht, indem sie sich dem franzosenfreundlichen Admiral Verhuell, dem holländischen Marineminister und Napoleon-Schützling, in die Arme wirft.

Koning Lodewijk glaubt fest, und mancher Historiker wird es später mit ihm für wahr halten, daß sein 1808 geborener dritter Sohn Louis Napoleon, der spätere Napoleon III., nicht von ihm, sondern von diesem ihm höchst verhaßten Admiral gezeugt worden sei. Inzwischen ist allerdings – mit einer naturwissenschaftlichen Wahrscheinlichkeit, die für den Juristen an Sicherheit grenzt – diese Behauptung als unrichtig erwiesen, denn während der Empfängniszeit des Kindes war Hortense von ihrem Liebhaber räumlich getrennt, mit ihrem Ehemann jedoch – kurzzeitig-vorübergehend, aber auch körperlich – während gemeinsamer Rückkehr von Badekuren in den Pyrenäen wieder einmal vereint.

So stellt sich das moralische Bild des Louis, was die außerehelichen Amouren betrifft, wohl etwas sympathischer dar als das seiner Brüder und Schwestern, wenngleich sie alle nicht die konkurrenzlose Reinheit des Lucien erreichen, der ja gerade wegen seiner ehelichen Treue auf jegliche Krone verzichtet hat.

In einem wichtigen Punkt aber unterscheidet sich das Verhältnis der Napoleoniden zu den illegalen Bettgefährtinnen und -gefährten sehr erheblich von den einschlägigen Bräuchen des früheren, zeitgenössischen und auch späteren Europa, allwo das »Damen-Regiment« an französischen, deutschen und italienischen Höfen eine meist wenig heilsame staatliche Rolle spielte – mit den Marquisen Maintenon, Pompadour und Dubarry beginnend, mit den Gräfinnen Cosel und Lichtenau, Hohenberg und Landsberg nicht endend. Da hatten die tradierten und jahrhundertelang etablierten Hofnarren, nun teils in fliegendem Wechsel, teils in gleitendem Übergang abgeschafft und pensioniert, doch bessere politische Ratschläge erteilt.

Nein, eine »Maîtresse en titre d'office«, wie es sie im alten Frankreich und, in freudiger Nachäffung, an manch anderer Residenz gab, ist in den Napoleoniden-Staaten nie etabliert worden. Napoleon wie auch seine Familiare haben den Favoritinnen (und die Schwestern den Favoriten) keinen auch nur geringen politischen Einfluß eingeräumt, sie sogar rasch ausgewechselt, wenn sie nach solcher Mitbestimmung strebten.

Selbst der erotische Libertin Jerome besprach wichtige Staatsgeschäfte oft eher mit seiner Ehefrau als mit seinen Ministern – und die württembergische Prinzessin Katharina hat sich stets als Deutsche, als Königin eines Rheinbundstaates gefühlt. Diese körperlich wenig anziehende, aber mit Klugheit und Güte begabte Frau aus ältestem süddeutschem Adel war sich ihrer Pflichten stets bewußt; man wird sie, obgleich mit ihrem Mann französisch parlierend, wohl auch eine Patriotin nennen dürfen.

Von Titeln und Orden

Daß Titel und Orden wichtige staatspolitische Führungsinstrumente sind, hat niemand so klar gesehen und betont wie Napoleon. Schon 1802 sagt er im französischen Senat: »Man zeige mir ein Volk auf der Welt und in der Geschichte, das ohne sichtbare Belohnungen für Verdienste ausgekommen ist!«

Dann beendet er auch insoweit die plebejisch-revolutionäre Zeit, die den alten Adel abgeschlachtet, die ehrwürdigen Orden vom Heiligen Geist, vom Heiligen Ludwig und vom Heiligen Michael abgeschafft hat. Nach solchem Kahlschlag stiftet er die Ehrenlegion, ursprünglich ganz im überlieferten Sinn als Zeichen der Zugehörigkeit zu einer ritterlichen Gemeinschaft, zugleich aber nun eine »demokratische« Dekoration, die erstmals in der europäischen Staatengeschichte nicht nur den Hochgestellten vorbehalten ist, sondern die jeder Bürger und Soldat sich verdienen kann.

Die Gründung des neuen Adels in Frankreich – vorbildlich auch für das Empire und im rheinbündischen Deutschland – verfolgt dasselbe Ziel. Die Gesellschaft soll eine neue Formierung erhalten, die weder feudalistisch noch revolutionär ist: Die Elite der Nation wächst heran nicht mehr durch den Zufall von Geburt, Stand oder Familie, sondern nach persönlicher Leistung, die objektive Anerkennung findet.

Des Kaisers Familiare beschreiten, von sich aus und in eigenem Interesse, sehr ähnliche Wege. Napoleon ist davon nicht begeistert, und das kann nicht verwundern. Er befürchtet das Entstehen und Wachstum neuer Loyalitäten, die nicht ihm, sondern den »gekrönten Präfekten« gelten – und in der Tat ist es für diese wiederum ein Stück Vaterlandswechsel, kein unwichtiger sogar.

Wenn die Brüder Joseph und Jerome den Adel, den sie in ihren Ländern vorfinden, durch Ernennungen von Baronen, Grafen und gar Herzögen umformen und verstärken, so duldet Napoleon das gerade noch. Aber bei Bruder Louis wird er schon mißtrauisch, denn in Holland ist der Adel ja auf dem Papier abgeschafft, und »Koningkodewijk« belebt ihn hier aufs neue, greift gar eine Rangklasse höher, was nicht geduldet werden kann. Der Kaiser schreibt ihm: »Ich habe gehört, daß Sie Fürsten ernennen wollen. Ich fordere Sie dringend auf, dies nicht zu tun. Die Ernennung von Fürsten steht allein dem Kaiser zu!« In diesem einzigen Punkt weicht Louis denn auch zurück. Des Kaisers Verbot ist logisch: Ein Satellitenkönig darf keinen Adelsgrad kreieren, der, wie der Fürst, nach Empire-Verständnis mit Territorialhoheit verbunden, in monarchischer Befugnis einem König schon fast gleichgestellt ist.

Als Jerome seiner geschiedenen Ehefrau Elisa Patterson den Titel einer »Fürstin von Schmalkalden« beilegen will, interveniert Napoleon ebenso. König Hieronymus kommt nicht in innere Konflikte, weil Elisa den Titel von sich aus ablehnt. Ansonsten ist er es, der (wie Joseph beim Abschied von Neapel) geradezu inflationär mit Titeln und Beförderungen umgeht. Ein Kammerherr nach dem anderen wird zum Baron ernannt, und ein Oberst im westphälischen Heer verdient soviel wie ein französischer Brigadegeneral. Einen solchen Colonel pfeift Napoleon einmal beiläufig an: »In meiner Armee wären Sie nicht einmal Feldwebel geworden!«

Seinen Jugendfreund und Außenminister Lecamus erhebt Jerome in den Rang eines »Grafen von Fürstenstein«, dies zur Erbitterung der Deutschen, denn hiermit ist eine derjenigen Domänen verbunden, über die der König frei verfügen kann, weil sie nicht ohnehin schon Franzosen zugedacht sind. Der westphälische Adel rächt sich, indem einer seiner Vertreter von weit älterer Noblesse einen Brief abschickt, über dessen Anschrift ganz Kassel lacht: »Seiner Exzellenz dem Herrn Minister des Äußeren, Grafen von Fürstenstein, geborenen Lecamus«.

Die drei Brüder – Joseph, Louis und Jerome – stiften auch eigene Orden in ihren Ländern. Napoleon kann ihnen das aus staatsrechtlichen, von ihm selbst geschaffenen und anerkannten Gründen nicht direkt verwehren, aber auch hier spart er nicht mit bissig-spöttischen Kommentaren.

In Neapel schafft Joseph den »Orden Beider Sizilien« mit dem Motto »Pro patria renovata«, für das erneuerte Vaterland, einen fünfzackigen, rotemaillierten, vergoldeten Stern mit Kugelspitzen, dessen Mittelmedaillon er später mit geänderter Umschrift – »Virtute et fide«, durch Tapferkeit und Treue – auch für seinen spanischen Ritterorden verwendet; nach ihm haben Murat und Caroline den neapolitanischen Orden weiterhin verliehen.

Jerome ist von seinem sonst so sicheren Geschmack offenkundig verlassen, als er den »Orden der Westphälischen Krone« stiftet – in der allerdings berechtigten Erwägung: »So etwas wird den Deutschen sehr gefallen.« Die Dekoration stellt fast einen zoologischen Garten dar: Die historischen Wappentiere aller westphälischen Landschaften, vom Löwen bis zum Pferd, sind höchst unheraldisch versammelt unter dem französischen Adler; der trägt einen Jupiterblitz in den Fängen und im Schnabel ein Spruchband: »Ich vereinige sie!«

Als Napoleon zu Paris das erste Großkreuz des Ordens erhält, würdigt er es nur eines indignierten Blickes und der ebenso verächtlichen Worte: »Zuviel Viehzeug!« Dann wirft er es mit Schwung in eine Ecke seines Arbeitszimmers, und natürlich muß der überbringende Kurier dafür sorgen, daß sein königlicher Herr die kaiserliche Schätzung erfährt. Jerome zeigt sich unbeeindruckt, denn in Westphalen ist der Orden heiß begehrt. Er wird auch weit mehr Deutschen als Franzosen und »sonstigen empfangsberechtigten Ausländern« verliehen; von den Damen hieß es freilich, es stünden diejenigen in besserem Ruf, die ihn nicht bekommen hätten.

Aber auch geringeren Verdiensten, die einen Orden noch nicht rechtfertigen, will Jerome nach dem Stil der Zeit Anerkennung zollen. In diesem Sinn stiftet er die »Hieronymus-Medaille«, ein tragbares ovales Silberstück mit seinen verschlungenen Initialen »HN«, Hieronymus Napoleon.

Die schönste aller napoleonidischen Dekorationen, den holländischen »Orde van de Unie« (Orden der Vereinigung) läßt Louis vom französischen Prominentenmaler Isabey entwerfen: ein achtspitziges goldenes Kreuz mit blauemaillierten Strahlen, inkrustiert mit goldenen Bienen. Auf der Vorderseite des Medaillons ist der Kopf des Königs mit der Umschrift »Eendracht maakt Macht« (Einigkeit macht stark) zu sehen. Die Rückseite zeigt den gekrönten niederländischen Löwen, mit langer Mähne aus der Nordsee auftauchend, und das Motto: »Doe wel en zie niet om« – etwa: Tue recht und scheue niemand. Der Orden, in vier Klassen eingeteilt und im Volksmund mit dem Spitznamen »Blauer Schleifstein« belegt, wird schon 1807 an 450 Holländer verliehen, in den höheren Klassen ist er mit dem persönlichen Adel verbunden.

Auch hier zeigt Napoleon seinen Unwillen, als er den Bruder schriftlich zurechtweist: »Sie haben noch gar nichts geleistet, um Menschen, die Sie kaum kennen, mit Orden auszuzeichnen! Unterlassen Sie solchen kindischen Unsinn!« Louis gibt die gelassene Antwort, die ihn ebenso als selbstbewußten Staatsmann wie als nüchternen Realisten ausweist: »Da ich weder materielle Geschenke noch Geld anzubieten habe, so ist dieser Orden das einzige Mittel, um verdiente Männer an die Monarchie zu binden.«

Nur um das Königreich Italien braucht Napoleon sich hinsichtlich konkurrierender Loyalität keine Sorgen zu machen. Denn dort hat er den »Orden der Eisernen Krone« selbst gestiftet, und er allein als »König«, nicht etwa Vizekönig Eugen, sucht die Menschen aus, die ihn bekommen oder geadelt werden sollen.

Elisa hat weder in Piombino noch in Lucca eigene Orden gestiftet, obwohl sie das geplant hatte. Im französischen Departement Toskana ist sie, zu ihrem lebhaften Bedauern, für die Ehrenlegion nicht verleihungsberechtigt; da kann sie als Präfektin nur Empfehlungen an den Kaiser aussprechen, die durchaus nicht immer befolgt werden.

Die meisten der napoleonidischen Orden haben den Sturz des Empire nicht überlebt. Aber Josephs und Murats Orden Beider Sizilien ist, mit geänderten Symbolen und Umschriften, von den nach Neapel zurückgekehrten Bourbonen noch bis 1820 verliehen worden. Der »Schleifstein« des Louis wurde später anerkanntes Vorbild des »Ordens vom Niederländischen Löwen«, der noch heute die höchste Zivilauszeichnung des Königreichs der Niederlande ist. Und in Frankreich hat die Ehrenlegion alle politischen Wechsel der Staatsform überdauert – Napoleons Nachfolger waren zu klug, um sie abzuschaffen, und auch die Republik hat es nie gewagt, sie anzutasten.

Napoleon I., Kaiser der Franzosen. Das Porträt von François Gérard zeigt ihn im Alter von vierzig Jahren auf dem Höhepunkt seiner Macht.

Nachbarn als Freunde und Feinde

Der Umgang der Napoleoniden miteinander entspricht, auch soweit sie Monarchen sind, durchaus ihren Sympathien und Abneigungen; diese werden freilich modifiziert, wenn sie in ihren Staaten territoriale Nachbarn sind.

Es liegt auf der Hand, daß Joseph, der enragierte Beauharnais-Gegner, sich mit Vizekönig Eugen um so weniger vertragen kann, als das Königreich Neapel an der Adria eine gemeinsame Grenze mit dem Königreich Italien hat. Beide beäugen einander argwöhnisch, wohl zum geheimen Vernügen Napoleons, der zwar irgendwann einmal ganz Italien einigen möchte, aber bis dahin weder Joseph noch Eugen allzu mächtig sehen will. Sowohl der erstgeborene Bruder und seine Nachfolger in Neapel als auch der Adoptivsohn in Mailand würden gern die Toskana und, wenig später, den aufgelösten Kirchenstaat jeweils ihren Ländern angliedern. Aber in der großen europäischen Politik ist es der Kaiser, der teilt und herrscht: Beide Gebiete, diese Mittel- und Kernstücke Italiens, werden zunächst einmal von Frankreich direkt annektiert; nur in der maßlosen Enttäuschung stimmen Joseph und dann die Murats mit Eugen Beauharnais überein.

Die Beziehungen zwischen den italienischen Staaten werden nach dem Regierungswechsel in Neapel eher noch schlechter als besser. Eugen verachtet das pfauenhafte Gehabe Murats, während zwischen ihm und Königin Caroline das gespannte Bonaparte-Beauharnais-Verhältnis sich vertieft. Man versucht auch wechselseitig, sich tüchtige Personen der Bürokratie und bedeutende Figuren der Schönen Künste abzuwerben – sehr zum Vorteil der Betroffenen, die jeweils dem Angebot des Meistbietenden folgen, zumal sie im Norden wie im Süden des Landes durchaus Italiener sein und bleiben dürfen, immerhin auch zum Nutzen der geistigen Einigung Italiens.

Der politische Umgang des Vizekönigs Eugen mit seinem wichtigsten Nachbarn im Nordosten, dem Kaiserreich Österreich, entspricht ganz und gar den napoleonischen Vorgaben und Vorschriften – diplomatisch-korrekt zu Friedenszeiten und kriegerisch im Sinne des Empire, wenn wieder ein neuer Alpenfeldzug angesagt ist.

Um so erstaunlichere Selbständigkeit legt Eugen Beauharnais gegenüber seinem dritten nördlichen Nachbarn, dem von seinem Schwiegervater regierten Königreich Bayern, an den Tag. Er erweist sich – was eine kaum glaubliche, aber lückenlos dokumentierte Geschichte ist – als Kämpfer für die Freiheit des Landes Tirol.

Mit der Einverleibung der einst österreichischen »gefürsteten Grafschaft« Tirol nach dem Frieden von Preßburg hat Bayern seine größte historische Ausdehnung nach Süden, über Trient hinaus bis zum Gardasee, erreicht. Aber dieser so rasch wie eindrucksvoll gewachsene, nun bedeutendste Rheinbundstaat behandelt seine Tiroler Neubürger nicht besser als seine Schwaben im Westen und seine Franken im Norden. Das zentralistisch-bürokratische Verwaltungssystem des Chefministers Montgelas unterdrückt – vom sonst so heftig verfochtenen »Föderalismus« weit entfernt – jede Spur von Brauchtum, Eigenständigkeit und Selbstverwaltung, die gerade den Tirolern teuer ist.

Es kommt zu Aufständen des Volkes gegen die ungeliebte bayerische Herrschaft. Anführer ist Andreas Hofer, von den Franzosen »André Hoffer« genannt, als Schützenhauptmann eher ein militärischer Amateur, hauptberuflich als Gastwirt und Viehhändler tätig. Er glaubt an Unterstützung durch Österreich, des traditionellen Heimatstaates, dem er sich wieder anschließen möchte; als »vom Haus Österreich erwählter Oberkommandant« läßt er sich von seinen bäuerlichen Milizen bezeichnen. Er gewinnt mehrere Gefechte am Berg Isel, und der Erzherzog Johann macht ihm von Wien aus große Versprechungen, die aber nicht gehalten werden können, als Österreich 1809 wieder einen Krieg gegen das Empire verliert und im Frieden von Wien auch Tirol in Napoleons Verfügungsbereich (also bei Bayern) belassen muß.

Hofer und seine Mitstreiter, zutiefst enttäuscht vom österreichischen Verrat (wie sie es sehen), suchen einen neuen Verbündeten, der sie vor der Bestrafung und neuen Pressionen des Königs von Bayern schützen kann. Sie finden ihn in Eugen Beauharnais, dem Vizekönig von Italien. Ihm vertrauen sie ihren Wunsch an, entweder Franzosen oder Italiener zu werden, wenn sie schon einen eigenen Staat nicht bekommen können.

Hofer schreibt an Eugen: »Wir haben das Glück, Zeitgenossen des größten Mannes zu sein, der je gelebt hat! Der große Napoleon und sein würdiger Sohn (sic) werden fortan die Schirmherren des Volkes von Tirol sein!« Das ist deutlich genug: Anschluß an das französische Kaiserreich oder an das Königreich Italien wird begehrt.

Eugen zeigt zivilen, familiären Mut und scheut den offenen Konflikt mit seinem Schwiegervater nicht. Er empfängt die Abgesandten Hofers persönlich, hört sich ihre Sorgen an und verhandelt mit ihnen. Energisch setzt er sich beim Bayernkönig für eine gerechte, milde, großzügige Behandlung der Tiroler ein. Als er begreifen muß, daß er tauben Ohren predigt, teilt er Napoleon folgendes mit: »Was ich bezeugen kann, ist ein unüberwindlicher Haß aller Tiroler gegen Bayern! Die Aufständischen würden gern die Waffen niederlegen, aber nur gegen das Versprechen, dass sie keinesfalls bei Bayern verbleiben und nimmermehr unter bayerische Gesetze kommen! Sie wollen Franzosen oder Italiener werden. Eure Majestät würden alle diese Schwierigkeiten leicht beheben können, wenn Sie ... aus Tirol einen unabhängigen Staat machen oder es zwischen Bayern und Italien teilen!«

Eugens zweiter Vorschlag, die Teilung des Landes, findet bei Napoleon Anklang, und so bewirkt dieser Familiar erstmals in der Geschichte ein politisches Ergebnis, das im 20. Jahrhundert nach zwei Weltkriegen wohl endgültig zementiert worden ist: Der Süden Tirols kommt zu Italien, während der Norden nur vorerst bei Bayern bleibt, schon 1815 aber wieder an Österreich zurückfällt – wo er bis heute verblieben ist.

Damals ist niemand so recht mit der Kompromißlösung zufrieden. Der Bayernkönig braucht längere Zeit, um seinem Schwiegersohn den unfreundlichen Akt zu verzeihen, zumal er sich bequemen muß, seinem Sohn, dem liberal gesinnten Kronprinzen Ludwig, die Regentschaft des widerspenstigen Landesteils zu übertragen. Den Tirolern aber genügt das Erreichte bei weitem nicht. Sie brechen den von Eugen vermittelten Waffenstillstand und führen die Rebellion gegen Bayern, das nun auch von Napoleon massive Hilfe bekommt, weiter fort.

Der Ausgang der tragischen Affäre ist bekannt. Andreas Hofer wird 1810 von den Franzosen gefangengenommen und nach (juristisch korrekter) kriegsgerichtlicher Verurteilung zu Mantua erschossen – auf dem Boden des Königreichs Italien, dessen Vizekönig sich so ernsthaft wie vergeblich bemüht hat, diese Hinrichtung zu vermeiden oder wenigstens auszusetzen. König Max Joseph zu München aber scheut sich nicht, in heuchlerische Krokodilstränen auszubrechen: »Sie haben mir meinen Hofer erschossen!«

Es bleibt paradox: Hätte Napoleon den Hofer wunschgemäß zum Franzosen oder Italiener ernannt, so wäre der »Sandwirt von Passeier« niemals als Tiroler Volksheld und deutscher Freiheitskämpfer in die regionale Geschichte eingegangen; derart nüchterne Überlegung findet sich freilich bis heute weder in deutschen noch gar österreichischen Geschichtslehrbüchern.

Es gibt noch andere Grenzen im Empire, die zu napoleonidisch-nachbarlichen Konflikten führen, wenn nicht geradezu einladen. Das Königreich Holland des Louis Bonaparte hat seine offene Flanke im Süden, wo es unmittelbar an Frankreichs belgische Departements stößt. Diese eher unnatürliche Grenze ist noch aus habsburgischer Zeit historisch überkommen, aber Napoleon diszipliniert den Bruder, als der ihm zu eigenwillig und, wie er meint, »praktisch ein Engländer« wird, indem er ihm die südliche Hälfte des Reiches mit militärischer Hand wegnimmt. Damit wird der holländische Staat, erst- und einmalig in seiner Geschichte, auf die rechtsrheinischen Gebiete im Norden beschränkt und verliert dadurch seine wirtschaftliche und völkische Lebensfähigkeit. Was nützen Louis nun noch seine kaiserlich bestätigten Territorialgewinne im Osten? Zwar versucht er zu lavieren und bemüht sich, wenigstens das Großherzogtum Berg, wo sein minderjähriger Sohn doch schon nominell auf dem Thron installiert ist, als direkte Entschädigung zu erhalten – ein Vorschlag, den Napoleon nicht einmal beantwortet.

So ist es auch in Holland der ausgespielte Zwang territorialer Nachbarschaft, der den König bald veranlaßt, freiwillig auf die Krone für die eigene Person zu verzichten. Die Bitte, daß Gott nur vor den Freunden schützen möge, weil man sich gegen die Feinde schon selbst wehren könne – niemand hätte sie so inbrünstig aussprechen können wie Louis, nachdem es ihm mit seinem kleinen, tapferen Landheer gerade gelungen war, eine britische Invasion von der Seeseite abzuwehren. Das war ein militärischer, auch für das Empire bedeutender Erfolg, den Napoleon mit höchst ungerechter Ironie nur so kommentiert: »Glauben Sie jetzt etwa, daß Ihr Holland eine europäische Großmacht ist?«

An der friesischen Nordostecke seines Reiches hingegen gewinnt Louis einen überaus skurrilen, für ihn aber sehr nützlichen Nachbarn und Bundesgenossen. Eigentlich dürfte es diesen Zwergfürsten gar nicht mehr geben, aber er hat als einziger adliger Personalist den Untergang des alten deutschen Reiches überlebt: Sowohl der König von Preußen als auch der Herzog von Oldenburg haben ihn übersehen und schlicht vergessen, ihn zu mediatisieren.

So firmiert Wilhelm Gustav Friedrich Bentinck, gebürtiger Holländer und ehemaliger britischer Generalmajor, immer noch unangetastet als »des Heiligen Römischen Reiches Graf von Kniphausen, Edler Herr von Varel, Herr zu Doorwerth, Rhoon und Pendrecht«. Mit seinem Ländchen von fünfzig Quadratkilometern und dreitausend Untertanen an der Westküste des Jadebusens hängt er politisch und staatsrechtlich gewissermaßen in der Luft: Das Reich, dem er sich »unmittelbar« zugehörig fühlt, gibt es nicht mehr; der Kaiser zu Wien ist nur noch für Österreich und nicht mehr für ihn zuständig; ein anderer Landesherr hat ihn nicht subjiziert – und so untersteht er eigentlich direkt dem lieben Gott.

Der erstaunliche Römische Graf von Kniphausen macht von seiner einzigartigen Stellung in Deutschland international regen Gebrauch – für Holland, woher er stammt, und gegen Napoleon, den er haßt. Er benutzt sein beträchtliches Privatvermögen zum Aufbau einer eigenen, wehrhaften Handelsmarine unter blau-weiß-blauer Flagge. Als Blockadebrecher fahren seine Schiffe gemeinsam mit der holländischen Flotte Koning Lodewijks weit durch die Nordsee, holen Schmuggelwaren von den Zwischenlagern in Dänemark und auf der britischen Insel Helgoland ab, beschießen gar französische Patrouillenboote und stören nachhaltig die Kontinentalsperre des Empire.

Als Napoleon von der verdächtigen Zusammenarbeit seines Bruders mit einem seltsamen deutsch-britisch-holländischen Grafen hört, erkundigt er sich bei Talleyrand – der, obwohl nicht mehr Außenminister, dennoch wie die Sphinx oder Pythia zu allen möglichen und unmöglichen europäischen Angelegenheiten befragt wird –, was es denn für eine Bewandtnis mit »diesem Knippauss« habe. Talleyrand entgegnet gelassen: »Das ist eigentlich nur eine Mücke, aber sie sitzt direkt auf der Nase Eurer Majestät!«

Im Jahre 1810 wird aber auch der Grafschaft Kniphausen ein (vorläufiges) Ende gemacht, durch französische Besetzung und Okkupation, aber der Graf beweist – wie umgekehrt die Napoleoniden – sein eigenes Talent zum Vaterlandswechsel: Er läßt sich für den Bereich seiner Herrlichkeit als französischer Bürgermeister anstellen und überdauert den Sturz des Empire ebenso wie vorher den Zusammenbruch des Römischen Reiches. Erst 1854 ist Kniphausen endgültig an Oldenburg gefallen.

Zu seinem königlichen Bruder Hieronymus im Osten hat Louis ebenfalls stets gute Beziehungen unterhalten können, die auch bis ins beiderseitige Exil fortwirkten. Das ist einsichtig, denn die Königreiche Westphalen und Holland haben keine gemeinsame Grenze. Es liegen – wiederum bis 1810, als Louis' Rücktritt und dessen politische Folgen auch die deutsche Landkarte verändern – die Rheinbundstaaten Oldenburg, Salm, Aremberg und eben das Großherzogtum Berg dazwischen. Das russische Sprichwort »Sei Freund dem Nachbarn, aber repariere den Zaun« mußte also für den jüngsten und den zweitjüngsten der Bonaparte-Brüder im zweiten Halbsatz nicht gelten; sie konnten sich auf gedrosselte familiäre Zuneigung beschränken – und die haben sie auch, politisch wie menschlich, einander entgegengebracht.

Eine intime Freundschaft zwischen ihnen ist freilich, wegen der sehr großen Wesensverschiedenheiten, niemals entstanden. Doch immerhin schreibt Jerome seiner Frau, als er 1810 im Gefolge des Kaisers die durch Frankreich annektierten Südprovinzen Hollands besucht: »Ich glaube, daß die Menschen hier mit Recht trauern, weil sie ihren guten König verloren haben!«

Mit seinen unmittelbaren Nachbarn hat Jerome wenig Probleme. Zwischen dem Königreich Westphalen und den (von ihm völlig umschlossenen) Rheinbundstaaten Anhalt und Lippe-Detmold bestehen nachbarliche Verträge nebst Zollunion. Die Beziehungen zu den östlichen Anrainerstaaten sind vorerst keineswegs feindlich. Das gilt nicht nur für Sachsen, sondern auch für Preußen; in wirtschaftlicher Hinsicht bemüht man sich um Austausch und Erleichterungen des Handels.

Soweit sie einander sympathisch sind, führen die Familiare unter sich eine rege Korrespondenz. Man pflegt auch Besuchsverkehr in den diversen Staaten und empfängt einander mit großem Aufwand – man will ja auch dem Gast zeigen, wer man ist und was man hat. Auch die Borghese-Fürstin Pauline ist an den Napoleoniden-Höfen gern gesehen, zumal sie ganz unpolitischen Charme verbreitet und von ihr eine imperiale Konkurrenz ja nicht mehr zu befürchten ist. Nur Lucien hält sich taktvoll zurück, um die Brüder und Schwestern nicht in Verlegenheit zu bringen, indem er sie Napoleons Zorn aussetzen würde. Es genügt ihm – bis zur Zerschlagung des Kirchenstaats 1809 – der päpstliche Hof zu Rom, wo er ein häufiger und geehrter Besucher ist; auch hat er mit seinen Ausgrabungen, seinem wissenschaftlichen Briefverkehr, seinen literarischen Bemühungen und nicht zuletzt mit seiner eigenen großen Familie genug zu tun.

Am respektvollsten wird freilich Madame Mère begrüßt, wenn sie bei jenen Monarchen zu Besuch ist, die sie einst großgezogen hat. Einmal begibt sich Letizia sogar ins westphälische Kassel und berichtet entzückt von dem Empfang, den der jüngste Sohn ihr bereitet hat. Als Jerome ihr auf Schloß Napoleonshöhe eine prächtige Juwelensammlung zeigt, soll sie gemurmelt haben: »Ici on faut voler« – hier müßte man stehlen. Es ist aber, wie so manches am Hofe des Königs Hieronymus, ein unverbürgtes Gerücht geblieben, daß tatsächlich nach der Abreise der Kaisermutter ein hübscher Edelstein in der Kollektion gefehlt habe.

Kaiserin Josephine fährt gern nach Italien, wo sie sich freilich auf den Norden des Landes und den Kontakt zu ihrem lieben Sohn, Vizekönig Eugen, beschränkt. Daß sie den Fuß nicht nach Neapel setzt, wo stets die feindlichen Bonapartes regieren, ist wohl verständlich. Später, nach ihrer erzwungenen Ehescheidung, wird sie sich ganz und gar nach Malmaison zurückziehen, getröstet von der Tochter Hortense und den wenigen mutigen Ehrenmännern, die es dann noch wagen werden, sich bei ihr und mit ihr sehen zu lassen.

Elisa und Caroline, die lebenslang rivalisierenden Schwestern, glücklicherweise auch keine räumlichen Nachbarinnen, suchen und finden wenig Anlaß, einander zu besuchen. Die Giftigkeiten, die sie sich mitzuteilen haben, verbreiten sie eher – ebenso wie die vereint gehaßte Schwägerin Hortense – bei gemeinsamer Anwesenheit zu Paris, wenn sie von Napoleon dorthin einbestellt werden, zu wichtigen Ereignissen des Empire und der Familie.

Wien, Tilsit, Erfurt – Der Clan in Beurteilung

Zum nachbarlichen Verhältnis im weiteren Sinn gehört die Bewertung, die Napoleon und die Familiare durch die »alten« Monarchen Europas, auch durch die Adligen, Notabeln und Bürger des Auslands erfahren haben.

Das Thema ist nicht einfach damit abzutun, daß die europäischen Souveräne ja einmal antirevolutionär, damit später auch gegen den Revolutionserben Napoleon angetreten waren, um den Tod ihres bourbonischen Vetters, des legitimen Königs Louis

XVI., zu rächen. Der neue Franzosenkaiser und seine Geschwister waren für diese Souveräne nicht einhellig und einheitlich bloße Emporkömmlinge, die es – außer mit Waffengewalt – auch mit moralisch-gesellschaftlicher Verachtung zu strafen galt.

Denn einerseits sind diese Monarchen, ebenso wie ihre Gegenspieler vom Clan, sehr unterschiedliche Persönlichkeiten, und andererseits haben sie sich der »Normativität des Faktischen« (wie die Juristen sagen) in ganz erstaunlichem Maß angepaßt, nur gelegentlich und sehr diskret ihrem Herzen Luft gemacht.

Die Anerkennung als Kaiser ist Napoleon nur von England, die Respektierung als König nur Joseph in Spanien versagt worden. Mit der Altaristokratie »ihrer« Staaten sind die Napoleoniden glänzend fertig geworden; das gilt ebenso für Italien mit seinen verschiedenen Territorien wie für Holland, Berg und Westphalen. Denn fast allerorts sind die naturbegabt-staatsklugen Bonapartes diesen Traditionsfiguren der jeweiligen Länder meilenweit entgegengekommen und haben sie in ihr neues Herrschaftssystem, subjektiv erfolgreich, integriert.

Was die deutschen Fürsten des Rheinbundes betrifft, so hatten auch sie zur Demonstration hergebrachter Ehrwürdigkeiten wenig Anlaß, denn ihren eigenen Macht- und Rangzuwachs hatten sie ja Napoleon und dem Empire-System zu verdanken. Einem geschenkten Gaul sieht man nicht ins Maul, und wer jählings vom beschränkten Duodezfürsten zum souveränen Großherzog oder gar König befördert wird, der hütet sich wohlweislich, unfeine Bemerkungen, Hohn und Spott über diejenigen zu äußern, denen man dies alles verdankt.

Auf »höherer Ebene« – wo nichts geschenkt, sondern umgekehrt sehr viel weggenommen wird – sieht es widersprüchlicher aus. Bestes Beispiel für solche Zwiespältigkeiten ist der Habsburger Franz, durch höchsteigenen Entschluß allerletzter Kaiser des zerschlagenen Römischen Reiches und erster »Kaiser von Österreich«; den Monarchentitel hat er nicht aufgeben wollen, er hat ihn auch niemandem zu verdanken.

Er trifft 1805 zwei Tage nach der Schlacht von Austerlitz erstmals persönlich mit dem siegreichen Imperator in einem Dorf vor den Toren seiner bedrohten Hauptstadt Wien zusammen. Napoleon hat ihn einbestellt und empfängt ihn, der mit ziviler Hofkutsche anreist, hoch zu Roß, von französischen Marschällen und Generälen umgeben. Franz redet mit dem Gegner anderthalb Stunden lang unter vier Augen, ohne den für ihn so harten Bedingungen des Preßburger Friedensvertrages, der seine Staaten vom Meer ausschließt, auch nur ein Jota abhandeln zu können.

Aber dennoch schreibt Franz an seine Ehefrau Maria Ludovica:

Franz II., letzter Kaiser des Heiligen Römischen Reiches, dann nach Abdankung Franz' I. Kaiser von Österreich – später, höchst unwillig, Schwiegervater Napoleons. Das Gemälde von Friedrich von Amerling aus dem Jahre 1834 zeigt ihn in der sehr selten getragenen Ehrenuniform eines preußischen Generals (nicht nur mit dem »Goldenen Vlies«, sondern auch mit dem »Hohen Orden vom Schwarzen Adler«).

»Mit Bonaparte bin ich ganz zufrieden gewesen, insoweit man es mit einem Sieger sein kann, der einen großen Teil meiner Monarchie in Besitz hat. An Achtung gegen mich und die Meinigen hat er es nicht fehlen lassen.« Auf der Rückfahrt freilich brummt er seinen einzigen Begleiter, den Fürsten Liechtenstein (als österreichischer Feldmarschall), verstimmt an: »Reden S', was Sie wollen, der Bonaparte ist doch ein widerlicher Kerl!«

Und er wird diese Sentenz fünf Jahre später gegenüber Metternich sinngemäß (»Ich kann den Menschen nicht ausstehen!«) wiederholen, als er auf dessen Druck hin aus Gründen der Staatsräson seine Tochter Marie Louise »dem Bonaparte« zur zweiten Frau geben muß. Seine einzige, ohnmächtige Rache wird dann bei der »Eheschließung durch Stellvertreter« zu Wien darin bestehen, daß er bei den zeremoniellen Erwähnungen des »Kaisers Napoleon« nur »ein wenig den Hut rückt« – statt selbigen, wie es ziemlich war, abzunehmen; just die gleiche Sottise, welche die neugebackenen Rheinbundfürsten ihren einst ranggleichen, jetzt mediatisierten Standesgenossen angetan haben.

Trotzdem und dennoch, es ist auch derselbe phlegmatisch-kaltherzige Franz, der 1815 nach Napoleons Rückkehr von Elba verlauten läßt: »Wenn die Franzosen unbedingt ihren Napoleon behalten wollen, dann sollten wir das doch dulden.« Er weiß genau: In diesem gedachten Fall wird die Tochter nicht ungern bei seinem ungeliebten Schwiegersohn verbleiben. Daß sie jenem eine »allzeit gehorsame Gattin« sein soll, das hat er ihr mehrfach brieflich eingeschärft – freilich auch nur aus politischen Gründen, als der Stern des »widerwärtigen Kerls« noch sehr hoch stand.

Ein anderer Kerl (nur in gespielter Leutseligkeit, schwachem Selbstbewußtsein und militärischem Ungenügen mit dem österreichischen Vetter Franz vergleichbar) ist Preußens König, der dritte Friedrich Wilhelm. Da er noch wortkarger ist als jener, der immerhin gelegentliche Bonmots statt eines Infinitivs von sich gibt, so sind von ihm kaum Äußerungen über den Franzosenkaiser bekannt; daß er ihn haßte, darf aufgrund der Kriegs- und Friedenslage angenommen werden.

Er wird 1807 in Tilsit, am nordöstlichen Rand seiner bald amputierten Monarchie, von Napoleon ebenso herbeizitiert wie Kaiser Franz zwei Jahre früher vor Wien. Die politisch höchst aktive, zudem klügere Königin Luise begleitet ihren Mann, aber auch hier ist dem Diktatfrieden nichts, ja nicht einmal Stadt und Festung Magdeburg, abzuschneiden.

Ebenso höflich sind allerdings wieder die Umgangsformen zwischen Sieger und Besiegten. Sie gleichen in nichts den Demütigungen, die 1945 den japanischen Staatsvertretern auf dem Schlachtschiff »Missouri« vom amerikanischen General MacArthur auferlegt wurden – ihnen waren zur Unterzeichnung der Kapitulation nicht einmal Stühle angeboten worden, so daß sie stehend unterschreiben mußten, geschweige denn Sessel, wie sie im (ansonsten kaum weniger herabsetzenden) pseudohistorischen Zeremoniell den französischen Generalkapitulanten 1940 im Eisenbahnwagen von Compiègne, vis-à-vis Hitler, immerhin zur Verfügung standen.

Nein, der Kaiser Napoleon ist stets ein taktvoller Sieger gewesen, der seit Campoformio nicht mehr mit Porzellan um sich geworfen hat. In Tilsit steckt er sogar zu Ehren des niedergekämpften Preußenkönigs den Stern des Hohen Ordens vom Schwarzen Adler an. Und auch in dieser so wichtigen Hinsicht war er eben kein Parvenü – eine Personalbeurteilung, die unter den Familiaren allenfalls Murat, aber keines der Geschwister (nur bei Pauline mag man zweifeln) verdient hat und ihnen auch nur selten »von außen« zuteil geworden ist. »Die Ehre über alles«, aber danach folgen gleich die guten Manieren – dies war das Verhaltensprinzip der Clan-Mitglieder, bis hin zu Jerome als westphälischem König; und so ist es auch in Europa anerkannt worden. Wie elegant etwa hatte sich der »Friedensstifter« Joseph bei Durchsetzung seiner vier Staatsverträge benommen!

Die preußische Königin Luise ist von solchen erlesenen Umgangsformen weniger beeindruckt, weil sie nicht einmal die bescheidenen Minimalziele ihres Staates nach dem verlorenen Krieg erreichen kann. Erbittert sagt sie nach dem verunglückten Vier-Augen-Gespräch über Napoleon: »Er und sein ungemessener Ehrgeiz meint nur sich selbst und sein persönliches Interesse. Er ist von seinem Glück so geblendet und meint, alles zu vermögen. Dabei ist er ohne Mäßigung, und wer nicht Maß halten kann, verliert das Gleichgewicht und fällt.« Ein erstaunliches Wort, prophetisch und historisch zugleich.

Die Gräfin Voss, Luises Oberhofmeisterin, drückt sich nicht so klassisch aus, indem sie zu Tilsit ihrem Zorn über Preußens Desaster die Zügel schießen läßt: »Ich empfing Napoleon mit der Gräfin Tauentzien am Fuß der Treppe. Er ist auffallend häßlich, ein dickes, aufgedunsenes braunes Gesicht, dabei ist er korpulent, klein und ganz ohne Figur, seine großen runden Augen rollen unheimlich umher, der Ausdruck seiner Züge ist Härte, er sieht aus wie die Inkarnation des Erfolges!« Freilich muß auch diese empörte Adelsdame zugeben: »Er war äußerst höflich.«

Vom Fürstentag zu Erfurt, im Oktober 1808, wo »Monsieur Göt« wie auch »Monsieur Villand« in die Ehrenlegion aufgenommen wurden, erfahren wir Schmeichelhafteres. Zitieren wir da vorweg einen der deutschen Notabeln, Ignaz Ferdinand Arnold,

Die preußische Königin Luise, gebürtige Mecklenburgerin, versuchte mit der ihrem Volksstamm eigenen Hartnäckigkeit – jedoch erfolglos –, Napoleon beim Frieden von Tilsit 1807 einige westelbische Gebiete (zumindest die »geliebte Stadt Magdeburg«) abzuhandeln. Nach der Begegnung mit Napoleon sagte sie verbittert: »Er ist von seinem Glück so geblendet und meint, alles zu vermögen. Dabei ist er ohne Mäßigung, und wer nicht Maß halten kann, verliert das Gleichgewicht und fällt.« Chromotypie nach Woldemar Friedrich.

der Napoleons Einzug in seine thüringische Heimatstadt (damals französische Exklave in den Rheinbundterritorien) erlebt und ihn an der Spitze der »Bürgergarde der Kaufleute« empfangen hat:

»Selten spricht ein Gesicht mehr Majestät, Würde, Erhabenheit, wahre Seelengröße und tiefdenkende Weisheit so rein aus, als das in allen Zügen Ehrfurchtgebietende dieses größten Monarchen seiner Zeit, vielleicht aller Zeiten. Dabei ist über alles eine solche Ruhe, eine solche wahrhaft unbefangene Größe verbreitet, die die Majestät der anderen Züge noch mehr erhebt. Feierlicher Ernst und unbeschreibliche Hoheit thront auf seiner Stirne. Seine Augen, mit etwas zusammengezogenen Brauen, blicken auf den Grund der Seelen. Es ist schwer, auch für den Unbefangenen, den Blick dieses Mannes zu ertragen, und sein erster Anblick erschüttert. Wenn auch seine Kleidung den Monarchen nicht auszeichnet, so ist es unmöglich, an der Erhabenheit seiner Bildung (soll heißen: Gestalt) den großen Weltbeherrscher zu verkennen.«

Die »Kleidung« – ja, da setzt Napoleon bewußt auf die

Schlichtheit des »Erhabenen«. Wenn der prominente Erfurter Ehrengast, der Zar aller Reußen, mit seinen Generälen à la suite, wenn die europäischen Diplomaten, die Rheinbundfürsten und die Marschälle des Empire im goldstrotzenden Pomp und Prunk ihrer Staatsgewänder und Uniformen, mit all ihren hochtrabend-langatmigen Titeln und Rängen in den Salons der Geladenen annonciert und vorgestellt worden sind, dann öffnen sich noch einmal die Flügeltüren – der diensttuende Herold stampft mit seinem Zeremonienstab auf den Estrich und verkündet mitten hinein ins atemlose Schweigen nur das Wort: »L'Empereur!«

Dann tritt er raschen Schrittes herein, der große (und, mit 168 Zentimetern für einen Südfranzosen doch auch körperlich nicht so kleine) Mann, angetan mit der schon damals von ihm bevorzugten grünen Felduniform eines Obristen seiner Gardejäger, mit nichts anderem auf der Brust als dem Großstern der Ehrenlegion.

Auch den russischen Zaren, der anderes gewohnt ist, beeindruckt das ungemein. Seit den Tagen von Tilsit schon schwärmt er für diesen Napoleon. Und als er sich in der imperialen Doppelloge des Erfurter Theaters bei Rezitierung der Dichterworte »Die Freundschaft eines großen Mannes ist ein Geschenk der Götter« spontan erhebt und die Hand des neben ihm sitzenden »Kaisers des Westens« ergreift, da ist ganz Europa für einen historischen Augenblick fasziniert von diesem Handschlag und Händedruck der beiden Mächtigsten des Kontinents, der einen ewigen Frieden zu verbürgen scheint.

Es steht auf einem anderen, historisch freilich entscheidenderen Blatt, daß dieser liberale Alexander kein Europäer werden darf, sondern ein Russe bleiben muß, weil er sich gegen die eigene Familie, seine Höflinge und – vor allem – die Feudalaristokraten und Notabeln seines Reiches nicht durchsetzen kann.

Von den Familiaren war nur Jerome – als Rheinbund-Fürst – mit seiner Königin Katharina nach Erfurt geladen worden. Er bewohnt das Hotel »Zur hohen Lilie« und zeigt sich dort, wie berichtet wird, oft am Fenster, um die Aufmerksamkeit des Publikums auf sich zu ziehen und die Vivat-Rufe der Jubilanten entgegenzunehmen. Immerhin schreibt die Ehefrau Caroline des Göttinger Geschichtsprofessors Sartorius über ihn: »Von allen Kaisern und Königen, die dort versammelt waren, selbst den Allmächtigen (gemeint ist Napoleon – der Verf.) nicht ausgenommen, hat Jerome die schönste Physiognomie, feine Züge, geistreiche Augen...« Die Geschichte versagt es uns, von ähnlichen Begeisterungen über die anderen Familiare Kenntnis zu nehmen – sie waren eben da nicht anwesend, gehörten zu diesem »Gipfel« wohl auch nicht hin und hatten, nebenbei, in ihren Staaten Wichtigeres zu tun.

Aber zu entscheidenden imperialen Anlässen werden die Familiare vom Chef des Clans des öfteren in die französische Hauptstadt zitiert. Ein solches Ereignis steht im Jahre 1809 bevor – womit wir der Chronologie, nach Unterbrechungen rückwärts und vorwärts, wieder ihren historisch gebotenen Fortgang geben.

XI.
Charakterköpfe mit und ohne Thron – Vor dem Abstieg die Verwirrung

Staatskirchliche Konflikte

Aber vor jenem Ereignis, der Scheidung von Josephine, findet noch eine andere, ebenso hochpolitische »Trennung« statt, die dem Empire wie auch den Napoleoniden nicht gut bekommen wird. Napoleon überwirft sich mit dem Papst, den er seines staatlichen Besitzes berauben und in die Verbannung deportieren läßt.

Der Anlaß für diese folgenschwere Entscheidung des Kaisers ist eher trivial. Pius VII. lehnt es ab, sich mit seinem Kirchenstaat der Kontinentalsperre anzuschließen. Er läßt – wohl auf Empfehlung Österreichs, aber auch gemäß dem Bedürfnis seiner Untertanen – weiterhin englische Waren importieren. Das will Napoleon im Süden Europas ebensowenig dulden wie im Norden, wo Bruder Louis sich ähnlich verhält. So zerschlägt er, ein Jahr vor der Annexion Hollands, den Kirchenstaat, der 1809 mitsamt der Heiligen Stadt Rom ein Teil Frankreichs wird, als Departement gegliedert wie die Toskana.

Damit handelt Napoleon sich – mit einer Zwangsläufigkeit, die er selbst bei einem weniger starkmütigen Vater der Christenheit hätte voraussehen können – die persönliche Exkommunikation ein. Der Papst verhängt sie, weit entfernt davon, eine nicht unbeträchtliche Staatsrente für den Verzicht auf seine Herrschaftsrechte anzunehmen. Daraufhin läßt Napoleon ihn verhaften und ihm ein Zwangsdomizil an der ligurischen Küste, später in Frankreich zuweisen. Bisweilen wiederholt sich die Geschichte doch, denn diesen Weg hatte auch schon der Vorgänger, Pius VI., unter der Revolution und Republik gehen müssen; und später, 1870, wird der Nachfolger Pius IX. ebenfalls die Garantie-Rente des italienischen Staates, dessen Einheit er so sehr im Wege steht, ablehnen und sich selbst zum »Gefangenen im Vatikan« erklären – erst eines Mussolini und eines Pius XI. wird es bedürfen, um den beiderseits untragbaren Zustand 1929 durch Schöpfung des »Staates der Vatikanstadt« zu beenden.

Der standhafte Pius VII. reagiert folgerichtig, indem er die nach dem Konkordat erforderliche Investitur der von Napoleon ernannten Bischöfe verweigert. Der stille Protest ist wirksam, bald sind zahlreiche französische Diözesen ohne geistliche Oberhirten. Damit beginnt auch die – durch des Kaisers zweite Heirat dann mit Schärfe vollzogene – Spaltung des Kardinalskollegiums: Ein Teil der Kirchenfürsten bleibt papsttreu, man nennt sie bald die »schwarzen« Kardinäle, weil sie sich nur noch wie einfache Priester kleiden dürfen, auch ihre Bischofssitze und Residenzen verlieren; die anderen, die zum Kaiser überlaufen, sind die »roten« Kardinäle, die ihren Purpur und Status behalten dürfen. Natürlich gehört Ercole Consalvi, Josephs großer Gegenspieler beim Konkordat, zu den »Schwarzen« – der Familiar Joseph Fesch bleibt, fast ebenso selbstverständlich, bei den »Roten«. Nur mit Mühe wird ein kirchliches Schisma vermieden, weil daran nun wirklich keiner Seite gelegen ist.

Den Familiaren ist diese Entwicklung in höchstem Maß unwillkommen, ja peinlich. Sie alle sind, zumindest aus Staatsräson und politischem Kalkül, in ihren Ländern an guten Beziehungen zur etablierten und verfaßten katholischen Kirche interessiert, und sie pflegen entsprechende Kontakte auch nicht ohne Erfolg. Wie sollen nun die Brüder und Schwestern eines exkommunizierten Kaisers die Katholiken der von ihnen regierten Staaten weiterhin von ihren guten, aufrichtigen politischen Absichten überzeugen?

Die Behandlung des Papstes trägt manches bei zum Sturz Josephs in Spanien, wo die Verleumdung des Königs als »Abgesandter des Satans« jetzt noch glaubhafter wird. In Florenz läßt Elisa nur widerwillig einen fanatisch papsttreuen Mönch, der rebellische Volksreden hält, zur milden Verbannung nach Elba schicken – um dem Bruder dann pflichttreu berichten zu können: »Lediglich sein hohes Alter hat mich gehindert, strenger mit ihm zu verfahren!«

Für Elisa, Eugen und Caroline in Italien kommt der Kirchenstreit ebenso ungelegen wie für Louis in Holland, wo die Katholiken zwar in der Minderzahl, aber ihrem Glauben um so bewußter ergeben sind. Für Louis als einzigen neben Madame Mère ist der Konflikt auch eine Gewissensfrage, die er eindeutig im Sinne des Papsttums (das es ihm später zu danken weiß) beantwortet. Jerome steht in Westphalen etwas ungezwungener da, weil dort die katholische Kirche keine so bedeutende Rolle spielt.

Aber selbst Joseph Fesch, Primas von Gallien, fühlt sich in seinem roten Ornat gar nicht wohl – erinnert die Purpurfarbe ihn doch daran, daß auch er dem Papst jenen kardinalen Eid geschworen hat, er werde dem Heiligen Stuhl treu bleiben »usque ad sanguinis effusionem inclusive«, bis zum Blutvergießen einschließlich. Und letzteres wäre von ihm als »schwarzem« Kardinal unter dem

Neffen Napoleon ja nicht einmal verlangt worden (anders als früher von Thomas Becket und Thomas Morus in England).

Freilich, die Proteste der Familiare gegen Napoleons kirchenpolitische Maßnahmen bleiben schwach und zudem völlig unbeachtet. Aber man kann auch nicht viel ausrichten auf einem Feld, wo man in keiner Weise zuständig ist.

Lucien wieder auf der Flucht

Unmittelbar und zugleich am härtesten betroffen vom Streit des Bruders mit dem Papst ist jener Familiar, der bewußt päpstlicher Untertan wurde, weil er dem Kaiser nicht dienen wollte: Lucien Bonaparte, der nun plötzlich nicht mehr im Kirchenstaat, sondern unfreiwillig wieder auf französischem Boden lebt. Einige Monate kann er sich nach dem Einmarsch der Empire-Truppen noch auf seinem Landgut Canino halten, dann beschließt er aufs neue die Emigration, um sich weiteren Pressionen Napoleons zu entziehen.

Unter dem Vorwand, nur nach Korsika segeln zu wollen, begibt er sich mit Familie und Dienerschaft in Civitavecchia an Bord einer amerikanischen Fregatte, die nach Philadelphia bestimmt ist, aber nie dort ankommt: Britische Kriegsschiffe kapern sie noch im Tyrrhenischen Meer, Lucien wird zum Kriegsgefangenen erklärt und zunächst nach Malta, dann nach Plymouth in England gebracht.

Seine Lage auf englischem Boden ist delikat, aber er besteht auch sie mit Bravour und Festigkeit. Nach dem Grundsatz: »Der Gegner meines Feindes ist mein Freund« macht die britische Regierung, die seine Vergangenheit genau kennt, ihm unverhüllte Avancen, vom Exil aus politisch-publizistisch, im Sinne Englands, Napoleon anzugreifen. Lucien weigert sich, wie er Ähnliches schon im früheren Kirchenstaat abgelehnt hat. Er will ein loyaler Sohn Frankreichs bleiben, sein Bruderzwist liegt im höchstpersönlichen Bereich, und Frankreichs Gegner sollen daraus keinen Nutzen ziehen.

Die Quittung der britischen Regierung fällt wenig ehrenhaft, schon gar nicht großmütig aus. Wenn Lucien nicht als Soldschreiber politische Aufsätze verfassen will, dann soll er überhaupt nichts veröffentlichen dürfen. Er bekommt, obwohl kein Geringerer als Lord Byron seine literarischen Fähigkeiten lobt und für ihn eintritt, ein amtliches Schreibverbot, und jegliche Post, die er absendet und erhält, wird zensiert. Zwar darf er für teures Geld die Landvilla eines Lords mieten, aber sich nur im Umkreis von zwei Meilen unbegleitet bewegen und auch nur offiziell zugelassene

Besucher empfangen. Er trägt – so aberwitzig dies gerade für ihn erscheinen muß – den Stempel des »enemy alien«, eines feindlichen Ausländers. Ob er das als Franzose, als Napoleon-Gegner oder als Napoleon-Bruder, als Ex-Jakobiner oder Einwohner des Ex-Kirchenstaats sein soll, danach fragt die britische Herrschaft in ihrem so unnachahmlichen Pragmatismus nicht.

Vier Jahre muß Lucien in erzwungener, eben auch mißlicher Untätigkeit und fern von seinem geliebten Etruskerland auf der Insel ausharren und seine Prinzipien durchhalten. Es ist der wohl abscheulichste Abschnitt seines Lebens, zumal ihm allmählich die privaten Finanzen ausgehen – öffentliche hat er ohnehin nicht, selbst von der französischen Senatorenliste ist er längst gestrichen. Er muß seine Bilder und Juwelen zu Schleuderpreisen verkaufen; Mutter Letizia kämpft vergeblich für ihn um familiäre Unterstützung bei Napoleon.

Vielleicht ist es für ihn ein Trost (aber doch wohl nur ein geringer), daß sein einstiger päpstlicher Landesherr zur exakt gleichen Zeit im napoleonischen Exil ein privat ebenso hartes, als Pontifex noch viel härteres Los erduldet. Erst 1814 werden sich die beiden großen Charakterköpfe – der weltlich entthronte, dann wieder glorreich installierte Pius VII. und sein getreuer Untertan, der nie einen Thron bestieg, weil er keinen wollte – im restaurierten Kirchenstaat wieder begegnen. Und beide werden dann nicht ohne persönlichen Anlaß glauben, daß es doch eine Art von irdischer Gerechtigkeit geben müsse, wenn schon die himmlische allzulange auf sich warten lasse.

Scheidung von Josephine

Den übrigen Bonaparte-Familiaren bringt das Jahr 1809 den endgültigen Triumph über »die Beauharnais« und ihre ebenso verhaßten Kinder. Sehr glücklich wird sie das nicht machen, denn das Danaergeschenk verbindet sich mit des Bruders neuer, folgenreicher Mariage mit »der Österreicherin« Marie Louise.

Es steht fest, daß Napoleon von Josephine keine Kinder zu erwarten hat (daß er selbst zeugungsfähig ist, wird durch die Geburt der unehelichen Söhne bewiesen); er bemüht sich, nicht einmal sonderlich diskret, um eine eheliche Nachfolgerin, die seine Dynastie sichern kann. Am liebsten würde er wohl eine Schwester des Zaren heiraten, aber Alexander winkt ab unter dem Vorwand allzu jugendlichen Alters der Kandidatin, in Wahrheit wohl aus vorsichtig-politischem Kalkül. So wird Napoleon im Kaiserreich Österreich fündig. Es ist nicht einmal er, sondern das Haus

Kaiserin Josephine, als Tochter einer Pflanzerfamilie aus der französischen Karibik stammend. Trotz der Ehescheidung, die er aus Gründen der Staatsräson und der Thronfolge durchsetzte, hat Napoleon nie aufgehört, sie zu lieben. Porträt von Pierre-Paul Prud'hon, 1805.

Habsburg selbst, das ihm ein akkurat vorbereitetes Angebot macht.

Tu felix Austria nube? Es ist nicht so sehr die Rückbesinnung auf dieses Handlungsprinzip, sondern das Zusammenwirken der Herren Talleyrand und Metternich, das die Erzherzogin Marie Louise ins eheliche Spiel bringt. Und ihr »liebster Papa«, der Kaiser Franz, stimmt zu – seufzend, durchaus nicht begeistert, denn »der Bonaparte ist doch ein schrecklicher Kerl«, aber mit Einsicht in erkannte politische Perspektiven, wenn nicht Notwendigkeiten.

Die Absicht der Scheidung von Josephine, die er nun einleiten will, teilt Napoleon den in Paris versammelten Familiaren mit. Was für die Bonapartes – vor allem für Joseph, der zu seinem Bedauern in Spanien unabkömmlich ist – einen großen, freilich nur vorläufigen Sieg bedeutet, ist für die Beauharnais-Sippe ein fast vernichtender Schlag (den sie allerdings auch überleben wird): Josephine behält zwar ihren Titel als »Kaiserliche Majestät«, verliert aber ihren Status als Gemahlin des Kaisers und Erste Dame des Empire; weder Eugen noch die Söhne Hortenses können weiterhin mit der Nachfolge Napoleons im Empire rechnen oder auch nur im Königreich Italien. Im Widerstreit der Loyalität zwischen der Mutter und dem Adoptivvater entscheiden sich beide Geschwister nach langem Zögern doch für den Kaiser, nicht zuletzt auf Wunsch Josephines selber, die zwar mehrfach, obwohl nicht unvorbereitet, in Ohnmacht fällt, als das Damoklesschwert sie endlich trifft, dann aber ihr Schicksal zurückgezogen in Malmaison mit Fassung und Würde trägt; sie wird, nachdem alle »Drolligkeiten« sie verlassen haben, eine große Dame sein, die Botanik und Malerei in bemerkenswerter, ja persönlich talentierter Art fördert – die Geschichte wird ihr, in mancherlei Hinsicht, kein geringes Andenken bewahren, trotz all ihrer charakterlichen Fehler.

Die zivile Scheidung wird vom französischen Senat mit überwältigender Mehrheit gebilligt. Sie wird, zu Josephines Leidwesen, erleichtert durch die Formfehler der unkorrekten Personalienangabe bei der zivilen Eheschließung. Aber betrüblicherweise hat es Josephine auch nichts genützt, daß sie den Papst kurz vor der Kaiserkrönung zu einer kirchlichen Trauung gedrängt hat. Letztere ist nach damaligem kanonischem Recht ungültig gewesen. Es fehlten die erforderlichen zwei Trauzeugen, und es fehlte vor allem die ganz unverzichtbare Anwesenheit oder doch Dispens des zuständigen Ortsgeistlichen, des »parochus loci«.

Es ist immer wieder behauptet worden, daß Joseph Fesch, der die Blitz-Trauung auf Geheiß des Papstes und Napoleons vollzog, diese Erfordernisse ganz bewußt – als Bonaparte und unter massivem Einfluß des Erstgeborenen Joseph, seines Halbneffen – außer acht gelassen hat, um eine spätere Annullierung der auch für ihn unerwünschten Ehe zu ermöglichen. Man darf das bezweifeln – nicht nur, weil Fesch selbst ein solches subjektives Versäumnis stets bestritten und sich statt dessen auf Zeitdruck und Vergeßlichkeit berufen hat. Fesch hatte, bis zu seiner Erhebung zum Bischof und dann zum Kardinal – beides so plötzlich wie unerwartet – seit zehn Jahren keine gottesdienstlichen Funktionen mehr ausgeübt, keine Beichte gehört und bei keiner Trauung mitgewirkt, nicht einmal die Messe zelebriert, wie es zur täglichen Pflicht eines Priesters gehört. Da erscheint es durchaus nicht unglaubhaft, daß ihm einige liturgisch-sakramentale Bedingungen (die freilich mehr als Formalien sind) aus dem Blickfeld geraten waren. Der Papst selber aber, der auf dieser Trauung bestand, hat sich damals mit der Vollzugsmeldung des »geliebten Sohnes« Fesch zufriedengegeben, und subjektiv durfte er das ja wohl auch, ohne Details zu erkunden.

Allerdings wäre es formell dem Papst vorbehalten gewesen, diese Ehe zwischen gekrönten Häuptern für nichtig zu erklären. Aber Napoleon fragt ihn gar nicht erst, um sich keine Ablehnung oder auch nur Verzögerung einzuhandeln. So trifft das angerufene Metropolitangericht des Erzbistums Paris die Entscheidung. Das Annullierungsurteil ist zwar kirchenrechtlich begründet – insoweit kann man jenen Prälaten keine klerikale Servilität gegenüber ihrem Kaiser vorwerfen –, aber es wird von einer durchaus unzuständigen Instanz gefällt. Das wiederum ist Grund genug für die Hälfte des eingeladenen Kardinalskollegiums, bei des Kaisers zweiter, formell als Bigamie angesehenen Hochzeit, 1810, durch Abwesenheit zu glänzen – womit die Spaltung der »schwarzen« und der »roten« Kardinäle für weitere drei Jahre zementiert wird.

Die österreichische Mariage

Neben einigen anderen Großwürdenträgern wird auch der Familienrat nach seiner Meinung über die von Napoleon geplante neue Ehe gefragt. Das ist eher eine bedeutungslose Konsultation, denn echte Alternativen zur österreichischen Braut gibt es nicht mehr: Die erwünschte russische Großfürstin wird vom Zaren nicht freigegeben, und eine dritte, ohnehin kaum ranggleiche sächsische Prinzessin ist eine Kandidatin, für die sich kein Mensch einsetzt.

Dennoch, die Zustimmung der Familiare fällt zögerlich und halbherzig aus. Mutter Letizia wie auch Elisa und Pauline hätten es am liebsten gesehen, wenn Napoleon – Ehen zwischen Onkel und Nichte sind damals ebensowenig ungewöhnlich wie zwischen Vetter und Cousine – die Tochter Charlotte des Bruders Lucien zur Ehefrau genommen und damit den Glanz des Kaisertums innerhalb des Clans belassen hätte. Aber der Plan ist am energischen Widerstand Luciens wie auch des Mädchens selbst gescheitert – und Josephs Töchter sind für eine Ehe noch viel zu jung.

So stimmen denn Letizia, Elisa und Pauline nur mäßig erfreut der österreichischen Mariage zu; auch Joseph reagiert zurückhaltend, denn wenn aus dieser neuen Ehe der erwartete Sohn hervorgeht, ist es mit seinen eigenen, immer noch hartnäckig gehegten Hoffnungen auf die Nachfolge Napoleons in Frankreich und im Empire endgültig vorbei.

Louis, der hinsichtlich seines älteren Sohnes derartige Ambitionen kaum mehr hat, schon den Verlust seines eigenen holländischen Reiches befürchten muß, stimmt eher aus Gleichgültigkeit zu. Jerome und Katharina, gleichfalls persönlich nicht betroffen, zeigen sich mit Freude einverstanden, weil der Name des österreichischen Kaiserhauses ihnen imponiert und einiges bedeutet. Eine preußische Prinzessin wäre Jerome, im Hinblick auf den Bestand der Ostgrenze seines westphälischen Reiches, gewiß verdächtiger erschienen, aber eine solche ist nie ins Spiel gebracht worden, von keiner Seite.

Das Königspaar von Neapel ist ausnahmsweise uneinig. Caroline, ohnehin eine Freundin Österreichs, steht unter dem persönlichen Einfluß Metternichs, der während seiner Zeit als österreichischer Botschafter in Paris zu ihren anerkannten Liebhabern zählte. Auch begeistert sie der Auftrag Napoleons, die Braut Marie Louise persönlich mit großem Gefolge in Wien abholen zu dürfen – das ist für eine Bonaparte doch wahrhaft eine edlere Aufgabe, als die Schleppe einer Kreolin bei deren Kaiserkrönung tragen zu müssen. Joachim Murat denkt anders. Er sieht – ganz im Gegensatz zu seiner Frau – seine Herrschaft im einst bourbonisch-habsburgischen Süditalien aufs höchste gefährdet, wenn Österreich durch Heirat ernst zu nehmenden Einfluß im Empire erhielte; zumindest würde er dann, so rechnet er sich aus, die Insel Sizilien niemals bekommen, wo die verjagte Königsfamilie (mit österreichischen Subsidien und beschützt von der britischen Flotte) ja immer noch durchhält. Eine Alternative hat Murat freilich auch nicht anzubieten.

Die mit Abstand beste Figur bei diesem seltsamen Familienkonzil, bei dem jeder und jede im Grunde nur an den eigenen Vorteil denkt, macht Eugen Beauharnais. Er wird am härtesten benachteiligt sein, noch mehr als Joseph: keine Aussicht auf eine Nachfolge des Adoptivvaters, nicht einmal als »König von Italien«, statt dessen drohender Verlust seiner vizeköniglichen Würde und Stellung, falls Österreich die Provinzen Venezien und Lombardei als »Morgengabe« zurückfordern sollte – eine gänzlich ungewisse Rechtsstellung also, der er sich gegenübersieht, ein General unter anderen, nicht einmal Marschall des Empire, nur dürftig entschädigt mit dem Großherzogtum Frankfurt, dessen Regierung er praktisch nie angetreten hat.

Dennoch, der nicht nur militärisch so tapfere Eugen stimmt der österreichischen Ehe vorbehaltlos zu, um Napoleons und Frankreichs willen, auch im Namen und Auftrag seiner Mutter Josephine und seiner Schwester Hortense. Er setzt auf die Uneigennützigkeit sogar noch die Selbstverleugnung. Als Murat (praktisch der allein übrigbleibende Opponent) einwendet, die Rheinbundfürsten wären mit der Liaison sicherlich nicht einverstanden, da erhebt er sich und sagt mit kräftiger Stimme: »Ich weiß, daß der mächtigste dieser Fürsten, mein Schwiegervater, der König von Bayern, diese Ehe begrüßen wird!«

Das wirkt ebenso eindrucksvoll wie unerhört. Es ist nicht einmal sicher, ob Eugen in München wirklich nachgefragt und eine Antwort bekommen hat; gewiß ist nur, daß den Wittelsbachern, die traditionell verfeindete Territorialnachbarn des Hauses Habsburg und nur durch Napoleons Protektion zu Größe und Königswürde aufgestiegen sind, an einer engen Verbindung zwischen Frankreich und Österreich nicht das geringste gelegen sein konnte.

Wie auch immer, selbst ohne die so überzeugende wie persönlich ehrenhafte Stellungnahme, ja überhaupt ohne Rücksicht auf die Meinungen der Familie hätte Napoleon die Ehe mit der Erzherzogin Marie Louise geschlossen. Er hat sich längst überzeugen lassen von den Ratschlägen Talleyrands (der seit 1807 nicht mehr Frankreichs Außenminister ist) und Metternichs (der erst seit der Schlacht von Wagram, 1809, Österreichs Außenminister ist).

Wir wissen, daß Talleyrand schon seit seiner »inneren Kündigung«, aus Anlaß der spanischen Verstrickung, nicht mehr – wenn überhaupt jemals – die russische Karte spielt, um Frankreichs willen. Wer aber ist sein auswärtiger Gegen- und Mitspieler, der – ganz anders als der Franzose – immer viel zuviel redet, um ein wahrhaft großer Diplomat zu sein?

Clemens Lothar Wenzel von Metternich, damals 36 Jahre alt, entstammt einer linksrheinisch-moselfränkischen Uradelsfamilie, die es mit kleiner Territorialhoheit zum Reichsfreiherren- und Reichsgrafenstand gebracht hat und dann wie die anderen Standesgenossen der Region mediatisiert worden ist. Der junge Clemens ist, nach dem Beispiel seines weniger bedeutenden Vaters, früh in Habsburgs diplomatische Dienste getreten, so daß er sein Wahlvaterland Österreich nie zu wechseln brauchte.

Zu des Reiches großen Namen wie Schwarzenberg, Colloredo, Czernin oder Liechtenstein hat der seinige nie gehört, aber die Ehe mit einer Enkelin des Fürsten Kaunitz, des legendären Staatskanzlers der Maria Theresia, nützt ihm sehr. Hinzu kommen sein gutes Aussehen, seine strahlend-liebenswürdige Erscheinung und makellose Manieren, seine Intelligenz und Bildung. Seine maßlose Eitelkeit dagegen schadet ihm wenig; mit Vergnügen wird er, nach den Siegen über Napoleon 1813 von seinem dankbaren Kaiser vom Grafen zum Fürsten erhoben, die morgendliche Frage seines Kammerdieners hören: »Wünschen Eure Durchlaucht heute dieselben Beinkleider anzulegen, die Eure Erlaucht gestern getragen haben?« Sein fast ebenso großer Hang zur Selbsttäuschung soll ihm erst viel später schaden, aber bis 1848 wird er – nicht zum Unheil des Kontinents, denn zumindest richtige Kriege werden bis zu diesem Zeitpunkt nicht mehr geführt – der »Kutscher Europas« sein.

So macht Clemens Metternich rasch Karriere unter den Außenministern Thugut und Graf Stadion, wird Gesandter in den Vereinigten Niederlanden, dann in Sachsen und Preußen, erhält auch kurze Verwendung in Rußland und wird 1806, nun schon fast mit allen Ölen der Diplomatie gesalbt, Österreichs Mann in Paris, wo Talleyrand in dem so viel Jüngeren einen halbwegs kongenialen Partner findet.

Die Kollaboration tritt, nach Talleyrands Amtsverlust und Metternichs Amtsantritt als Außenminister, in eine höchst fruchtbare Phase: Nach der Scheidung Napoleons von Josephine muß Frankreich sich zwischen Rußland und Österreich entscheiden – was es zwar ohnehin und irgendwann, allemal gegen England, tun müßte, aber hier ist nun ein familiärer Anlaß, den es zu nutzen gilt.

Talleyrands Konzept ist eindeutig und klar. Rußland, das ist Barbarei im altgriechischen Sinn, ein unberechenbarer Herrscher und ein fremdartiges Volk, das ist nicht französisches Maß und europäische Mitte; man kann sich nicht auf Dauer zusammentun. Statt dessen eine familiär-politische Koalition mit einem vielfach besiegten, gedemütigten, seiner einstigen Bedeutung entkleideten Rest- und Rumpfstaat, der begierig jede Chance zum Wiederaufstieg wahrnehmen wird. Im französischen Interesse darf Österreich nicht isoliert bleiben, sonst wird es sich mit Rußland verbünden und das Empire in Gefahr bringen. Dies kann und muß durch eine Heirat verhindert werden.

Metternich sieht die Lage, spiegelverkehrt, kaum anders. Von Rußland hat Österreich nicht viel zu erwarten. Spätestens dann, wenn man sich anschickte, zum Ausgleich für die territorialen Kriegsverluste im Westen und Süden dem Türkensultan einige balkanische Gebiete wegzunehmen, würde man auf erheblichen Widerstand des Zaren stoßen, der selbst in hohem Maß an diesen Landschaften, wie Moldau und Walachei, interessiert ist. Gemeinsam mit Frankreich, dem Sieger von gestern, würde man besser dastehen, nicht nur zum Schutz vor russischer Bedrohung; vielleicht könnte Kaiser Franz einen Schwiegersohn Napoleon sogar dazu bewegen, Österreich wieder einen Zugang zur Adria zu geben – worauf sich Napoleon allerdings niemals eingelassen hat.

Mit solchen Argumenten bringen Talleyrand und Metternich eine Einigung zwischen den Höfen in Paris und Wien zustande, und so wird 1810 – vierzig Jahre nach Marie Antoinette – wiederum eine österreichische Erzherzogin auf den französischen Thron entsandt.

Marie Louise ähnelt ihrer Vorgängerin in verblüffender Weise: ein halbes Kind noch, sehr naiv und stark beeinflußbar, von schwachem Charakter, aber nicht intrigant, sondern brav und fügsam, mäßig intelligent und gerade so gebildet, wie es den – allemal für »politische« Ehen und häuslich-höfische Lebensführung bestimmten – Habsburg-Töchtern gebührt. Ihre deutsche Muttersprache beherrscht sie weit schlechter als das Französische und sogar das Italienische, aber auch das fällt ja nicht aus dem damaligen standesgemäßen Rahmen.

Mit knapp 19 Jahren ist sie über zwanzig Jahre jünger als der nun bald einundvierzigjährige Napoleon. Daß sie selbst weit lieber einen altersmäßig passenden italienischen Prinzen heiraten würde, kümmert niemand, denn solche eigenwilligen Entscheidungen stehen Erzherzoginnen, zumindest im Konfliktfall, nicht zu. So opfert sich Marie Louise den Interessen ihres »liebsten Papas« und seines Hauses – und der Napoleon-Clan erhält ein neues Mitglied auf Zeit.

Napoleons zweite Ehe – zunächst in Wien »per procurationem« zwischen den einstigen Wagram-Gegnern Marschall Berthier und Erzherzog Karl geschlossen, dann in Paris eingesegnet wieder von keinem anderen als Joseph Fesch – nimmt im erotisch-sexuellen Bereich einen trefflichen Anlauf; eine geistige Gemeinschaft, wie sie immerhin teilweise mit Josephine möglich war, wird zwischen den Gatten nicht zustande kommen, und Marie Louise wird auch die »Seele Frankreichs« ebensowenig erfassen wie früher Marie Antoinette. Aber zu solchem Zweck hat der Kaiser sie nicht geheiratet, das wahre Ziel wird mit der erwünschten Schwangerschaft bald genug erreicht.

Beim ersten körperlichen Zusammensein der Eheleute war das erhoffte männliche »Kind Frankreichs und Erbe des Empire« – als mögliche Tochter wäre es immerhin »Fürstin von Venedig« gewesen – allerdings noch nicht empfangen worden. Diese Primärkopulation hatte (nach einigermaßen glaubhaften Zeugnissen des Polizeiministers Savary, des Palastpräfekten Bausset und des kaiserlichen Chefsekretärs Méneval) bereits stattgefunden, als Kaiser und Erzherzogin noch gar nicht »rite« vermählt waren; die in souveränen Häusern übliche, geographische Residenzentfernungen überspringende »Eheschließung durch Stellvertreter« soll-

Napoleon fährt im März 1810 seiner Braut Marie Louise, der Erzherzogin von Österreich, entgegen. Offenbar konnte der Kaiser den Vollzug der Ehe kaum abwarten. So reiste er mit großem Gefolge bis Compiègne, wo Marie Louise im Schloß, der Bräutigam aber im Stadthotel übernachten sollte. Dort warf Napoleon sein eigenes Protokoll über den Haufen und nahm Quartier in einem separaten Schlafzimmer des Schlosses. Doch Zeugen berichten, daß der Kaiser in diesem Raum nicht die Nacht verbracht habe... Illustration von 1894.

te nur aus protokollarischen Gründen vorweg der Erzherzogin ihren neuen Status als Kaiserin verschaffen, konnte aber nicht die spätere staatliche und kirchliche Trauung zu Paris ersetzen.

Es erscheint gesichert, daß Napoleon diese französische Trauung vor dem Vollzug der Ehe nicht abwarten konnte. Er war seiner Braut (die sie juristisch noch immer war) mit großem Gefolge bis Compiègne zur Einholung entgegengereist, wo Marie Louise im Schloß, der Bräutigam aber in einem Stadthotel übernachten sollte.

Unsere drei Gewährsmänner berichten, daß der Kaiser sich über dieses höfische Zeremoniell spontan hinwegsetzte, nachdem er bei der ersten Begegnung seine künftige Ehefrau für körperlich weit hübscher befand, als sie ihm (wohl von französischen Gegnern der Mariage) geschildert worden war. Da war er nun von ihrer Erscheinung und ihrem jugendlich-naiven Benehmen – solche »anima candida« schätzte er bei den Frauen weit mehr als deren sophistischen Verstand – sehr angetan, ja entzückt. Er warf, wie nur er selber das konnte, sein eigenes Protokoll über den Haufen und nahm Quartier in einem separaten Schlafzimmer des Schlosses Compiègne.

Da wird es spannend, denn unsere genannten Zeugen – die es »von Amts wegen« wissen mußten – stimmen darin überein, daß Napoleon in diesem hastig hergerichteten Raum nicht die Nacht verbracht habe. Savary berichtet süffisant in seinen Memoiren, er würde, »selbst wenn man ihm rapportiert hätte, die Stadt Paris brenne lichterloh«, es nicht gewagt haben, den Kaiser zu wecken – »aus Angst, ihn nicht in seinem Schlafzimmer vorzufinden«.

Ob freilich der Kaiser von der entjungferten Braut tatsächlich gefragt worden ist, ob er es »noch einmal machen« könnte, das bleibt bis heute ein selbst auf St. Helena nur zart angedeutetes Gerücht, denn hierbei hat keine dritte Person die Lampe gehalten.

Die Familiare nehmen die neue Gattin des Kaisers, nachdem sie dies nun einmal ist, mit offenen Armen auf, wobei gewiß die Berechnung eine größere Rolle spielt als die spontane Sympathie. Zu einem wahrhaft herzlichen Verhältnis wird man beiderseits nicht vordringen, aber eine Feindschaft wie gegen »die Beauharnais« entwickelt keiner der Bonapartes.

Hören wir umgekehrt, was Marie Louise selbst ihrem Vater schon bald nach Eintreffen in Paris über die auch für sie neuen Familienmitglieder schreibt. Sie bezeichnet den Empfang als »freundschaftlich« – was vielleicht »freundlich«, aber doch nicht viel mehr bedeutet. Offenbar hat man ihr in Wien Abträgliches über die Familiare des französischen Ehemannes eingeredet, denn sie fühlt sich zu dem Hinweis veranlaßt, daß »vieles nicht wahr ist, was man ihnen aufbürdet«.

Das Weitere sind eher unbeholfene Klischees. Madame Mère Letizia ist »eine recht liebenswürdige, ehrwürdige Prinzessin, die mich mit viel Güte aufgenommen hat«, und auch die anderen Verwandten sind »recht gut und freundschaftlich«. Pauline ist (wer wollte das bezweifeln!) »eine Schönheit« und Elisa »sehr häßlich, aber voll Verstand«. Louis und Hortense werden als »beide sehr gut, aber häßlich« befunden; Jerome hat »sehr viel Vernunft«, Murat und Paulines Fürstengatte Borghese sind »auch gut«, sogar Eugen Beauharnais nebst bayerischer Gattin Augusta passieren als »beide liebenswürdig und gut«.

Am hübschesten fällt Marie Louises Urteil über die schlaue Caroline aus, die sie in Wien abgeholt und unterwegs schon – man weiß nie, wozu es einmal dienlich sein kann – geschickt für sich eingenommen hat: »Im Gesicht der Königin von Neapel liest man die Güte, welche sie beseelt, sie ist voller Verstand, und sie ist mir die liebste!« Leider wird Caroline diese Captatio benevolentiae später, als es um ihre italienische Herrschaft geht, nicht das geringste nützen, zumal Marie Louise keineswegs daran denkt, sich in die politischen Angelegenheiten des »liebsten Papas« einzumischen.

Ebenso amüsant, aber nur scheinbar hoffnungslos naiv äußert sich die neue Kaiserin über den Zelebranten ihrer Trauung, Kardinal Fesch: »Er ist ein Prälat voll der eifrigsten Religion und Andacht!« Man möchte wohl lachen, nach all den Schatten der Vergangenheit und den weltlichen Eskapaden dieses Mannes – wären da nicht auch übereinstimmende Bekundungen von urteilsfähigen Zeit- und Standesgenossen, die dem Joseph Fesch bescheinigen, daß er schon vor dem Staatskirchenstreit mit dem Papst, und trotz desselben, begonnen habe, nicht nur ein persönlich frommes Leben zu führen, sondern sich auch intensiv um die Seelsorge in seinem Erzbistum Lyon zu kümmern. Nun denn, der Mensch kann sich ändern oder auch sein wahres Selbst finden, und so wollen wir auch sein Gutes glauben; der Verzicht auf die durchaus attraktive weltliche Herrschaft im Großherzogtum Frankfurt spricht in der Tat eher für die neugewonnene geistliche Konzentration des Kardinals.

Im übrigen: Joseph Fesch, Halbbruder Letizias, Sohn eines Schweizers und einer Korsin, ist nicht erst als Bischof ein Franzose geworden. Die Kirchenfürsten Frankreichs aber pflegen traditionell ein besonderes Verhältnis zum Staat und halten (mehr oder minder beeinflußt von der nationalkirchlich-gallikanischen Richtung) eine gewisse Distanz zum Heiligen Stuhl. Fesch hat in seiner Diözese nie, wie seine Amtsbrüder Maury in Paris und Berdolet in Aachen, das regional eingeführte Fest des »Heiligen Napoleon« mit besonderem Pomp feiern lassen. Aber wie sagte doch sein späterer Nachfolger als Erzbischof von Lyon und Primas von Gallien, Kardinal Gerlier, im Jahre 1941 in seiner Osterpredigt: »Arbeit, Familie, Vaterland? Diese drei Worte sind die unseren!« Es waren die Worte des Wappenspruchs der Vichy-Republik, des just begründeten »État Français« unter Marschall Pétain … Man muß wenig über Geschichte nachdenken, bevor man diese oder jene Männer politisch verurteilt.

Über den Schwager Joseph weiß Marie Louise damals noch nichts zu berichten, sie hat ihn kaum kennengelernt, weil er in seinem schwierigen Königreich Spanien festgehalten wird. Später werden beide – sie als nominelle Regentin, er als kaiserlicher Generalstatthalter während Napoleons Abwesenheit – einander zwangsläufig näherkommen. Für Joseph, den Schürzenjäger, scheint das Verhältnis nicht nur ein familiäres bedeutet zu haben; es kommt wohl nicht zu Intimitäten, aber Napoleon sieht Anlaß, seine junge Frau zu warnen: »Nimm dich vor dem König Joseph in acht, er hat keinen guten Ruf, was die Frauen betrifft!«

Von ihrem Hofstaat, den die neue Kaiserin nun für ihre österreichische Entourage eintauscht, ist sie weniger begeistert. Die französischen Damen kleiden sich nicht so geschmackvoll, reden nicht so dezent und riechen nicht so gut wie die Damen in Wien, zumal der »neue« Adel des Empire jetzt allmählich schon die Oberhand gewinnt über den »alten« Adel des Ancien régime, was natürlich auch ein Generationsproblem ist, denn die Jüngeren wachsen nach.

Selbst zur Ersten Hofdame der Kaiserin bestimmt Napoleon nicht mehr, wie noch bei Josephine, eine Vortänzerin aus der Riege der Soubises, Polignacs und Rohans, sondern die Herzogin von Montebello, die Witwe seines gefallenen Freundes Marschall Lannes, von durchaus bürgerlicher Herkunft – wie die meisten »Marschallinnen«, die durch das Kriegsverdienst ihrer Männer nun fast sämtlich Herzoginnen geworden sind.

Das willkommene Kind

Greifen wir vor: 1811 wird der so dringlich erwünschte und freudig erwartete kaiserliche Sohn geboren. In der Taufe erhält er die Namen »Napoléon François Charles Joseph«. Bemerkenswert ist, daß neben dem Vater und dessen österreichischem Schwiegervater Franz auch des verdrängten Carlo Buonaparte und des Onkels Joseph, des Erstgeborenen, gedacht wird.

Noch in der Wiege wird das Kind zum »König von Rom« erhoben; das ist der erste Titel vor jenen anderen, die es in seinem kurzen Schattenleben noch führen wird: »Kaiser der Franzosen« für wenige Tage, dann »Prinz von Parma« für drei Jahre und, bis zum frühen Tod 1832, von Großvater Franzens Gnaden »Herzog von Reichstadt«.

Sic transit gloria. Und wenn des anderen Großvaters Name aufscheint, so ist das imperiale Pflichtübung nach den Erfordernissen der Zeit, nicht etwa von Herzen kommende Ehrerbietung oder gar persönliche Kindesliebe gegenüber dem Korsen Carlo, dessen Name (natürlich stets als französierter »Charles«) vielen anderen Nachkommen der Napoleoniden – so dem ersten Sohn der Murats – in gemessener Reihenfolge, erst viel später gar zuweilen »erststellig« beigelegt wird.

Marie Louise, Napoleons zweite Ehefrau, mit ihrem Sohn, dem »König von Rom«, dem späteren Herzog von Reichstadt. Gemälde von François Gérard aus dem Jahre 1812.

Die Familiare gratulieren eher süß-sauer, denn die endlich gelungene »Sicherung der Dynastie« haben sich die meisten von ihnen etwas anders vorgestellt. Im übrigen steht das kaisertreue Empire vor Begeisterung kopf. Tedeums, Paraden, Umzüge und Volksfeste folgen einander, und sogar die Herrenmode der Saison feiert, weniger geschmackvoll, das Ereignis mit der Kreation einer neuen, gelbbraunen Anzugfarbe: »Le caca du Roi de Rome«.

Der Kaiser aber schreibt mit der ihm eigenen Taktlosigkeit an die geschiedene Josephine in Malmaison: »Mein Sohn ist dick und gesund, er hat ganz meine Gesichtszüge!« Eigentlich stimmt keines der drei angeblichen Merkmale, das letzte schon gar nicht; doch einem Napoleon muß man wohl alles nachsehen, auch die Verblendung des Vaterstolzes.

Koning Lodewijk dankt ab

Das kaiserliche Hochzeitsjahr 1810 bringt Frankreich seine größte räumliche Ausdehnung nach Osten. Auch sie wird sich als Danaergeschenk erweisen, das dem Empire insgesamt nicht gut bekommen soll. Die Ereignisse sind mit dem Namen und mit Handlungen eines Familiars verbunden, der im Hinblick auf seine Unerschrockenheit gegenüber Napoleon dem Bruder Lucien nicht nachsteht, ihn vielleicht gar übertrifft.

Im Februar 1810 hat »Koning Lodewijk« jenen Zwangsvertrag unterschreiben müssen, durch den sein Reich heillos amputiert wird und Holland alle Gebiete südlich des Rheins an Frankreich verliert. Noch ein halbes Jahr kämpft er tapfer gegen die Übermacht Napoleons, der ihn – stets mit der Drohung militärischen Eingreifens – auf dem verbleibenden Nordteil seines Landes immer mehr beschneidet und einengt.

Der Kaiser hat aus seiner Sicht durchaus Grund, weiterhin unzufrieden zu sein. Louis wehrt sich nach wie vor gegen die Kontinentalsperre; beschlagnahmte englische Waren, die er eigentlich vernichten oder nach Frankreich abliefern müßte, läßt er jetzt unter der Hand kostenlos an die Armen verteilen. In der amphibischen Landschaft des »Biesbosch«, wo Wasser, Kulturboden und Sumpfweiden sich unentwirrbar miteinander mischen, kommt es zu hitzigen Handgreiflichkeiten zwischen französischem Militär und entmachteten holländischen Zöllnern, auch Bürgern und Bauern, deren Fahr- und Fuhrwerke penibel nach Schmuggelgut durchsucht werden.

Im Interesse Hollands unternimmt der König einen für damalige Staats- und Herrschaftsverhältnisse unerhörten Schritt. Er beruft, um den Notstand gewissermaßen demokratisch zu legitimieren, aus der Mitte des Parlaments eine »Große Provisorische Kommission«, mit der er seine königlichen Befugnisse teilt; mehr noch, er verleiht ihr sogar das Recht, ihn selbst als König abzusetzen, falls er nicht mehr zur Zufriedenheit der Holländer, zum Nutzen des Reiches arbeiten sollte. Kein einziges Kommissionsmitglied denkt daran, dies zu tun – alle holländischen Patrioten scharen sich in diesem Frühjahr 1810 um diesen »ausländischen« ersten König, der so überzeugend einer der Ihrigen, ein wahrer Holländer geworden ist.

Als in Amsterdam eine erzürnte Volksmenge den französischen Gesandten Rochefoucauld und seinen Kutscher, der einen Fußgänger überfährt, tätlich angreift, eskaliert der schwelende Streit. Napoleon bricht die diplomatischen Beziehungen zu Holland ab und befiehlt dem Marschall Oudinot, auch Restholland zu besetzen, um den militärischen und kommerziellen Forderungen des Empire endlich Respekt zu verschaffen. Oudinot bemächtigt sich kampflos der Städte Leiden und Utrecht, dringt sogar bis zur Zuidersee vor. Eine formelle Annexion des Rumpfreiches soll dies noch nicht bedeuten, aber praktisch weiß in Holland niemand mehr, ob hier noch »Koning Lodewijk« oder schon ein Marschall von Frankreich im Namen seines Kaisers regiert.

Für Louis, der sich nach Haarlem auf noch unbesetztes Gebiet zurückgezogen hat, brechen die härtesten Wochen seines Lebens an, die ihn – den nervösen, schwachen und kränklichen Mann – auf eine unerhörte Probe der Standfestigkeit, der persönlichen Ehre, auch der Staatsklugheit und der politischen Reife stellen.

Er könnte den bewaffneten Widerstand gegen die französischen Eindringlinge befehlen, aber seine Armee ist hoffnungslos unterlegen, hat auch keine natürlichen Abwehrstellungen mehr, weil die Ufer der großen Ströme schon in feindlicher Hand sind. Und es gäbe sinnloses Blutvergießen, wobei die Niederlage von vornherein feststünde. Dann stünde zur Wahl die traditionelle (auch im Ersten und im Zweiten Weltkrieg wieder erwogene) Verzweiflungswaffe als »Ultima ratio« jeglicher niederländischen, fast schon maritimen Landesverteidigung: die Deiche zu sprengen, die Polder zu fluten und das platte Land unter Wasser zu setzen, um den Feind am Vordringen zu hindern, ihn möglichst gar zu ersäufen – mit Sicherheit aber auch das eigene Volk an Leben, Eigentum, Wohnung und Nahrungsquellen bis auf die nächste Generation hin zu beschädigen.

Es ehrt Louis, daß er diese Empfehlung, die seine eigenen holländischen Ratgeber ihm erteilen, sofort und entschieden verwirft; schon im Abwehrkampf gegen die Engländer hat er sie nicht befolgen wollen. Derweil aber rücken die Franzosen unaufhaltsam näher, das holländische Heer ist schon teilweise entwaffnet, sein Rest darf und soll sich nicht wehren. Was also tun?

Sein Gewissen läßt dem »kleinen Luigi« nur die Entscheidung für einen persönlichen Entschluß von höchstem moralischem Format. Er verwirklicht ihn mit einer Proklamation, die er selbst, unberaten und wieder ganz auf sich gestellt, in niederländischer Sprache so abfaßt:

»Holländer! In der Überzeugung, daß ich nichts mehr zu Eurem Nutzen und Eurem Wohl tun kann, vielmehr nur hinderlich bin, lege ich die königliche Würde ab zugunsten meines älteren Sohnes Napoleon-Lodewijk oder, wenn er den Thron nicht besteigen kann, seines Bruders Lodewijk-Napoleon. Ihre Majestät die Königin wird gemäß der Verfassung Regentin des Reiches bis zur Volljährigkeit des Thronfolgers sein. Ich werde mein gutes und braves Volk niemals vergessen. Holländer! Ich bitte Euch, die französischen Offiziere und Beamten gut zu empfangen. Das ist das einzige Mittel, Seine Majestät den Kaiser, von dem Euer Land und Eure Kinder abhängen, günstig zu stimmen. Ich hoffe, daß Ihr einst den Lohn Eures Mutes, Eurer Opfer und Eurer Standfestigkeit empfangen werdet. – Haarlem, am 1. Heumond (Juli) 1810. LODEWIJK.«

Dieser Abgesang, zugleich Aufruf, ist aus mehreren Gründen bemerkenswert. Zum einen ist Louis noch immer nicht bereit, den zweiten Sohn, seiner mißtrauischen Meinung nach als Bastard von Admiral Verhuell gezeugt, anzuerkennen, weshalb er ihn nur als »Bruder« seines erstgeborenen Sohnes bezeichnet; erst nach dem frühen Tod des letzteren, 1831, wird Louis sein starrköpfiges Vorurteil aufgeben und dann endlich den späteren Napoleon III. als legitimes Kind akzeptieren. Zum anderen lehnt er die Verantwortung für den erwarteten Bruch der holländischen Verfassung, die Annektierung seines Landes durch Frankreich, ab und weist sie – so schweigend wie eindeutig – dem kaiserlichen Bruder zu. Er ahnt, daß seine Frau Hortense gar nicht daran denken wird, die Regentschaft Hollands zu übernehmen; ebenso klar ist ihm, daß Napoleon keinem der Söhne das Königreich zur Nachfolge übergeben wird. Aber wenn in dieser Weise das geschriebene Recht und Staatsgrundgesetz des Reiches verletzt werden soll, dann ist es eben nicht Louis, sondern Napoleon, dem solches zur Last und zum historisch negativen Gedenken fällt.

Dann verläßt Louis buchstäblich bei Nacht und Nebel in einer schlichten, verhängten Reisekutsche seine letzte Residenz. Nur zwei Marineoffiziere, die er bald wieder verabschiedet, und einen

Kammerdiener nimmt er mit – obwohl so manche Getreue mitfahren möchten, die er aber nicht kompromittieren will. Unerkannt und ungehindert erreicht er die deutsche Grenze und überschreitet sie, in Richtung auf österreichisches Gebiet, wo er Asyl und Exil beantragt.

Doe wel en zie niet om? Koning Lodewijk hat nicht nur Gutes getan, sondern sein Bestes gegeben, und so braucht er sich nicht umzusehen. Die historische Rückschau ist seine Ehre.

Holland wird französisch

Mit Holland geschieht nach der Abdankung des ersten Königs genau das, was dieser selbst erwartet hat. Das Reich wird von Napoleon – der von Louis' »Fahnenflucht«, wie er sie zu nennen beliebt, erst verspätet erfährt – durch Dekret vom 9. Juli 1810 schlicht annektiert oder, wie es offiziell heißt, »mit dem französischen Kaiserreich vereinigt«. Denn das Land ist, so verkündet Napoleon, »nichts anderes als ein Anschwemmungsgebiet französischer Flüsse«. Daraus spricht ein ebenso eigenwilliges Geographieverständnis wie aus jener bekannten Bemerkung Robespierres: »Jeder intelligente Franzose weiß, daß Koblenz in Wahrheit auf französischem Boden liegt!«

Der Kaiser rast vor Wut. Ein zweiter Familiar – ausgerechnet der einst so fügsame »kleine Luigi«, den er fast wie seinen eigenen Sohn erzogen hat – wagt es nun, dem schlechten Beispiel des Bruders Lucien zu folgen und sich dem Empire zu verweigern. Und diese Widerspenstigkeit des Undankbaren wiegt gar noch schwerer, denn Louis hat ja schon längst seinen Platz im Großreich eingenommen und erkühnt sich im kritischsten Augenblick, seine Krone dem Kaiser vor die Füße zu schleudern. Das ist Verrat, Desertion – Napoleon begreift überhaupt nicht, auf welcher Seite der Front Louis eigentlich gekämpft hat, da versagt sein Vorstellungsvermögen.

»Nur seine Krankheit kann Euren Vater entschuldigen!« sagt er dessen Söhnen, die er dann theatralisch umarmt: »Kommt zu mir, von jetzt an will ich Euer Vater sein! Vergeßt nie, was Ihr mir und Frankreich schuldig seid!« Aber letzteres hatte er schon dem Vater Louis gesagt, und auch sonst bleiben die pompösen Worte in der Luft hängen, denn Napoleon wird für diese Kinder nicht mehr tun als bisher, nämlich so gut wie nichts – für sie bleibt Holland endgültig verloren, und selbst der Erstgeborene wird die verheißene Thronfolge im (französisch verwalteten) Großherzogtum Berg nie antreten können.

Für die Mutter Hortense tut Napoleon freilich einiges, was sie in seinen Augen auch verdient hat; sie ist weder der Anstandspflicht nachgekommen, ihren Ehemann ins Exil zu begleiten oder ihn dort wenigstens zu besuchen, noch hat sie dem Kaiser durch Wahrnehmung ihrer verfassungsmäßigen Aufgaben als Reichsregentin die holländische Beute streitig gemacht, obwohl Louis sie so eindringlich daran erinnert hat. Solche imperiale Anpassung verdient ihren Lohn. So wird Hortense nun – vielleicht geschieht es auch, um ihren Mann nachträglich zu ärgern – dafür entschädigt, daß sie nicht mehr »Königliche Majestät« sein kann, indem sie als Adoptivtochter des Kaisers ihren Rang und Titel einer französischen Prinzessin und »Kaiserlichen Hoheit« wieder annehmen darf, vor allem die entsprechende, zu ihrer Königin-Zeit eingefrorene Apanage mit kräftiger Aufstockung aufs neue erhält. Damit ist sie sehr zufrieden und amüsiert sich weiterhin in Paris.

Mit Holland aber wird kurzer Prozeß gemacht. Nach der »Vereinigung« und Totalbesetzung durch französische Truppen wird der Regentschaftsrat, der unbeirrt die Amtsgeschäfte »im Namen des Königs« weitergeführt hat, abgesetzt. Das Parlament wird aufgelöst, das Ministerkabinett entlassen. Napoleon entsendet den einstigen konsularischen Amtskollegen Lebrun als Gouverneur mit diktatorischen Vollmachten nach Amsterdam, um die französischen Gesetze und die Departementsverfassung einzuführen. Damit ist nicht nur die Souveränität, sondern auch jegliche staatliche Selbstbestimmung des ersten Königreichs auf niederländischem Boden untergegangen.

Die direkte Hand der französischen Administration und Exekutive schlägt nun im einverleibten Holland ebenso grob zu wie 1808 im deutschen Rheinbund-Großherzogtum Berg nach dessen praktischer Annektierung. Holland ist, wieder einmal, wahrhaft in Not. Das wird wenige Jahre später, als die besiegten Franzosen sich zurückgezogen haben und das befreite Holland eine neue Regierung braucht, dazu führen, daß die Erinnerung des Volkes an den »guten Käsekönig« leider schon sehr verblaßt ist und diesem die erhoffte Rückkehr auf den Thron nicht mehr gelingt.

Frankreich an der Ostsee

Weil die militärisch-juristische Flurbereinigung des »Anschwemmungsgebiets französischer Flüsse« im Sinne des Kaisers so reibungslos (auch fast geräuschlos, was das Empire im ganzen betrifft) funktioniert, so wird das große Aufräumen gleich in nordöstlicher Richtung fortgesetzt. Kompaß und Leitlinie ist wieder das

Prinzip der Kontinentalsperre, die möglichst lückenlose Küstenblockade Europas gegen den Handel mit England, dem voraussichtlich letzten und einzigen Feind der napoleonischen Staatsordnung.

Nur militärische Präsenz und Kontrolle Frankreichs, nicht aber die Errichtung irgendwelcher Satelliten oder die Einsetzung unzuverlässiger Vasallen kann dieses Prinzip verwirklichen: Die letzten Schlupflöcher längs der Nordsee sind zu schließen!

So werden mit einem Federstrich zu Paris und anschließender Besetzung folgende rheinbündischen Gebiete von Frankreich kassiert: das Herzogtum Aremberg und das Fürstentum Salm, das Herzogtum Oldenburg und der einst hannoversche Nordteil des Königreichs Westphalen, dazu noch Hamburg, Südholstein und Lauenburg. Wie ein breiter, dann dünner werdender Schlauch reicht Frankreich nun von Belgien über Holland nach Deutschland, über Münster, Osnabrück und Bremen, Weser und Elbe hinaus bis zum Ostseestrand bei Travemünde.

Eine größere Ausdehnung hat der französische Staat, und damit zugleich das Empire, im nördlichen Europa nie mehr erreicht. Aber die territoriale Herrlichkeit wird nur drei Jahre dauern.

Unter den Familiaren wird, außer Louis, nur Jerome von der kaiserlichen Blitzaktion betroffen. Aber er ist nicht sehr unglücklich darüber, den Teil des früheren Kurfürstentums Hannover, den man ihm ohnehin erst vor kurzem seinem Königreich zugeschlagen hat, wieder zu verlieren; diese Gebiete sind hochverschuldet und kosten weit mehr Geld, als sie einbringen. So schwingt sich König Hieronymus nicht einmal zu formalem Protest gegen den Kaiserbruder auf.

Im persönlich-psychologischen Bereich sind die Familiare naturgemäß sämtlich berührt, denn der Kronverzicht auch nur eines von ihnen wirft schon einige Schatten an die Wand: Wird man selber derartigen Entscheidungen auch bald ausgesetzt sein? Das fragt sich vor allem Joseph, der in Spanien immer mehr Boden verliert – auch den schmalen, den er inzwischen gewonnen hat. Und auch Jerome wird sich diese Gewissensfrage bald stellen müssen. Aber beide wagen es schließlich doch nicht, sie im Sinne des Bruders Louis zu beantworten.

Louis im Exil

Nicht ohne heimliche Schadenfreude über die politische Verwirrung im Empire gewährt Kaiser Franz, auf Anraten Metternichs, dem abgedankten König von Holland die Aufenthaltserlaubnis in seinem Reich. Napoleon ignoriert dies; er ist zu klug, um die Beziehungen zum Schwiegervater schon jetzt durch ein Auslieferungsbegehren zu belasten.

So kann Louis sich ungehindert zunächst einige Monate im böhmischen Bad Teplitz aufhalten – wobei er als erster Familiar Gebrauch von dem Privileg der Souveräne macht, auf Reisen oder nach einem Thronverzicht inkognito zu bleiben und einen anderen Namen zu führen. Nach seiner französischen Besitzung nennt er sich »Graf von St. Leu«. Die noch regierenden Brüder und Schwestern werden nach dem Verlust ihrer Kronen ähnliches tun. Das Landgut St. Leu wird natürlich, ebenso wie Louis' in Frankreich befindliches Vermögen, von Napoleon beschlagnahmt. Aber der Ex-König hat noch private Mittel bei Banken in Amsterdam und Wien deponiert, so daß er von den Zinsen ordentlich leben kann; angesichts seiner persönlichen Bedürfnislosigkeit braucht er ohnehin nicht viel Geld. Aus der holländischen Staatskasse hat er (auch insoweit »moralischer« eingestellt als Joseph) bei seinem Abschied nicht einen einzigen Gulden entnommen.

In Teplitz macht Louis die Bekanntschaft des Herrn von Goethe, der sich dort zur Kur aufhält. Beide Männer, durch einen Altersunterschied von dreißig Jahren getrennt, kommen in lange Gespräche und finden einander sympathisch. Es ehrt den Dichterfürsten und Rheinbundminister, daß er dem entthronten König, der doch Widerstand gegen »seinen Kaiser« geleistet hat und für ihn selbst gewiß kein mäzenatischer Protektor sein kann, nicht indigniert ausweicht und die kalte Schulter zeigt. Später sagt er über ihn gar folgendes:

»Louis ist die geborene Güte und Leutseligkeit, so wie sein Bruder Napoleon die geborene Macht und Gewalt ist ... Milde und Herzensgüte bezeichnen jeden seiner Schritte. Sonach ist es keineswegs Eigensinn, wie man gemeint hat, der ihn zu dieser auffallenden Handlung verleitete; im Gegenteil ist Louis einer der sanftmütigsten und friedlichsten Charaktere, die ich im Lauf meines Lebens kennengelernt habe, was eben daraus folgt, daß ihn alles Ungerechte, Ungesetzmäßige, Unbarmherzige in tiefster Seele verletzt und ihm gleichsam von Natur zuwider ist.«

Das politische Charakter- und Persönlichkeitsbild des Louis zeichnet Goethe so:

»Wie es einem so zart und empfindlich gestimmten Wesen gelingen konnte, den schweren Kampf zwischen Holland und seinem eigenen Bruder durchzukämpfen, ohne daß das Gewebe seiner Nerven zerriß und er selber zugrunde ging, ist mir immer noch ein Rätsel. Es ist bewundernswürdig, daß die Macht der Idee ihn so über den widerwärtigsten Umständen emporgehalten hat. Was er als Oberhaupt einer berühmten Nation dieser, was er sich selbst schuldig zu sein glaubte, nachdem er sich dessen einmal als König von Holland bewußt geworden war, verfolgte er auch gegen Frankreich und gegen seinen Bruder mit dem strengen und sittlichen Ernste, der seiner Natur eigen ist. Von dem Augenblick an, wo Napoleon von der Schelde, von dem Rheine, von der Maas nur noch wie von den Adern des großen französischen Staatskörpers sprach und das Blut, was die tapferen Vorfahren, um Holländer zu sein, unter Philipp II. verspritzt hatten, gar nicht weiter in Anschlag brachte, blieb ihm nichts anderes übrig, als einen Thron zu verlassen, den er nicht länger glaubte, auch nur mit einiger Würde behaupten zu können.«

Dem Vaterlandswechsel und den damit verbundenen sprachlichen Bemühungen zollt Goethe ebenfalls seinen Respekt: Louis habe einige Prominente seines Reiches, die anfangs so beflissen in seiner Gegenwart französisch parlierten, mit der Bemerkung gerügt: »Wenn Ihr selbst nicht Eure Muttersprache reden wollt, wie mögt Ihr nur glauben, daß sich irgend jemand sonst in der Welt die Mühe geben wird, holländisch zu sprechen?«

Im Oktober 1810 nimmt Louis seinen Wohnsitz in Graz, wo er einen empfindsamen Liebesroman schreibt, der sogar erfolgreich publiziert wird. Aber auch die politischen Verbindungen nach Holland und nach Paris läßt er nicht abreißen. Er verfolgt, wie auch Lucien in seinem Exil, die Entwicklung des Empire, die von zunehmender Verwirrung geprägt ist, mit wacher Aufmerksamkeit – ohne sich (eben wie jener) zu Aktivitäten gegen Napoleon hinreißen zu lassen. Über alle privaten Dinge der Familie berichtet ihm Mutter Letizia brieflich mit großem Fleiß – für sie ist er nun, nächst Lucien, jenes Kind, das ihrer »Hilfe am meisten bedarf«.

Bis 1813 bleibt Louis in der österreichischen Steiermark. Seiner Frau Hortense fällt es auch jetzt nicht ein, ihm zu schreiben oder ihn gar zu besuchen. Sie wird sich bald in »freier Ehe« mit dem Grafen Charles Flahaut, einem unehelichen Sohn Talleyrands, verbinden und mit ihm ein Kind haben, das später als »Herzog von Morny« engster Mitarbeiter und Außenminister seines Halbbruders, Kaiser Napoleons III., sein wird.

In Holland bleibt der Widerstand gegen die ungeliebten Franzosen, anders als in Spanien, eher passiv, aber dennoch so untergründig wirksam, daß Napoleon auf St. Helena als zweiten Kardinalfehler seiner Regierung feststellen wird: »Ich hätte Holland nicht annektieren sollen, das hat viel zu meinem Sturz beigetragen!«

Don José kämpft glücklos weiter

Die größte, nun fast unmäßige und nicht mehr proportionale Ausweitung des Empire fällt zusammen mit dem Beginn seines Abstiegs, der in jähen Zerfall mündet. Talleyrand hat das frühzeitig erkannt, aber Napoleon – immer noch geleitet durch seine Ideen von einem Großreich mit Egalität und gleichförmigem Recht für alle Völker, wie er das sieht – kann und will es nicht begreifen. So gehen »Maß und Mitte« erst schleichend, dann immer rascher verloren. Die Völker Westeuropas wissen die ihnen zugedachten, in so manchem auch verwirklichten Vorteile und Segnungen nicht zu schätzen; und auch das ist verständlich, denn die konkreten Belastungen durch den immerwährenden militärischen und wirtschaftlichen Krieg scheinen zu überwiegen.

So brodelt es seit 1811 im Empire, und vor allem in Spanien steigert sich die Gewalt, die Joseph erfolglos zu bekämpfen oder doch einzudämmen versucht. In der Tat sind ihm die Hände gebunden. Zu sagen hat er bald nur noch etwas in der kleinen Provinz Madrid – die Hauptstadt ist damals noch keineswegs die bedeutendste Metropole des Landes, sondern eigentlich nur Sitz des Hofes (nicht einmal eines Erzbischofs) –, und direkt befehligen kann er lediglich seine Leibgarde sowie einige Regimenter der Garnison. Die französischen Marschälle nehmen ihm das Heft aus der Hand; schließlich wird sogar der Norden Spaniens mit der wichtigsten Provinz Katalonien praktisch aus dem Reich ausgegliedert und als Besatzungszone dem Militärkommando des Marschalls Soult unterstellt.

Die französischen »Befriedungs«- oder besser Invasionstruppen fressen wie Heuschrecken die Dörfer kahl, und ihre disziplinlosen Übergriffe heizen den bäuerlichen Widerstand noch mehr an. Eine Welle der Wut und Grausamkeit schlägt zurück. Es wird gepfählt, geblendet, zerstückelt, gekreuzigt und lebendig verbrannt – Greuel, wie sie vielleicht nur dort denkbar sind, wo ein Volk den fürchterlichen Kampfruf erfunden hat: »Viva el muerte« – Es lebe der Tod!

Joseph, selbst fast so gutwillig und sanftmütig wie Louis, wird wie jener in seinem Reich nicht an sich selber scheitern, sondern am großen kaiserlichen Bruder – ein Schicksal, das die Familiare vor der Geschichte tragen müssen. Ohne die ständigen französischen Bedrückungen wäre Louis wohl König von Holland geblieben; und ohne die noch viel schlimmeren, unmittelbaren Pressionen jener Soldateska hätte sich Joseph vielleicht doch in Spanien durchsetzen können. Ihm hat noch viele Jahre später im Exil der spanische Partisanengeneral Mina gesagt: »Wir Spanier hätten Sie als König anerkannt, wenn nur Napoleon seine Truppen aus unserem Land zurückgezogen hätte!«

Die Gelegenheit, seinen kleinen Neffen, den König von Rom, als Pate über das Taufbecken zu halten, benutzt Joseph, um dem Bruder ein Ultimatum zu stellen. Er werde seine Krone niederlegen, wenn nicht diese Forderungen erfüllt würden: Stärkung der königlichen Autorität im militärischen, zivilen und publizistischen Bereich (das hieß: Proklamation an das Volk nur noch von Joseph allein) – verbunden mit dem Recht, jeden französischen Offizier und Soldaten zu maßregeln, der sich Übergriffe gegen die Zivilbevölkerung zuschulden kommen lasse; Abschaffung der Militärregierung im Norden; erhebliche Verminderung der Besatzungstruppen.

Napoleon, nach der Geburt des Söhnchens in strahlender Laune, gibt vage Zusagen in verschiedenen Punkten und faßt Joseph im übrigen wieder am Portepee: Durchhalten, durchhalten, er sei in Spanien beliebter, als er denke... Überflüssig zu sagen, daß der Kaiser keine einzige Versprechung hält. Vielleicht kann er es nicht, denn in Spanien gerät der Partisanenkampf immer mehr zu einem richtigen, gefährlichen Krieg, seit englische Landtruppen, durch die offene Flanke Portugal einströmend, den Franzosen zunehmend bedrohlicher auf den Leib rücken, und Joseph, als Militär doch von beschränktem Format, ist in den Augen seines Bruders nicht der rechte Mann für einen solchen Einsatz, bei dem die besten Marschälle so wenig Glück haben. Wieder, wie so oft bei »Männern, die Geschichte machen«, zeigt sich auch hier: Die entscheidenden Fehler sind früher begangen worden, und jetzt kann man sie schwerlich korrigieren.

Ob König Joseph dies nun teilweise einsieht, oder aus welchem Grund er doch wieder gehorsam ist – den Mut, wie Bruder Louis auf den Thron zu verzichten, findet er nicht. Aber möglicherweise ist es auch gar kein Mangel an Mut; vielleicht sieht Joseph seine Herrscherpflichten nur anders als jener, denn das Vaterland hat er ja auch gewechselt. Und kann nicht dem einen der waghalsig-entschlossene Abbruch eines Unternehmens, dem anderen aber das ebenso couragierte Ausharren am Platz wider alle Hoffnung gleichermaßen legitim und geboten erscheinen?

Bankrott und Revolten in Westphalen

Auch im Königreich Westphalen sieht es 1811, im Jahr vor dem Rußlandfeldzug, nicht mehr gut aus. Die Staatsverschuldung hat nun ein Ausmaß erreicht, daß die Beamten und Offiziere nicht

Die Idylle, so oft wie irreführend abgebildet, ist leider trügerisch. Die Zeit der Kinderspiele ist vorbei, »Papa Empereur« muß arbeiten – aber noch liegt das heißgeliebte Söhnchen, der »König von Rom«, an seinem Schoß. Der vermeintliche Friede wird, familiär wie politisch, bald enden.

mehr regelmäßig, wenn überhaupt noch, besoldet werden können. Für eine Großmacht wäre dieser Zustand nicht gar so schlimm, weil er irgendwie durch Kredite überbrückt werden kann, aber Westphalen ist keine Großmacht, sondern ein Rheinbundstaat mit beschränkten natürlichen Ressourcen und verzweifelt engem wirtschaftlichem Spielraum.

Schon seit 1809 wird König Hieronymus verunsichert durch wachsende preußische, kurhessische und braunschweigische Agententätigkeit unter den Bürgern und Soldaten, die unzufriedener werden. Die abgesetzten früheren Landesherren wittern Morgenluft. Vor allem: Preußen ist heimlich wieder erstarkt, seit Hof und Regierung aus Ostpreußen, von der Flucht an den Rand des Reiches, nach Berlin zurückgekehrt sind. Die Hauptstadt bietet jetzt einen festen zentralen Standpunkt, von dem aus die preußische Welt neu bewegt werden kann. Die Reformen der Staats- und Militärpolitiker Stein (vor nicht langer Zeit als »widerspenstiger, trotziger Staatsdiener« entlassen) und Hardenberg, Gneisenau und Scharnhorst werden vom König (zögernd, wie auch immer) genehmigt und beginnen zu greifen. Da erinnert man sich denn auch, konkret und zielgerichtet, der verlorenen Westgebiete.

Durch diskrete Ermunterung von außen, aber auch spontan angesichts der inneren Lage, ist es in Westphalen zu den militärischen Rebellionen des Obristen von Dörnberg, der »Schwarzen Schar«, des Freiherrn von Katte und des Majors von Schill gekommen. Noch können die Aufstände sämtlich niedergeworfen werden.

Jerome verfährt, wie es seinem Charakter entspricht, mit den Aufrührern erstaunlich großzügig. Selbst bei denen, die einen ihm geleisteten Treueid gebrochen haben, läßt er es bei milder Festungshaft bewenden. Die Schillschen Offiziere – von deren so tollkühnem wie illegitimen Unternehmen sich sogar der Preußenkönig ausdrücklich distanziert hatte – werden freilich der westphälischen Jurisdiktion entzogen, vor ein französisches Militärgericht gestellt und erschossen.

So gärt und brodelt es im Königreich zwischen Weser und Elbe. Im Alter von erst 26 Jahren, von anonymen Pamphleten geschmäht und auch mit Attentaten bedroht, erkennt Jerome immer deutlicher den Zwiespalt seiner Stellung. Er sieht, daß der »Vaterlandswechsel« (soweit auch er ihn vollzogen hat), ihm auf die Dauer nichts nützt, weil seine Anhänger sich im Volk nicht durchsetzen können. Er weiß, daß sein Thron nur durch Napoleon noch Bestand haben kann, daß aber gerade dieser ihm mit der einen Hand wegnimmt, was er mit der anderen gegeben hat. Mehrfach wiederholte Reisen nach Paris mit inständigen Protestvorstellungen beim großen Bruder bewirken nicht das geringste.

Im Prinzip ist seine Situation die gleiche, die Louis ausgestanden hat, in der Joseph sich noch befindet, in die Caroline und Elisa, Eugen Beauharnais und Joachim Murat bald geraten werden. Aber während Louis die innere Kraft zum Widerstand gegen Napoleon aufgebracht hat und Joseph mit dem Mut der Verzweiflung in Spanien an der Empire-Front stehenbleibt, reagiert Jerome auf seine eigene, dritte, wohl weniger respektable Weise – durch »innere Kündigung«. Jerome resigniert, auf der äußeren wie auf der inneren Linie.

König Hieronymus bleibt auf seinem Thron zu Kassel sitzen, aber er verfällt in politische Erstarrung und läßt die Zügel der Regierung schleifen. Der ebenso scharfsichtige wie unparteiische französische Gesandte Graf Reinhard berichtet mißbilligend nach Paris, daß die bewährten deutschen Minister allen Einfluß beim König, der sich kaum noch selbst um die Staatsgeschäfte kümmere, verloren hätten, daß der Einfluß der französischen Speichellecker und Günstlinge ständig zunehme und die politische Geheimpolizei sich immer neue Übergriffe erlaube. In der Tat, Jerome duldet es mit nur lahmer nachträglicher Entschuldigung sogar, daß das Haus des Ministers von Bülow überfallartig von der französisch kommandierten Polizei durchsucht und auf den Kopf gestellt wird.

So ist, neben allen glänzenden Lichtseiten, der Charakter des jüngsten Familiars eben auch: etwas unbeständig, bisweilen sprunghaft, trotz persönlicher Tollkühnheit leicht verzagend, auch orientierungslos – aber dann doch, dem Stehaufmännchen gleich, sich wieder erhebend.

Nach welcher Seite erhebt sich Jerome? Er ist, das zeugt für seine Klugheit und seine durchaus schon gewonnene politische Erfahrung, einer der wenigen Franzosen, die Napoleon vor einem provozierten Zusammenprall mit Rußland warnen. Denn wie kaum ein anderer kennt er die wachsende Unruhe in Deutschland und sieht voraus, daß gerade die Deutschen der Großen Armee in den Rücken fallen, den Rheinbund über den Haufen werfen, ja Frankreich unmittelbar gefährden würden, wenn die militärische Auseinandersetzung im Osten länger dauern, vielleicht gar ohne Sieg enden sollte. Der Bruder, schon von gänzlich anderen Ideen über die Teilung der Welt besessen, läßt ihn kalt abfahren: »Sie tun mir leid! Sie kommen mir vor wie ein Schüler Homers, der ihn lehren will, Verse zu machen!«

Jerome schluckt es, es beleidigt ihn nicht, es schreckt ihn nicht einmal. Wohlan, die westphälische Krone (sie wird ihm allmählich lästig) wird nicht mehr lange auf seinem Kopf bleiben können oder müssen, aber wenn es denn wieder einen neuen, diesmal wohl sehr großen Krieg geben soll, dann will er aus ihm ebenso erfolgreich hervorgehen wie 1806 aus der kurzen Herbstattacke gegen Preußen, die ihm seine erste Monarchie eingetragen hat. Nun könnte ihm ein zweites, hoffentlich leichter regierbares Reich zufallen. König Hieronymus denkt, wenn Westphalen denn schon zum Teufel gehen sollte, erneut an Polen, das endlich aus seiner politischen Zwitterlage erlöst werden müßte; er träumt sogar vom großen Nachbarland Preußen selbst, falls es nun doch zum zweiten Mal die falschen Bataillone wählen und einsetzen würde ...

Jerome, bei allem Temperament doch kein Phantast, weiß, daß dies die Musik einer Zukunft ist, die er selber erst noch mitgestalten muß und will. Der Rußlandkrieg ist beschlossen? Na dann wird Hieronymus Napoleon, kaiserlicher Prinz und einst französischer General, dabeisein, er möchte auffallen und sich auszeichnen wie früher.

Doch daraus wird, zum Großteil durch eigene Schuld, nichts werden.

Intrigen in Italien

Beim Königspaar von Neapel ist aus der einstigen Liebesbeziehung längst eine nüchterne Geschäftsverbindung geworden. Die wechselseitige Eifersucht zweier durchaus starker Persönlichkeiten gibt den Ton an. Murat sieht sich allmählich von Caroline in den Schatten gedrängt, die zunehmend die Regierungsangelegenheiten mitsamt der Außenpolitik an sich reißt. Vorübergehend reagiert er mit Betonung des »italienischen« Staatscharakters; sein eigener Hofstaat darf nur noch aus Italienern bestehen, was ihm natürlich bei den Einheimischen erhöhte Sympathien einträgt.

Aber Murat neigt, wie so oft, zu unklugen Übertreibungen. Im Sommer 1811 dekretiert er: »Alle Ausländer, die ein öffentliches Amt in Unserem Königreich bekleiden, werden aufgefordert, unverzüglich das Bürgerrecht des Staates zu erwerben!« Betroffen sind fast ausschließlich französische Beamte und Offiziere; das geht selbst Caroline, die das »französische« Element vorerst noch für unverzichtbar hält, zu weit, und in der Tat ist nicht einmal Bruder Louis in Holland so abrupt vorgegangen. Napoleon schlägt denn auch blitzartig zurück, und im Sinn des Empire muß er es wohl: Er verbietet allen Franzosen, die Staatsangehörigkeit des Königreichs Neapel anzunehmen – womit er Murat zwingt, sein Dekret zu widerrufen.

Die Beziehungen des kühnen Paladins zu seinem Kaiser werden hierdurch kurzfristig sehr getrübt. Murat fühlt sich desavouiert, und bald sehnt er sich wie Jerome nach einer neuen militärischen Verwendung, die seine Stellung wieder stärken könnte.

In einem Punkt allerdings bleiben sich König und Königin von Neapel einig: Sie wollen ihre Herrschaft, die sie mit sichtbaren Erfolgen ausüben, um jeden Preis behalten, sie möglichst auch auf den Norden Italiens ausdehnen. So bleibt Vizekönig Eugen (der selbst keine vergleichbaren Ambitionen in südlicher Richtung hat) ein gemeinsamer Gegner; aber im übrigen muß man die wechselnden politischen Winde geschickt beobachten und beachten, um stets auf der richtigen Frontseite zu stehen.

Bei derartigen Prüfungen ist Caroline, hochintelligent und skrupellos, ihrem Mann weit überlegen. Sie denkt in größeren Dimensionen und längeren Zeitabschnitten. Vorerst muß man es weiter mit dem Kaiserbruder halten, solange er allein die eigene Herrschaft garantieren kann. Aber das Empire kracht oder ächzt doch schon in einigen Fugen, und falls Frankreich sich eines unglücklichen Tages wieder in seine eigenen nationalen Grenzen zurückziehen müßte, gelten andere Bedingungen des Überlebens. Dann gilt es, auf Österreich zu setzen, das bei einer restaurativen Neuordnung Italiens zweifellos ein gewichtiges Wort mitreden würde. Die Napoleoniden-Könige in Neapel sind, mit Joseph beginnend, Usurpatoren eines habsburgisch-bourbonischen Thrones, und die verjagte Dynastie, immer noch in Sizilien auf dem Sprung, wünscht dringlich ihre Rückkehr. So muß man Österreich überzeugen, daß nicht diese Verwandten, sondern Caroline und ihr Mann die rechten Herrscher für Italien sind, und eine derart prekäre Diplomatie muß so frühzeitig wie behutsam vorbereitet werden. Ebendies tut Caroline, indem sie ihre alten Kontakte zu dem nun so mächtig gewordenen Metternich diskret verstärkt.

Gleiche Aufmerksamkeit aber verdient England. Das küstenreiche Süditalien erlebt die betrübliche Kehrseite der Kontinentalsperre. Es ist umzingelt von der britischen Kriegsflotte, die jeden Schiffs- und Handelsverkehr, ja den Fischfang unterbindet. Die eigene neapolitanische Marine, bestehend aus einer Fregatte und einer Korvette, hat schon unter König Joseph nie ihren Hafen verlassen können. England wird ebenfalls, wenn es die große Auseinandersetzung mit dem Empire gewinnen sollte, Italiens Zukunft mitbestimmen. So darf man es sich nicht mehr als unbedingt nötig zum Feind machen, muß vielmehr Versöhnungsbereitschaft signalisieren; und auch daran läßt es Caroline, in aller gebotenen Heimlichkeit, nicht fehlen. Da nimmt sie sich ein Beispiel am neuen schwedischen Kronprinzen Jean-Baptiste Bernadotte, ihrem Schwippschwager, der nach Antritt seiner Regentschaft zu Stockholm die Briten wissen läßt, die Kontinentalsperre stünde hinsichtlich des schwedischen Reiches doch eher auf dem Papier und sei in praktischer Anwendung nicht so ganz erst zu nehmen. Freilich hat der Gascogner Bernadotte, als Nicht-mehr-Franzose und echter europäischer Souverän, doch weit mehr Bewegungsfreiheit und Handlungsspielräume, als Caroline sie haben wird, als Louis für Holland sie je hatte.

Die beiden anderen regierenden Familiare auf italienischem Boden bleiben – in Gedanken, Worten und Werken – bis zu Napoleons Sturz (nicht unbedingt darüber hinaus) loyal. Sie werden erst später, dann ebenso vergeblich wie die anderen, um ihre Herrschaft zu kämpfen beginnen.

Eugen Beauharnais weiß längst, daß er im Königreich Italien nie mehr »richtiger« Monarch werden kann und daß selbst seine vizekönigliche Stellung allein vom Fortbestand des Empire abhängt. Aber dennoch oder gerade deshalb: Er harrt aus, und er freut sich, nicht anders als Jerome und Murat, auf erneute Ausübung des gelernten Handwerks, sei es denn diesmal in Rußland.

Was die großherzogliche Präfektin Elisa betrifft, so müßte ihre Furcht vor der Zukunft noch größer sein. In der Toskana ist sie nur französische Beamtin und kann sich ausrechnen, daß sie beim Rückzug Frankreichs einem Mann weichen muß, der dort schon 1791 als Großherzog regierte, dann von der siegreich eindringenden französischen Revolution gestürzt wurde, kurzzeitig Kurfürst von Salzburg und später gar Rheinbundfürst als Großherzog von Würzburg war: Ferdinand III., jüngerer Bruder des österreichischen Kaisers, den Napoleon übrigens ebenso persönlich schätzte wie den damaligen Fürsten von Liechtenstein (der sogar ohne sein Vorwissen in den Rheinbund aufgenommen wurde). Dieser Habsburger Ferdinand, der bei allen politischen Aus- und Umzügen still und beharrlich stets ein Österreicher blieb, würde mit Sicherheit seine alte »Sekundogenitur« in der Toskana, das gewichtige Nebenlinien-Sprungbrett Österreichs in Italien, wieder reklamieren, mit sanftmütiger Insistenz.

Und Lucca nebst Piombino, wo Elisa immerhin aus eigenem Recht regiert? Aber auch dieses »Recht« ist revolutionär-imperialen Ursprungs, es ist, wie man zumindest bald behaupten wird, fremdbestimmt und wird vielleicht nicht überdauern. Auch diese Fürstentümchen also können der Elisa unter anderen, österreichisch beeinflußten Machtkonstellationen kaum erhalten bleiben. Die »Amazone vom Arno«, die getreue Kaiserschwester, die sogar ihre erste Tochter »Napoléone« nennt, verdrängt indessen noch entsprechende Vorstellungen.

Was Pauline betrifft, die wie Lucien eine »Nichtregierende« der Familie ist, so hat sie der Kirchenstreit Napoleons insoweit persönlich beschädigt, als der Fürst Borghese, mit dem sie ja nun einmal verheiratet ist, seinen »schwarzen« römischen Adel dem nun verbannten Papst verdankt, dessen Thronassistent er war, wohl auch noch ist. Sein Ansehen im Empire ist jetzt automatisch beeinträchtigt, und seine Ehefrau, wenngleich Kaiserliche Hoheit aus eigenem Recht, leidet ein wenig mit.

Aber Pauline, allzeit noch unbekümmerter als Jerome, nimmt dies nicht zum Anlaß, sich sehr zu grämen oder gar dem »Fratello« Böses zu wünschen. Sie schließt sich noch etwas mehr an den »roten« kardinalen Halbonkel Joseph Fesch an, führt ihr heiterverschwenderisches Leben, zwischen Paris und dem nun auch französisch gewordenen Rom pendelnd, fort und ahnt nicht einmal, daß der Name Borghese (insoweit vergleichbar dem Namen des Bruders Lucien) bald in erneuertem, ja hellerem Glanz erstrahlen wird, sobald der Papst wieder triumphal nach Rom zurückkehrt, Besitz vom alten Kirchenstaat ergreift und die Getreuen belohnt.

Es wird diese leichtgewichtige »Madame Firlefanz« sein, die im jäh verwandelten »Reigentanz« der Familiare, wie er sich nach des Kaisers erster Abdankung formiert, eine untadelige, ja höchst ehrenhafte Rolle übernehmen soll, die niemand ihr aufzwingt, sondern die sie sich selbst auf den Leib schreibt.

Drei Familiare in Rußland

Die Spitzenmilitärs unter den Napoleoniden, fast allesamt etwas enttäuscht vom Fortgang ihrer Regierungsgeschäfte und deren Perspektiven, bekommen nun bald wieder die willkommene Gelegenheit zu einem großen, für das Empire wahrhaft entscheidenden Kriegseinsatz.

Die Konfrontation mit Rußland scheint unausweichlich geworden zu sein. Der Wankelmut des Zaren tritt immer mehr (das heißt, immer weniger kalkulierbar) zutage. Alexander persönlich würde gern ein Freund Napoleons sein und bleiben, den er fast schwärmerisch bewundert. Aber den Beitritt zur Kontinentalsperre, die sich ja auch auf Rußlands Ostseezugänge erstreckt, mag er seinem Reich nicht zumuten. Zudem hetzt ihn die reaktionäre Hofkamarilla zu St. Petersburg unter Führung seiner eigenen Mutter und mächtiger Großgrundbesitzer auf: Dicht an der russischen Westgrenze, im Großherzogtum Warschau, sind liberale französische Zivilgesetze eingeführt worden, die polnischen Bauern haben »Freiheit und Gleichheit« bekommen; da wächst eine soziale Ansteckungsgefahr für alle Reußen, die gebannt werden muß.

Was sollen dem Zaren dagegen die vagen Phantasieofferten Napoleons bedeuten, daß man demnächst einmal gemeinsam das Türkenreich zerschlagen und aufteilen könne? Das, so meint er, könne er notfalls allein, noch besser aber mit Hilfe Österreichs und Englands besorgen.

Als Napoleon unklugerweise (wieder nur wegen der leidigen Küstenkontrolle) das immer noch schwedische Nordvorpommern besetzen läßt, treibt er ausgerechnet den Halb-Familiar und widerwillig entlassenen Ex-Marschall Bernadotte ins feindliche Lager. Dieser ist seit 1810 erwählter und adoptierter Kronprinz, designierter König und praktisch schon Regent von Schweden.

Politisch hat er bisher neutral laviert, aber nun macht sein früherer Kaiser und Dienstherr selber es ihm leicht, sich gegen das Empire zu entscheiden. Kronprinz und Zar schließen einen Geheimvertrag, durch den Schweden endgültig zugunsten Rußlands auf Finnland verzichtet, sich dafür russische Hilfe zur Gewinnung des damals dänischen »Nebenlands« Norwegen versprechen läßt. Das bedeutet: Auch in Mitteleuropa werden beide Mächte militärisch gegen Napoleon, mit dem Dänemark verbündet ist, zusammenwirken.

Als auch England wenig später diesem Abkommen beitritt, glaubt der Zar es sich im Vertrauen auf solche massive Rückendeckung leisten zu können, Napoleon ein Ultimatum zu stellen: Nichtbeteiligung Rußlands an der Kontinentalsperre, Abzug der französischen Truppen nicht nur aus dem Großherzogtum Warschau, sondern auch aus den preußischen Festungen, und Auslieferung jenes Restpolens an Rußland, damit es künftig als zaristisches Großfürstentum regiert werde.

Weil damit aber die vollständige Einkreisung des Empire droht, muß Napoleon dieses – mit keinerlei Gegenleistung verbundene – Ersuchen ablehnen. Im Frühjahr 1812 beschließt er den Rußlandfeldzug, und vielleicht würde er ihn auch gewonnen oder doch mit politisch günstigem Kompromiß abgeschlossen haben, wenn er ihn auch gleichzeitig begonnen hätte – als der, diesmal russische, »General Winter« noch in weiter Ferne war.

Drei Familiare beruft der Kaiser zur Großen Armee, die sich erst Ende Juni über die Memel nach Osten in Bewegung setzt: Bruder Jerome, Schwager Joachim Murat und Adoptivsohn Eugen. Das Verhalten dieses – schon längst so hochbewährten – Dreigestirns zeigt staunenswerte Unterschiede. Jerome setzt sich selbst durch eine lächerlich-nichtige Ehrenaffäre außer Gefecht, Murat verliert nach tapferstem Einsatz die Nerven, Eugen aber beweist sich als erstrangiger Feldherr mit Stehvermögen und Weitsicht.

Die Gemeinsamkeiten ihrer Naturanlage äußern sich vorab bei Jerome wie bei Murat in der Art, wie beide buchstäblich ins Feld »ziehen« – mit einem riesigen Troß von Bagagewagen, die Prunkuniformen und Schlafröcke, Toilettenartikel und Juwelenschmuck, Burgunderwein und deliziöse Speisen mitführen; dazu Kutschen mit großem, nicht nur militärischem Gefolge. Jerome läßt sich sogar von einigen Mätressen begleiten.

Selbstverständlich erfährt dies auch der Kaiser, der sich schon in der polnischen Etappe darüber ärgert. Bei Murat, dem unkorrigierbaren »Armee-Franconi«, weiß er insoweit längst Hopfen und Malz verloren, aber Jerome muß sich sagen lassen: »Sie führen

Krieg wie ein Satrap! Bei Feldzügen muß man vorn bei der Truppe sein und auf dem nackten Boden schlafen! Ich habe im Krieg nicht einmal meinen Außenminister dabei!« Nun, auf den Gedanken, seinen Intimus Lecamus aus Kassel mitzunehmen, wäre Jerome gewiß nicht gekommen; im übrigen hat er wie auch Murat es bei früheren Einsätzen nie an freiwilliger Entbehrung, an Härte gegen sich selbst fehlen lassen, aber nun ist er ja König und glaubt, repräsentieren zu müssen. Als Murats Gepäck später bei Wilna von Kosaken geplündert wird, riecht die ganze Stadt tagelang nach Parfüm, weil die Beutemacher sich die teuren Duftwässer flaschenweise über die verlausten Köpfe und Schnurrbärte gegossen haben.

Was die militärische Bewährung dieser Familiare in Rußland angeht, so erhält Jerome eine für sein Leben erst- und einmalige Chance. Er darf, damit einem Marschall gleichgestellt, mehr Soldaten als je zuvor befehligen, 100 000 Mann, eine ganze Heeresgruppe. Aber das erhoffte Kriegsglück, das ihm diesmal vielleicht ein neues Reich, Polen oder gar Preußen, einbringen soll, ist ihm nicht hold, weil er es selber nicht gewähren läßt.

Wie so oft bei den Familiaren, erscheint er wieder, mehr oder weniger je nach Spektrum, vor Napoleon gerechtfertigt. Er läßt, vernünftigerweise, seine erschöpften Truppen bei Grodno einige Tage ausruhen und wartet auf herannahende Verstärkungen, mit denen er dann den russischen General Bagration verfolgen will. Napoleon, dem die Dinge wie üblich nicht schnell genug gehen und dem die ungewöhnliche Bedächtigkeit des einst so energischen Bruders mißfällt, setzt ihm kurzerhand den Marschall Davout als Oberbefehlshaber vor die Nase – einen groben Kerl, der zudem seit Jahren mit Jerome persönlich verfeindet ist. Das ist ungerecht, gewiß, aber Jerome reagiert mit einer korsisch-toskanischen Heftigkeit, die dem »Zweiten Polnischen Krieg« (wie er, nach des Kaisers Sprachregelung, im Empire offiziell heißt) auch keineswegs angemessen ist. Er schreibt dem großen Bruder einen Protestbrief, legt eigenmächtig sein Kommando nieder und retiriert (mitsamt dem höchst erfreuten Zivilgefolge) nach Kassel, wo er – bald doch von Gewissensbissen, ja Verzweiflung gepackt – seine letzten Monate als König verbringt.

Ist Jeromes Verhalten hier mit Louis' tapferem Widerstand gegen den Kaiser des Empire vergleichbar? Wohl kaum, denn Jeromes Überbetonung eines höchst subjektiven »point d'honneur« ist sehr verschieden von dem selbstlosen Entschluß des »Koning Lodewijk«, der die Interessen seines neuen Vaterlandes über die eigene Person gestellt hat. Und hatte nicht Louis, als er die englischen Invasoren an der holländischen Küste abwehrte, so tapfer wie erfolgreich, wenngleich schweren Herzens, die »Sache des Empire« und des Kaisers verfochten? Nein, aus derart anfechtbaren Gründen wie Jerome hat Louis nie die französischen Fahnen im Stich gelassen.

Was aber tut der reaktivierte Marschall Murat? Er hat den Oberbefehl über die gesamte Kavallerie der Großen Armee erhalten und schlägt sich bravourös, trotz seiner exzentrischen Allüren stets »an der Tete«, bei Borodino, vor Moskau, noch auf dem Rückzug an den Brücken der Beresina. Aber dann, als die Kosaken unter dem genialen russischen Chefgeneral Kutusow (er hat nur noch ein Auge, nähert sich dem 70. Lebensjahr und ist so dick geworden, daß er nicht einmal mehr reiten kann) und mit der Nadelstichtaktik des wechselnden Rückzugs und Angriffs sich der französischen und sogar der polnischen Kavallerie überlegen zeigen – da verläßt den strahlenden napoleonidischen Reiterhelden jählings und plötzlich aller Mut, jegliche Kampfmoral, sogar die persönliche Ehrenhaftigkeit.

Sein kaiserlicher Schwager hat ihm, als er selbst die Rückkehr nach Paris beschließt (er muß wieder in der Hauptstadt sein, weil das Empire ihn dort dringlicher benötigt, als Eugen jemals in Mailand, Jerome in Kassel oder Murat in Neapel gebraucht wurde), das Chefkommando über den Rest der Rußlandarmee anvertraut. Aus dem litauischen Kowno schreibt Murat ihm im Dezember 1812 einen weinerlich-verworrenen Brief, in dem er mitteilt, von dem großen Heer sei so gut wie nichts übriggeblieben; es bleibe nur noch sofortiger Rückzug hinter die preußischen Grenzen, den er bereits angeordnet habe; des weiteren fühle er sich seinen Aufgaben nicht mehr gewachsen und lege sein Kommando in die Hände des Kaisers zurück: »Als Bruder und Untertan bitte ich Eure Majestät um Frieden!«

Napoleon ist außer sich vor Wut. Murat ist schon auf dem Heimweg nach Neapel, zu seiner Frau Caroline (die sich über seine kaum glaubliche Hasenherzigkeit entsetzt zeigt), als der Kaiser das erstaunliche Billett aus Litauen erhält. Schon am nächsten Tag veröffentlicht der »Moniteur« ein Dekret, das die Schande des Marschalls – wenngleich noch in taktvoller Verbrämung – dem ganzen Empire mitteilt: »Der Oberbefehl, den der König von Neapel krankheitshalber (!) niedergelegt hat, ist dem Vizekönig von Italien anvertraut worden. Dieser ist besser zu einer so großen Führung geeignet. Er besitzt das volle Vertrauen des Kaisers!«

So beginnt die militärhistorische Sternstunde des Vizekönigs Eugen. Er kann sich nicht als Genie erweisen (wahrscheinlich war er das auch in keinerlei Hinsicht), aber der militärisch Hochbegabte verläßt die Ebene des soliden Taktikers, steigt auf zu einem Strategen, der mit seinen Aufgaben wächst und mehr als eine Fußnote in den Kriegshandbüchern verdient.

Er gibt, obwohl kein Redner wie so mancher Bonaparte, den demoralisierten Truppen durch sein bloßes Erscheinen neuen Mut. Er verwandelt das von Murat provozierte fluchtartige Chaos in einen planmäßig-hinhaltenden Verteidigungsrückzug. Er schickt dem »Tapfersten der Tapferen«, Marschall Michel Ney, Verstärkungen zum Dnjepr entgegen, damit jener die Nachhut, sein legendäres Drittes Korps, fast vollzählig zur Memel durchbringen kann. Und was selten erwähnt wird: Es ist Eugen, der 1812/1813 von der Großen Armee gerettet hat, was überhaupt noch zu retten war.

Damit gebührt ihm, dem Sohn eines Revolutionsgenerals und einer Ex-Kaiserin, auf französischer Seite der militärische Lorbeer in diesem Rußlandkrieg – mit einigem Vorsprung vor den Königen Jerome Bonaparte und Joachim Murat.

Zum letzten Mal vor seinem politischen Niedergang hat sich das Empire als Einheit im Militärischen gezeigt. Nur die knappe Hälfte der Grande Armée hat aus Franzosen bestanden. Holländer und Spanier, Italiener und Rheinbund-Deutsche, vor allem aber Polen sind mitgezogen und haben den höchsten Blutzoll bezahlt: Von Jeromes westphälischer 26 000-Mann-Armee, die sich ohne ihren König tapfer schlägt, kehren nur 600 Soldaten in die Heimat zurück.

Selbst in russischer Kriegsgefangenschaft halten einige dieser Westphalen ihrem landfremden Monarchen die Treue. In Petersburg läßt sich der Zar einen Leutnant von Amelunxen, dessen Bravour ihn beeindruckt hat, vorführen und bietet ihm die Freilassung an, wenn er als Hauptmann einer schon gegründeten »Deutschen Legion« zum Kampf gegen die französischen Usurpatoren seines Vaterlandes beitreten wolle. Die höchst ehrenhafte Antwort des jungen Offiziers lautet: »Ich bitte Eure Majestät, mich ins Lager zurückzusenden, denn ich habe dem König Jerome einen Eid geleistet, und solange er noch rechtmäßig auf dem Thron sitzt, möchte ich die Gefangenschaft einem Treubruch vorziehen!«

Das erscheint um so eindrucksvoller, als die Hälfte der russischen Generalität ohnehin aus Deutschen besteht – die Namen Wittgenstein und Bennigsen, Pahlen und Diebitsch stehen für viele.

Entthronte Könige, auch Heimkehrer

Es ist einer jener deutschstämmigen zaristischen Generale, Johann Diebitsch, aus Schlesien gebürtig, der noch 1812 mit dem preußischen General York die Konvention von Tauroggen schließt, mit der Preußen wohlwollende Neutralität verspricht, gar die Option für ein späteres Militärbündnis in Aussicht stellt. York sieht sich von seinem König zu diesem für ihn waghalsigen Schritt halbwegs ermächtigt durch dessen orakelhaftes Infinitiv-Kommando: »Nach den Umständen handeln!« Nun, diese Umstände führen bald zum sogenannten Befreiungskrieg, allwo für Friedrich Wilhelm III. die ironische Umkehrung des berühmten Wortes gilt: »Als alle riefen, kam der König auch ...«

Ja, der Preußenkönig zögert, er will nicht vorschnell die Richtung wechseln, um dann etwa wieder auf der falschen Seite des Ufers zu landen. Aber die russische Armee dringt erfolgreich nach Westen vor, und auch Kaiser Franz sieht zu weiterer Verstellung seiner wahren habsburgischen Gesinnung, zum Verbleib im Lager des nicht geliebten Schwiegersohns keinen Anlaß mehr; die politische Opferung Marie Louises hat dem »liebsten Papa« keine handfesten territorialen Früchte eingetragen, und solche sind jetzt erst recht nicht mehr in Aussicht.

Im Juli 1813 kommt es zur Gipfelkonferenz von Trachenberg, bei der sich die Monarchen von Rußland, Österreich, Preußen und Schweden zum gemeinsamen Kampf gegen das Empire zusammenschließen – den Feldzugsplan entwirft kein anderer als der »abtrünnige« Bernadotte, der sich im Kriegshandwerk besser auskennt als Franz, Friedrich Wilhelm und Alexander zusammen und der bald als glänzender Stratege das Kriegstheater in Deutschland, zwischen Lützen und Leipzig, beherrschen wird.

Aber bevor Napoleon »seine« Rheinbundstaaten und sein Glacis zwischen Elbe, Main und Weser verliert, stürzt Josephs Thron am Südwestrand des Empire. Bei Vitoria wird das französische Heer von den verbündeten Spaniern und Engländern unter dem Herzog von Wellington vernichtend geschlagen. »El Rey Don José« muß sein Königreich fluchtartig verlassen. In einem langen Zug passiert er bei Bayonne die französische Grenze, die er vor fünf Jahren in umgekehrter Richtung überschritten hat. Es folgen ihm fast tausend prominente Spanier, die ihn als König akzeptiert, ja ihm aufrichtigen Herzens gedient haben – jene »afrancesados«, die sich nun vor dem (nicht ganz ehrlichen, nicht ganz verdienten) Zorn ihrer »patriotischen« Volksgenossen in Sicherheit bringen müssen.

Als Joseph bei Biarritz sein »Königliches Hof- und Feldlager« installiert, so, als wäre nichts geschehen, trifft ihn die volle Wucht der kaiserlichen Ungnade. Schon wieder kann Napoleon – nächst Lucien, Louis, Jerome und Murat – einen »Deserteur« dingfest machen, der (nach seiner Meinung) durch Feigheit und Fehlverhalten sein Königreich verspielt, ja sich als Feind Frankreichs entpuppt hat. Er weigert sich, diesen Joseph auch nur zu empfangen, verbannt ihn auf sein Landgut Mortefontaine und droht ihm Verhaftung an, falls er es wage, den Zwangsaufenthalt zu verlassen. Die Anreden »Sire« und »Majestät« werden ihm gestrichen, seine frühere Apanage als Kaiserlicher Prinz wird nicht erneuert.

Die Vorwürfe Napoleons sind – wie so oft gegenüber den Familiaren und gerade hinsichtlich des Erstgeborenen – sehr ungerecht. Nicht Joseph hat Spanien aufs Spiel gesetzt, sondern der Kaiser selber. Nicht Joseph hat dort den Bürgerkrieg provoziert, sondern die französische Besatzungsarmee, die ihm nicht unterstand. Nicht Joseph hat in der Schlacht von Vitoria kommandiert, sondern der Marschall Soult. Und die einzige Alternative zu Josephs Flucht wäre – für Napoleon noch weit unangenehmer – die englische Kriegsgefangenschaft gewesen.

Der immer wieder betrachtete Rhythmus des Reigentanzes in den Beziehungen zwischen den Napoleoniden wird den Zweit- und Erstgeborenen doch bald wieder zusammenführen. Aber vorerst zieht sich Joseph mit philosophischem Gleichmut in sein geliebtes Mortefontaine zurück, wo er zeitweise wieder mit seiner Frau Julie zusammenlebt. Als armer Mann ist er nicht heimgekehrt, er hat aus dem spanischen Kronschatz (sehr am Rand der Legalität) einiges mitgenommen, darunter die berühmte Perle »La Pelegrina«, die 150 Jahre später auf verschlungenen Pfaden an den Hals der Schauspielerin Liz Taylor gelangt ist. Und überdies hat Joseph noch beträchtliches Vermögen in Frankreich deponiert.

Materiell weniger günstig steht Jerome da, als er seinen Thron zu Kassel vor den anrückenden Russen unter General Tschernitschew räumen muß. Aus der Staatskasse hätte er sich ohnehin nicht bedienen können, weil sie an Geld und Geldeswert so gut wie nichts mehr enthält. Er begibt sich (wogegen jetzt, angesichts des Kriegsverlaufs, nicht einmal mehr Napoleon etwas einwenden kann) nach Paris und nimmt dann vorläufig Wohnung auf seinem Gut Stains, wo Königin Katharina aus ihrer Apanage als württembergische Prinzessin zum Unterhalt wesentlich beiträgt.

Ansonsten erlebt auch Jerome jene Abfolge von Höhen und Tiefen, die der Historiker mit Distanz und Gelassenheit hinzunehmen hat, weil er sie als betrübliche Regelmäßigkeit der politischen Geschichte feststellen muß. Die Bauern und Bürger des zerschmetterten Königreichs Westphalen, die ihrem Monarchen Hieronymus einst zujubelten, sympathisieren nun offen mit den Kosaken. Der mitteldeutsche Adel, der dem jüngsten Bruder des großen Kaisers die Hände geküßt hat, tut sich nicht genug darin, ihn zu verleumden. Jeromes Günstlinge stieben auseinander in alle

Winde, um sich zu salvieren und zu entschuldigen; lauthals bekennen sie, wie sehr sie den landfremden Zwangsherrscher schon immer insgeheim gehaßt und bekämpft haben. Und viele, erstaunlich viele, zeigen große Lust, doch endlich wieder Hessen und Preußen, Hannoveraner und Braunschweiger zu werden.

Nichts Neues also unter der Sonne. Aber rühmliche Ausnahmen gibt es dennoch. Und es gibt, zur Ehrenrettung dieses Königs, die späteren Zeitzeugnisse seiner »deutschen« Minister, mitsamt den biographischen Hinterlassenschaften und verbalen Überlieferungen mancher Präfekten und Staatsräte, Richter und Offiziere – eben von gleichermaßen »deutschen« Edelherren und Nichtadligen, die sich (nicht anders als die spanischen Minister und Höflinge des Königs Don José Primero) als gewissenstreue Reformatoren einer neuen Ära dem »französischen« Monarchen angeschlossen, ihm aus wahrer Vaterlandsliebe gedient, ihn tapfer in Niedergang und Untergang begleitet haben – zum Besten, zum überdauernden Wohl ihrer Staaten und Völker, wie man aus heutiger Sicht behaupten darf.

Bevor das Königreich Westphalen fällt (es liegt ja geographisch etwas weiter westlich), ist schon das Königreich Sachsen mit und nach der »Völkerschlacht« von Leipzig überwältigt worden, wo viele sächsische Soldaten, aus Sympathie zu ihrem einstigen französischen Kommandeur, dem jetzigen schwedischen Kronprinzen Bernadotte, von Napoleons Fahnen also zu den Alliierten übergelaufen sind. Zu Dresden wird der König sich halten können, aber er wird territorial – sein »Großherzogtum Warschau« hat er ohnehin längst an Rußland verloren – für seine Treue zu Napoleon furchtbar zu büßen haben.

Mit den östlichen Grenzposten und zugleich den politischen Eckpfeilern der »Confédération du Rhin« im napoleonischen Sinn, mit Westphalen und Sachsen, ist auch der Rheinbund in seinen Grundfesten erschüttert. Die Fürsten dieses Staatenbundes verlieren zunächst die Orientierung und retten dann die eigene Haut bei den stärkeren Bataillonen; der (relativ) mächtige Bayernkönig laviert am längsten, weil er sich durch seinen napoleonidischen Schwiegersohn Eugen belastet sieht.

Aber dann vergessen sie allesamt jenen Mann, der sie aus dem eng gewordenen Panzerkleid des verfallenden Römischen Reiches gelöst, ihre Souveränität begründet, sie zu Herren über einst Gleichgestellte gemacht, ihnen die zukunftsträchtigen Grundlagen einer modernen Regierung verschafft hat.

Der Rheinbund löst sich auf, unter verlegenem Stillschweigen seiner Monarchen, die einst Talleyrands wortreiche Stiftung so beflissen unterzeichnet hatten (außer dem Fürsten von Liechtenstein, wie zu betonen ist) – es gibt kein Sterbezeugnis oder auch nur eine Todesanzeige dieses ersten Projekts und Konzepts eines »Dritten Deutschlands«, dem 1806 eine so pompöse Geburtsurkunde ausgestellt wurde. Ja, man hätte dem Rheinbund ein würdigeres Leichenbegängnis wohl gewünscht. Aber es ist damals die Zeit für seine deutsche und europäische Bestimmung noch keineswegs reif gewesen. Hierüber mag man Genugtuung empfinden; doch Trauer, vielleicht, ebenso.

So stürzen die Außenthrone des Empire. In die westphälischen Territorien kehren die alten Landesherren – mißtrauisch, mit doch kaum mehr gebotener Vorsicht und bald wieder »legitim« bestätigt – zurück. Und es dauert auch nicht mehr lange, bis Napoleon selber im Vertrag von Valencay die spanische Krone, die der verwirrte König Carlos IV. ihm einst »treuhänderisch übertragen« hatte, an dessen Sohn Ferdinand zurückgibt. Damit hält der Kaiser (nach den Umständen handelnd) ein »Versprechen«, das er so nie beurkundet und gewiß nicht so gemeint hatte. Aber nun muß er diese politisch-militärische Last, diesen Klotz am geographischen Bein des Empire, endlich loswerden. Die Erkenntnis, die er in St. Helena als dritten Kardinalfehler seiner Regierung zu Papier bringen läßt – die ersten beiden haben wir schon notiert, der vierte und letzte folgt bald –, lautet so: »Ich hätte Spanien früher aufgeben sollen.«

Hat es wirklich daran gelegen? Für Joseph, dem mit jenem Vertrag ungefragt – er wird nicht einmal erwähnt, auch später nicht informiert – sein Reich auch juristisch unter den Füßen weggezogen wird, ist die Einsicht kaum annehmbar. Das Urteil müßte in seinem Sinn so lauten: Napoleon hätte Spanien anders – das heißt, klüger und besser, eben ganz nach Josephs Rezepten – behandeln müssen, dann hätte er es vielleicht gar nicht »aufzugeben« brauchen.

Bevor der erste Bourbone auf den »angestammten« Thron heimkehren kann, steht auch in Holland die Krone, zunächst sogar die Regierungsform, wieder zur Disposition. Die französischen Truppen haben, vor den nachsetzenden Alliierten zurückweichend, das annektierte Land ebenso räumen müssen wie die nordwestdeutschen Gebiete. Die Holländer sind plötzlich – fast kommt es für sie selber überraschend – befreit, ohne daß sie mehr als passive Resistenz leisten mußten; aber das ist auch nicht mit dem Hauch eines moralischen Tadels verbunden, denn andererseits haben sie viele zwangverpflichtete Soldaten, die für das Empire kämpfen mußten, in Rußland verloren, da ist die Waage gewiß im Ausgleich.

Aber wie soll es politisch weitergehen? Das französische Holland, das ja seit drei Jahren kein Staat mehr ist, hat nicht einmal den Ansatz einer irgendwie gearteten, gewählten oder überlieferten oder selbsternannten Führung. Drei Männer, die wahrhaft »Geschichte machen« zwischen Maas, Rhein und Ems, ergreifen spontan das Ruder eines Reiches, das es noch gar nicht wieder gibt: die Herren van Limburg-Stirum, van Maasdam und van Hogendorp. Sie sind ältere Honoratioren, parlamentarisch und diplomatisch erfahren, die schon die Batavische Republik miterlebt, zum Teil auch noch »Koning Lodewijk« gedient haben. Sie proklamieren sich zu Regenten einer provisorischen Regierung und beratschlagen, ob Holland zur republikanischen Staatsform zurückkehren oder die Monarchie erneut einführen soll; und falls letzteres geschähe, wäre weiter zu entscheiden, ob dem ersten König Louis Bonaparte oder dem Oranier-Prinzen Wilhelm VI., beide im Exil lebend, die Krone angeboten werden soll.

Zu dieser Zeit, im November 1813, befindet sich Louis im schweizerischen Solothurn. Er hat, was für seine »patriotische« Ehrenhaftigkeit im Hinblick auf das »alte« Vaterland spricht, Österreich verlassen, weil er nicht in einem Staat bleiben will, der mit Frankreich Krieg führt. Aber als er vom Umbruch der politischen Dinge in Holland erfährt, schreibt er den drei Regenten einen würdigen Brief, in dem er auf seine einstige Königswahl durch die legitimen Repräsentanten (und historischen Konkursverwalter) der Batavischen Republik verweist, auch seine Verdienste um das Reich nicht unter den Scheffel stellt und die Krone wieder für sich und seine Nachkommen beansprucht. Dennoch ist er taktvoll genug, sich nicht aufzudrängen: »Ich überlasse es dem holländischen Volk, sich für mich oder für das Haus Oranien zu entscheiden!«

Als das Schreiben seine Empfänger erreicht, hat zwar nicht »das Volk« (es ist damals überhaupt nicht gefragt worden, konnte wohl auch angesichts der Zeitnot nicht konsultiert werden) die Entscheidung getroffen, aber die Regenten haben ihre maßgeblichen Beschlüsse schon gefaßt: Nicht die Republik soll erneuert, sondern die Monarchie beibehalten werden, da sind die Herren sich einig, was doch fast verwundern mag; aber mit einer Mehrheit von 2 : 1 entscheiden sie sich gegen »Koning Lodewijk« und für den Prinzen von Oranien. Auch derart hauchdünne Zufälligkeiten – oder sind es keine? – gestalten die Weltgeschichte ...

Wiederum fehlt die Gegenprobe. Es ist keineswegs sicher, sogar eher unwahrscheinlich, daß sich die Kaufleute, die Wasser- und Landbauer, die Handwerker, Schafzüchter und Torfstecher, ja die hier so besonders weitsichtigen Intelligenzler Hollands (hat doch Spinoza ihre Okulare geschliffen) mehrheitlich für die Rückkehr ihres »guten Käsekönigs« ausgesprochen hätten, falls sie denn um ihr Votum ersucht worden wären – das sie, andererseits, bei noch größerer politischer Wachheit, auch hätten einfordern können, denn die Tyrannis hatte sich ja nun selbst abgemeldet und war vorbei.

Wie auch immer, das Votum von Volkes Stimme wäre vermutlich nicht anders ausgefallen. Eine dreijährige Leidenszeit unter französischem Besatzungsregime, das nicht als Segnung mit original-französischer liberaler Gesetzgebung, sondern als Militärdiktatur empfunden wurde, hat die Leistungen und Meriten des Louis Bonaparte zwar nicht vergessen, aber doch in den Hintergrund treten lassen. Gewiß hatte er sich zum wahren Holländer entwickelt und dem Reich viel Gutes getan, aber nun erscheint er doch wieder als gebürtiger Franzose (wie eben der Oranier gebürtiger Holländer ist!), als Bruder des Usurpators Napoleon, dem man alles aktuelle Elend, auch den Tod so vieler junger Männer auf den östlichen Schlachtfeldern, zu verdanken hat.

Dies schon spricht (trotz seiner selbst – »malgré lui«, wie die Franzosen sagen) gegen eine Rückberufung von »Koning Lodewijk«.

Noch wichtiger aber – nicht nur für die knappe Entscheidung der Regenten, sondern auch für die vermutete Stimmung und Stimme »des Volkes«, an das Louis so eindrucksvoll appelliert hat – ist der Blick nach Westen über See. England – zu Beginn des kolonialen Zeitalters Urfeind, später doch geheimer Verbündeter, mit dem sogar und gerade Louis konspirierte, obwohl er es militärisch bekämpfen mußte – unterstützt das Haus Oranien, dessen Kronprätendenten es bereitwillig Asyl gewährt hat. England will keinen Napoleoniden auf dem holländischen Thron dulden, möge der auch noch so anglophil sein. England wird, auch deshalb drängt die Zeit, bald eine neue Landung unternehmen, um Napoleon auf dem Kontinent niederzukämpfen, diesmal im Verein mit den großen europäischen Mächten, die schon zum Rhein vorrücken. Von England erhofft sich das ausgeblutete Holland endlich den Friedensschluß (auf den man wirklich nicht länger warten kann), die Öffnung der Handelswege, die Freiheit der Meere (von der man nur noch träumen kann), nicht zuletzt die Rückgabe der ostindischen Kolonien, deren deliziöse tropische Reichtümer man schon zu lange schmerzlich vermißt.

In der Tat, in all diesen Erwartungen werden sich die Regenten nicht täuschen, und so ist ihre Entscheidung selbst »im Namen des Volkes« mit guten Gründen zu rechtfertigen. Wie beim Zerfall des Rheinbundes, wie beim Sturz der Könige Hieronymus und Don José, wie bei der etwas späteren Vertreibung der Napoleoniden aus

Italien: Es ist historisch legitim, den Lauf zu bedauern, den die Geschichte einmal genommen hat, wie es ebenso zulässig ist, sich mit diesem Lauf abzufinden oder ihn gar zu begrüßen.

Am 1. Dezember 1813 landet, aus dem Londoner Exil heimkehrend, der Prinz von Oranien in Scheveningen. Als »Willem de Eerste« wird er zum König von Holland proklamiert, womit er die noch heute amtierende Dynastie der Niederlande begründet.

Für Louis Bonaparte ist der Ausgang dieser nicht nur privaten Bataille eine der furchtbarsten Enttäuschungen seines politischen Lebens. Auch er hatte Alternativen; die Brüder Joseph und Jerome haben ihn beschworen, selbst nach Holland zu reisen, sich an die Spitze seiner altgetreuen Anhänger zu setzen und seine Krone zurückzuerobern. Er hat diesen Rat nicht befolgt; vielleicht konnte er es nicht, weil ein neuer Schub seiner Krankheit ihn just zur Unzeit überwältigt hatte; aber vielleicht hat er auch – spräche das gegen ihn? – nicht mit Lautstärke, militärischer Hand und grobem Geschütz sein adoptiertes Vaterland beeindrucken wollen. Die erforderlichen Mittel hätten ihm damals zur Verfügung gestanden, auch in Holland selbst – wenn er denn doch nur zugegriffen hätte, aber er hat es nicht getan.

Wie auch immer, sein »braves Volk« hat ihm niemals Verachtung oder Haß, sondern dauerhaften Respekt entgegengebracht. Vor der Geschichte bleibt ihm die Genugtuung wie auch das Verdienst, daß er das Königsbanner der Monarchie in Holland aufgepflanzt und verteidigt hat; nicht einer der abstimmenden Regenten ist auf die Idee gekommen, die doch so ehrwürdige, seit Jahrhunderten althergebrachte, durch das batavische Revolutionsexperiment im Kern kaum beschädigte Republik zu erneuern; auch die Oranier hatten ja nur als »demokratisch« ausgewiesene »Stadhouder« amtiert.

Wieso, wenn nicht durch das fortwirkende, so stille wie überzeugende Exempel des Louis Bonaparte, ist die politische Selbstfindung Hollands, der »lagen lande bij de zee«, damals so selbstverständlich gewesen?

XII. Ein System bricht zusammen – Verräter und allzeit Getreue

War das Empire zu retten?

So zögerlich, wie die »Fünfte Koalition« der europäischen Mächte gegen Napoleon zustande gekommen ist, so wenig entschlossen zeigen sich die Alliierten auch und jedenfalls bis zum Anfang des Jahres 1814 in der Verfolgung ihrer individuellen, politisch sehr unterschiedlichen Kriegsziele. Hätte Napoleon die Meinungsdifferenzen seiner Gegner ausgespielt, so wäre ihm vor der Schlacht von Leipzig wohl die Erhaltung des Empire, mit einigen Abstrichen im Umfang und französischen Einfluß, möglich gewesen. Und auch nach dieser Schlacht – die den alliierten Heeren freien Durchmarsch zum Rhein eröffnete – hätte er für Frankreich vielleicht noch die Grenzen des Vertrages von Lunéville, später immerhin die »revolutionäre« Rheingrenze einschließlich Belgiens bewahren können. Selbst kurz vor dem militärischen Ende, als die Alliierten sich bereits Paris näherten, hätte Napoleon seinen französischen Thron auf vorrevolutionärem, altbourbonischen Gebiet behalten dürfen. Aber das alles hat er nicht, jedenfalls nicht so, gewollt oder auch nur versucht. Als vierten und letzten Kardinalfehler wird der Kaiser selbst auf St. Helena diesen nennen: »Ich hätte 1813 Frieden schließen sollen.«

Wie sieht es denn aus in den europäischen Außenkanzleien und Hauptquartieren in jenen zähflüssigen, erst in der Nachbetrachtung schnellebigen Monaten, in denen der Krieg sogar durch einen sechswöchigen Waffenstillstand (Napoleon nutzt ihn nur zur Aufstellung einer »neuen Armee« und einer »Jungen Garde«, leider nicht auch zu ernsthaften Verhandlungen) unterbrochen wird?

Österreich, Preußen und Rußland stimmen eigentlich nur in sehr wenigen, durchaus moderaten Kriegszielen überein: Das Großherzogtum Warschau, diese Mißgeburt napoleonischer Verlegenheitspolitik, soll aufgelöst und unter den drei Mächten aufgeteilt werden, auch soll die französische Militärpräsenz östlich des Rheins verschwinden, die »Heeresfolge« in den Rheinbundstaaten abgeschafft und jegliche Restbesatzung zurückgezogen werden.

Preußen wäre weiterhin zufrieden mit der Heimkehr Magdeburgs und der westelbischen Gebiete, denkt aber noch nicht an seine entlegenen rheinisch-märkischen Exklaven und hätte wohl auch nichts dagegen, wenn im übrigen das Königreich Westphalen, auf reduziertem Gebiet, wie auch das Großherzogtum Berg bestehenblieben. Österreich will nicht mehr als ein bißchen Zugang zur Adria, Rückgabe des kroatischen Dalmatien, jetzt »Illyrische Provinzen« genannt; nicht einmal Istrien oder gar Venetien mit der heruntergekommenen Dogenstadt müßte es sein. Und Rußland? Der Zar will, abgesehen von der unverzichtbaren Beseitigung des sozialen Zündstoffs an seiner Westgrenze, im Grunde nicht mehr als seine Verbündeten: weitergehenden Rückzug französischer Truppen aus bedrohlicher Nähe, was aber nicht notwendig heißt, daß sein verwandtes Protektionskind, der depossedierte Herzog von Oldenburg, wieder in seine rheinbündische Souveränität eingesetzt werden müßte.

Wenn somit niemand dieser drei Monarchen militärisch ausgezogen ist, um Napoleon und das Empire zu stürzen, so hat der einst französische, nun unzweifelhaft schwedische Jean-Baptiste Bernadotte (bald »Kunge Carl XIV. Johan«) dies am wenigsten im Sinn: Er möchte Norwegen gewinnen, mit wessen Hilfe auch immer, und aktuell nur seinen Außenposten an der südlichen Ostseeküste, Stralsund mit kleinem Hinterland, von Frankreich wiederhaben – als ihm das bald mit Waffengewalt gelingt, verkauft er das Territorium aber schleunigst für einen Spottpreis an Preußen.

Allerdings wäre es trotz dieser relativ geringen Ansprüche der kontinentalen Gegner keineswegs sicher gewesen, ob Napoleon einen dauerhaften Frieden auf solchen Grundlagen hätte schließen können. Sicherlich, Spanien hat er schon aufgegeben, und das Großherzogtum Warschau hätte er wohl dem Zaren (für ein solides Arrangement mit ihm allein) ausgeliefert.

Aber alle in Erwägung gezogenen Lösungen befanden sich keineswegs im Einklang mit den Interessen des überseeischen Koalitionspartners der Festlandmächte. England – mit jenen verbündet, aber an ihren tastenden diplomatischen Schritten nur beobachtend teilnehmend – macht durch beredtes Schweigen deutlich, daß es von seinem uralten Kriegsziel kein Jota abweichen wird: Niemals wird es ein französisches Holland oder auch nur ein französisches Belgien an seiner Gegenküste dulden.

Und Napoleon könnte zwar Holland aufgeben (es ist ihm ja praktisch schon weggenommen), nicht aber Belgien, das zu den untrennbaren »revolutionären Errungenschaften« Frankreichs gehört. In der Tat, mit England könnte man sich nur vertragen, wenn Frankreich in seine vorrevolutionären Grenzen, in die

Jean-Baptiste Bernadotte, General der Revolution, Schwippschwager und Halb-Familiar Napoleons, Marschall von Frankreich. Das Gemälde von Fredrik Westin aus dem Jahre 1835 zeigt ihn in seiner späteren Würde als König Carl XIV. Johan von Schweden mit Ehefrau Désirée und den Kindern in seinem Schloß zu Stockholm.

Stammlande der bourbonischen Herrscher zurückkehrt. Das aber ist für den Kaiser der Franzosen keine diplomatische Verfügungsmasse. Er darf der Nation nicht zumuten, auf Belgien zu verzichten.

So sieht es Napoleon, und so ist es verständlich, daß er Verhandlungen ausschlägt. Zur Fortsetzung seines Krieges gegen England hätte er die Verbündeten nicht bewegen können, das hat er ja schon früher versucht, und darum wäre ihm die Erfüllung ihrer moderaten Forderungen kaum nützlich gewesen – er hätte allein, so aussichtslos wie bisher auch, gegen England weiterkämpfen müssen.

Für die Rettung des Empire ist es dann ohnehin zu spät, denn bald übernimmt die gesamte Koalition jene Maximalforderung, die selbst Talleyrand (wieder einmal in »innerer Emigration«) in einem diskreten Bonmot so formuliert: »Es wird Zeit, daß der Kaiser wieder ein König von Frankreich wird!« Das ist Hochverrat, der Fürst von Benevent weiß es, aber Mut kann man ihm eben auch beim Verrat nicht absprechen, ist er doch längst ziemlich deutlich ins alliierte Lager übergelaufen; die Aufforderung Napoleons, wieder sein Außenminister zu werden, hat er mit dem zweideutigen Bemerken abgelehnt: »Sire, ich kenne Ihre Politik nicht mehr!« Der Seigneur de Périgord verbleibt einstweilen im selbstgewählten diplomatischen Abseits – um Frankreichs willen, wie er (wiederum fast unwiderlegbar) behaupten wird.

Aber selbst der Generalstallmeister Caulaincourt, jener aufrichtig-loyale Gesprächspartner Napoleons und Begleiter auf der eisigen Schlittenfahrt von Smolensk, hat es schon seinem Kaiser mit Courage ins Gesicht gesagt: »Die Verletzung des Maßes ist nur kurze Zeit zu ertragen. Frankreich ist schon zu ausgedehnt; alles, was es über den Rhein hinaus besitzt, kann nur ein Anlaß für Kriege und Schwierigkeiten für den Thronfolger sein. Mag das Genie die Welt umfangen! Aber der gewöhnliche Menschensinn hat, wie die Geographie, vernünftige Grenzen, die die menschliche Voraussicht nicht überschreiten sollte.«

Der Appell an die Gesetze der Geographie nützt dem so mutigen wie intelligenten Grafen Caulaincourt – er wird nun, als Nachfolger des unfähigen Champagny, zum Außenminister berufen – bei seinem kaiserlichen Herrn wenig; wie wir wissen, hat Napoleon ein sehr eigenwilliges Verständnis von Erdkunde. Die harten Tatsachen werden freilich, als Marschall Blücher den Rhein überschreitet und die Alliierten ins französische Kernland eindringen, deutlich: Wenn Rhein, Maas und Schelde nicht mehr französisch sind, dann sind auch Holland und Belgien nicht mehr »Anschwemmungsgebiete französischer Flüsse«. Wenn das schon Logik ist, so ist sie doch politisch – und daher wiederum mit dem »Erbe der Revolution« nicht zu vereinbaren.

Was sind sie denn eigentlich, die »natürlichen Grenzen«, die seit Jahrhunderten in der Diplomatie immer wieder, so hinhaltend wie verlegen, diskutiert werden? Derartige Grenzen der Natur oder auch »von Natur« haben allenfalls Inseln, doch auch sie nicht immer, falls sie sich mit einem näher oder ferner benachbarten Festland in geschichtlicher, völkischer, sprachlicher oder in manch anderer Hinsicht (wiederum: mehr oder minder) verbunden fühlen. Denken wir da nur an die britischen Kanalinseln. Wie oft liegen »natürliche Grenzen« – weder Flüsse noch Berge, selbst beide als Wasserscheiden kombiniert, können sie gültig markieren – im Widerstreit mit dem Bewußtsein der Menschen, die »jenseits und diesseits« leben, sei dieses Selbstgefühl auch manipuliert von der Politik, von Parteien und Parteiungen, nicht zuletzt von geglaubten militärischen Erfordernissen. Wo denn lag, für die Versailler Verträge, nach dem Ersten Weltkrieg die »natürliche Grenze« des Königreichs Belgien gegen das besiegte Deutsche Reich? Jenseits der Kantone Eupen, Malmédy und St. Vith, weil der belgische Generalstab die »natürlichen« Hügelketten im Osten als unverzichtbar für die belgische Landesverteidigung erachtete ...

Nebenbei, und dies nicht nur im Nebensatz: Caulaincourt verhandelt – nicht anders, als Talleyrand es getan hätte und bald wieder tun wird – mit Metternich, zu Frankfurt und anderswo. Soviel dem österreichischen Außenminister ein Jahr später, 1815, bei Napoleons unvorhergesehener Rückkehr aus Elba, an einer endgültigen politischen Vernichtung des usurpatorischen Korsen gelegen sein wird, sowenig ist er jetzt daran interessiert. Durchaus möchte er den Schwiegersohn seines Kaisers auf dem Thron halten, er braucht im künftigen Bündnis ein Frankreich (freilich nun auf sehr reduziertem Gebiet und ohne jegliches »Empire«) für das europäische Gleichgewicht, das er gegen die von ihm heimlich gefürchtete preußisch-russische Allianz bewahren will.

Caulaincourt wäre konzessionsbereit, denn von und gegen (oder auch mit) England könne man, so denkt er, später immer noch reden. Aber Napoleon verbietet jeglichen Kompromiß. Er verschließt die Augen; vielleicht kann er sie jetzt nicht mehr öffnen.

Familiare in neuer Formation

Je enger sich, politisch und militärisch, der Einkreisungsring um Napoleon schließt, desto mehr ändert sich der vielberufene Reigentanz seines Clans. Für die Familiare ist, verständlicherweise, der Kaiser im Unglück ein anderer als im Glück; aber wie sie nun reagieren, das ist ebenso wie früher sehr unterschiedlich. Neben Beweisen von erneuerter Geschwisterliebe und spontaner Anhänglichkeit, von mutiger Parteinahme bis zum Angebot eigener Opferung gibt es krassen Egoismus und Verrat – Gefühle und Taten, die man einigen der Akteure vorher gar nicht zugetraut hätte. Das alles beginnt 1813 und hält auch die folgenden Jahre an, bis hin nach St. Helena und darüber hinaus.

Nur in einem Anliegen stimmen sämtliche Familiare vorerst überein. Ausnahmslos raten sie dem Bruder, »endlich« Frieden zu schließen. Nur eben, sie tragen nicht die Verantwortung des Kaisers, und zu dem Problem, wie denn solcher Friede aussehen solle und welche Perspektiven er nach sich ziehe, haben sie wenig beizusteuern; man kann es ihnen nicht sehr verübeln, daß fast jeder von ihnen an sich selbst, die Erhaltung oder Wiederherstellung der eigenen Herrschaft in den neuen, jetzt so undankbaren Vaterländern denkt.

Betrachten wir, was die Taten und nicht die Ratschläge betrifft, zunächst die vier Brüder des Kaisers.

Lucien steht, diesmal notgedrungen, immer noch abseits, er sitzt weiterhin in britischer Internierung auf der feindlichen Insel. Jerome rafft sich aus seiner Depression auf und bittet um ein neues Truppenkommando als schlichter Divisionsgeneral, das er auch erhält; ebenso tapfer wie einst beim Angriff auf Preußen, kämpft er nun für die Verteidigung des französischen Heimatbodens.

Louis ist noch im Sommer 1813, als er einen Kurzbesuch in Paris plante, von Napoleon mit einem Donnerkeil zurückgeschreckt worden: »Wenn Sie einen Fuß nach Frankreich setzen und immer noch behaupten, König von Holland zu sein, werde ich Sie verhaften lassen!« Nun, erstens hatte Louis dies seit seiner Abdankung nicht mehr »behauptet«, und zweitens war Holland damals noch französisch, aber nachdem nun die drei selbsternannten Regenten des Reiches Louis die Krone endgültig verweigert haben, sieht dieser keinen ehrenhaften Grund mehr, im schweizerischen Exil zu verbleiben. Jetzt darf er sich – ebenso wie Jerome – daran erinnern, daß er auch einmal ein französischer »Général de division« war und »Connétable de France«, in höchster Militärfunktion, dazu – aus seiner Sicht steht dem Entschluß nichts im Wege, sich dem »alten« Vaterland in der Stunde der Not wieder zur Verfügung zu stellen, wenn das »neue« Vaterland ihn nicht mehr haben und verwenden will.

Da muß selbst die so bitter mit ihm verfeindete Ex-Königin und treulose Ehefrau Hortense widerwillig zugeben: »Louis kehrte in einem Augenblick zu Napoleon zurück, als ganz Europa sich gegen ihn wandte!«

Leider verläuft das Treffen der beiden so ungleichen Brüder in Paris am 23. Januar 1814 – es wird ihre letzte persönliche Begegnung bleiben – vollkommen negativ. Napoleon empfängt Louis immerhin, behandelt ihn aber mit verletzender Frostigkeit; obwohl es längst nicht mehr um Holland geht, hat er die »Desertion des gekrönten Präfekten« immer noch nicht vergessen. Er verweigert dem Bruder jegliches militärische Kommando, lehnt aber auch dessen Angebote einer Friedensvermittlung mit den Alliierten ab – die allerdings, trotz guter Kontakte des Ex-Königs zum russischen Zaren und zum österreichischen Kaiser, zu diesem Zeitpunkt kaum noch aussichtsreich gewesen wäre.

Louis beendet das Gespräch mit den Worten: »Wenn Eure

Majestät nicht Frieden schließen, wird Ihre Regierung nicht mehr länger als drei Monate bestehen!« Eine Prophezeiung von ziemlicher Treffsicherheit, denn bereits am 14. April muß Napoleon seine erste Abdankung unterzeichnen. Louis aber wird, trotz besten Willens zu aktiver Heimkehr, zurück ins Asyl der Schweiz gezwungen. In Lausanne, wohin er inzwischen seinen Wohnsitz verlegt hat, verbringt er unruhig und betrübt die nächsten anderthalb Jahre.

Bruder Joseph aber, dem ebenfalls wegen seiner »Flucht« und seines Festhaltens am Thronanspruch die Einsperrung angedroht worden war, stellt sich in ebenso honoriger Gesinnung dem Kaiser erneut zur Verfügung. Im Dezember 1813 schreibt er vage einen blumigen Brief (aber fast alle schreiben sie so, die Bonapartes), in dem er verspricht, »alles zu tun, um Frankreich Ergebenheit zu beweisen«; freilich beruft er sich immer noch (»Ich weiß auch, was ich Spanien schuldig bin«) auf seine frühere Stellung und bietet etwas verklausuliert seine Abdankung an, falls ein solches »Opfer zur Ruhe Europas beitragen« könnte.

Da dünkt er sich, in den Augen des Kaisers, immer noch eine Nummer zu groß, dieser Erstgeborene. Mit beißender Ironie weist Napoleon (der soeben über die spanische Krone zugunsten ihrer früheren Träger verfügt hat) ihn darauf hin, sein Brief sei »viel zu geistreich« für die Lage, in der er sich befinde. Er, Joseph, sei nicht mehr König von Spanien, und sein etwaiger Thronverzicht sei daher ohnehin gegenstandslos. Er müsse sich entscheiden: Entweder solle er sich »als französischer Prinz dem Thron nähern« und sich allen Befehlen des Kaisers unterwerfen; oder er möge auf seinem Schloß in der Provinz weiter im Abseits vegetieren, bis die Alliierten ihn dort verhaften und wahrscheinlich erschießen würden. Der Antwortbrief schließt lapidar: »Wählen Sie rasch und fassen Sie Ihren Entschluß! Jedes Gefühl des Herzens ist unnütz und fehl am Platz!«

Wie meist in seinem Leben, begreift Joseph die Realitäten nun sehr rasch. Nur das Gesicht will er noch wahren, indem er auf seine traditionelle Stellung in Familie und Clan pocht, aber im übrigen läßt sein Bekenntnis auch für Napoleon (der dieses sogar veröffentlicht) nichts mehr zu wünschen übrig: »Als Erster französischer Prinz und damit als Ihr Erster Untertan bitte ich Sie, Sire, das Angebot meines Armes und meines Rates anzunehmen! Sie werden Frankreich retten können, wenn jeder Franzose Ihrem Thron die gleiche Ergebenheit beweist wie diejenige, mit der ich Eurer Majestät meine Dienste zur Verfügung stelle!«

Leitfigur für alle und Zweiter im Reich – ach, dieser erneuerte Anspruch des Joseph enthält gewiß immer noch zu viel Esprit für die »Lage, in der man sich befindet«; aber damit ist einmal mehr eine brüderliche Versöhnung im Hause Bonaparte – es wird noch längst nicht die letzte sein – zustande gekommen. Joseph erhält wieder seine Apanage als Kaiserlicher Prinz und das Pariser Luxembourg-Palais als Stadtwohnung. Seine neapolitanischen und spanischen Orden darf er nicht mehr tragen, und im Titel bleibt der Hinweis auf sein verlorenes Reich unterdrückt, aber bei Hofe wird er wieder als »Le Roi Joseph« (ohne weiteren Zusatz) zugelassen.

Da diese Herrlichkeiten nur noch wenige Monate überdauern, sind sie nicht weiter interessant. Um so wichtiger – und doch höchst befriedigend für den Erstgeborenen – bleibt, daß Napoleon ihn Ende Januar 1814, als er selber zum Endkampf gegen die Alliierten nach Ostfrankreich aufbricht, zu seinem Generalstatthalter in Paris ernennt. Damit wird Joseph, wenn man so will (die Kaiserin Marie Louise ist nur nominell Regentin des Reiches in Napoleons Abwesenheit), endlich doch noch »Zweiter Mann« im Staat, leider auch dies nur für kurze Zeit, aber einen stärkeren Beweis des erneuerten Vertrauens und Respekts kann der Bruder ihm gerade in seiner fast verzweifelten Lage nicht geben.

In seiner neuen, verantwortungsreichen Funktion arbeitet Joseph so hart wie früher in Spanien. Ihm untersteht die – freilich arg zusammengeschmolzene – »Heimatarmee« mit einem Marschall und drei Generalen, womit die Hauptstadt notfalls verteidigt werden soll. Für Aushebung von Rekruten, für Nachschub von Munition und Versorgung an die immer näher rückende Front muß Joseph sorgen, Depots sind anzulegen und Barrikaden zu errichten.

Wesentlicher, weil politisch höherrangig, ist Napoleons persönlicher Befehl, die Sicherheit, notfalls Rettung der Kaiserin und des Königs von Rom zu garantieren. Denn dies war sein erklärter Wille: »Es wäre mir lieber, mein Sohn wäre tot, als wenn er in Wien als österreichischer Prinz erzogen würde!« Leider wird eben letzteres bald doch geschehen, aber das liegt ebensowenig in Josephs Verantwortung wie der Umstand, daß die Kaiserin an ihrer »Rettung« gar nicht interessiert ist und rasch sehr freiwillig in die Arme des »liebsten Papas« zurückkehrt ...

Wie bequem, wie unauffällig hätte sich Joseph die nachhaltige Gunst der Alliierten erkaufen können, wenn er gerade diesen prekären brüderlichen Auftrag nicht so ganz ernst genommen und mit taktischer Passivität den alliierten Zugriff auf Marie Louise und den minderjährigen Kronprinz selbst ermöglicht hätte! Aber nein, Joseph erweist sich – nicht zum ersten, auch noch nicht zum letzten Mal – als ein Ehrenmann, der das brüderliche Zutrauen entgegen den eigenen Interessen rechtfertigt: Er sorgt dafür, daß Marie Louise (mag er ihr nun intim nachgestellt haben oder auch nicht) mit ihrem Kind, dessen Existenz seinen eigenen Thronanspruch für Frankreich doch jedenfalls ausschließt, rechtzeitig Paris verläßt und vorerst nicht in die Hände der Gegner fällt. Damit hat sich der französische Prinz Joseph, König ohne Land, wahrhaft als »erster Untertan« seines kaiserlichen Bruders verhalten.

Wenn wir ein historisches Verdienst Josephs in diesen kritischen Wochen des Frühjahrs 1814 ausmachen wollen, so finden wir es in der von ihm befohlenen kampflosen Übergabe der französischen Hauptstadt an die übermächtigen Alliierten, die konzentrisch heranrücken. Der Generalstatthalter erkennt die Aussichtslosigkeit weiteren Widerstandes mit schlecht ausgebildeten Rekruten und Veteranen der dritten Garnitur, gibt den Eisenfressern seiner militärischen Umgebung nicht nach und erspart so den Pariser Bürgern die Schrecken einer Plünderung. Eine nochmalige Bestätigung seines einstigen zivilen Ehrentitels »Le Pacificateur«? Man kann und darf es wohl so sehen; selbst Napoleon hat ihm diese Kapitulation nachträglich nicht verübelt.

In Italien ist es bis zu diesem Zeitpunkt noch ruhig geblieben; Eugen führt an der Nordgrenze des Königreichs einen Stellungs- und Sitzkrieg gegen österreichische Truppen. Aber im Süden erhebt sich der Verrat – in der Gestalt der Königin Caroline, die schließlich auch ihren zögernden Ehemann Murat mit sich reißt. Caroline hat sich längst innerlich von Napoleon abgewandt, und nun zeigt sie es auch nach außen. Es geht ihr nur noch um die Rettung ihrer Krone, die der Kaiser offensichtlich nicht mehr gewährleisten kann. Im Anschluß an die Aliierten liegt die einzige Chance.

So verstärkt Caroline ihre Konspiration mit dem Ex-Liebhaber Metternich, der ihr für den Preis des Frontwechsels verspricht, daß die Bourbonen nicht auf den Thron von Neapel zurückkehren, ja sogar die Insel Sizilien räumen würden. Dann schließt die Königin zwei Geheimverträge ab, die nicht lange geheim bleiben: einen mit Österreich, dem sie ein Militärbündnis gegen Frankreich in Aussicht stellt, und einen mit England, durch den sie ihre Häfen der britischen Flotte öffnet.

Joachim Murat schwankt noch (im Grunde wird er von jetzt an immer schwanken), hin- und hergerissen zwischen seiner gefühlsmäßigen Bindung an den Schwager Napoleon und dem eigenen, mit Caroline durchaus gemeinsamen Interesse an Bewahrung, möglichst gar nördlicher Ausdehnung seiner Herrschaft. Und wieder ist es Napoleon selber, der einem Familiar den Entschluß erleichtert, sich gegen ihn zu wenden: Er befiehlt Murat, dem

Vizekönig Eugen ein neapolitanisches Hilfskorps gegen die Österreicher zur Verfügung zu stellen, wobei keine Rede davon ist, daß Murat selbst diesen Einsatz leiten soll. Das gibt wohl den Ausschlag. Keinen Mann und kein Roß, keine Kanone will Murat dem Intimfeind Beauharnais abgeben.

Nein, jetzt beschreitet auch er den Weg, den Caroline gewiesen hat. Im Februar 1814 proklamiert er in einem schwülstigen Aufruf an seine Armee den Abfall vom Kaiser und die »Vereinigung der Waffen mit denen der Alliierten«. Warum dies? Die Begründung ist nicht einmal tragikomisch, sondern nur noch possierlich: weil der Kaiser »nur den Krieg will«, die Verbündeten aber »die Ruhe in Europa und die Throne wiederherstellen wollen«. Murat spürt gar nicht, welchen Bumerang er da schleudert; gerade weil letzteres wahr ist, so kann es bei »Wiederherstellung« des Königreichs Beider Sizilien nicht mehr Murat sein, der auf dem Thron sitzt, sondern eben der verjagte Bourbonenkönig.

Freilich, für den Beginn läßt sich alles gut an. Murat überrennt fast im Handstreich die schwachen französischen Truppenverbände im annektierten Kirchenstaat und im französischen Departement Toskana, was für seine militärischen Fähigkeiten eine eher unwürdige Aufgabe ist. Er hält triumphalen Einzug in Rom, so recht nach seinem »Franconi«-Geschmack, und denkt allen Ernstes, er könne die Ewige Stadt seinem Königreich einverleiben; in der Tat, besonders klug oder gar weitsichtig ist dieser Gascogner nie gewesen.

Zu Florenz bringt er Schwester Elisa (sehr zur Schadenfreude von deren Schwester Caroline) in eine peinliche Lage, denn die Toskana möchte er auch gern für sich haben. Elisa fühlt sich vereinsamt und hilflos zwischen allen Fronten, die so jählings wechseln. Französische Präfektin ist sie nicht mehr, und mit diesem amtlichen Mantel fällt auch die Großherzogin; ob sie Lucca nebst Piombino als Fürstin behalten kann, wird nun ebenfalls von Verhandlungen mit den Alliierten abhängen. Unwillig, seufzend, im Herzen doch weiterhin dem verehrten Bruder und dem verlorenen Empire zugetan, nimmt Elisa entsprechende Fühlung auf. Aber ihr, der Amazone, der einstigen »Demoiselle de St. Cyr«, verspricht man nichts, sie ist für den Gegner nicht einmal mehr als Schachfigur interessant, hat sie doch, anders als Murat, keine Divisionen anzubieten, und der Hinweis auf ihre bewiesene exzellente Verwaltungskunst gilt gegenüber den dynastischen Ansprüchen der politischen Restauration als völlig nebensächlich. Nein, Elisa hat nichts zu hoffen; ihre Zeit ist vorbei, sie weiß es nur noch nicht.

Aber auch für Caroline wird sich der langfristig vorbedachte Verrat, für Murat der nicht ganz so ehrlose, verzweifelte Versuch der Selbstrettung (immer noch denkt er an eine mögliche Rückkehr ins Lager Napoleons) nicht auszahlen. Bald wird man ihnen den Kirchenstaat wieder abnehmen, wo sich der verbannte Papst erneut als Landesherr installieren kann, und gleichzeitig müssen sie die Toskana an den früheren Herrscher, Erzherzog Ferdinand von Österreich, herausgeben.

Das Königreich Neapel können sie, mit widerwilliger österreichisch-englischer Duldung, noch ein Jahr behalten, bis das Wiedererscheinen Napoleons in Frankreich ihre letzten Hoffnungen zunichte macht; das große Aufwaschen, das die Alliierten dann erst in Europa veranstalten, erreicht auch sie. In der Zwischenzeit müssen sie vorübergehend den Familiaren Madame Letizia, Bruder Jerome mit Katharina, Schwester Pauline und Onkel Fesch, die vor den Verbündeten aus Frankreich geflohen sind, in ihrem Staat Asyl gewähren – eine Anstandspflicht, der sich sogar Caroline nicht entziehen will.

Ja, der Sturz des Empire wirbelt sie politisch wie auch räumlich durcheinander, die Mitglieder des Clans; es dauert eine Weile, bis der Staub sich legt und man die einzelnen Figuren wieder erkennen kann – oft mit überraschend neuen Zügen. Sie sind aus dem Takt geraten, nach dem sie sich formiert haben oder doch formieren konnten. In einem hat Pauline recht: »Der Kaiser würde es für eine Treulosigkeit halten, wenn einer von uns noch in Frankreich bleiben oder sich dort niederlassen wollte!«

Die Bonapartes beherzigen das, wenn auch meist notgedrungen, aber die Beauharnais keineswegs. Bei Josephine ist es verständlich, sie schuldet Napoleon nichts mehr und hat als Ex-Kaiserin von den Alliierten eine honorige Behandlung, von den Bourbonen zumindest Bleiberecht zu erwarten. Tochter Hortense hingegen setzt auf die Untreue gegenüber dem Ehemann wie nun auch gegenüber dem Adoptivvater noch die grobe Geschmacklosigkeit, sich bei den Bourbonen anzubiedern. Und selbst bei Eugen beginnt sich das bisher makellose Charakterbild doch zu trüben. Nach dem Waffenstillstand, den er mit Österreich schließen muß, und dem unmittelbar folgenden Verlust des Königreichs Italien begibt er sich nicht, was doch nahegelegen hätte, in die Heimat seiner Frau zu seinem bayerischen Schwiegervater; nein, er fährt schnurstracks nach Paris – aber nicht etwa, um dem kaiserlichen Adoptivvater in verzweifelter Lage beizustehen, sondern um nun ebenfalls die Nähe der Alliierten zu suchen.

Die Monarchie wird verwandelt

Nach seinen Niederlagen in Nord- und Ostfrankreich ist Napoleon nicht mehr nach Paris zurückgekehrt. Mit einem letzten Aufbäumen appelliert er an die wenigen Marschälle, die er zu Fontainebleau noch um sich versammeln kann (die meisten sind gar nicht erst erschienen): »Meine Herren, in drei Monaten haben wir die Feinde vertrieben, oder ich bin tot!« Keine der beiden Alternativen wird eintreten. Die Männer, die ihm alles zu verdanken haben, die er zu Herzögen und Fürsten, zu Pairs des Empire und zu seinen Cousins erhoben hat, starren ihn schweigend an. Sie sind müde und haben den Krieg satt, sie wollen ihre Ruhe und möchten rasch zu den Bourbonen überlaufen, um endlich die Früchte ihres Lebens genießen zu können.

Und Michel Ney, jener »Tapferste der Tapferen«, schleudert seinem Kaiser die entscheidenden Worte entgegen: »Die Armee wird nicht marschieren, sie gehorcht nur noch ihren Generälen!«

Die wohl schrecklichste Nacht seines Lebens, nicht einmal zu vergleichen mit den späteren Sterbestunden, verbringt Napoleon vom 13. zum 14. April 1814. Noch einmal ziehen die Möglichkeiten, das Empire für sich und die Familie zu retten, an ihm vorüber – er hat sie 1813 nicht wahrgenommen, aber später konnte, durfte er sie auch gar nicht ergreifen. Hat er nicht die Revolution nur deshalb für »beendet« erklären dürfen, weil sie »ihre Ziele erreicht« habe? Er kann nicht in die französische und europäische Geschichte eingehen, wenn er die mit dem Blut der revolutionären Armeen gedüngte Erde am Rhein und in Belgien aufgibt. Und selbst wenn er dies täte – ohne Empire wäre der Kaiser nur (noch oder wieder) ein König von Frankreich. Dafür aber ist Napoleon mitsamt seinen Familiaren, bei denen dies noch deutlicher wird, nicht angetreten; es wäre Verrat an seinen eigenen, bis auf Karl den Großen zurückführenden Idealen und Visionen; das entspricht nicht seiner Lebenslogik und Schicksalsbestimmung – und dafür hat er (wie erst recht die Familiare) auch keine dauerhaft-gültige Legitimation, weder durch Blut noch durch Eisen.

Dennoch, er hat ja mit den Zähnen geknirscht und das Haupt gebeugt: Abdankung, aber nur zugunsten seines Sohnes – darauf wollte er sich äußerstenfalls einlassen. Aber auch das genügt nicht mehr; die Alliierten versagen es ihm, wie er es 1810 dem Bruder Louis versagt hat. Bedingungsloser Thronverzicht, nicht nur für sich, sondern auch für die Familie – dieser Forderung sieht er sich nun gegenüber.

Der Kaiser schluckt eine Giftkapsel, aber das Pulver ist durch Lagerung veraltet und führt nicht zum Tode, sondern nur zu heftigem Erbrechen; der getreue Caulaincourt, der als einziger in seiner Nähe geblieben ist (selbst Kammerdiener Constant und Leibmameluck Rustam sind schon weggelaufen), eilt zu ihm und hält die Schüssel.

Dann, mit einem vorübergehend wiedererwachten Sinn für die Realität, ergreift Napoleon die Feder und krakelt seine Signatur unter den schon tagelang vorbereiteten »Vertrag von Fontainebleau«; er besiegelt damit das (vorläufige) Ende seiner Monarchie, im dürftigen Tausch gegen die Insel Elba und einige Bonbons, die ihn und die Familiare betreffen und sich als vergiftet erweisen werden. Daraufhin nimmt er – mit neu gewonnener Strahlkraft, allseits Tränen produzierend – Abschied von seiner Garde; viele der »Grognards«, der angesehenen, fellbemützten Brummbären, werden ihm bald folgen. Alsbald macht er sich auf den Weg zu seinem Exilfürstentum.

Zu Paris aber ist, unter Geleit und im Gefolge der verbündeten Mächte, ein großer Kaleschenzug einpassiert, der den dicken Grafen von Provence mit seinem Troß aus dem trübseligen britischen Exil in die legitime Heimat und Herrschaft zurückführt; »im einundzwanzigsten Jahr Unserer glorreichen Regierung«, wie er so unbeirrt und nun unwidersprochen verkündet, besteigt dieser Mann als Louis XVIII. (den Dauphin, den früh verstorbenen Sohn des geköpften Königs, hat man als Nummer Siebzehn mitgezählt) den Thron seiner bourbonischen Ahnen.

Ein frühes, diskretes Ansinnen des Ersten Konsuls Napoleon, gegen einige Millionen Franc und eine kleine Territorialherrschaft in der oberitalienischen »Verfügungsmasse« freiwillig abzudanken, hatte Louis mit einer Erwägung abgelehnt, die nur mit ehrwürdigster Familientradition und zugleich persönlicher Frömmigkeit zu erklären war: »Wir wissen nicht, welche Absichten Gott mit Uns noch verfolgt und was Er mit Uns vorhat. Wir glauben aber, daß es nicht Seinem Willen entspräche, wenn Wir auf die Krone Unserer Väter verzichten!« Damals kam man nicht zusammen, denn auch Napoleon wollte ja nicht Kronfeldherr einer Bourbonenmonarchie werden.

Nun hat sich das Warten, das Hoffen gegen alle Hoffnung, für den König offenbar gelohnt. Wegen seiner Gicht und seiner Leibesfülle kann er – ebenso wie der russische General Kutusow, der so sehr zu seiner Heimkehr beigetragen hat – kaum laufen, aber sein Kopf ist, ebenso wie bei jenem, sehr intakt. Er wird sich als mäßiger König, aber auch – soweit er kann und darf – als ein Herr von königlicher Mäßigung erweisen; er hat, anders als die meisten seiner heimkehrenden Fürstenvettern in Europa, in den Jahrzehnten seines Exils zwar nichts vergessen, jedoch manches gelernt – und falls er in der langen Abwesenheitszeit unzulänglich informiert worden war, so verschafft er sich jetzt blitzartig den rechten Überblick.

Freilich ist ihm, was ebenfalls zum Lernprozeß bedeutender Menschen gehört, auch Zynismus zugewachsen. Die Ehrenbezeigungen der Katzbuckler und Schleimer, die ihn noch gestern geschmäht und mißachtet haben, nimmt er nicht sonderlich ernst. Er weiß, daß sie ihn beim nächsten opportunen Anlaß wieder verraten werden, ebenso wie sie diesen Parvenü Napoleon, seinen illegitimen Vorgänger-Usurpator, verraten haben. Der König läßt sich nicht täuschen; im übrigen wird er sich auch nicht täuschen.

Es war – wen kann es wundern? – der flugs zum Premierminister einer »Provisorischen Regierung« ausgefertigte Herr von Talleyrand, Seigneur des Ancien régime und Bischof, Überlebenskünstler der Revolution, äußerer wie auch innerer Emigrant, Diener Napoleons und Verräter des Empire, der den Bourbonen eingeladen hat, den Königsthron wieder zu besetzen. So empfängt Louis als ersten neugebackenen Untertanen, mit toleranter Klugheit (der es an Ironie nicht mangelt) diesen Talleyrand, der gerade in den Tagen vor dem Machtwechsel ein großes Autodafé im Garten seiner Amtsvilla veranstaltet hat, um belastende Papiere – darunter so ziemlich alles Aktenmaterial über den Casus des Herzogs von Enghien – zu verbrennen.

Mit kaum nachahmlicher, nur mit leichtem Spott durchsetzter Grandezza (mit der französischen »Grandeur« ist sie nicht zu übersetzen oder zu verwechseln) sagt der Bourbone zum Périgord, der elegant ein Knie beugt: »Wenn Eurer Durchlaucht Vorfahren besser reüssiert hätten, so stände ich jetzt vor Ihnen, wie Sie heute vor mir stehen. Da es aber bedauerlicherweise anders gekommen ist, sage ich Ihnen: Setzen wir uns und reden wir von unseren Geschäften.«

»Eure Durchlaucht« und »Vorfahren« zugleich? Das ist so kurz wie bedeutsam. Der Fürst von Benevent, der soeben sein italienisches Zwergreich (wie Schwedenkönig Bernadotte sein Fürstentum Pontecorvo ebenfalls) an den Kirchenstaat zurückgegeben hat, wird gewissermaßen postum anerkannt, trotz seiner napoleonischen Belastung – die Ex-Durchlaucht ist ein großer Franzose, und schon bald wird sein illegitimer Fürstentitel durch eine echte königliche Würde, personalisiert und sogar erblich, als »Herzog von Talleyrand« ersetzt werden. Zugleich aber wird der Seigneur de Périgord an seine illustren Ahnen erinnert – die immerhin, schon unter den Valois-Königen, Pairs von Frankreich waren, ja sogar, an ihrer Stelle oder in ihrer Nachfolge, selber Könige in Sukzession des Heiligen Ludwig hätten werden können. Möge künftig

Charles Maurice de Talleyrand et de Périgord, tituliert wie auch immer mit mildem Lächeln, der Monarchie so getreu dienen, wie immer es ein solcher Mensch, gebunden durch Herkunft und Individualprägung, vermag. Dann wird alles vergessen sein.

Ähnliche Kunst der bewußten Vergeßlichkeit beweist ansonsten unter den monarchischen Rückkehrern nur der habsburgische Erzherzog Ferdinand. Als er die Regierung seiner »Sekundogenitur« in der Toskana wieder übernimmt, verkündet er den Untertanen: »Ein dichter Schleier möge die Vergangenheit von der Gegenwart und der Zukunft trennen!«

Wohlan, auch in Frankreich wird ein wenig restauriert, doch es rollen keine Köpfe. Das Kaisertum wird, relativ behutsam, in eine Königsmonarchie verwandelt. Die Staatsdiener im zivilen und militärischen Bereich leisten – die meisten tun es völlig ungezwungen, offenbar ohne jegliche Gewissensbedenken – den Treueid auf Louis XVIII., die Kirche betet für den König, wie bisher für den Kaiser, im Tedeum, daß Gott ihm Heil schenken möge. Das bourbonische Lilienbanner ersetzt die blau-weiß-rote Trikolore und die kaiserlichen Adler, die alten Orden vom Heiligen Ludwig und vom Erzengel Michael werden wieder eingeführt, und die hartnäckigen Royalisten werden für ihre Treue reich belohnt; unter ihnen sind wenige wahre Bekenner, die als Dienstverweigerer im Empire überlebt haben, viele andere kehren erst jetzt aus dem Exil heim, wo sie aber auch nicht mit goldenen Löffeln gespeist haben.

Wer immer jedoch sich dem neuen-alten Regime zur Verfügung stellt, der wird nicht zurückgewiesen, darf oft gar auf wichtigem Posten bleiben oder erhält einen solchen – nur ein Beispiel: Marschall Soult, einer der tüchtigsten Feldherren des Empire, wenngleich Verlierer in Spanien, wird nun Kriegsminister.

Denn der König verzichtet auf Rache. Nicht einmal den Militärrichtern, die den Herzog von Enghien zum Tode verurteilt haben, wird ein Haar gekrümmt. Die Orden der Ehrenlegion und der Akademischen Palmen bleiben bestehen, die Strukturen der Justiz und Verwaltung werden nicht angetastet – der König findet, so intelligent wie objektiv, daß »sein« Reich in den Jahren der Usurpation eigentlich doch hervorragend regiert worden ist. Sogar der napoleonische Empire-Adel mit all seinen »auslandsbezogenen« Titeln wird nicht abgeschafft, wenngleich er jetzt gegenüber dem Uralt-Königsadel (soweit er nicht schon ohnehin mit ihm verschmolzen war) spürbar in den Hintergrund treten wird.

Von diesem moderaten Stil profitieren sogar die Familiare Napoleons. Weder Madame Letizia noch die Geschwister Jerome und Pauline werden bei der Ausreise behindert. Eugen Beauharnais läßt sich vom König huldvoll in Privataudienz empfangen (was gegen ihn, aber gewiß für den Bourbonen spricht) und bleibt mit Schwester Hortense vorerst in Paris. Ex-Kaiserin Josephine stirbt, infolge Lungenentzündung, am 28. Mai 1814 auf ihrem Schlößchen Malmaison, wo sie gänzlich unbehelligt geblieben, sogar durch einen Höflichkeitsbesuch des russischen Zaren ausgezeichnet worden war.

Selbst den kaiserlichen Generalstatthalter Joseph läßt man augenzwinkernd ins schweizerische Asyl entkommen; da er seine Taschen reichlich mit Brillanten gefüllt hat, muß er dort keine Not leiden. Als einige französische Diplomaten sowie der Oberpolizist Fouché, im Übereifer aller Renegaten, dem König ein Auslieferungsersuchen an die schweizerische Bundesregierung und den zuständigen Kanton vorschlagen, werden sie von Louis XVIII. zurückgepfiffen. Der König schreibt an den »Grafen von Survilliers« – das ist Josephs nun gewählter Name – sogar ein Billett dieses knappen Inhalts: »Wir freuen Uns zu erfahren, daß der Schwager der Königin von Schweden in der Schweiz glücklich ist.«

Dies hat großen Stil, es ist unnachahmlich. Er soll nicht übermütig werden, dieser Erz-Napoleonide und illegitime Ex-König, es ist nicht seine persönliche Vergangenheit, die ihn rettet, sondern allein seine zufällige Familienbeziehung zu einer »legitimen« Monarchin, Désirée Bernadotte-Clary, Schwester seiner Ehefrau Julie Clary. Und andererseits: Ein »echter« Monarch kann es sich leisten, großzügig zu sein, er kann politische Belastungen ignorieren, weil er den bloß angemaßten Talmi-Glanz nicht für wichtig halten muß. Jedenfalls darf sich Joseph trotz der sublimen Beleidigung seiner eigenen Persönlichkeit in der traditionell gastfreundlich-neutralen Schweiz sicher fühlen – solange er sich nur jeglicher politischer Aktivität enthält, was er freilich nicht lange tun wird.

Würde, sogar Courage beweist Louis XVIII. auch gegenüber den alliierten Mächten, die seine Hauptstadt besetzt haben. Er, der rechtmäßige, endlich heimgekehrte König von Frankreich, fühlt sich völlig gleichgestellt und gleichberechtigt mit den verbündeten »Vettern und Brüdern«; sie haben für ihn, nicht er hat gegen Europa Krieg geführt. Er verteidigt kein Empire, um so mehr kann er tradierte royalistische Ansprüche erneuern und hochhalten.

Als Marschall Blücher die Pariser Jena-Brücke sprengen will, um die preußische Schmach der Niederlage symbolisch auszulöschen, handelt der dicke Louis, wie ein König handeln muß: Er läßt sich in seiner Kutsche auf diese Seine-Brücke fahren und bleibt eine ganze Nacht lang in dem stickigen Wagen hocken – möge man ihn doch mit in die Luft jagen, falls man es wagt! Die stumme, für ihn auch körperlich schmerzhafte Demonstration tut ihre Wirkung, natürlich wagt man es nicht, und die Brücke bleibt stehen – noch heute heißt sie so wie damals.

Désirée, geb. Clary, Schwester von Joseph Bonapartes Ehefrau Julie, Gattin von Jean-Baptiste Bernadotte, später Fürstin von Pontecorvo, dann Königin von Schweden und Norwegen. Gemälde von Robert Lefevre aus dem Jahre 1807.

Seine persönliche, souveräne Linie (man darf sie wohl auch als patriotisch bezeichnen) wird Louis XVIII. »nach außen« nicht nur auf dem Wiener Kongreß – dort von Talleyrand als Außenminister geschickt vertreten –, sondern ebenso noch später verfolgen. Als der endgültig unschädlich gemachte Napoleon längst als Gefangener auf St. Helena sitzt, wird er seinem französischen Überwachungskommissar die Teilnahme am Fest der britischen Insel-Garnison zum Gedächtnis des »Sieges« von Waterloo mit der Begründung verbieten, nicht nur Napoleon, sondern auch Frankreich habe diese Schlacht verloren.

Seinem Volk gewährt der König sogar eine verfassungsähnliche »Charte«, die allerdings mit der altbritischen »Carta Magna« kaum mehr als den halben Namen gemeinsam hat und nur wenige blasse parlamentarische Ansätze zur politischen Mitwirkung der Untertanen enthält. Aber immerhin, für einen Monarchen, der sich selbst als absoluten Herrscher von Gottes Gnaden begreifen muß, ist das schon eine bemerkenswerte Konzession, wenngleich von echter Konstitution noch ziemlich entfernt.

Die Mäßigung »nach innen« wird der König freilich nicht durchhalten können. In seinem prominenten Gefolge sind reaktionäre Hitzköpfe zurückgekommen, die ziemlich unverhohlen nach dem »Blut der Königsmörder« schreien, auch die letzten Spuren des Empire und der verhaßten Napoleoniden mit Stumpf und Stiel ausrotten möchten. Wahrhaft nichts gelernt und rein gar nichts vergessen haben »Monsieur«, des Königs Bruder, der Graf von Artois, militärisch ebenso mutig (er wird sich in Person dem aus Elba wieder anlangenden Napoleon entgegenwerfen) wie politisch dumm, und beider Nichte, die dürre Herzogin von Angoulème, ein düsterer Rache-Engel, die ihre Umgebung alltäglich an den Märtyrertod Louis' XVI. und des Herzogs von Enghien erinnert.

Wo und mit welchen Tarnkappen, so fragt man giftig in diesem Lager, sind sie denn untergekrochen, all diese in der Wolle gefärbten Altjakobiner, dann im Empire avancierten, nun milde tolerierten und gar königlich bestätigten Marschälle, Großwürdenträger, Herzöge und Präfekten? Man wird sie jagen, sie verfolgen, ihnen den Prozeß machen, bestenfalls in die Verbannung schicken!

Noch müssen sie auf der Stelle treten und mit den Hufen scharren, diese Heißsporne mitsamt ihrem ewiggestrigen Anhang, denn Seine Majestät der König, Bourbone wie sie und weiser als sie, hält sie in Zaum und Zügel. Aber dann wird es Napoleon selber sein, der ihnen die Leinen freigibt: Nach seiner Rückkehr von Elba, der Wiederherstellung des Kaisertums, den »Hundert Tagen« und dem zweiten, diesmal vernichtenden Sturz können sie endlich den langgeplanten »weißen Terror« beginnen, dem selbst der König nur hinhaltend (wenngleich schlimme Auswüchse doch wirksam verhindernd) Widerstand leisten kann – dies fällt ihm, was für ihn spricht, selbst nicht leicht, denn nach seiner wiederholten, für ihn doch schimpflichen Flucht aus Paris müssen wohl auch aus seiner Sicht einige Nägel mit Köpfen gemacht werden, um diesem immer wieder neu auferstehenden Napoleon-Clan jegliche Einflüsse und Nachwirkungen in Frankreich abzuschneiden.

Louis XVIII. ahnt jedoch, daß er historische Unsterblichkeit ebensowenig steuern kann wie das eigene dynastische Schicksal. »Die Zukunft der Bourbonen in Frankreich«, so sagt er einmal scharfsichtig und hellsehend zu Talleyrand »hängt davon ab, ob ich meinen Bruder überlebe oder er mich.« Leider geschieht letzteres; wenige Jahre nach seinem Tod und der Thronbesteigung des Grafen von Artois als »König Charles X.« sind die Bourbonen am Ende ihres Glücks – nach dem royalen Zwischenspiel einer Orléans-Nebenlinie und einer kurzfristigen Republik wird sogar der verhaßte Napoleon-Clan, in anderer Besetzung und Nachkommenschaft, für zwei Jahrzehnte der französischen Geschichte auf einen kaiserlichen Thron zurückkehren.

Noch ein Heimkehrer, nun gar Fürst

An diesem Punkt, da alte Spannung endet, neue Spannung beginnt und der Napoleon-Clan in ungewissem Wartestand verharrt, muß uns ein Seitenblick in die Ewige Stadt führen.

Der Papst hat dort triumphalen Einzug gehalten und die weltliche Herrschaft der Kirche wiederhergestellt. Kurz nach ihm aber trifft auch, nebst Familie, einer seiner getreuesten Untertanen wieder ein: Lucien Bonaparte, Verbannter des Kaiserreichs und dann auch Quasi-Gefangener beim politischen Gegner. Die britische Regierung hat ihm nun, da der entthronte Bruder ungefährlich erscheint, endlich einen Paß zwecks Ausreise in ein Land seiner Wahl erteilt: Möge er ziehen, wohin er will. Lucien wählt, was ihn ehrt, nicht etwa Frankreich, wo er als ausgewiesener Gegner des Kaisers von Louis XVIII. (der auch seine politischen Jugendsünden elegant übersehen hätte) gewiß gut aufgenommen worden wäre. Er fährt in den restaurierten Kirchenstaat, aus dem er vor den Franzosen geflohen war.

Selbstverständlich darf er sein Landgut Canino wieder in Besitz nehmen. Aber schon bei der ersten Audienz erweist ihm der Papst, den die Loyalität und Anhänglichkeit dieses Mannes zutiefst rührt, eine so schöne wie völlig unerwartete Ehre: Lucien wird zum »Fürsten von Canino« erhoben; der Titel, an das gleichnamige Lehngut gebunden, ist erblich.

Man muß sich das einmal vorstellen: Der Befürworter des Königsmordes, der bekennende Jakobiner und Revolutionär, dann immer noch starrköpfige Republikaner und konsequente Thron-Verweigerer des Empire – er gehört nun dem höchsten »schwarzen Adel« von Rom an, unmittelbar nach den Kurienkardinälen rangierend, den Thronassistenten Seiner Heiligkeit gleichgestellt. Lucien zeigt sich begeistert, Madame Mère noch mehr – um diesen Sohn braucht sie sich, das glaubt sie zumindest, keine Sorgen mehr zu machen, dafür muß sie ihre Bekümmerung nun dem großen »Nabulione« selber zuwenden. Ebenso jubilieren Ehefrau Alexandrine und Onkel Fesch, auch Schwester Pauline.

Der Fürst von Canino nimmt seine frühere Arbeit als Forscher und Literat wieder auf – gewiß könnte er friedvoll glücklich sein, die Ernte seines prominenten Privatlebens eingebracht zu haben. Aber er ist noch nicht ganz vierzig Jahre alt, und schon bald wird er sich und andere wieder jählings irritieren, dieser Lucien. Es wird die unglaublichste, im Grunde kaum erklärbare Überraschung sein, die der Napoleon-Clan vor der Geschichte zu bieten hat.

XIII.
Empire in Miniatur – Elbanisches Exil, nicht ohne Familiare

Ein Vertrag mit Fußangeln

Im Zwangsvertrag von Fontainebleau muß Napoleon für sich und seine Abkömmlinge (da ist, konkret, der »König von Rom« gemeint) und alle Mitglieder seiner Familie auf sämtliche Souveränitäts- und Herrschaftsrechte über Frankreich, Italien und jedes andere Land verzichten.

Er darf seinen Rang und Titel auf Lebenszeit behalten, ebenso die Familiare ihre prinzlichen Würden. Die wichtigste Bestimmung lautet: »Die Insel Elba, von Seiner Majestät Kaiser Napoleon als Ort Seiner Niederlassung gewählt, soll während Seines Lebens ein eigenes Fürstentum bilden, das Ihm zu eigen gehört und Seiner vollen Souveränität unterstehen soll. Außerdem wird Ihm als alleiniges Eigentum ein jährliches Einkommen von zwei Millionen französischen Franc in Renten gewährt, halbjährlich in Teilbeträgen zahlbar, einzutragen in das französische Grundbuch.« Auch den Brüdern und Schwestern des Kaisers wird eine Pauschalrente aus der französischen Staatskasse, zweieinhalb Millionen Franc, »zur gesamten Hand« zugesagt.

Damit ist das Ende des Empire besiegelt, denn auch die Familiare müssen ihre Reiche aus abgeleitetem und eigenem Recht, soweit sie diese überhaupt noch besitzen oder doch hoffnungsvoll in Anspruch nehmen, formell aufgeben – Napoleon vertritt sie, ob er diesmal will oder nicht, als Clan-Chef und Familienoberhaupt nach altkorsischer wie auch imperialer Sitte; sie werden persönlich gar nicht erst gefragt.

Der Vertrag enthält eine derartige Vielzahl von Merkwürdigkeiten und Denkfehlern, daß sein diplomatischer Bestand von vornherein zweifelhaft sein muß. In der Tat hat er nicht länger als zehn Monate Dauer und man kann keineswegs behaupten, daß Napoleon allein ihn gebrochen hat.

Zunächst war Elba kein Gegenstand eigener »Wahl«, die Napoleon überhaupt nicht hatte. Er selber hätte, wenn er denn schon ins Exil gehen mußte, die alte Heimat Korsika oder die noch ältere

Familienheimat Toskana bevorzugt. Aber die Alliierten wollen Louis XVIII. nicht die Herausgabe der größten französischen Insel, dem Erzherzog Ferdinand nicht den Verzicht auf seine toskanische »Sekundogenitur« zumuten; für beide Monarchen ist das kleine Elba eher zu verschmerzen. Elba also ist, man mag es drehen und wenden wie man will, für Napoleon ein Zwangsaufenthalt, den er freiwillig nicht lange behalten kann; er wird ausbrechen mit der Aussicht, daß er zu neuer Größe aufsteigt oder in noch tiefere räumliche Beschränkung abstürzt – oder beides, wie es dann tatsächlich gekommen ist. Nebenbei, es hätte schon damals schlimmer kommen können: Ausgerechnet Talleyrand hat schon 1814 den Alliierten die Inseln St. Lucia in der Karibik oder St. Helena als Verbannungsorte vorgeschlagen, aber das ist am energischen Widerspruch des Zaren (der dem »großen Mann« und auch dessen Familie immer noch zugetan bleibt) gescheitert.

Höchst auffällig ist, daß der Rechtsstatus des »Fürstentums Elba« nur für die Lebenszeit Napoleons festgelegt, eine Nach- oder Erbfolge aber nicht geregelt wird. So bleibt die politische Zukunft nach Napoleons Tod völlig offen, was für ihn, den »Mann der Familie«, unerträglich ist. Da tickt eine Zeitbombe, die früher oder später explodieren muß.

Am bedenklichsten für Napoleon ist aber, daß hier (wie die Juristen sagen) ein »Vertrag zu Lasten Dritter« geschlossen und damit (wie die Laien sagen) »die Rechnung ohne den Wirt gemacht« wird. Kontrahenten von Fontainebleau sind Napoleon einerseits sowie der russische Zar, der Kaiser von Österreich und der König von Preußen andererseits – nicht aber der König von Frankreich, der im Ergebnis alles bezahlen soll. Louis XVIII. ist, wieder auf Talleyrands Rat, dem Vertrag nicht formell beigetreten und hat nur in einem vagen Zusatzprotokoll sein Einverständnis erklärt. So stellt er zwar widerwillig die französische Insel Elba, die er sonst ohnehin an den Erzherzog Ferdinand zurückgeben müßte, dem Usurpator zur Verfügung, befiehlt auch seiner dortigen Garnison den Abzug, hält sich dann aber aufgrund des Formmangels für berechtigt, von den versprochenen Renten nicht einen Franc zu überweisen.

Damit ist absehbar, daß dem »Fürsten von Elba«, auch wenn er privates Vermögen zuschießt, irgendwann das Geld für seinen Zwergstaat ausgehen wird.

Dies ergibt insgesamt miserable Perspektiven für den europäischen Frieden, für eine dauerhafte Etablierung des gestürzten Kaisers und die anständige Subsistenz seiner Familie.

Freilich, trotz dieser sehr ungünstigen Auspizien: Nur einmal noch, kurzfristig, erliegt Napoleon jener Schwäche, die ihn auch am 18. Brumaire inmitten einer unkontrollierbaren Menschenansammlung überkommen hat. Auf der Fahrt durch Südfrankreich zum Mittelmeer wird sein Konvoi von einer royalistisch aufgehetzten Meute überfallen, die ihn lynchen will; zitternd vor Angst kriecht er, verkleidet als österreichischer Postillion, in einer Kutsche des alliierten Begleitkommandos unter, bis die Gefahr gebannt ist.

Dann jedoch rafft er sich auf. Mit rasender Wut bemerkt er an der Küste, daß die Bourbonen-Regierung ihm statt der versprochenen Korvette nur die dürftige Brigg »L'Inconstant«, die zu seiner Verhöhnung auch noch die Lilienflagge führt, zur Verfügung gestellt hat. Er weigert sich, dieses Schiffchen (das ihm dennoch bald als Grundstock seiner »Marine« dient) zu besteigen, und läßt sich von einer englischen Fregatte zum Toskanischen Archipel übersetzen. Noch auf See entwirft er die Staatsfahne seines Fürstentums: Sie zeigt einen karmesinroten Diagonalstreifen, mit drei kaiserlich-goldenen Bienen besetzt, auf weißem Grund.

Die Insel Elba – 223 Quadratkilometer groß, mit damals 12 000 Einwohnern (heute 30 000) nur dünn besiedelt – hat bis dahin keine »große« Geschichte erlebt. Sie lag, ganz anders als das flächenmäßig vergleichbare Malta, stets im Windschatten der Historie, auch der Politik, wurde von Langobarden, Sarazenen und algerischen Piraten verwüstet, gelangte endlich aus der Herrschaft Pisas in die Hand der toskanischen Medici und war spät französisch geworden: 1808 wurde Elba ein Arrondissement im französischen Departement Toskana.

Aber weder der habsburgische Erzherzog Ferdinand noch seine Nachfolgerin, die Präfektin-Großherzogin Elisa, hatten sich sonderlich um das Eiland gekümmert. Es erschien auch wenig aussichtsreich, dort eine Entwicklung in Gang zu setzen. Elba ist ein Gebirgsland mit wenigen, damals versumpften Ebenen. Der Westen, von kahlem Granitfels, Wald und immergrüner Macchia bedeckt, erschien nicht kultivierbar, der dürftige Wein- und Gartenbau im flacheren Osten blieb bedeutungslos, und der einst blühende Eisenbergbau war fast zum Erliegen gekommen. Verbindungen von Ort zu Ort gab es, abgesehen von ein paar Karrenwegen, so gut wie nicht. Die Elbaner, zu neun Zehnteln Analphabeten, lebten dumpf und schmutzig vor sich hin, der Inzucht und der Blutrache ergeben.

Seit Frankreich die Toskana verloren hat, sind nun auch alle

Seewege gesperrt. Der letzte französische Unterpräfekt Balbiani ist sehr ratlos auf seinem Inselchen sitzengeblieben – abgeschnitten vom Empire, das es nicht mehr gibt. Er weiß nicht, ob er noch die alte Trikolore oder schon die Lilienfahne hissen soll, ob etwa die Engländer sich der leichten Beute bemächtigen werden oder ob die Herrschaft des Erzherzogs Ferdinand auch hier erneuert wird.

Nicht nur hinsichtlich der Flagge, die er gleich mitbringt, enthebt Napoleon den Signor (oder Monsieur) Balbiani jeglicher Gewissenskonflikte, indem er das seltsame Interregnum blitzartig beendet. Hier – nicht gerade am Ende der Welt, aber doch an einem ziemlich gottverlassenen Punkt im Mittelmeer – beginnt der immer noch titulierte Kaiser (die Bezeichnung »Fürst von Elba« hat er selber nie geführt) mit genialischem Schwung eine neue Karriere im kleinen Format: Er organisiert ein grandioses Reformprogramm, ein Empire in Miniatur, das zwar nur ein knappes Jahr bestehen, für Elba jedoch untilgbare Spuren bis heute hinterlassen wird.

Dies ist eine Epoche, die von der französischen Geschichtsschreibung weitgehend ignoriert, wenn nicht totgeschwiegen worden ist; Engländer und Italiener haben das Wichtigste publiziert, in deutscher Sprache gibt es nur eine zusammenfassende Darstellung. Mögen die geringe Zeitdauer, die vermeintliche Bedeutungslosigkeit oder die angebliche Gefahr der liliputanischen Lächerlichkeit als Gründe der öffentlichen Nichtbeachtung herhalten: Solche Argumente stechen nicht.

Als Kaiser des Empire ragt Napoleon so hoch in die Wolken, daß er vor lauter Glorie fast unsichtbar wird; als Staatsgefangener auf St. Helena erleidet er seine stilisierte Tragödie und läßt seine eigene Geschichte schreiben, wie er sie sieht; aber auf dem so kleinen Elba kann er sich, wie unter Lupe und Brennglas, dem Betrachter nicht entziehen. Da ist er, noch in der Vollkraft seines 45. Lebensjahres, zurückgeworfen auf sich selbst, da sind sonst verschleierte Strukturen seiner Persönlichkeit freigelegt.

Er fegt, mit dem Tag seiner Landung am 3. Mai 1814 beginnend, wie ein Wirbelwind über die verschlafene Insel. »Activité, vitesse« – der Wahlspruch seiner Leutnantszeit wird wieder sein Herrschaftsprinzip. Seine Finanzlage ist zwar ernüchternd; die öffentlichen Kassen von Elba sind leer, aber er hat vier Millionen Franc aus Frankreich mitnehmen können, das muß für den Anfang reichen. Noch hofft er auf die französische Rente, auch will er Steuerrückstände eintreiben und neue Steuerquellen erschließen; im übrigen, so denkt er, wird sich der wirtschaftliche Aufschwung, wenn er ihn denn in Gang setzen kann, wohl selbst tragen.

So geht er ans Werk, richtigerweise »am Kopf« beginnend. Aus mitgekommenen treuen Franzosen, den Generalen Drouot und Bertrand, dem Finanzintendanten Peyrousse sowie aus tüchtigen Elbanern der hauchdünnen eingeborenen Oberschicht stellt er seinen zivilen und militärischen Stab zusammen, der alsbald wie ein richtiges Ministerkabinett funktioniert.

Wenige Wochen nach seiner Ankunft folgen ihm sechshundert Freiwillige der Garde, denen Louis XVIII., insoweit dem Vertrag von Fontainebleau entsprechend, die Ausreise unter Waffen gestattet hat. Da schweigt der Spott über das Kleinkarierte, als diese »Bravsten der Braven«, unter dem Jubel der Elbaner, vor ihrem heißgeliebten Kaiser – er vergießt Freudentränen wie sie – auf dem winzigen Rathausplatz der Inselhauptstadt Portoferraio paradieren, da wächst aus der Miniatur noch einmal der Ruhm des Empire hervor.

Als erstes bringt Napoleon die halbverfallenen Eisen-Minen im Nordosten der Insel wieder in Schwung, bald produzieren sie wieder für den Export und bringen etwas Geld in die Staatskasse. Nach einem Generalverkehrsplan werden gepflasterte Straßen gebaut, die kreuz und quer die Insel durchziehen, was schon angesichts der Höhenunterschiede eine gewaltige Ingenieur- und Arbeitsleistung ist; die Touristen von heute bewegen sich immer noch auf diesen kurvigen Bahnen. Die Kanalisation wird entwickelt und die öffentliche Müllabfuhr rigoros durchgesetzt – Elbaner, die ihren Mist immer noch einfach vor ihre Häuser werfen, müssen saftige Bußen zahlen.

Mit Rinderzucht (zwecks Verdrängung der schädlichen Ziegen) sowie Weizen- und Kartoffelanbau (zwecks Verdrängung der Mais-Polenta als einzigem Volksnahrungsmittel) hat der Kaiser wenig Glück, aber den Weinbau, zweitwichtigste Erwerbsquelle nächst dem Bergbau, kann er um so nachhaltiger fördern: Mit fast zwei Millionen Rebstöcken erreicht der elbanische Traubenbehang unter Napoleons Herrschaft einen absoluten Rekord, der selbst heute nicht mehr erreicht wird. Die Ölernte verdoppelt sich nahezu durch massive Anpflanzung von Olivenbäumen, und Plantagen von Maulbeerbäumen fördern die Zucht der Seidenraupen.

Napoleon, der das Wasser ebenso liebt wie den Wald, bekämpft erfolgreich den stupiden Vandalismus der Elbaner – sie hassen offenbar alles, was grün ist, lassen die Wiesen verrotten und holzen rücksichtslos die Wälder ab. Dagegen setzt er sein überaus modern anmutendes Umweltprogramm: »Eine grüne Insel wie Irland!« – so proklamiert er, der Irland nie gesehen hat. Die erodierten Berghänge werden mit importierten Eichen und Akazien aufgeforstet, zum Schutz des Wildes wird die Jagd drastisch eingeschränkt, Brunnen- und Quellenverschmutzung wird mit schwerer Strafe bedroht.

1793		Unterschrift des jungen Hauptmanns Bonaparte im Jahre 1793.
1804		Nach der Krönung zum Kaiser im Jahre 1804.
1806		Nach dem Feldzug von 1806.
1812		Kurz vor dem Rückzug aus Rußland, im Jahre 1812.
1812		Einen Monat später, während des Rückzugs.
1814		4. April 1814 in Fontainebleau.
1815		Unterschrift auf St. Helena.

Verfall einer Handschrift. Namenszüge Napoleons

Auch »von Rechts wegen« wird das Fürstentum Elba, erst- und einmalig in der Inselgeschichte, mit allen Institutionen versehen, die einem Empire-Staat schon traditionell zukommen, denn dies ist, trotz der verzweifelten räumlich-zeitlichen Beschränkung, wahrhaftig mehr als die bloße Nachgeburt des napoleonischen Empire!

Grundbuch, Kataster, Volkszählung, Kinderimpfung, Seuchenschutz und allgemeine Schulpflicht werden eingeführt, Markt- und Handelsverordnungen werden erlassen, zwei Krankenhäuser erbaut, und eine winzige Eliteschule nach größerem Vorbild der »École Polytechnique« für den einheimischen, zivilen und militärischen Führungsnachwuchs wird installiert. Ein paar hundert Elbaner können für die blau-uniformierte »Nationalgarde« – sie soll, gemeinsam mit den »Grognards« der Garde, die Landesverteidigung stärken – gewonnen werden. Die dreistufige Justiz erhält sogar einen »Kassationshof« als oberste Instanz, die örtliche Verwaltung durch Bürgermeister wird straff organisiert, ein verläßlicher Korse befehligt Polizei und Gendarmerie, womit die grassierende Kleinkriminalität wirksam bekämpft wird – alles ganz und gar nach dem großen, hier in kleinem Rahmen gesetzten französisch-imperialen Exempel.

Das Bild eines in allen Bereichen derart geordneten Staatswesens lockt bald auch den ausländischen Handel. Die elbanische Bienen-Flagge wird im Mittelmeer gegrüßt und respektiert, der Warenaustausch belebt sich, Schiffe aus vieler Herren Länder laufen die Häfen an – und, was aktuell besonders wichtig, wenngleich auf Dauer nicht ausreichend ist: Italienische Banken gewähren dem jungen Staat bereitwillig Kredite.

Wenn die durchweg begeisterten Elbaner sich von der Ankunft des »größten Mannes der Welt«, für den sie ihn jedenfalls halten – Napoleon hat sie als »Meine guten Kinder« begrüßt –, ein Goldenes Zeitalter versprochen haben, so scheinen die ersten Monate der Herrschaft dieses Mannes, den sie nun ganz für sich allein haben, ihnen durchaus recht zu geben.

Familiare auf Elba

Mit Sicherheit sind Gründung, Bestand und kurzfristige Blüte des Fürstentums Elba, so einzigartig wie unwiederholbar, allein Napoleons Werk in dem Sinn, daß ihm hier bei Konzeption und Konstruktion niemand von seinem Clan unmittelbar geholfen hat. Dennoch, die Familie ist auch auf der Insel nicht unbeteiligt. In der elbanischen Periode treten auf: Mutter Letizia, Schwester Pauline – und, wer hätte es gedacht, die heimliche »polnische Gemahlin«, Gräfin Maria Walewska.

Eigentlich hat Napoleon keine der genannten Damen erwartet, dafür um so mehr seine Ehefrau Marie Louise. Nicht zuletzt für sie, wenn auch gewiß aus Gründen eigener Selbstachtung, organisiert er im Mini-Reich einen Mini-Hofstaat nach dem Modell der Tuilerien – und dem unbewußt fortwirkenden Beispiel des Vaters Carlo, für den das mediterrane »Fare bella figura« ein so wichtiges, gerade in beengten Zeiten hochzuhaltendes Prinzip war.

Hier, wo er noch Kaiser sein darf, etabliert sich Napoleon mit seinen Chefbeamten und Stabsoffizieren in den renovierten dreißig Zimmern der »Villa Mulini«, hoch über Portoferraio gelegen. Ein großer Salon für Empfänge und Bälle, auch ein Theatersaal für

Operetten und Kammerspiele werden eingerichtet. Die »Maison Impériale« hat zwei Palastpräfekten, die einige Dutzend Lakaien, Köche und Kutscher kommandieren. Die meisten Kammerherren-Stellen bleiben prominenten Elbanern vorbehalten – da folgt Napoleon selbst dem Grundsatz seiner einst regierenden Geschwister, wonach die Bürger des »neuen Vaterlandes« an Herrschaftsglanz und Repräsentation zu beteiligen sind.

Dort also wartet Napoleon ungeduldig auf Marie Louise, aber sie hat sich, nach nur knappem Zögern, dem Anraten ihres Vaters wie auch dem sanften Gebot Metternichs unterworfen, daß sie sich und ihr Kind von Elba und ihrem Ehemann fernhalten möge; bald findet sie in dem schneidigen österreichischen Reitergeneral Graf Neipperg einen mehr als befriedigenden Ersatzliebhaber.

Statt ihrer erscheint, zur fast ebenso großen Freude Napoleons, Madame Mère auf der Insel – in der erklärten Absicht, das Exil mit diesem Sohn, den sie nun vergleichsweise für ihr »unglücklichstes Kind« hält, auf Dauer zu teilen. Napoleon räumt der Mutter die Gemächer ein, die »für die Kaiserin« vorgesehen waren. Das reicht der anspruchslosen, nun ja auch exilierten Letizia völlig aus; sie lebt übrigens auf Elba ebenso zurückgezogen wie früher in Paris, aber für Gespräche mit dem großen Sohn findet sie in der räumlichen Enge doch mehr Zeit als früher. Auch Napoleon genießt das und freut sich diebisch, wenn er sie abends beim Kartenspiel »Vingt et un« bemogeln kann; sie duldet es lächelnd.

Den richtigen Antrieb und Schwung bekommt der elbanische Zwerg-Hof aber erst, als einige Wochen nach Letizia auch Schwester Pauline, ebenfalls aus Italien mit dem Staats-Flaggschiff »L'Inconstant« abgeholt, in Portoferraio landet. Fast übermütig sitzt sie auf dem Bugspriet des Schiffchens, als es in den Hafen einläuft. Da staunen die Elbaner. »Madame la Soeur de l'Empereur«, wie hier die Fürstin Borghese respektvoll genannt wird, ergreift sofort – dazu reichen ihre Fähigkeiten allemal trefflich – die Zügel des höfischen Lebens, das bald die Insel entzückt. Bälle, Soireen, Theateraufführungen jagen einander in dichter Folge.

Pauline etabliert einen Salon für die Damen der ansässigen, wenngleich dürftigen Haute volée, die nun in provinziellen Toiletten wetteifern, um der Schwester des Kaisers (und einander) zu imponieren. Auch gründet sie einen Geselligkeits- und Kulturverein, deren Mitglieder sich »Fortunati« nennen; dafür, daß sie so imperial »begünstigt« sind, zahlen sie gern einen kräftigen Obolus an den Kaiser. Die ungebrochene Munterkeit Paulines stiftet auch Napoleon zu innerer Gelöstheit und Gelassenheit an; wenigstens zeitweise vergißt er seine politischen Sorgen und zeigt sich wieder wie einst als herb-charmanter Plauderer, wenn er am späten Nachmittag von seinen anstrengenden Inspektionsfahrten und Überlandritten in seine kleine Residenz zurückkehrt.

Für Pauline aber ist dies nicht nur ein willkommener Nebenkriegsschauplatz, wo sie nach dem Sturz des Empire ihre weibliche Schelmenhaftigkeit zur Geltung bringen kann (sogar einen kurzfristigen Liebhaber verschafft sie sich hier), als hätte sie gerade hierauf gewartet. Daß sie den Bruder erheitern und entspannen kann, ist schon ein großes Verdienst. Mehr noch leistet sie ganz konkret in finanzieller Hinsicht für das Empire in Miniatur. Eigene Ersparnisse, vor allem den Erlös von 300 000 Franc für ein kostbares Brillantenkollier, das sie in Italien verkauft hat, stellt sie uneigennützig dem »Fratello« für seine Staatskasse zur Verfügung. Und das reicht wieder einmal, um wenigstens vorübergehend ein Loch im Staatshaushalt zu stopfen.

So ist es bei genauem Hinsehen die einst für das Kaiserreich so untaugliche »Madame Firlefanz«, die unter allen Familiaren, in mehrfacher Hinsicht, die größte Hilfe im »Fürstentum Elba« geleistet hat.

Lucien und Louis sehen verständlicherweise keinen Anlaß, den Bruder auf Elba zu besuchen. Joseph wagt es nicht, die sichere Schweiz zu verlassen; er kann dort, bei Nyon am Genfer See, die schöne »Villa Prangins« erwerben, die noch heute Sitz seines Urgroßneffen Prinz Louis Napoleon, des dynastischen Bonaparte-Stammhalters und Familienchefs ist. Jerome, Elisa und Caroline sind befangen in wenig aussichtsreichen Verhandlungen mit Österreich über den Fortbestand ihrer Herrschaft oder doch anderweitige angemessene Etablierung. Eugen Beauharnais bemüht sich gleichermaßen um seine politische wie private Zukunft bei dem ihm wohlgesonnenen Zaren. Im Clan herrscht Unsicherheit und Orientierungslosigkeit, sehr ähnlich wie einst im Jahr 1795.

Einen eher passiven Beitrag zum »napoleonischen Elba« leistet immerhin Elisa. Sie muß, als die Österreicher auch Piombino besetzen, ihren dortigen kleinen Palazzo räumen. Als Napoleon das erfährt, läßt er das gesamte Inventar der Villa in einem listigen Handstreich per Schiff abholen und nach Elba schaffen – damit es, wie er spitzbübisch sagt, »wenigstens in der Familie bleibt«. Der österreichische General Starhemberg, der die Möbel und Teppiche eigentlich als Eigentum des toskanischen Groß- und Erzherzogs Ferdinand reklamieren müßte, läßt sich übertölpeln und akzeptiert eine Quittung »für alle Gegenstände, die im Namen Seiner Majestät des Kaisers Napoleon sichergestellt worden sind«.

Eine menschlich tiefere Freude erfährt der Kaiser durch den ganz überraschenden Besuch der Gräfin Maria Walewska, die das gemeinsame, nun vier Jahre alte Söhnchen Alexander mitbringt, es darf »Papa Empereur« sagen. Warum die »polnische Gemahlin« sich zu der beschwerlichen Reise entschlossen hat, ist bis heute nicht recht klar geworden; gewiß hat sie in ihrer nun russisch besetzten Heimat keine gute Zukunft mehr, aber sie kann auch nicht ernsthaft erwartet haben, ihr weiteres Leben mit Napoleon teilen zu können – schon gar nicht unter den Augen der sittenstrengen Mutter Letizia, und auf Elba, wo man immer noch an die baldige Ankunft der Kaiserin Marie Louise glaubt.

Wie auch immer, plötzlich ist die Gräfin da, und Napoleon zeigt sich entzückt, sorgt aber für strenge Diskretion. Für zwei Tage und Nächte zieht er sich mit den Besuchern in die abgeschiedene Eremitage »Madonna del Monte« zurück. Leider endet die bukolische Idylle als politisches Satyrspiel. Auf kleinem Raum bleibt nichts verborgen außer der Wahrheit: Am dritten Tag läßt sich der zuständige Ortsbürgermeister von Marciana anmelden mit dem Wunsch, »Ihrer Majestät der Kaiserin Marie Louise« seine Aufwartung machen zu dürfen.

Die durchaus, trotz oder gerade wegen der offiziellen Geheimniskrämerei naheliegende Verwechslung treibt Napoleon in solche Panik, daß er die sofortige Abreise der Gräfin mit dem nächsten Schiff nach Italien veranlaßt. Sehr honorig oder auch nur kavaliermäßig ist das nicht, aber das Empire und seine Reputation gehen ihm vor, in welcher Lage auch immer – und die Walewska ist eben leider keine »Familiarin«, auch wenn sie gern eine solche gewesen oder noch geworden wäre. Sie hat nach dem Tode ihres ersten Mannes den Grafen Ornano geheiratet und stirbt schon im 32. Lebensjahr, 1817 zu Paris, ohne Napoleon noch einmal gesehen zu haben. Den Sohn Alexander Walewski aber erwartet eine bedeutende politische Karriere unter seinem Vetter, dem späteren Kaiser Napoleon III.

Neues Spiel, neues Glück

Ist es innere Wahrheit oder unbewußte Selbsttäuschung oder eine gezielte Irreführung der Mit- und Nachwelt, wenn Seine Majestät der Ex-Kaiser im ägyptisch stilisierten Marmorbad seiner elbanischen Sommerresidenz, der kühl-umwaldeten Villa San Martino, den lateinischen Spruch eingravieren läßt: »Ubicumque felix Napoleo« – überall ist Napoleon glücklich (oder doch: kann er glücklich sein)?

Das ist angesichts der widerspüchlichen Zeugnisse aus jener Zeit schwer zu entscheiden. Da sagt der große Mann zu prominenten Besuchern, die einander die Türgriffe des Audienzsaals in der Villa Mulini in die Hand geben: »Für Europa bin ich tot, und das werde ich auch bleiben.« Er verkündet seinen »elbanischen Kindern«, daß seine einzige Lebensmühe nur noch ihnen gelte. Dann aber gibt er einem gelangweilt Wache stehenden Grognard, der sich beklagt, daß es »schon interessantere Zeiten« gegeben habe, zur Antwort: »Sie werden wiederkommen, mein Alter!«

Sei dem, wie es wolle. Die Perspektiven des Fürstentums Elba sind spätestens im Frühwinter 1814 nicht mehr gut – genauer gesagt, sie werden fast hoffnungslos. Der jähe Aufschwung erweist sich als Scheinblüte, denn der Staatsbankrott ist absehbar: Die öffentlichen Gelder für das gewaltige Reformwerk – mit seinen freilich überdauernden Leistungen und Ergebnissen – werden nicht mehr lange ausreichen. Louis XVIII. zahlt die versprochene Rente nicht, und elbanische Steuern sind nicht in der gedachten Höhe einzutreiben. Eine Selbstversorgung der Insel ist auf Dauer unmöglich, der Außenhandel treibt ins Defizit, und die Bankkredite kosten hohe Zinsen.

Der Unterhalt der »unproduktiven« französischen Gardisten – die sich ohnehin, nun als »Bausoldaten« unter Wert mißbraucht, nach neuem kämpferischem Einsatz sehnen – verschlingt einen unverhältnismäßig großen Teil des öffentlichen Budgets. Aber die Landesverteidigung kann nicht abgeschafft, ja sie muß sogar durch die Nationalgarde und angeworbene italienische Söldner um teuren Preis verstärkt werden – schon hat der Bourbonenkönig seinem Militärkommandeur auf Korsika den Geheimbefehl erteilt, »Bonaparte um jeden Preis und mit allen Mitteln loszuwerden«. Damit rückt die Gefahr einer französischen Invasion auf Elba in bedrohliche Nähe.

Persönliche Torts kommen hinzu, die den »Mann der Familie« im Ehrgefühl treffen. Die Familiare erhalten, wie er selber, ihre Renten nicht, Pauline bekommt nicht einmal ihre französischen Domänen-Bezüge als Herzogin nach »altem Recht« aus der Ablösung des Fürstentums Guastalla – und ihnen allen wird sogar der zugesagte Titel »Kaiserliche Hoheit« verweigert. Perfekt wird die Diskriminierung, als sämtlichen französischen Getreuen, die Napoleon nach Elba begleitet haben, die französische Staatsbürgerschaft aberkannt wird. Mögen sie sehen, wo sie bleiben!

Der Wiener Kongreß, der inzwischen begonnen hat, ignoriert all diese flagranten Verletzungen des Vertrages von Fontainebleau. Er folgt – stillschweigend-einverständlich und gewiß mit geheimer Schadenfreude – der diplomatischen Auslegung des Außenministers Talleyrand, daß sein neuer Herr und König sich gegenüber dem Napoleon-Clan zu gar nichts verpflichtet habe. Die Alliierten, vor allem Österreich, brechen dieses Abkommen ihrerseits, indem sie die Ränge und Titel der Familiare in ihren Ländern ebenfalls nicht mehr anerkennen.

So drängen die politischen Verhältnisse durchaus zur Liquidierung eines Exils, zu neuem wahrhaft imperialem Aufbruch. Denn auch die Stimmung in Frankreich ist, so scheint es, plötzlich umgeschlagen. Es sind vor allem die so zahlreich übriggebliebenen, nun mangels Verwendung auf halben Sold gesetzten Berufsmilitärs der Grande Armée, Unteroffiziere und Offiziere, die sich nach ihrem »kleinen Korporal« zurücksehnen und dem »Roi cotillion«, dem Weiberkönig, wie sie Louis XVIII. höhnisch nennen, nicht dienen wollen. Aber auch viele Bürger, Arbeiter und Bauern sind unzufrieden mit der ungünstigen wirtschaftlichen Entwicklung, die sie (insoweit wohl etwas ungerecht, denn hier zeigen sich Folgen napoleonischer Niederlagen und verlorener Kriege) den Bourbonen anlasten.

In Paris trägt man wieder, ziemlich unverhüllt, kaiserlich-rotes Westentuch; sitzen drei Männer im Wirtshaus, so bestellen sie ein viertes Glas Wein »für den Kaiser«; und auf die provozierende Frage: »Lieben Sie das Veilchen?« gibt es die erwartete Antwort: »Ja, es wird im Frühling zurückkehren!«

Am Abend des 26. Februar 1815 läßt Napoleon fast 1 200 bewaffnete Gardisten und Nationalgardisten die acht jämmerlichen Boote seiner elbanischen Armada besteigen. Selbst seine engsten Vertrauten, die an eine Landung in Italien glauben, erfahren erst auf See, wohin es geht. Nur Madame Mère hat Napoleon am Tage zuvor ins Bild gesetzt – er hält sie mit Recht für die einzige Person, die nichts ausplaudern wird. Letizia hat gesagt, was eine korsische Mutter wohl antworten mußte: »Gehen Sie, mein Sohn, und folgen Sie Ihrem Stern. Es kann nicht Gottes Wille sein, daß Sie Ihr Leben auf dieser kleinen Insel beschließen.«

Sie ahnt nicht, daß der Sohn sieben Jahre später auf einer noch kleineren Insel als Staatsgefangener sterben wird.

Letizia und Pauline bleiben vorerst auf Elba, aber sie verlassen die Insel, sobald sie von Napoleons Ankunft in Paris erfahren. Ihre Aufgabe der familiären Zuwendung zum einsamen Bruder ist ja erfüllt, und Aufträge für die Interimsverwaltung der Insel haben nicht sie, sondern ein paar bewährte Elbaner erhalten.

Die gelungene, weil unbeobachtete und ungehinderte Landung der napoleonischen Flottille an der französischen Mittelmeerküste, nach mehrtägiger Fahrt teils bei Mondschein, teils bei hellem Sonnenlicht und gutem Wetter, muß auch bei nachträglicher Betrachtung an ein historisches Wunder grenzen. Auch wenn wir wieder an das »Mirakel des Hauses Bonaparte« glauben wollen: Wo waren die britischen und französischen Kriegsschiffe, die sonst wachsam die Insel Elba umkreisten? Wie weit reichte die niemals von einem Kriegsgericht gerügte Schlafmützigkeit des britischen Aufsichts-Diplomaten Colonel Campbell, der sonst auch kleinste Verdächtigkeiten registrierte und meldete? Wie echt war das Phlegma des blitzgescheiten Louis XVIII., als er die Nachricht von Napoleons Landung trocken so kommentierte: »Eh bien, das ist Sache des Kriegsministers«? Und aus welchem Anlaß und ohne sonst ersichtlichen Grund, hat Talleyrand – noch während der erneuerten Herrschaft des Kaisers in den »Hundert Tagen« – ein riesiges Geldgeschenk der Regierung in London erhalten?

Ja, es spricht manches für die Vermutung, daß die Alliierten, ganz im Einklang mit den Bourbonen, Napoleon bewußt zu einem Unternehmen angereizt und dieses geduldet haben, um ihn als »Vertragsbrüchigen« unter dem Anschein des Rechts um so sicherer, nun endgültig vernichten zu können, auch wenn ihnen die Entwicklung dieses Unternehmens doch wohl (immerhin eben »hundert Tage« lang) erheblich aus dem Ruder gelaufen ist. Aber ob es wirklich so war, das wissen wir nicht und werden es nie erfahren – es gehört zu jenen Geheimnissen, die Monseigneur Charles-Maurice de Talleyrand et de Périgord mit ins Grab genommen hat.

Auf St. Helena hat Napoleon gesagt, er hätte sein Exil niemals verlassen, wenn man ihm Korsika statt Elba zugewiesen hätte. Auf die Frage, ob sie dies wohl ebenfalls glaube, hatte unsere korsische Gastgeberin und Referenzperson Madame Laorenzi wieder eine ganz entschiedene Antwort parat: »Auch Korsika wäre ihm zu klein gewesen, auf jeden Fall und immer wäre er nach Frankreich zurückgegangen!« Wir neigen dazu, in diesem Punkt Madames Ansicht zu teilen.

XIV.
Wandlungen der Hundert Tage – Napoleon inmitten der Brüder

Der Adler kehrt zurück

Der »Zug der Tausend«, der sich von der französischen Mittelmeerküste nach Norden in Bewegung setzt, führt zu Napoleons Herrschaft der »Hundert Tage«; sie sind, nachträglich militärisch-politisch gesehen, nur ein Zwischenspiel ohne Zukunftsaussicht, aber eben auch dem »Mirakel des Hauses Bonaparte« zugehörig – und ideengeschichtlich heute noch bedeutsam für die Franzosen.

Das bourbonische Königtum bricht binnen weniger Wochen zusammen wie ein Kartenhaus. Nicht einmal der tapfere Graf von Artois kann ernsthaften Widerstand organisieren. Die Truppen laufen regimenterweise zu Napoleon über, reißen die weiße Kokarde von ihren Mützen und entrollen die alte Trikolore. Marschall Ney, der dem König so leichtfertig versprochen hat, »Napoleon in einem eisernen Käfig nach Paris zu bringen«, wirft sich »seinem Kaiser« zu Füßen, küßt seine Hände und gelobt neue Anhänglichkeit. Manche Kameraden, wie Kriegsminister Soult, tun es ihm nach; sie vergessen nicht leicht, daß jetzt, wenn ihre Ehefrauen einen Pariser Salon betreten, die Herzogin von Angoulème unsichere Fragen ihrer Umgebung: »Wer ist diese Dame?« giftig so beantwortet: »Das ist keine Dame, ma Chère, das ist nur eine Marschallin!«

Und die französische Presse, die zunächst gemeldet hatte: »Das korsische Ungeheuer hat seine Höhle auf Elba verlassen«, berichtet ihren Lesern charaktervoll am 20. März 1815: »Der Kaiser wieder in Paris!«

König Louis aber läßt sich seufzend wieder in seine Reisekutsche hieven, denn er muß seine Hauptstadt aufs neue verlassen. Die gebotene Flucht, nun eher ein Ausweichen, führt ihn diesmal nur bis Gent, denn Belgien ist ja nicht mehr französisch, und dort harrt er unter dem Schutz englischer Truppen in skeptischem Vertrauen (»Wir wissen nicht, was Gott noch mit Uns vorhat«) aus, bis das Schicksal seiner Lilien sich wieder wendet – ganz sicher kann er nicht sein. Als Realist hält er nichts davon, mit jener Kutsche dem Usurpator entgegenzufahren und ihn kühl zu fragen, was »Monsieur de Bonaparte wünsche«. Nein, diese so souveräne wie mutige Geste war verbraucht auf der Brücke von Jena, mit verkehrter Front, und nur dorthin gehörte sie, man kann sie nicht in diesem historischen Zeitpunkt wiederholen – dann würde er selber schmachvoll ausgelacht werden, der »Weiberkönig«, und Neys eiserner Käfig hätte vielleicht unversehens einen anderen Insassen gehabt.

Als Napoleon an einem frühen Morgen in Paris anlangt, kann er unter dem Andrang der Jubilanten kaum zu Fuß die Tuilerien erreichen. Ist das die Stimme des Volkes? In Frankreich (freilich auch anderswo, doch hier besonders auffällig) werden sich die Dinge wiederholen: Als Hunderttausende Pariser Bürger im Frühling 1944 kurz vor der »Libération« dem Marschall Pétain, dem autoritären »Chef d'État Français«, bei einem Kurzbesuch zujubeln und die Vichy-Symbole der Franziska-Streitaxt schwingen, sind darunter wohl sehr viele, die wenige Wochen später General de Gaulle begeistert empfangen...

Ein ganz neuer Staat?

Dekrete und Verordnungen fallen nun wie gezielte Hammerschläge, um die imperialen Strukturen Frankreichs freizuklopfen vom royalistischen Arabesken- und Girlandenwerk. Das ist nicht schwer und geht sehr schnell, jedenfalls für einen Mann wie Napoleon. Schon einen halben Monat nach seiner Rückkehr erscheint der Staat, äußerlich gesehen, wieder so, wie er sich früher in Europa präsentiert hatte. Nur wenige Funktionsträger werden ausgewechselt, die meisten stellen sich dem Kaiser freiwillig zur Verfügung und werden akzeptiert – als wäre eben nichts, gar nichts geschehen.

Aber dennoch ist etwas seltsam Neues zu bemerken, wenn man denn einen Rückgriff auf die Zeit vor dem Empire so nennen will. Das Festhalten an den »Errungenschaften der Revolution«, im Einklang mit Volkes Willen, hat Napoleons Sturz bewirkt, und sein Genie erkennt, daß nur die Anknüpfung an das »Erbe« dieser Revolution seine restaurierte Herrschaft sichern kann. Schon auf dem »Zug der Tausend« und derer, die sich ihm anschließen, sind die blutrünstigen Strophen der Marseillaise mit einem Akzent, den man seit dem Königsmord von 1793 nicht mehr gehört hatte, geschmettert worden – und auch dem Wunsch, daß man die Reaktionäre »an die Laterne hängen« wolle, wird im fast vergessenen Lied »Ça ira« wieder lautstark Ausdruck gegeben.

Ja, das Empire kann – wenn es denn schon auf Frankreich beschränkt bleiben müßte – nicht mehr so hergestellt werden, wie es 1804 eingerichtet worden war. Napoleon springt über seinen Schatten und lädt den alten, erbitterten Erzfeind im Geiste, den großen Liberalen Benjamin Constant, in die Tuilerien ein – der soll ihm helfen, eine neue Verfassung zu entwerfen. Constant, der Napoleon noch kürzlich mit dem Hunnen Attila verglichen hat, fühlt sich geschmeichelt, geht unverzüglich ans Werk und bringt auf dem Papier die Skizze einer Konstitution zustande, die über die königliche »Charte« weit hinausgeht, weil sie das Volk wahrhaft an der Regierung beteiligen will. Aber der Text ist noch ziemlich unausgegoren und verworren, denn sein Verfasser ist mehr abstrakter Philosoph als Staatsmann, und praktische Erfahrung hat er nie erwerben können.

So wird ein Mann von größerem Format benötigt, der den »État nouvel« inwendig auf die Beine stellen und nach außen präsentieren könnte. Das Schicksal hat ihn schon bestimmt, er ist bereits im Anzug, Napoleon weiß es noch nicht – der bonapartistische »Reigentanz« setzt sich, mit seltener Erstaunlichkeit, wieder in Bewegung.

Brüderliche Überraschungen

Das Verhalten der meisten Familiare im Zwischenreich der Hundert Tage ist so, wie es ihre unterschiedlichen Charaktere erwarten lassen. Dennoch gibt es Überraschungen.

Joseph, der nie ein Feigling war, verläßt die sichere Schweiz, fährt nach Paris und stellt sich dem Bruder in (fast) stets bewährter Loyalität zur Verfügung. Er nimmt seinen früheren Posten als Generalstatthalter wieder ein, als Napoleon zum erneuten Kampf gegen die europäischen Feinde nach Norden aufbricht.

Noch riskanter, und somit auch noch ehrenhafter, handelt Jerome, der gerade, von Metternich mißtrauisch geduldet, seinen Wohnsitz im österreichischen Triest nehmen durfte. Dieses Asyl verscherzt er sich gründlich, als er nun laut vor aller Ohren verkündet: »Der Kaiser braucht Kommandeure für seine Truppen!« Spornstreichs stürzt auch er sich in das neue Abenteuer. Aber Napoleon hat ihm seine Eigenwilligkeit im Rußlandfeldzug noch nicht vergessen; er reiht ihn vorerst nur in die Reserve ein. Allerdings darf »Le Roi Jerome« dann bei Ligny und zuletzt bei Waterloo doch wieder, wie einst im Preußenfeldzug, eine verstärkte Division befehligen – und er wird die peinliche Scharte auswetzen, indem er sich mit höchster Bravour schlägt.

Weniger Glück hat Joachim Murat mit dem Angebot seines militärischen Armes. In der Erkenntnis, daß er sich in Neapel wohl doch nicht mehr lange halten kann, fährt auch er (trotz wütenden Widerspruchs seiner Frau Caroline) nach Frankreich und läßt beim Kaiser eher schüchtern anfragen, ob seine Dienste erneut gebraucht würden. Als Napoleon ihm – wiederum seines Versagens in Rußland eingedenk – eine barsche Absage erteilt, ist Murat verzweifelt, denn nun steht er wahrhaft mit dem Rücken zur Wand. Aber als tapferer Mann, der er im Grunde ja doch ist, wird er bald eine letzte dramatische »Flucht nach vorn« antreten – höchst eigennützig freilich und für ihn tödlich endend, aber seine Ehre kann er damit reparieren.

Verständlich ist es, daß Bruder Louis – noch unter dem Schock seiner »Abwahl« in Holland, erneut auch unter einem Schub seiner Krankheit, insgesamt an tiefer Resignation leidend – sich von Napoleon fernhält und in der Schweiz bleibt. Weniger respektabel ist das gleiche Verhalten des Ex-Vizekönigs Eugen Beauharnais, der völlig passiv bleibt. Kompromittiert hat er sich freilich schon durch seine beflissene Annäherung an die Bourbonen, aber das haben andere auch getan, die nun zum Kaiser zurückgekommen sind. Es ist nicht gewiß, ob Eugen seinem bayerischen Schwiegervater oder gar dem russischen Zaren insgeheim seine politisch-militärische Neutralität versprochen hat; falls es so war, wird er immerhin bald für scine vorsichtige Abstinenz belohnt werden.

Es bleibt ein Flecken auf seinem Schild, daß er seiner künftigen »Etablierung« (in den Briefen an seine Frau Augusta ist jetzt fast nur noch von diesem Standesproblem die Rede) den Vorzug gibt gegenüber dem Mann, dem er buchstäblich alles zu verdanken hat. »Honneur et fidélité«, Ehre und Treue, das ist der Wappenspruch des Eugen Beauharnais; die französische Fremdenlegion hat ihn später übernommen und führt ihn stolz bis heute, aber der ursprüngliche Träger ist ihm leider nur sehr bedingt gerecht geworden.

Nun aber registrieren wir einen jener Knalleffekte mit Paukenschlag, der oft die Geschichte der Napoleoniden begleitet hat. Im April 1815 trifft – unbegleitet von Ehefrau Alexandrine, aber im völligen Einverständnis mit ihr – Lucien Bonaparte, päpstlicher Fürst von Canino, mit Eilpost in der französischen Hauptstadt ein. Er schickt dem Kaiser ein kurzes Billett: »Sire, ich möchte ab sofort an ihrer Seite und in Ihrem Lager stehen!«

Das ist schier unglaublich, man muß sich die Augen reiben. Im Alter von vierzig Jahren gibt Lucien, der Republikaner und Empire-Gegner, alles auf, was er nach langer Zeit als Frucht seines tapferen Widerstandes und Ausharrens ernten konnte: sein europaweites Ansehen, die Anerkennung des Papstes, den Adel des Kirchenstaats, sein behagliches Familienleben als Gutsherr und Landedelmann, die Fortsetzung seiner renommierten literarischen und wissenschaftlichen Tätigkeit. Ob er auch seine politischen Ideale aufgibt? Das ist die Frage.

Warum handelt Lucien so? Die Mit- und Nachlebenden haben sich vielfach um Antworten bemüht. Da wird behauptet, er habe seine Gehaltsrückstände als französischer Senator eintreiben wollen; er habe für sich eine Rolle als Vermittler zwischen Napoleon und (auf dem Umweg über päpstlichen Einfluß) dem österreichischen Kaiser gesehen; oder er sei durch die Dauer des privaten Exils und der englischen Gefangenschaft ein so leidenschaftlicher Patriot geworden, daß er endlich wieder französischen Boden betreten wollte, also aus einem spontanen Gefühl heraus die Heimkehr beschlossen habe.

Mögen auch all diese Umstände mitgewirkt haben, als Erklärungsversuche reichen sie nicht weit. Lucien war im Kirchenstaat, trotz seiner Zwangsausgaben in England, wieder wohlsituiert und hatte keinen aktuellen Geldbedarf; als Friedensvermittler hätte er Italien keineswegs zu verlassen brauchen, und die Rückkehr nach Frankreich hatte er schon 1814 verworfen, obwohl gerade die Bourbonen ihn als Widersacher Napoleons gewiß nicht zurückgewiesen hätten.

Nein, es sind andere, höhere und wiederum höchst ehrenhafte Motive, die Lucien bewegen und antreiben. Er ahnt oder weiß es gar schon, daß Frankreich selbst von Napoleon nicht mehr so regiert werden kann und soll wie im alten Empire, das er mit einigem Recht für mausetot hält. Eine konstitutionelle Monarchie zeichnet sich ab, in Erbfolge der Revolution, die vielleicht doch noch nicht ihre »Ziele erreicht« hat, wie Napoleon es damals so vorschnell und zur Verwunderung, wenn nicht Beunruhigung vieler Patrioten verkündet hatte.

Wenn der große Bruder nun endlich einsieht, daß eine neue Verfassung mit demokratischen Elementen, mit Wahlrecht statt kommandiertem Plebiszit, mit entscheidungsbefugtem Parlament, ministerieller Einzelverantwortlichkeit und Pressefreiheit ohne Zensur nicht nur aufgeschrieben, sondern auch verwirklicht wird – dann will sich ein Erzrepublikaner (und Exjakobiner) wie Lucien Bonaparte nicht mehr abseits halten, dann kann und wird er mit in die Räder greifen, um einen solchen Karren – in Richtung auf längst erträumte Idealziele der Volksherrschaft – zu bewegen.

Lucien ist ein verhinderter Staatsmann, der dem Bruder, den er selbst so entscheidend förderte, nichts zu verdanken hat als die Zerstörung seiner politischen Laufbahn. Aber falls jener nun zur

Einsicht gekommen ist, dann kann, ja dann muß er »an seiner Seite« sein. Mehr noch: Es ist das Vaterland, das ihn ruft, den wahren Patrioten Lucien Bonaparte; es ruft ihn ab aus den Nischen und von den Nebenkriegsschauplätzen seiner privaten Existenz – diesmal vielleicht zu seiner wahren Bestimmung.

Der Kaiser umarmt Lucien, löst seinen eigenen Großstern der Ehrenlegion von der Uniform, steckt ihn Lucien an die Brust und murmelt unter Tränen: »Ich bin bestürzt und beschämt, daß Sie dies noch nicht haben!« Der Bruder wird sofort zum »Prince Impérial« und zur »Kaiserlichen Hoheit« ernannt, er wird wieder Senator und zugleich, was bedeutungsvoller ist, erster politischer Ratgeber des Kaisers, Chef der Fortschrittsfraktion der neuen »Kaiserlichen Partei« – und, was historisch am wichtigsten ist, wenngleich es vordergründig ephemer bleibt, maßgeblicher Mitgestalter der Constant-Verfassung.

So entsteht unter der Federführung des einstigen Parlamentspräsidenten und Innenministers das Modell einer fortschrittlichen Konstitution. Die nach Steuerleistung bemessene Zahl der stimmberechtigten Bürger, von der kümmerlichen bourbonischen »Charte« auf 15 000 beschränkt, wird auf 100 000 erhöht, und man denkt an eine weitere Steigerung. Das Parlament besteht aus zwei Kammern, Lucien organisiert sie blitzartig, sie versammeln sich öffentlich und haben das Recht, von der kaiserlichen Regierung eingebrachte Gesetzesvorschläge zu ändern und so auch in Kraft zu setzen. Die Minister sollen der Volksvertretung Rechenschaft schuldig sein, die Zensur wird abgeschafft, und die Pressefreiheit wird verkündet. Diese Verfassung wird vom Volk mit überwältigender Mehrheit gebilligt, allerdings gibt es viel Stimmenthaltung, zurückzuführen auf Lethargie und Müdigkeit nach so vielem Krieg und (bald neuem) Kriegsgeschrei.

Lucien ist Propagandist eines offenbar gewandelten Napoleon. Nach dem 18. Brumaire 1799 sieht er die zweite politische Sternstunde seines Lebens. Wie er den Bruder damals in den Sattel des Konsulats gehoben hat, so will er ihm jetzt die Steigbügel halten zu einem neuen Ritt in eine reformierte, vielleicht eines Tages doch fast republikanische Herrschaft.

Aber man geht nicht zweimal durch denselben Bach. Die Töne, die Lucien vor anderthalb Jahrzehnten als Stiefkind der Revolution angeschlagen hat, sind nicht mehr die rechten für das Jahr 1815. Er hat, wie so mancher Emigrant, die Entwicklung im Vaterland nicht miterlebt. Die Wandlungen im öffentlichen Bewußtsein einer nun neuen Generation von Franzosen hat er kaum persönlich, nur durch mündliche und schriftliche Berichte, bemerken können. So bleibt die Neu- oder Wiedergeburt eines »Volkskaisertums«, das er nun organisieren will, seltsam blaß, und es ist auch gar keine Zeit mehr, sie in die Wirklichkeit zu transformieren. Als antikisierender Zeremonienmeister – ein Bonaparte bleibt sich allerwege treu – spielt Lucien seine letzte und leider fatale Rolle. Die von ihm veranstaltete »Verfassungsfeier« auf dem Pariser Maifeld verunglückt total; Napoleon und seine Brüder zeigen sich in altrömischen Togen und Tuniken einer überaus verdutzten Volksmenge, die kaum ihr Gelächter unterdrücken kann.

Die Franzosen, wankelmütig wie fast jedes kontinentaleuropäische Volk (außer vielleicht, was beweisbar wäre, den Luxemburgern und den Liechtensteinern), werden bald wieder umfallen, eben zur dominanten historischen Seite hin – die Großbürger und Notabeln, die endlich ihre einträgliche Ruhe haben wollen und diese schon wieder gefährdet sehen, immer voran.

Das unvermeidliche Waterloo

Denn der begeisterungsvolle Aufbruch der Hundert Tage wird, ja kann nicht gut ausgehen, er ist – vielleicht nicht von Frankreich, aber doch von Europa, wie es damals war – zum Scheitern verurteilt.

Auf dem eher extensiv tagenden Wiener Kongreß schrecken die Monarchen und Diplomaten zwar auf, als sie von der napoleonischen Wiederauferstehung erfahren; aber die wirklichen Dirigenten Metternich und Talleyrand behalten einen kühlen Kopf, und sehr bald schweißen sie die illustre Versammlung erneut zur finsteren Einmütigkeit zusammen: Kampf gegen den Usurpator – den Talleyrand nun auch als »schlimmsten Feind Frankreichs« präsentieren kann – bis zur radikalen Kapitulation ohne Wenn und Aber, zur ewigen Festsetzung und Gefangenschaft zwecks Unschädlichmachung, diesmal auch ohne jede honorig-taktvolle Respektierung und Rücksichtnahme.

Es konnte wohl nicht anders kommen. Zwar hat Napoleon den bewährten Joseph noch einmal ins neutrale Zürich entsandt, damit er dort und von da aus des Kaisers neues Friedensangebot an Europa übermittle: Anerkennung der vorrevolutionären, 1814 diktierten Grenzen Frankreichs – soweit will Napoleon jetzt gehen. Da wankt selbst der österreichische Schwiegervater Kaiser Franz: »Wenn die Franzosen unbedingt ihren Napoleon wiederhaben wollen, dann sollten wir ihnen den doch lassen!« Und ein englischer Parlamentarier räsoniert: »Die Bourbonen haben den Thron zum zweiten Mal durch eigene Fehler verloren – was ist das für eine Demokratie, wenn man einem Volk eine Regierung aufzwingt, die es nicht mehr haben will!«

Aber das sind (wenn auch gewichtige) Einzelstimmen, die im Effekt nichts ändern. Joseph hat – ganz anders als in Lunéville, beim Konkordat und in Amiens – keine Trümpfe mehr in der Hand, da kann Metternich seinen kaiserlichen Herrn beruhigen. Zu groß ist die Angst der Reaktionäre, der Profitjäger und Beutegierigen, daß dieser unheimliche Mann mit seinem Clan und mit seinen politischen Ideen noch einmal den Kontinent überfallen, das Konzept des staatsübergreifenden Empire unbeirrt wieder aufnehmen könnte.

Nein, es darf kein Frankreich, sei es noch so historisch-geographisch beschnitten, unter einem Napoleon oder einem von ihm ausgesuchten Familiar – selbst ein Bonaparte-Kind ist politisch nicht unschuldig – mehr geben. Die Bourbonen müssen wieder her, faute de mieux, weder Talleyrand noch Metternich lieben sie, aber man braucht sie auf unabsehbare Zeit, weil allein sie in den Kontext und Zusammenhalt eines konservativ restaurierten Europa hineinpassen.

Mit einem festlichen gemeinsamen Abendessen (die ungetreue Hortense ist ebenfalls geladen und erscheint sogar) verabschiedet sich Napoleon von seiner Mutter, die ihm auch nach Paris gefolgt ist, und von seinen Brüdern. Nur Jerome nimmt er mit sich in den Krieg; Lucien wird, neben Joseph und gleichberechtigt mit ihm, zum Generalstatthalter-Reichsverweser ernannt und bleibt mit jenem in der Hauptstadt. Welch herrliches Dreigestirn am Abendhimmel des imperialen Frankreich, diese drei kurzfristig vereint an der Spitze des Staates – Napoleon, Joseph und Lucien; aber die Sonne neigt sich unerbittlich.

Dann zieht der Kaiser den von Belgien her anrückenden Alliierten entgegen. Von den alterprobten Marschällen – die meisten haben sich, soweit sie noch leben, nach dem Anfangsjubel und nun, da es wieder bitterernst wird, auf ihren Gütern versteckt – sind nicht mehr viele dabei, Ney und Soult vor allem, dann neuere, noch wenig erfahrene Männer wie Grouchy und Suchet. Und auch die Armee ist nicht mehr dieselbe wie bei Austerlitz, Wagram und sogar noch bei Borodino. Es dienen, mit wenig Begeisterung und Kampferfahrung, allzu viele blutjunge »Marie-Louises«, wie man die 1814 von Joseph unter Marie Louises Regentschaft ausgehobenen Rekruten nennt.

Napoleon gewinnt ein paar größere Gefechte, aber dann verliert er die Entscheidungsschlacht bei Waterloo, dicht vor den Toren von Brüssel. Er hört nicht auf Jeromes klugen Rat, Wellingtons englische Truppen von Blüchers Preußen getrennt zu halten und gesondert zu schlagen. So wird es Nacht, und die Verbündeten vereinigen sich zu großer zahlenmäßiger Überlegenheit. Die französischen Karrees weichen unter der wuchtigen Attacke von Zietens Husaren; die Garde »stirbt, aber sie ergibt sich nicht«, und der tapfere General Cambronne brüllt vergeblich sein berühmtes »Merde!«, als er sich ergeben soll.

Dann ist alles vorbei. Joseph und Lucien müssen Paris den Feinden übergeben. Die Hundert Tage enden mit Napoleons bedingungsloser Abdankung; die Ausrufung des Söhnchens zum »Kaiser der Franzosen«, am 28. Juni 1815 noch so eilig wie verzweifelt dekretiert, nimmt niemand in Europa mehr ernst, sie hat sogar auf dem Papier nur wenige Tage Bestand. Die Familiare fliehen in alle Richtungen, Napoleon und Joseph zunächst nach Südwestfrankreich, Letizia, Lucien und Jerome sofort über jegliche Staatsgrenze, die noch offen ist – sie wissen, daß sie nun nichts, gar nichts mehr als Verfolgung und Gefangenschaft, ja vielleicht den Tod zu erwarten haben, wenn sie auf französischem Boden bleiben.

Der »Weiße Terror«

In der Hauptstadt aber hat diesmal der Polizeiminister Fouché, Herzog von Otranto, die Zügel einer zweiten »Provisorischen Regierung« übernommen. Talleyrand, in Provisorien erfahren wie kein anderer, ist damit durchaus einverstanden, um solche lästige Abwicklung will er sich persönlich nicht noch einmal kümmern, zumal er ja in Wien die bourbonische Stellung halten muß. Aber er läßt es sich doch nicht nehmen, den abtrünnigen Ordenskleriker, blutbefleckten Jakobiner und »Königsmörder« Fouché selber dem aus Gent wieder eingelangten Louis XVIII. zuzuführen und vorzustellen: »Das Laster, gestützt auf das Verbrechen!«, wie Chateaubriand zitierfähig höhnt, als er die beiden im königlichen Audienzzimmer humpelnd verschwinden sieht.

Louis empfängt Fouché wortkarg, mit stoischer Attitüde; für den Übergang will er diesen unsäglichen Menschen noch gebrauchen, aber die Gunst und Gnade gegenüber solchen Leuten wird bald ablaufen. Er kann noch froh sein, der widerliche Thersites, daß er demnächst als französischer Gesandter zum nun sehr unbedeutenden sächsischen Königshof in Dresden abgeschoben wird, wo seines Bleibens auch nicht lange ist; immer noch zufrieden soll er bleiben, als er endlich, wie mancher Gefährte aus unvergessenen Glanzzeiten, durch Talleyrands diskrete Fürsprache ein dürftiges Asyl in den Staaten des österreichischen Kaisers findet, in Prag, dann in Triest, wo er 1820 stirbt.

Denn nun endlich kann »Monsieur«, des Bourbonenkönigs

unbelehrbarer Bruder, seinem rachedurstigen Anhang das fröhliche Halali-Signal geben: »Laßt uns Marschälle jagen!« Ja, sie werden nicht mehr mit dem Samthandschuh angefaßt, sondern reihenweise ihrer Posten enthoben, ihrer Güter beraubt und ihrer Würden entkleidet, bisweilen sogar verprügelt, in die Verbannung geschickt (wie Marschall Soult und Enghien-Chefrichter General Hulin) oder gar (wie Marschall Ney) gerichtlich verurteilt und füsiliert. Vom Hofzugang und von den Salons werden sie ohnehin selbstverständlich ausgeschlossen – all die Präfekten, Herzöge und Barone des Empire, die hochrangigen Militärs, die nun gar zweimal den König verraten haben.

Das ist der »Weiße Terror«, der auch jenen nichts schenkt, die nach Napoleons Rückkehr keine der möglichen Farben mehr bekannt haben; diese Feigheit nützt ihnen wenig. Die Welle der feudalen Aggression überschwemmt die Hauptstadt wie auch die tiefe Provinz. Man spürt sie auf in ihren Schlupfwinkeln und auf ihren immer noch behaupteten Posten, die Übervorsichtigen und die aufrechten Kühnen, die Braven – jene, die in vergeblicher Wiederholung ihre Mäntel nach dem Winde gehängt haben, und diese, die sich dem Faszinosum des Empire, dem psychisch zwingenden Genie Napoleons selbst im Untergang nicht entziehen können. Sie alle büßen dafür, daß »Verrat eine Frage des Datums« ist, wie Herr von Talleyrand so kaltblütig wie wertfrei, für seine Person jedenfalls richtig, bemerkt hat.

König Louis, der Mäßige und Mäßigende, kann da kaum noch gegensteuern. Man darf ihm nicht verdenken, daß er es in den meisten Fällen auch nicht mehr will, denn die zweite erzwungene, schimpfliche Flucht bleibt ihm nicht nur in den gichtigen Gelenken, sondern auch im monarchischen Gedächtnis stecken. So gibt er, wiederum seufzend, dem Bruder Artois und der Nichte Angoulème freie Bahn.

Nur in wenigen Fällen greift der dicke Bourbone doch erfolgreich ein. Die personell leergeräumten Positionen, vor allem im Militär, müssen wieder besetzt werden, und das ist, wie bei jedem Umbruch eines Staates, gar nicht so leicht. Da meldet ein reichlich spät aus der Emigration heimgekehrter Marquis, Nonvaleur in jeder Hinsicht (sonst wäre er früher zurückgekommen), beim König seinen Anspruch an: Er sei schon 1789 als Seekadett in die königliche Kriegsmarine eingetreten, und bei normalem Lauf der Geschichte (!) würde er jetzt durch Regel-Beförderungen den Rang eines Konteradmirals erreicht haben – als solcher wünsche er also reaktiviert zu werden. Nach kurzem Nachdenken gibt der König schriftlich die Antwort: »Ihr Anliegen, Monsieur, ist völlig berechtigt, aber leider sind Sie gemäß dem normalen Lauf der Geschichte 1805 in der Seeschlacht von Trafalgar gefallen!«

So etwas reinigt die Luft, aber leider nur in beschränkten Abschnitten. Ansonsten tobt sich der »Weiße Terror« aus; zum Glück für Frankreich erschöpft er sich bald, es wird nichts mehr so heiß gegessen, und manche der Betroffenen werden, spätestens unter dem Orléans-Königtum, rehabilitiert und gar noch befördert, was den inzwischen Toten und Todkranken zwar nichts mehr nützt, wohl aber deren Familien; einige von ihnen verschmelzen wieder mit dem königlichen Adel – und vorsichtig-zögernd wie schon früher fangen beide Gruppen erneut an, untereinander zu heiraten.

Der Erstgeborene und sein Angebot

Aber wo steckt Napoleon, der gescheiterte Imperator und gestürzte Usurpator, nachdem er seine letzte, endgültige Abdankung unterzeichnet hat, mit verwaschenem Namenszug, den man schon kaum mehr lesen kann?

Der Kaiser hat sich, von wenigen Getreuen umgeben, in die Stadt Rochefort dicht hinter der französischen Atlantikküste zurückgezogen. Dort verfällt er in dumpfes Brüten, in Ratlosigkeit. Was soll er tun? Noch einmal die letzte Armee aus dem Boden stampfen und erneut den Kampf gegen die Eindringlinge aufnehmen? Aber das Volk und die Soldaten haben den Krieg satt, Napoleon weiß es sehr wohl. Also Flucht nach Amerika? Auch das ist schon fast unmöglich, denn die wieder royalistisch gewordene Armee umzingelt das Hinterland, die britische Kriegsflotte schließt den Ring zu Wasser immer enger. Napoleon weicht aus zu seinem letzten Fluchtpunkt auf französischem Boden, das Inselchen Aix, oberhalb der Gironde-Mündung gelegen.

Aber plötzlich taucht da einer auf, der selbstlos Rettung – und vielleicht, für später, imperialen Neubeginn – bringen will. Bruder Joseph ist Napoleon gefolgt, er hat diesmal das erneute Exil in der Schweiz verschmäht. Beim Städtchen Cognac wird er von bourbonischen Truppen gefangen und um ein Haar füsiliert, weil man ihn für Napoleon hält; mühsam paukt eine Einheit der noch kaisertreuen Nationalgarde ihn heraus. Und gerade dieses schockierende Erlebnis führt zu der erstaunlichsten, weil edelsten Offerte, die je ein Bonaparte einem anderen Bonaparte gemacht hat – »Si Babbu ci vidia!«

Joseph schlägt Napoleon vor, er wolle sich statt seiner in französische Gefangenschaft mit ungewissem Schicksal begeben, während jener sich als »Prinz Joseph« zu Wasser in die Vereinigten Staaten durchschlagen solle. Das ist keine Phantasterei, denn

Joseph hat bereits Plätze auf einer »neutralen« amerikanischen Brigg gemietet, die ihn selbst mit ein paar Begleitern in die Neue Welt hinüberretten soll. Der Vorschlag ist auch realistisch, denn er hat Aussicht auf Erfolg: Die Fotografie ist noch nicht erfunden, und beide Brüder sehen einander bis zum dritten Blick ja sehr ähnlich, nach Figur und Aussehen sind sie durchaus verwechselbar, zumindest für jeden, der sie nicht persönlich kennt, und beide tragen jetzt die gleiche grüne Obristen-Uniform der Gardejäger. Der Rollentausch hätte sehr wohl gelingen können.

Warum handelt Joseph so? Er ist gerade mit knapper Not seiner eigenen Erschießung entgangen, und er weiß, welch furchtbares Schicksal seine Getreuen in Spanien erlitten hatten, wenn sie in die Hände der Gegner fielen. Das würde auf französischem Boden kaum anders sein; die Wut der Feinde müßte sich gar verdoppeln, sobald die Personen- und Identitätstäuschung entdeckt würde. Der Ex-König Joseph als verkleideter, vermeintlicher Ex-Kaiser Napoleon? Das wäre nicht nur im säkularen Spott geendet, das hätte mit Sicherheit seinen schmachvollen Tod bedeutet, und selbst König Louis hätte ihn da nicht mehr als »Schwager der Königin von Schweden« retten wollen oder können.

Was also verbirgt sich hinter Josephs Ansinnen? Die Historiker haben die Frage, eben auch im Hinblick auf möglichen geheimen Eigennutz dieses Bonaparte, hin- und hergewendet, aber die Antwort ist eindeutig. Hier endet jede Spekulation, auch Josephs Phlegma und allzeit heitere Gelassenheit bietet keine schlüssige Erklärung. Der Erstgeborene, dem es weder an Intelligenz noch an Phantasie fehlte, muß die für ihn vernichtende Folge seines geplanten Handelns erkannt haben. Wenn er dem Bruder dennoch (obwohl er ihn nicht stets geliebt hat) ein solches Angebot macht, so tritt hier ein uneigennütziger Opfermut, ein vielleicht einmaliges familiäres Ethos zutage, mit dem der älteste Bonaparte nicht nur über sich selbst, sondern über den gesamten Napoleon-Clan hinauswächst.

Napoleon aber erweist sich des Angebots als würdig, indem er es zurückweist. Seine mündliche Antwort an den Überbringer der geheimen Botschaft lautet: »Sagen Sie dem König Joseph, daß ich über seinen Vorschlag nachgedacht habe. Ich kann ihn nicht akzeptieren. Es wäre für mich eine Flucht. Ich kann Frankreich nicht im Stich lassen. Ich kann nicht weggehen ohne meine Offiziere, die mir treugeblieben sind. Mein Bruder kann dies tun, er ist weder in meiner Lage noch in meiner Stellung. Sagen Sie ihm, er solle sofort nach Amerika abfahren – il y arrivera au bon port (er wird dort in gutem Hafen ankommen)!«

So verläßt Joseph geradezu auf Befehl des Zweitgeborenen das

Vaterland. Unter dem Tarnnamen »Monsieur Bouchard« geht er an Bord des zivilen US-Schiffs »Commerce« und landet, von der britischen Marine unbehelligt, am 28. August 1815 in »gutem Hafen« bei Brooklyn, in der Freiheit der Vereinigten Staaten, die jedem politisch Verfolgten Asyl gewähren, sei er revolutionär oder anarchistisch, königlich oder kaiserlich gesonnen.

Die folgenden siebenundzwanzig Jahre seines Lebens wird er, nur von wenigen Kurzvisiten in Europa unterbrochen, dort als »Graf von Survilliers« und »Gentleman-Farmer« verbringen, bis er zum friedlichen Sterben in die toskanische Familienheimat zurückkehrt.

Ausfahrt zur letzten Station

Derweil grübelt Napoleon auf der Insel Aix (die sich bis heute stolz mit dem Beinamen »L'Impériale« schmückt) weiter vor sich hin, eine ganze Juliwoche lang, in großer Hitze. Er verschenkt kostbare, unwiederbringliche Zeit.

Nach dem Ende seiner Hundert-Tage-Regierung ist sein künftiges Schicksal noch keineswegs sicher. Sämtliche europäischen Mächte sind zwar froh, ihn loszuwerden, möglichst weit weg, aber als Kriegs- oder politischen Gefangenen will ihn eigentlich niemand haben – die neue französische Regierung nicht, weil Louis XVIII. ein großmütiger Mann ist, dem die Demütigung des Geschlagenen keine Freude macht; Österreich und Preußen nicht, weil ihnen die Bewachung eines solchen Verbannten viel zu kostspielig, unsicher und gefährlich erscheint; der ehrenhafte Schwedenkönig Bernadotte (er hat für ein schwedisches Norwegen, nicht gegen das Empire gekämpft) auch nicht, weil er die Einkerkerung seines einstigen Wohltäters und Obersten Kriegsherrn ablehnt; und der russische Zar schon gar nicht, weil er seine geheime Verehrung Napoleons, die seit den gloriosen Tagen von Tilsit, Erfurt und Weimar in seinem schwärmerischen Gemüt verankert ist, nicht preisgeben kann und will.

Am allerwenigsten aber denken die Briten daran, daß ihr jahrzehntelanger Feind ihnen in die Hände fallen, ja sich selbst als Kriegsbeute in ihre Hände begeben könnte – »dämlicher als ein Schuljunge«, wie Napoleon selbst auf St. Helena bitter kommentiert hat. Nein, sie wollen sich, nach dem Sturz des Empire, jetzt wieder von Europa zurückziehen, ihre gestörten politischen Kreise und kommerziellen Netze in Übersee zurechtflicken, auf koloniale Ausdehnung und eigene Beherrschung der Meere setzen. Die Beendigung der leidigen Kontinentalsperre wird ihren Handel, in diesem Rahmen, beflügeln, aber insoweit haben sie ihr Kriegsziel ja nun erreicht.

Ganz und gar nicht möchten die Briten das fortsetzen, wozu sie sich seit Josephs Diktatfrieden von Amiens gezwungen sahen, obwohl es ihnen, historisch gesehen, und bis auf den heutigen Tag stets unbequem und niemals gelegen war: Verantwortung für das kontinentale Europa und dessen Staaten übernehmen und tragen.

Eben hierzu zwingt sie nun das Schicksal, in diesem Hochsommer des Jahres 1815, und bis zu Napoleons Sterbetag, dem 5. Mai 1821.

Der Ex-Kaiser verfügt noch über eine Korvette der französischen Kriegsmarine unter einem loyalen Kapitän, aber er verwirft den – jetzt wohl auch aussichtslosen – Plan, mit diesem Schiff die englische Küstenblockade zu durchbrechen. Endlich greift er zur Feder und schreibt dem britischen Prinzregenten jenen berühmten und nie beantworteten Brief, er wolle nach England kommen »wie Themistokles nach dem Ende seiner politischen Laufbahn« und sich »am Herd des mächtigsten, beharrlichsten und edelmütigsten seiner Feinde niedersetzen«.

Auch diesen Gedanken, in England Asyl zu suchen, hatte er – wie Talleyrand den seinigen, ihn statt nach Elba gleich nach St. Helena schaffen zu lassen – schon vor der ersten Abdankung gehabt. Aber ihn jetzt nach Waterloo verwirklichen zu wollen, das ist unbegreifliche Verblendung, das ist jene Narrheit, wie sie nur einem Genie unterlaufen kann. Jedem Durchschnittsverstand wäre einsichtig gewesen, daß England nun gar nichts anderes tun kann als ihn zu verhaften und in dauernden Gewahrsam zu nehmen – zum Schutz der eigenen militärischen und wirtschaftlichen Interessen wie auch auf Drängen aller verbündeten Mächte Europas.

So geht Napoleon im Morgengrauen des französischen Nationalfeiertages (der es damals noch nicht war), dem 14. Juli 1815, an Bord des britischen Kriegsschiffes »Bellerophon«, wieder in der legendären Uniform der Gardejäger – »er trägt ein kleines Hütchen, er trägt ein grünes Kleid«, wie seine Grenadiere so oft gesungen haben. Er ist erst 45 Jahre alt. Nie mehr wird er lebend nach Frankreich zurückkehren.

Während Kapitän Maitland, der damit in die Geschichte eingeht, sein Schiff mit Napoleon nach Plymouth segelt, stecken in London die Minister des Kabinetts Liverpool ihre Köpfe zusammen, sehr ratlos wegen des überraschenden Ereignisses. Daß man Napoleon in England eine beschränkte Freiheit belassen könne, wie man sie einst Lucien Bonaparte gewährt hat, wird natürlich gar nicht erst diskutiert. Man erwägt, ihn auf einer schottischen Festung zu inhaftieren, vielleicht auch auf einer Azoren-Insel, die man aber erst von Portugal kaufen müßte; doch dann siegt das entschlossene Bestreben, nun beim zweiten Anlauf den Boden ins Faß zu bringen.

St. Helena soll es sein als Verbannungsort, über zweitausend Kilometer von Brasilien, fast zweitausend Kilometer von Afrika und eine zweimonatige Schiffsreise von Europa entfernt – von dort würde »der Schuft Boney«, wie die ehrenwerten Lords ihn nennen, nicht mehr wiederkehren wie damals von Elba.

Das »Rien ne va plus« riskiert jeder, der zu lange zögert. Aber als man Napoleon, der das Schiff auf der Reede von Plymouth nicht verlassen darf, die Entscheidung der britischen Regierung mitteilt, trägt er sie mit erstaunlicher Fassung. Zwar schließt er sich einige Tage in seine Kajüte ein, aber die erwarteten Zornes- oder doch Gefühlsausbrüche erlebt niemand von ihm. Der Kompaß und Schrittmacher seines Lebens – nüchterner Realismus und grimmiger Humor, nur selten von Resignation und Verzweiflung außer Kraft gesetzt – schlägt wieder durch und weist in die einzig mögliche Richtung: Er versucht, das Beste aus seiner Lage zu machen.

Das sagt sich leicht. Aber schwer fällt es, sich vorzustellen, wie Napoleons Würde, das von einem Papst und fast allen Souveränen Europas anerkannte Kaisertum nun buchstäblich ins Wasser fällt, als er die »Bellerophon« verläßt und an Bord des viel größeren, ozeantüchtigen Linienschiffs »Northumberland« überwechselt, das ihn nach St. Helena bringen wird. England hat stets Sinn für solche Inszenierungen bewiesen, auch noch in unserem Jahrhundert.

Zum General degradiert

Abschied also mit allen Ehren, die einem ausländischen Souverän zustehen: Salve der Schiffskanonen, Flaggensalut und Trommelwirbel, Spalier der Offiziere und Mannschaften mit entblößten Köpfen, Meldung an Seine Majestät den Kaiser Napoleon.

Dann, zweihundert Meter entfernt nach kurzer Beiboot-Fahrt, drüben auf der »Northumberland«, deren riesiger Rumpf drohend aufragt: zwar noch Seitepfeifen am Fallreep, Empfang aber nur für einen »Armeegeneral zur Disposition« – nicht mehr »Sire«, sondern »Sir« –, spärliche Ehrenbezeugung mit bedecktem Haupt für »Seine Exzellenz General Buonaparte« (mit dem ominösen italienischen »u« im Namen, das man seit der Schlacht bei den Pyramiden nicht mehr in Europa gehört hat) – ihn, den Großbritannien nie als Kaiser der Franzosen anerkannt hat, den es nun zurückstößt in die lange Reihe besiegter feindlicher Militärpersonen.

Napoleon hat sich verhängnisvoll geirrt, zum letzten und entscheidenden Mal in seinem Leben. Der britische Prinzregent und spätere König Georg IV. – persönlich von dürftiger Fasson, zudem parlamentarisch eingeengt – ist nicht zu vergleichen mit jenem edelmütigen persischen Großkönig, der einst den feindlichen Griechen Themistokles mit hohen Ehren aufgenommen hatte.

Auf Elba war noch vieles geblieben, jetzt bleibt fast nichts mehr. Freilich, ein fast fünfzigköpfiges Begleitgefolge hat der ehemalige Kaiser noch: Franzosen, die mit ihm von der Insel Aix gekommen sind und von ihm unter Zeitdruck ausgewählt werden; sie wollen sich freiwillig der Gefangenschaft unterwerfen, um in seiner Nähe zu sein. So ganz uneigennützig tun es die meisten nicht, denn sie hoffen auf späteren Reichtum durch Veröffentlichung ihrer Erlebnisberichte aus dem Schatten des großen Mannes – und, wer weiß, wenn Napoleon eines Tages doch noch einmal in Glorie zurückkehren sollte, dann wird es ihnen zustatten kommen, wenn sie sagen können, daß sie ihm auch im Unglück gedient haben...

Vier französische Standespersonen haben sich auf diese Weise immerhin einen historischen Namen gemacht: Armeegeneral Bertrand, der vom einstigen elbanischen »Maréchal du Palais« jetzt zum Haushofmeister seines Herrn in erheblich dürftigeren Verhältnissen herabsinkt; Brigadegeneral Graf Montholon, eher ein leichtfüßiger Salon-Offizier als ein Kriegsmann, der aber auf eine Erschießungsliste des »Weißen Terror« geraten und ohnehin ziemlich bankrott ist, was seinen Entschluß erleichtert; dann Brigadegeneral Baron Gourgaud, ein tapferer Haudegen, der während des Rußlandfeldzugs als erster Franzose in den Kreml eingedrungen ist und (wie er behauptet) Napoleon einmal das Leben gerettet hat; endlich die geistig prominenteste Figur, der Graf Las Cases, ein unansehnliches Hutzelmännchen, trotz seiner angemaßten Kapitänsuniform von den drei Militärs als krummer Zivilist verachtet – aber er ist es, der für Napoleon und ein wenig auch für sich selbst die literarische Brücke zur Unsterblichkeit schlagen wird, indem er das neunbändige »Mémorial de Sainte-Hélène« schreibt, die auflagenstarke Bibel aller Bonapartisten bis auf den heutigen Tag.

Dies sind, nach einem wenig geschmackvollen Wort Heinrich Heines, die Männer, die gleich den vier Evangelisten das Kreuz des weltlichen Heilands auf St.-Helena-Golgatha umstehen und von ihm berichten.

Die Familiare, verstreut und versammelt

Werfen wir jetzt, während die »Northumberland« mit schlappen Segeln südwärts gegen die Passat-Windflauten vor der westafrikanischen Küste ankreuzt, den gebotenen Zwischenblick auf die in Europa zurückgebliebenen Familiare – von denen niemand den großen Sohn und Bruder, Ehemann und Vater, Adoptivvater und Schwager jemals wiedersehen wird.

Das Schicksal verdammt die Angehörigen des Clans – der Reigentanz wird vorerst eine Fluchtbewegung mit seltsamen Pirouetten – zu richtungs- und ziellosen Irrfahrten durch den halben Kontinent. Sie stehen international auf jeglicher »Schwarzen Liste« von Militär und Polizei, man fahndet und sucht nach ihnen, sperrt einige auch vorläufig ein und entläßt sie dann in eine beschränkte und bewachte Freiheit; in den Ländern ihrer ehemaligen Herrschaft bleiben sie jahrelang verfemt. Dennoch, ihre Wege verlaufen bis zum Ende ihres Lebens höchst verschieden und eigenständig – wie könnten wir das auch anders von den Napoleoniden erwarten!

Beginnen wir schicklicherweise mit jenem, der als erster den Tod findet, indem er seine verlorene Ehre wieder herstellt. Joachim Murat – einst Glanzfigur der französischen Armee, Feldherr mit charakterlichen Schwächen und Abtrünniger des Empire – unternimmt 1815 Vergleichbares wie Napoleon selber ein Jahr zuvor: Er versucht mit einer kleinen Flotte den Rückgewinn seines Reiches. Ehefrau Caroline hat da schon kapituliert und resigniert, sie hat sich als »Gräfin von Lipona« (Anagramm von »Napoli«) ins wieder österreichische Triest begeben, wo Clemens Metternich seine schützende Hand über die frühere Geliebte hält.

In Neapel ist die bourbonische Herrschaft unter dem stumpfsinnigen König Ferdinand IV. restauriert und vom Wiener Kongreß endgültig anerkannt worden; auch dort wird Österreich die »affaires italiennes«, vom dynastisch-reaktionären Standpunkt aus, wirksam besorgen und überwachen.

Murat aber will es, wie man heute sagt, »noch einmal wissen«. In Südfrankreich ist er mit knapper Not der Verhaftung entgangen, und nun bricht er mit fünf Barken und 400 Männern nach Neapel auf, um sein »geliebtes Volk und Vaterland zu befreien« – wie es in der Proklamation, die er im Gepäck bei sich führt, mit üblichem napoleonidischem Pathos heißt. Aber das Glück, das Napoleon nach Elba immerhin hundert Tage lang hold war, verläßt Murat schon wenige Stunden nach seiner Landung an der kalabrischen Küste. Die Truppen der neuen Regierung erwarten ihn, er muß sich ergeben, wird vor ein Kriegsgericht gestellt und – nach einem kurzen Verfahren, juristisch nicht weniger korrekt als der Prozeß gegen den Herzog von Enghien, den Murat einst selber eingeleitet hatte – als Hochverräter zum Tode verurteilt und erschossen.

Er stirbt mit gleicher Würde wie jener Enghien, wie auch Marschall Ney.

Die beiden Kontrastfiguren zu Murat, die Geschwister Beauharnais, Adoptivkinder des Kaisers, setzen in diesem Jahr 1815 ihre egoistischen Treulosigkeiten fort, antichambrieren weiterhin beim wohlgesonnenen Zaren und buhlen ebenso um die Gunst der französischen Bourbonen.

Hortense geniert sich nicht, von Louis XVIII. den Titel einer »Herzogin von St. Leu« anzunehmen und sich im offiziell bestätigten Besitz des Landguts zu halten, das ihr Ehemann Louis Bonaparte aus eigenen Mitteln erworben hatte, als sie noch arm wie eine Kirchenmaus war.

Eugen aber jagt verzweifelt nach einem »Etablissement«, wie er seine erhoffte »territoriale Entschädigung« – irgendwo in Europa, aber möglichst standesgemäß – bezeichnet. Eine Weile hofft er, »Fürst von Genua« zu werden, aber damit sind weder der zurückgekehrte König von Sardinien-Piemont noch der Kaiser von Österreich einverstanden. So wendet er sich, von Ehefrau Auguste begleitet, seinem bayerischen Schwiegervater zu, der vielleicht etwas für ihn tun kann. In dessen Königreich nimmt er auch schon Wohnsitz, und auf die delikate Frage eines Diplomaten, ob er sich wohl weiterhin als Franzose fühle, gibt er die wahrhaft erstaunliche Antwort: »Natürlich fühle ich mich ganz als Bayer!«

Das ist der – vor der Geschichte gewiß kaum honorige – allzu späte »Vaterlandswechsel« eines Mannes, der es als Vizekönig von Napoleons Gnaden stets abgelehnt hat, Italiener zu werden, was ihm wohl besser angestanden hätte. Noch muß Eugen, trotz aller Beflissenheit, zwei Jahre warten, aber dann werden seine Wünsche wenigstens teilweise erfüllt; wir haben seine neue, beschränkte Herrlichkeit demnächst zu betrachten, nicht ohne Amüsement.

In Triest, wo Caroline vorerst bleiben muß, treffen auch Jerome und Ehefrau Katharina ein, von Metternich eher widerwillig geduldet und, da als höchst gefährlich eingestuft, mit strengen Auflagen bedacht. Der Ex-König von Westphalen hat zunächst eine Internierung auf den württembergischen Schlössern Ellwangen und Göppingen erdulden müssen; der undankbare »schwäbische Zar« hätte gern eine Scheidung seiner Tochter von diesem Mann gesehen, aber da ist er ebenso abgeblitzt wie einst Napoleon, als er der Alexandrine Bleschamp die Trennung von Lucien nahelegte: »Entweder meinen Gemahl oder den Tod!«, so hat die tapfere, couragierte Katharina geantwortet.

Der dicke Friedrich gibt dem bedürftigen Schwiegersohn kein

Geld, aber dann läßt er ihn doch wenigstens ausreisen – und den württembergischen Titel »Graf von Montfort« wirft er ihm, fast zum Spott, auch noch hinterher; mehr kann man von jenem Herrn, der seine einstigen Standesgenossen weiterhin kujoniert und malträtiert, wirklich nicht erwarten.

Lucien ist in den Kirchenstaat und in seine Lehnsherrschaft heimgekehrt – körperlich unversehrt, aber politisch keineswegs unbeschädigt, denn nun zeigt sich sogar sein päpstlicher Wohltäter recht indigniert über seine napoleonidischen Eskapaden während der Hundert Tage. Eigene Vorsorge des Pontifex, der Rat des wieder mächtigen Kardinalstaatssekretärs Consalvi und massiver österreichischer Druck bewirken, daß der Fürst von Canino für eine Weile vom römisch-kurialen Hof verbannt wird und sich bei weiterer Entfernung von seinem Landsitz die Eskorte päpstlicher Husaren gefallen lassen muß. Lucien wie auch Frau Alexandrine tragen das mit Fassung, sie haben sich moralisch nichts vorzuwerfen, und der »Senator Bonaparte« wird auch noch eine bescheidene politische Renaissance erleben, ganz abgesehen von seinen so unbeirrt fortgesetzten wie auch erfolgreichen archäologischen Bemühungen.

Außer Lucien versammeln sich im Kirchenstaat noch mehrere andere Familiare: Mutter Letizia und Kardinal Fesch, Schwester Pauline und dann auch Louis, der die Schweiz verläßt und als »geliebter Sohn der Kirche« vom Papst mit besonderer Freude und Ehre aufgenommen wird. Da sie alle noch wohlhabend geblieben sind, auch nicht persönlichen Vermögenssperren der neuen Machthaber ihrer Staaten unterliegen wie Jerome, Caroline und Elisa, können sie durchweg schöne Palazzi in der Ewigen Stadt kaufen oder mieten und ein behagliches Privatleben führen.

Das vorerst härteste Los trifft Elisa. Sie hat es sich überwiegend selbst zuzuschreiben, denn, hartnäckig, wie sie ist, kämpft sie bis zum allerletzten politischen und juristischen Argument um ihre Fürstentümer Lucca und Piombino. Sie versucht sogar, vergebens natürlich, dem Wiener Kongreß ihre Ansprüche persönlich vorzutragen; aber man hat dort die Streitobjekte längst Marie Louise als Annexe zu ihrem neuen Herzogtum Parma übergeben.

Schließlich wird Elisa dem Staatskanzler Metternich mit ihren unhistorischen Unverschämtheiten so lästig, daß er sie in militärischen Gewahrsam nehmen läßt. Man konfiniert sie in Bologna, dann in Graz und in Brünn, bis sie endlich, nachdem ihr Vermögen teilweise freigegeben worden ist, ein bescheidenes Anwesen bei Triest, dann eine größere Villa bei Aquileja kaufen darf. Dort lebt sie sehr zurückgezogen und weiterhin amtlich beaufsichtigt bis zu ihrem frühen Tod, der sie schon ein Jahr vor dem großen Bruder ereilen wird.

Relativ am besten aber ergeht es demjenigen Familiar, der am weitesten entkommen ist. Der Erstgeborene Joseph hat hinreichend Brillanten im Reisegepäck mitgeführt und wird bald auch über seine schweizerischen Konten frei verfügen können. Nach seiner Landung in der Neuen Welt mietet »Monsieur Bouchard« ein Appartement in New York und offenbart dem dortigen Bürgermeister Radcliffe seine wahre Identität. Als »Graf von Survilliers« stellt er sich dem Präsidenten Madison vor, den er um Asyl und freie Niederlassung in den Vereinigten Staaten bittet. Dies wird ihm gegen Zusage politischer Enthaltsamkeit (Staatssekretär Monroe hat gerade seine Doktrin der Nichteinmischung in europäische Angelegenheiten entwickelt) freundlich gewährt.

So erwirbt denn Joseph, der kluge Finanzmann und Ökonom, bei Point Breeze zwischen New York und Philadelphia für 125 000 Dollar eine große Farm von 800 Hektar mit Wiesen und Wäldern. Die Errichtung eines palastähnlichen Wohngebäudes mit Dienerhäusern und Stallungen kostet ihn nochmals 300 000 Dollar.

Dies ist exakt jene Gegend, die Napoleon früher einmal dem Bruder auf der Landkarte gezeigt hat mit der Bemerkung: »Wenn all meine Pläne mißlingen und ich Europa verlassen muß, dann würde ich mich hier ansiedeln, denn hier könnte ich am schnellsten die Nachrichten erfahren, die von Frankreich aus in den amerikanischen Häfen ankommen...« Wir können nur spekulieren, ob dieser Hinweis für Josephs Wahl entscheidend oder doch mitbestimmend gewesen ist. Von nun an führt er das Leben eines begüterten Landedelmannes, was vielleicht, und jedenfalls nach Napoleons Urteil, seiner wahren Neigung entsprochen hat. Er kümmert sich, wie einst auf dem geliebten französischen Gut Mortefontaine, doch hier in weit größerem Rahmen, um Viehzucht, Land- und Forstwirtschaft, nimmt am Kulturleben von New York und Washington regen Anteil, zieht Künstler und Schriftsteller zu Ausstellungen und Lesungen an seinen Ersatz-Hof.

Joseph schreibt hier seine Memoiren, auch Novellen und Gedichte. Er unterhält eine rege Korrespondenz mit der Familie in Europa, später mit Bonapartisten in aller Welt. Exil-Franzosen und Exil-Spanier (letztere sind ihm besonders willkommen) besuchen ihn ebenso wie prominente Amerikaner, selbst die späteren Präsidenten Monroe und Adams sind seine Tischgäste.

Der Graf von Survilliers pflegt aber auch Kontakt mit seiner amerikanischen Schwägerin Elisa Patterson, Jeromes zwangsgeschiedener Ehefrau, und mit deren Sohn, seinem Neffen, in den Staaten schlicht »Bo« genannt. Da diese Verwandten in wirtschaftlich bedrängten Verhältnissen leben, befreit er sie mehrfach von ihren Schulden. Das tut er gern, es verschafft ihm Genugtuung, denn noch einmal kann er sich – wie beim frühen Beginn seiner politischen Karriere – als Ersatzvater und Quasi-Oberhaupt der Familie Bonaparte fühlen; nach Napoleons Tod wird er dieser Rolle zum letzten Mal gerecht werden. Der amerikanische Zweig der Familie hat später immerhin ein paar bedeutende Figuren hervorgebracht, die noch eine Rolle spielen werden.

Nur Ehefrau Julie bleibt, von ihrem Mann weiterhin und dauerhaft getrennt, in Europa – in Frankfurt, Brüssel, dann in Italien, wo sie sich um die Erziehung der beiden Töchter kümmert. Joseph hat sie selbst nur halbherzig (wohl nur, um der Ehepflicht zu genügen) eingeladen, seinen Ruhestand in Reichtum und Würde mit ihm zu teilen. Das hat Julie – ebenso halbherzig ihre schwache Gesundheit vorschützend – stets ignoriert, aber der beiderseitige Briefverkehr ist nie abgebrochen. Der »Gentleman Farmer« tröstet sich mit einer neuen Mätresse, Anne Savage, die ihm auch zwei illegitime Töchter schenkt.

Ein letzter, eher strafender Seitenblick soll Marie Louise gelten – jener »Familiarin«, die keine mehr sein will und sein darf. Sie hat sich vom »liebsten Papa« zur Herzogin von Parma erheben lassen, ist auch mit dem Grafen Neipperg (der nach Napoleons Tod endlich ihr morganatischer Ehemann werden kann und das Herzogtum faktisch für sie verwaltet) nach Italien übergesiedelt. Napoleons Briefe beantwortet sie nicht mehr, später werden ihr solche gar nicht erst vorgelegt; da übertreibt Metternich seine Wachsamkeit, denn sie ist unnötig.

Das Söhnchen aber, der einstige »König von Rom« und dann sehr kurzzeitig »Kaiser der Franzosen« – von unbeirrten Bonapartisten wie auch von der Geschichte gleichwohl als »Napoleon II.« numeriert –, wird der Mutter weggenommen. Der »Prinz von Parma«, seit 1818 »Herzog von Reichstadt«, soll nach dem Willen des Großvaters zu einer deutschen Standesperson erzogen werden, in Wien natürlich. Alle Erinnerungen an den Vater sind aus seinem kindlichen Gemüt nach Kräften zu tilgen, und Nachrichten über diesen bleiben ihm systematisch vorenthalten. Selbst die französische Sprache ist ihm nur insoweit beizubringen, als sie an einem europäischen Hof eben unverzichtbar ist.

Marie Louise aber duldet all dies widerspruchslos, gleichmütig-indolent wie stets in ihrem moralisch dürftigen Leben. Ihrer früheren französischen Hofmeisterin, der Herzogin von Montebello, schreibt sie über ihr Kind: »Seine Talente werden ihm einen Namen machen müssen, denn derjenige, den er von Geburt trägt, ist leider nicht schön!«

Wahrhaftig meint sie, diese unsägliche Frau, den Namen, den Victor Hugo den »größten in der Geschichte« genannt hat: Napoleon.

XV. Kein Ende auf St. Helena – Lebensabende, Requiem und Hoffnung

Lehrstuhl der Geschichte

Im Archiv der britischen Gouverneursresidenz zu Jamestown auf der Insel St. Helena befindet sich ein altes Diensttagebuch der Kriegsmarine. Es enthält unter dem 17. Oktober 1815 die Notiz: »Am Sonntag den 15. traf unter der Flagge des Konteradmirals Sir George Cockburn, von Plymouth in England kommend, Seiner Majestät Schiff Northumberland hier ein. Es hatte den General Napoleon Buonaparte und gewisse andere Individuen als Staatsgefangene an Bord.«

Einen »Lehrstuhl der Geschichte« hat Heinrich Heine St. Helena genannt, und das gilt in mehrfacher Hinsicht. Wie die nach äußerer Gestalt vergleichbaren Nachbarinseln Ascension und Trista da Cunha wäre auch dieses 120 Quadratkilometer kleine Eiland bis heute im Windschatten der Historie verblieben, ein Felsklotz in der Weite des Südatlantik abseits der Schiffsrouten – nichts hätte die Öffentlichkeit beschäftigt außer vielleicht ein Vulkanausbruch oder eine (bis heute nicht existente) Unabhängigkeitsbewegung –, wäre da nicht der eine und einzigartige Mensch, der die Insel so berühmt gemacht hat wie kaum eine andere.

Dieser Nachruhm beruht aber nicht auf der bloßen Tatsache der Verbannung und Gefangenschaft Napoleons. St. Helena ist nicht Monte Christo, auch nicht die Île d'Yeu des verurteilten Staatschefs und Marschalls Pétain. Es war die unfaßbare Macht der Idee und des geschriebenen Wortes, die jenen insularen »Lehrstuhl« begründet und bis heute unzerstörbar gemacht hat. Geschichte ist meist nicht weniger, aber auch nicht mehr als unser Glaube und Wissen von dem, was uns nachträglich einprägsam dar- und vorgestellt wird. Und es hatte kaum ein Großer der Geschichte durch das Exil und dank dem Exil, aufgrund erzwungener äußerer Untätigkeit eine solche Gelegenheit, seine eigenen Werke und seine Zeit vorzustellen wie Napoleon, der hierüber diktierte und schreiben ließ – er, der von sich selbst sagte: »Welcher Roman war mein Leben!«

Eben darum wäre der Ruhm des Kaisers und seiner Familie ohne St. Helena unvollendet geblieben.

Longwood House, letzte Station

»Kein schöner Ort; ich wäre besser in Ägypten geblieben«, bemerkt Napoleon trocken, als die düsteren Felsen der Insel, steil und bedrohlich aus dem Meere ragend, in Sicht kommen. Nun, ein Kurort ist St. Helena nicht, aber auch kein Ort der Qualen und gewiß weniger ein Kerker als ein annehmbarer Ruhesitz – woran der Kaiser freilich am allerwenigsten interessiert ist.

Die von außen fast unzugänglichen Lavaberge öffnen sich im Norden mit einer breiten, zur See hin abfallenden Schlucht, an deren Ende die Haupt- und Hafenstadt Jamestown liegt. Dort in der Talspalte herrscht subtropisches Klima, das in der Nähe zum Äquator fast das ganze Jahr gleichbleibend gemäßigt ist und eine herrliche Flora blühen läßt. Je höher die Straße aber zum Felsplateau hinaufführt, desto mehr kann sich Napoleon an die korsische Heimat erinnert fühlen: Geröll und jähe Steinabbrüche, grasbewachsene Täler und kahle Hänge, immergrüne Eichen, Ölbäume und Kiefern – ein Stück Südeuropa unter atlantischem Himmel. Das Klima des Oberlandes ist ozeanisch, teils alpin und wäre überaus gesund zu nennen, wenn nicht der Passatwind häufig Nebel und Regen mit sich brächte.

Mit seinem Gefolge wird Napoleon dort auf der Hochebene untergebracht in »Longwood House« – einem weitläufigen, durchaus komfortablen Anwesen in Einzellage mit zwanzig Zimmern, das schon 1754 von der britisch-ostindischen Kompanie als Residenz für ihre Stationsleiter erbaut worden ist. Es gibt ein Herrenhaus, Dienergebäude mit Küche, Wäschekammer und Stallungen, dazu mehrere Zier- und Nutzgärten mit einer Laube, zwei Seerosen-Teichen und einem chinesischen Tempelchen. Ein Gummibaumwäldchen schließt sich an, und der Blick schweift weit über den Ozean.

Wenn man dies alles betrachtet (und es ist, behutsam restauriert, heute immer noch zu besichtigen), so möchte man doch fast – entgegen der bonapartistischen Propaganda in Europa, die lautstark des Kaisers Kerkerhaft beklagt – an ein kleines Paradies glauben. Das könnte es vielleicht gewesen sein, wäre da nicht auch in Longwood das Wachzimmer des britischen Stationsoffiziers, der sich zweimal täglich von Napoleons körperlich-sichtbarer Anwesenheit überzeugen muß – und wäre da nicht, in kaum diskreter Blickweite des Anwesens, das englische Militärlager Deadwood,

»Kein schöner Ort; ich wäre besser in Ägypten geblieben«, bemerkte Napoleon, als die düsteren Felsen der Insel St. Helena vor ihm auftauchten. Die zeitgenössische Radierung zeigt den Kaiser mit einigen französischen Begleitern auf St. Helena, den Blick sehnsüchtig aufs Meer gerichtet.

von dem aus jede Bewegung des »Staatsgefangenen«, ja selbst seine Nichtbewegung mit Fernrohren, Flaggenzeichen und optischen Signalen registriert und gemeldet wird.

Eine ständige militärische Postenkette umgibt Longwood, zwar weiträumig gezogen, aber undurchdringlich. Abends um sechs Uhr rücken die Wachen an die Gartenmauern heran, um neun Uhr marschieren sie auch in die Gärten ein und stehen dann nur wenige Meter von den Gebäuden entfernt, die nachts kein Franzose unkontrolliert verlassen oder betreten kann. Tagsüber darf Napoleon sich nur im Umkreis von fünf Kilometern frei bewegen; will er weiter ausreiten oder fahren (er verfügt immerhin über sechs Pferde und zwei Kutschen), so muß er sich von einem englischen Offizier begleiten lassen. Zu keiner Stunde, nicht einmal in der geliebten Badewanne, fühlt er sich unbeobachtet. Besucher, die ihn sehen wollen, bedürfen eines Passierscheins des britischen Gouverneurs für »General Buonaparte«, bevor sie beim französischen Haushofmeister General Bertrand um eine »Audienz bei Seiner Majestät Kaiser Napoleon« nachsuchen können.

Post, die Napoleon absendet oder empfängt, wird zensiert und oft einbehalten. Militärposten stehen an allen Wegkreuzungen wie auch auf allen Bergspitzen der Insel, und rings um St. Helena kreuzen unaufhörlich britische Kriegsschiffe. So ist der große Mann denn in Wahrheit doch auf dem Felsen angenagelt – gleich einem lebenden Insekt, das noch mit den Flügeln schlagen und schwirren, aber sich nicht mehr fortbewegen kann.

Duell der Nadelstiche

Der neue britische Gouverneur Sir Hudson Lowe landet erst im April 1816 auf der Insel. Der Kaiser erwartet ihn mit begieriger Hoffnung. Das endlich, so meint er, wird kein ungehobelter Mariner sein, wie Cockburn und Maitland, sondern ein gebildeter Mensch, Soldat wie auch Diplomat, der seinen Ruhm anerkennen, ihn von den lästigen Beschränkungen befreien, ihn vor allem wieder als »Kaiserliche Majestät« respektieren wird. Ja, mit diesem fast gleichaltrigen Briten, der sogar auf Korsika gedient hat, wird er sich auf Anhieb verständigen.

Napoleon soll sich furchtbar täuschen, dieses für den Rest seines Lebens so entscheidende Mal. Das Paar Napoleon-Lowe ist eine Konnektion von fast homerischer Tragik. Beide Männer müssen aneinander scheitern, nicht etwa wegen Ebenbürtigkeit ihrer Größe, sondern weil sie sich gegen- und miteinander an einer historischen Aufgabe versuchen, die subjektiv unlösbar ist. Gäbe es das im Schachspiel, so wären sie Könige, die beide im Patt stehen und nicht mehr ziehen können, weil sie sich gegenseitig blockieren.

Hudson Lowe, Sohn eines Militärarztes, hat eine Karriere ohne Glanz absolviert, aber ein gutes Stück von der Welt gesehen. Als Subaltern- und dann Stabsoffizier schlägt er sich rund um das Mittelmeer, von Portugal bis Ägypten, für das Empire, wird auch mit geheimdienstlichen Aufträgen ins Ausland gesandt und leistet gewissenhafte Arbeit, ohne sonderlich aufzufallen. Erst 1812, mit 43 Jahren für heroische Zeiten ziemlich spät, wird er Oberst. 1814 darf er die Nachricht von der ersten Abdankung Napoleons nach London bringen, wofür er Generalmajor und Knight Commander des Bath-Ordens wird – seither also »Sir Hudson«. Bei Waterloo hat Wellington für ihn keine Verwendung, weil er ihn für einen zaudernden Federfuchser hält.

Dann überrascht ihn der britische Kolonialminister Lord

Bathurst mit der Ernennung zum Gouverneur von St. Helena. Man hätte aus englischer Sicht keinen geeigneteren Mann als Wächter des Erzfeindes »Boney« finden können. Hudson Lowe ist nicht ungebildet, er hat, für einen Engländer doch bemerkenswert, in seiner Dienstzeit sogar mehrere Fremdsprachen gelernt. Aber es fehlen ihm gänzlich der Humor und die Gelassenheit. Aufgrund seiner Geistesgaben, seines fischblütigen Temperaments und seiner ganzen Persönlichkeit steht er nicht in Gefahr, von Napoleon bezirzt und eingenommen zu werden – dagegen ist er immun.

Er ist ein magerer, mißtrauischer Herr mit roten Haaren, hoher Stirn und langer Nase. Seine angeborene Schüchternheit verbirgt er hinter militärischem Habitus, und seinen kleinen Wuchs macht er durch sehr aufrechte Haltung wett. Die ihm angesonnene Aufgabe, wenngleich mit Rangerhöhung zum Generalleutnant »ad interim« verbunden, entsetzt ihn. Aber gerade weil er sich ihr kaum gewachsen fühlt, weil er zudem ein bedürfnisloser Asket und seinem Vaterland zutiefst ergeben ist, wird er sich eher in Stücke schlagen lassen, als von seinen Direktiven ein Jota abzuweichen. Eher wird er zuviel als zuwenig tun, um Napoleon unentrinnbar in Gewahrsam zu halten. Zustatten kommt ihm dabei seine im Stabs- und Spionagedienst entwickelte, unbezähmbare Liebe zum methodischen Organisieren und Tabellieren (wer sonst hätte den übermäßigen Verbrauch des »Staatsgefangenen« an heißem Badewasser verzeichnen und beanstanden können?), zum aktenmäßigen Verfahren, zum pedantischen Perfektionismus. Sir Hudson Lowe ist für Napoleon eine unangreifbare Festung.

Kaiser und Gouverneur sind einander in all diesen Jahren auf St. Helena nur dreimal persönlich begegnet; die Besuche Sir Hudsons enden jedesmal mit einem von Napoleon provozierten Eklat, später verkehrt man nur noch über General Bertrand schriftlich miteinander, und so kann man das alles wunderbar nachlesen – der nun beginnende und fünf Jahre andauernde Kleinkrieg, das Scharmützel der beiderseitigen Nadelstiche nimmt groteske, ja tragikomische Züge an.

Der wichtigste Punkt, an dem sich das Duell immer wieder entzündet, ist die Frage der Anerkennung seiner »Kaiserlichen Majestät«, auf die Napoleon nicht verzichten kann und die ihm von Sir Hudson gemäß den Befehlen aus London hartnäckig verweigert wird.

Als Napoleon nach dem Beispiel seiner entthronten Geschwister einen Alias-Namen annehmen und sich »Colonel Muiron« oder »Colonel Duroc« nennen und nennen lassen will, untersagt der Gouverneur auch dies mit der ebenso diplomatisch-subtilen wie bürokratisch-stupiden Begründung, die Führung eines Alias-

Namens gehöre zum Inkognito-Privileg der Souveräne, und der »General Buonaparte« sei eben kein Souverän...

So wird jeder gesellschaftliche Verkehr zwischen Longwood House und der Gouverneursresidenz Plantation House unmöglich, und in der französisch-englischen Korrespondenz muß man beiderseits zwecks Bezeichnung Napoleons die skurrile Umschreibung wählen: »Die Person, die auf Longwood wohnt...«

So hat man in Europa nicht einmal die Ex-Großherzogin und Ex-Fürstin Elisa Bonaparte behandelt, die sich dort unangefochten »Gräfin von Compignano« nennen darf. Und als die Bourbonenkönige von Neapel der Ex-Königin Caroline Murat-Bonaparte das Recht bestreiten wollen, den Alias-Namen »Gräfin von Lipona« zu führen, da werden sie von Metternich scharf zur Ordnung gerufen – es ist jene Ordnung des alten, wohl auch ehrwürdigen Europa, der sich nur England nicht beugt.

Im Materiellen lassen die Engländer ihren Gefangenen und seine Begleitung freilich keine Not leiden. Ochsenzungen, Edelgemüse, Frischobst und Fische, dazu Champagner, Madeira und Kap-Wein werden im Überfluß von Jamestown nach Longwood geliefert und dort auch – nach mißtrauischer Prüfung und Zubereitung durch französische Köche des Gefolges – in großem Umfang verbraucht. Im Prinzip unterhält England den Kaiser auf Staatskosten; erst später stellt der Gouverneur an Napoleon das Ansinnen, in Extremfällen auf eigenes Privatvermögen zurückzugreifen. Letzteres ist durchaus erhalten geblieben: 800 000 Francs in bar, drei Millionen in Wertpapieren und drei Millionen in Gold sind beim Pariser Bankier Laffitte in guter Obhut. König Louis greift da nicht zu, denn früher hat Laffitte auch sein Vermögen mit stiller Duldung Napoleons außer Landes schmuggeln dürfen – da will er sich jetzt im umgekehrten Fall nicht lumpen lassen. Auch diese Haltung spricht für den vielfach verkannten, ja maßlos unterschätzten vorletzten Bourbonenkönig von Frankreich.

Der Tempel des Ruhms

Doch was gilt Materielles einem Napoleon, der seines Titels und Ranges entkleidet ist, ja – schlimmer noch – seinen Nachruhm durch öffentliche Vergeßlichkeit gefährdet sieht? Endlich begreift der große Mann seine Lage, und wieder macht er Erstaunliches daraus.

Er wird den Spieß radikal umkehren, den Kerkermeister selber zum Gefangenen seiner Pflichten machen. Wenn er ihn nicht für sich gewinnen kann, diesen Stabstrottel und Gernegroß Hudson

Lowe, dann wird er ihm die Hölle heiß machen, ihn verunsichern in jeder Kleinigkeit, ganz Europa gegen diesen Tyrannen zum Zeugen anrufen. Den Dienst wird er ihm versalzen, bis jener sich wünscht, er wäre nie nach St. Helena berufen worden. Mit genialer Listigkeit setzt er auf das populäre Mitleid, die allgemeine Sympathie mit dem Geschlagenen und Eingesperrten. Ins Gekränktsein und Wehgeschrei zieht er sich zurück: »Je schlechter Sie mich behandeln, desto besser für meinen Ruhm!« Oder wie ein britischer Besucher scharfsichtig anmerkt: »Es ist ihm keineswegs unangenehm, Anlaß zum Klagen zu haben!«

Napoleons Plan geht auf. Der Gouverneur, pausenlos mit Beschwerden überschüttet, läßt sich entnerven und demoralisieren. Er schläft nur noch wenig. Mitten in der Nacht wacht er schweißgebadet auf und galoppiert nach Longwood, um zu sehen, ob dort alles in Ordnung ist. Tagsüber späht er unruhig nach den verschiedenen Flaggenzeichen, die Napoleons jeweiligen Aufenthaltsort signalisieren – und immer wieder sieht er vor seinem geistigen Auge jenen fürchterlichen blauen Wimpel, der nie gehißt wurde und der bedeutet hätte: »General Bonaparte ist verschwunden.«

Aber Napoleon denkt gar nicht an Flucht, denn ihr etwaiges Mißlingen und dessen vernichtende Folgen dürfen auf keinen Fall riskiert werden, und ein so miserables Exil ist St. Helena (wie er insgeheim doch weiß) auch nicht. Nein, hier auf diesem Felsen wird er seine Doppelstrategie entwickeln: Er beklagt die Ketten, die er nicht einmal symbolisch tragen muß, um vor der Geschichte auf die heroische noch die tragische Figur zu setzen – aber hier wird er auch seinen einmaligen »Lehrstuhl« errichten und besetzen. Zum geistigen Hauptstück seines sonst eher öden Tagesablaufs gedeihen sie, jene drei bis vier, zuweilen gar fünf Stunden konzentrierten Diktats der Memoiren, Kommentare, Reflexionen und Aphorismen über Leben und Werk, Schlachten und Friedenstaten, Gesetzgebung und Verwaltung, Innen- und Außenpolitik – dies alles aufgeschrieben im Wechsel zwischen Las Cases, Gourgaud, Montholon, dann von Kammerdiener Ali, dem Mamelucken, in Schönschrift kopiert, vom Autor selbst in Korrektur zweimal gelesen und schließlich approbiert.

So wendet sich Napoleon ganz bewußt der Aufgabe zu, die nur wenigen nach Abschluß ihrer Laufbahn gestellt wird und die er wie kein anderer erfüllt hat. Er baut den Tempel des eigenen Ruhms. Es ist pure Koketterie, wenn er einmal stöhnt: »Man kann zu keinem mehr ein Wort sprechen, weil alles in die Tagebücher kommt.« Eben das begehrt er und erreicht es auch.

Er stellt sich dar mit rückhaltloser Ehrlichkeit, aber wie jedes

Genie erweist er sich als Mensch von ständigem Widerspruch zu sich selbst. Dem Erdkreis hat er Gesetze geben wollen, und alle Menschen hat er geliebt, dann jedoch ist es wieder nur Frankreich, das ihm am Herzen lag. Freiheit und Gleichheit hat er gewährt, aber er schimpft auf die Dummheit des Volkes, das beides nicht verdiene. Er hat die Ideale der Revolution verwirklicht, aber wo gehobelt wird, da müssen auch Späne fallen, inklusive des Kopfes des Herzogs von Enghien.

Die Gesetze des Code Napoléon sind viel wichtiger als alle Schlachten, aber ohne diese hätte es jene nicht gegeben. Er sagt: »Freundschaft ist nur ein Wort, ich liebe niemanden«, aber er vergießt Tränen, wenn er von seinen großen Soldaten Muiron und Lannes, Duroc und Bessières spricht. Er hat die Religion begünstigt und den öffentlichen Kultus wiederhergestellt, aber ob es Gott gibt, und wenn ja, ob Jesus Christus auch Gott ist, das kann keiner so genau wissen. Er verurteilt den Krieg und den Selbstmord, etwas später preist er den einen und rechtfertigt den anderen.

Die vermeintliche Unlogik trifft natürlich auch die eigene Familie. Vater Carlo war selbst für die Revolution zu gut, »er wäre mit den Girondisten gestorben«. Elisa war stets eine lästige Schwester, aber ihre politischen Leistungen muß man anerkennen. Caroline hat ihn verraten, aber von Weibern darf man nichts anderes erwarten. Joseph, der ältere Bruder, habe ihm wahrhaft nahegestanden – und dann wieder: »Joseph, dieser Schafskopf, der in Spanien alles verbockt hat!« Über Jeromes deutsche Ehefrau Katherina allerdings formuliert er die bis heute beherzigenswerte Sentenz: »Die hat ihrem Mann im Unglück beigestanden, und damit hat sich diese Königin selbst in das Buch der Geschichte eingetragen!«

Es gibt so gut wie keine ideelle Position oder Gegenrichtung, für die man Napoleon nicht zum Zeugen anrufen kann. Wir sind geneigt, diese Tatsache, die manchen Geschichtsschreiber zur Verzweiflung gebracht hat, für völlig normal zu halten – nicht freilich für den »normalen« Menschen in den Gleisen des einbahnigen Denkens und der beschränkten Selbsterfahrung, im Netz der Vorurteile und Konventionen, aber doch für den Genius, der unermüdlich, bei ewig wachem Geist, mit den Facetten seiner hochempfindlichen Wahrnehmung alle nur denkbaren Seiten eines Gegenstandes erfaßt und widerspiegelt.

So wird man dem Fazit seines Lebens, das Napoleon auf St. Helena zieht, wohl zustimmen müssen: »Man mag mich verschweigen und verstümmeln, es wird schwer sein, mich verschwinden zu lassen. Ich habe den Abgrund der Anarchie zugeschüttet und das Chaos entwirrt, den Eifer der Strebenden befeuert, alle Verdienste belohnt und die Grenzen des Ruhmes erweitert.«

Dieses Leuchtfeuer vom Felsen St. Helena strahlt hinüber in den Rest der Welt, bis auf den heutigen Tag. Denn die Vergangenheit ist nicht tot; sie ist, nach Meinung Henri de Montherlants, nicht einmal vergangen.

Vom Beistand der Familiare

Die Geschichtsschreiber, den Familiaren Napoleons ohnehin kaum wohlgesonnen, stimmen weitgehend in der Ansicht überein, daß jene sich nach dem endgültigen Sturz des großen Mannes nicht mehr um ihn gekümmert, nichts zu seinen Gunsten getan, ja keinen Finger für ihn gekrümmt hätten – was buchstäblich auch das Briefschreiben umfassen soll.

Aber das ist, wie so manche napoleonidische Legende, nicht richtig. Eher ist das Gegenteil beweisbar, wobei man freilich bedenken muß, daß sämtliche Familiare seit 1815 in Europa selbst Geächtete sind, in ihrer persönlichen Bewegungsfreiheit und die meisten auch in ihrem finanziellen Spielraum eingeschränkt. In diesem leider vorgegebenen Rahmen unternehmen sie fast alle, was in ihren Kräften steht, um das Los Napoleons zu wenden oder zu erleichtern. Zwar hat das den Lauf der Geschichte nicht mehr verändert, aber es reicht zur privaten Ehrenrettung des Clans, auch im unbesiegbaren Unglück.

Bruder Lucien will ernsthaft mit seiner ganzen vielköpfigen Familie nach St. Helena übersiedeln, um Napoleons Exil dauerhaft zu teilen, wenn die Briten, die seine wiederholten Anträge nicht einmal beantworten, es nur erlauben wollten.

Madame Mère Letizia rechtfertigt im römischen Exil den Geiz, den sie ihren übrigen Kindern bezeigt, mit dem Bemerken: »Mein ganzes Vermögen gehört dem Kaiser, von dem ich alles empfangen habe, und für ihn muß ich es aufbewahren!« Ausgerechnet sie, die ewige Skeptikerin, glaubt felsenfest an eine wie immer geartete Rückkehr oder Heimholung Napoleons. Um die Zeit bis dahin zu überbrücken, schickt sie kistenweise Bücher, Kleidung und Kaffee nach St. Helena; durch die literarischen, auch von anderen Seiten expedierten Sendungen wird die Longwood-Bibliothek bald auf dreitausend Bände anschwellen.

Letizia schreibt Petitionen an alle Potentaten Europas, von denen sie die Freilassung Napoleons fordert. Sie und auch Schwester Pauline erbieten sich wie Lucien, auf die Insel zu reisen und zumindest vorübergehend den Sohn und Bruder im Lebensgefühl zu stärken. Aber was beiden Damen noch auf Elba gestattet war, das wird jetzt strikt verboten.

Bemühungen um Befreiung Napoleons unternehmen auch Jerome und seine Gemahlin Katherina, selbst Louis und sogar die von ihm getrennte Ehefrau Hortense. Feste Stützpunkte bei den Bonaparte-Familiaren finden die Heimkehrer von St. Helena – Graf Las Cases und General Gourgaud sowie jene subalternen Begleiter, die das selbstgewählte, für sie ja freiwillige Exil auf die Dauer doch nicht ertragen. Nach mehrmonatiger »politischer Quarantäne« im britischen Kapstadt und endlicher Ankunft in Europa wissen sie, wohin sie sich zu wenden haben. Die Clan-Mitglieder helfen ihnen mit Rat und auch Tat bei der Veröffentlichung ihrer Erlebnisberichte und Mitschriften, wodurch jene fast sämtlich wohlhabende Männer werden.

Bruder Joseph in Amerika überschüttet die entlassenen Domestiken Napoleons mit Geldgeschenken und nimmt jene, die das wünschen, in seinen Privatdienst auf. So uneigennützig wie diskret bezahlt er auch Rechnungen des Longwood-Haushalts aus eigenen Mitteln, damit Napoleon sein französisches Privatvermögen nicht angreifen muß.

Das edelste Produkt der gemeinsamen Bemühungen von Letizia, Lucien, Louis und Kardinal Fesch ist aber ein Brief, den Papst Pius VII. an den englischen Prinzregenten schreibt. Aus persönlichen Gründen hätte der von Napoleon erniedrigte und zeitweise eingesperrte Pontifex gewiß keinen Anlaß gehabt, sich so zu äußern: »Wir müssen Uns daran erinnern, daß die Wiederherstellung der Religion im großen französischen Reich nächst Gott nur Napoleon zu verdanken ist. Das Konkordat war eine im christlichen und heroischen Sinn rettende Tat. Es wäre für Unser Herz eine Freude ohnegleichen, wenn Wir dazu beitragen könnten, die Qualen Napoleons zu verringern. Er kann für niemand mehr eine Gefahr bedeuten – Unser Wunsch ist, daß er auch für niemand einen Vorwurf darstelle.«

Der jämmerliche Prinzregent Georg hat auf Anraten seiner leider dauerhaften Regierung – die politische Opposition beider britischen Parlamentshäuser schlägt für Napoleon ganz erfolglosen Lärm – nicht einmal den Empfang dieses Handschreibens bestätigt. Und dann werden die europäischen Souveräne auf ihrer Gipfelkonferenz von 1818 zu Aachen die gemeinsame Überzeugung deklarieren, Napoleon bedeute sehr wohl und weiterhin eine »Gefahr« – England möge gute Wacht halten und jede Flucht des Gefangenen unmöglich machen.

Daß die ungetreue Marie Louise keinen Finger rührt – sie schreibt ihrem Ehemann keinen einzigen Brief nach St. Helena –, überrascht nach dem Bisherigen nicht mehr. Betrüblicher ist – wie gern hätten wir das feurig-schöne Charakterbild aus Jugend und frühen Mannesjahren unversehrt überliefert –, daß Eugen Beauharnais (auch das nur gegenüber seinem Schutzherren, dem Zaren) lediglich ein paar müde Worte findet zugunsten »des einstigen Ehemanns meiner Mutter Josephine«.

Mit seinem neuen Nationalbekenntnis zu Bayern erdienert sich Eugen 1817 das »Etablissement« im Königreich seines Schwiegervaters Max Joseph. Dieser erhebt ihn zum »Herzog von Leuchtenberg«, genannt nach einer verfallenen, längst nicht mehr bewohnten Burgruine in der Oberpfalz. Wichtiger ist die Ernennung zum »Fürst von Eichstätt«, verbunden mit beschränkter Gebietshoheit. Aus dem altehrwürdigen, längst säkularisierten und von Bayern annektierten Fürstbistum Eichstätt wird eigens für Eugen ein Teil herausgeschnitten – etwa achthundert Quadratkilometer, immerhin ein Drittel der Größe des heutigen Luxemburg, eiförmig beiderseits des Altmühl-Flusses gelegen, mitsamt der wunderschönen Residenzstadt, 30 000 Einwohnern, zwei Landgerichten und – für Eugen als passionierten Jäger bedeutsam – fünfzehn Forstämtern in wald- und wildreicher Landschaft.

Dort also wird Eugen mit Gemahlin Auguste durch königliches Dekret (entworfen von dem ihm eher feindlich gesinnten Kronprinzen Ludwig) installiert als eine Art »Unterlandesherr« mit autonomen, den bisherigen mediatisierten Standesherren in Bayern angeglichenen Rechten, beschränkt auf die niederen Instanzen der Verwaltung, auf Vorschlagsrechte für die lokale Justiz und das Kirchenpatronat. Er ist, ausdrücklich als »Erster« dieser entmachteten Fürsten und Grafen ausgewiesen, wie jene ein Lehnsmann des Königs von Bayern, aber trotz seines renovierten Titels »Königliche Hoheit« gehört er der Herrscherfamilie nicht an und rangiert erst nach den Prinzen des königlichen Hauses.

Das alles ist für Eugen, der doch nach dem höheren Grad einer staatlichen Souveränität strebte, nicht gerade befriedigend, aber Prinzessin Auguste ist im beschränkten heimatlichen Kreis sehr glücklich und überzeugt auch ihn, daß er aus seiner prekären Lage in Europa nichts Besseres finden und machen kann. So läßt er sich in Eichstätt festlich investieren und huldigen.

Es muß anerkannt werden, daß Eugen in den sieben Lebensjahren, die ihm noch verbleiben, für Baukunst, Architektur und Kultur seiner Standesherrschaft vieles getan, auch den Lebensstandard seiner Untertanen deutlich verbessert hat und bei jenen in bester Erinnerung gehalten worden ist. Es gelingt ihm und Auguste 1823, die gemeinsame Tochter Josephine mit dem schwedisch-norwegischen Kronprinzen Oskar, später Thronfolger seines Vaters – »Kunge Karl XIV. Johan«, Jean-Baptiste Bernadotte – zu verheiraten, womit der familiare Halbkreis doch zum vollen Zirkel wird, auch erstmals deutsches Blut in diese französisch bestimmte Dynastie einfließt. Und nach Eugens Tod wird seine dritte Tochter Amalie gar mit einem richtigen Kaiser, Don Pedro von Brasilien, die Ehe schließen können.

Als Eugen, der selber nie ein »echter« König geworden ist, 1824 im Alter von erst dreiundvierzig Jahren stirbt und in der Münchner Michaelskirche (ein Thorwaldsen-Denkmal ziert sein Grab) beerdigt wird, schreibt Goethe an seinen Eckermann: »Er war einer von den großen Charakteren, die immer seltener werden, und die Welt ist abermals um einen bedeutenden Menschen ärmer.«

Aus der Krankheitsgeschichte

Die Sachlichkeit der Diskussion über Napoleons Todesursache ist allzu lange von politischen Emotionen und pseudowissenschaftlichen Eitelkeiten getrübt worden. Die medizinisch fast lückenlos dokumentierte Krankheitsgeschichte, die Obduktionsbefunde und die nüchterne Logik der Tatsachen erlaubt heute Befunde, die gänzlich unaufregend wären, wenn nicht die wildesten Spekulationen eben diese Tatsachen überwuchert, mindestens in unsinnige Zweifel gezogen hätten.

Napoleons Gesundheit schien nur in den beiden ersten Jahren der Gefangenschaft so prächtig zu sein, daß ein britischer Wachsoldat einmal bewundernd ausrief: »Der Kerl hat noch viele Feldzüge im Bauch!« Aber schon dies entsprach wohl nur dem äußeren Eindruck. Der Wille des Imperators, der sich einbildete, über eine eiserne Kondition und Konstitution zu verfügen, hatte sich viele Jahre stärker erwiesen als jede Kränklichkeit oder gar Maladie; der Geist hatte sich den Körper erbaut, ihn auch bis zum Ende der Herrschaft konserviert.

In Wahrheit ignorierte der Kaiser mancherlei Beschwerden, mit denen er zu kämpfen hatte und die im Verlauf seiner ungeregelten, ruhelosen Lebensführung nicht geringer wurden. Er war (geboren im Tiefpunkt auch der wirtschaftlichen Fortune seiner Eltern) ein rachitisches Kind gewesen und hatte dann in seiner spartanischen Kadettenzeit an den Folgen einseitiger, mangelhafter Ernährung zu leiden. Sein Teint war von ungesunder Olivfarbe, die später in die oft zitierte »marmorne Blässe« überging. Die Schilddrüsenfunktionen waren gestört. In der Folgezeit litt er unter chronischen Hautekzemen und trockenem Hustenreiz, seit dem ägyptischen Feldzug auch unter Malariaanfällen. Seine hektischen Eßgewohnheiten trugen ihm Übelkeit, Brechreiz und Magenkrämpfe ein.

Der zunehmende Embonpoint, der seine Magerkeit ablöste, ließ ihn noch als ansehnliche Figur erscheinen. Aber seit den Jahren 1808/09 hatte er ein aufgeschwemmtes Gesicht und einen verfetteten Körper. Das war mit seiner eigenen resignierenden Feststellung: »Vierzig Jahre sind eben vierzig Jahre« allein nicht zu erklären. Als das Glück ihn verließ, mehrten sich auch geistige Absencen, die ihrerseits dafür sorgten, daß sein Stern noch tiefer sank. Es war ein verhängnisvoller Kreislauf: Früher gewann er Schlachten, weil er den Gegnern an physisch-psychischer Frische und rascher Reaktion überlegen war; dann verlor er sie, weil er in dumpfes Brüten verfiel und keinen rechtzeitigen Entschluß fassen konnte.

Das Leben auf St. Helena war nicht dazu geeignet, Napoleons Gesundheit zu stabilisieren. Im Gegenteil: Der Absturz von ständiger Hochspannung und Aktivität in erzwungenes Nichtstun, vom umtriebigen Lärm in die Stille ohne Echo, vom grenzenlosen Bewegungsdrang in die unerbittliche geographische Beschränkung, von der Schöpferkraft in die Langeweile bloßer Reflexion – das mußte den leiblichen Zustand nur weiter beschädigen.

Das nebelfeuchte Inselklima ist dem Exkaiser ebenfalls nicht gut bekommen. Er wurde zum Stubenhocker, weil man ihm die Freude am Reiten (nach immer denselben spärlichen Kilometern vor einer britischen Schildwache endend) genommen hatte. Manchmal verließ er tagelang bei schlechtem Wetter sein »Interieur« überhaupt nicht. Nur die Gartenarbeit hat ihm vorübergehend noch Spaß gemacht, aber auch an dieser »unwürdigen Spielerei« verlor er bald die Lust. Von da an fehlte ihm frische Luft fast völlig.

Eindeutig war Napoleon schon bei der Ankunft auf St. Helena nicht mehr ein gesunder Mann. Medizinische Koryphäen wie Corvisart, sein früherer Leibarzt, oder Larrey, Generalarzt seiner Heere, hatten ihn nicht begleitet, und so war er den Kurierbemühungen wechselnder Mediziner von bescheidenem Mittelmaß ausgesetzt, erst des Iren Dr. O'Meara, dann verschiedener Militärärzte der britischen Garnison, endlich, seit 1819, des unglücklichen Franzosen Antommarchi.

1816 überstand Napoleon eine Amöbenruhr, die infolge des unsauberen Trinkwassers unter der gesamten Inselbevölkerung grassierte. Ende 1817 verschlechterte sich die Gesundheit drastisch. Napoleon litt an den Folgen mangelnder Bewegung und sitzender Lebensweise, an Beinschwellungen, venösen Entzündungen, Kreislaufstörungen, Verstopfung, Schwindelanfällen und erstmals auch Leberbeschwerden. Seine Ernährung war allzu eiweißhaltig, weil Frischgemüse selten auf seine Tafel kam.

1818 mußte Dr. O'Meara auf Befehl des Gouverneurs, der ihn für einen Spion und Zwischenträger hielt, die Insel verlassen. In seinem letzten Arztbericht stellte er fest: »Der häufige Schmerz in der Lebergegend wird durch Abführmittel gelindert, aber nie mehr völlig behoben. Verstopfung wechselt mit Durchfall; dann häufige Entleerung gallig-schleimiger Stoffe. Eßlust verschwindet, Druck auf Herzgrube nimmt zu. Das Gesicht ist blaß, das Weiße im Auge gelb. Der Urin ist scharf und dunkel gefärbt. Fast gänzlicher Mangel an Schlaf, Unbehagen, Schwäche...«

Wenig später nahm die Magenschleimhautentzündung, unter der Napoleon schon früher gelitten hatte, chronische Form an. Das Erbrechen wurde immer häufiger. Gerade zu dieser Zeit hatte der Kaiser ein Jahr lang keinen ständigen Arzt mehr. Das Angebot des Gouverneurs, ihm einen solchen zur Verfügung zu stellen, lehnte er mit der bissigen Bemerkung ab: »Sollen Sie mich doch verrecken lassen!« Tatsächlich war Sir Hudson Lowe aus durchaus eigensüchtigen Motiven an Napoleons körperlichem Wohlergehen höchst interessiert.

Von Fall zu Fall ließ sich Napoleon vom britischen Garnisonsarzt Dr. Arnott behandeln. Der aber zeigte sich an den Leiden des Patienten wenig interessiert und teilte dem Gouverneur kühl mit: »Dem General Bonaparte fehlt nichts, was durch ein paar Tage Bewegung in frischer Luft nicht kuriert werden könnte!« Ein anderer Militärarzt, Dr. Stokoe, diagnostizierte wenigstens die Leberentzündung und auch das Magengeschwür, das sich inzwischen entwickelt hatte.

Erst im September 1819 traf der knapp 30jährige Dr. Antommarchi, ausgesucht vom Stiefonkel Fesch persönlich, als neuer Leibarzt auf St. Helena ein. Außer der Tatsache, daß er ein Korse war, hatte er kaum Meriten und so gut wie keine medizinische Erfahrung aufzuweisen. Zu Unrecht wird aber bis heute behauptet, daß er gar kein promovierter Arzt, sondern nur ein Feldscher, Heilgehilfe oder Prosektor gewesen sei. Immerhin hat er sich im Rahmen seiner mäßigen Fähigkeiten einige Mühe gegeben.

Antommarchis erster Untersuchungsbefund lautet: »Das Gehör des Kaisers war schwach, seine Augen hatten eine bleierne Farbe, die Bindehaut war gelb, der ganze Körper stark aufgedunsen, der Unterleib trommelartig gespannt. Der Atem wurde beschwerlich,

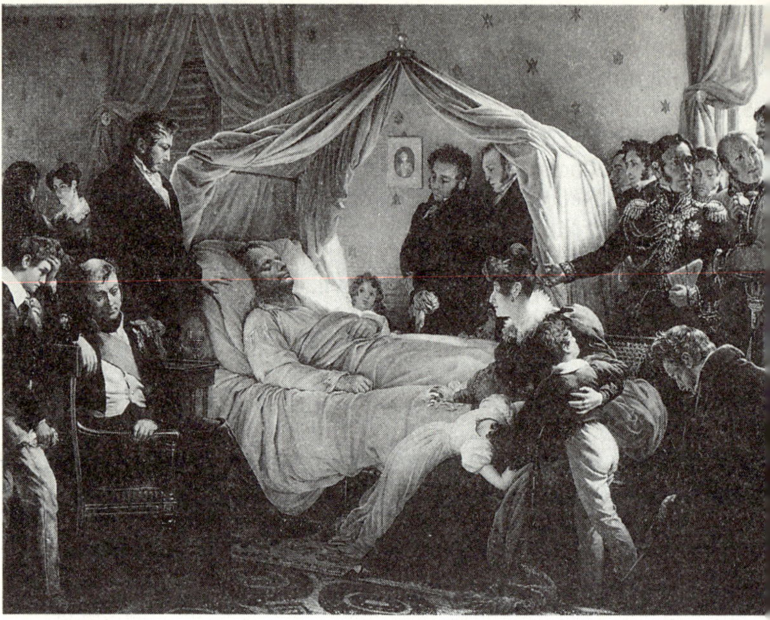

Spätere, heroisch illustrierte und historisch wenig verläßliche Darstellung des »Todes auf St. Helena«. Immerhin sind die lokalen »Familiare« Bertrand, Montholon und vor allem der getreue Marchand erkennbar – die anderen waren, als jener nächtlich siebenmal die Bettlaken wechseln mußte, wohl nicht anwesend. Gemälde von Carl von Steuben.

wenn man senkrecht auf die Herzgrube drückte. Häufiges Erbrechen bald scharfer, bald galliger Stoffe, täglich heftiger Schweißausbruch.« Antommarchi verschrieb gegen die Leibschmerzen Opium und Salmiak, Senfpflaster und heiße Schwefelbäder, die den Körper aber noch mehr schwächten.

Napoleon lebte noch anderthalb Jahre mit diesen erheblichen Beschwerden, die miteinander abwechselten oder kumulierten, bisweilen schwächer und dann doch immer stärker wurden. Er selber hatte immer geglaubt, einmal an Magenkrebs sterben zu müssen – der alten Familienkrankheit, die er für erblich hielt. Tatsächlich waren bereits sein Großvater Giuseppe und sein Vater Carlo daran gestorben. Magenkrebs war auch die Todesursache bei Napoleons Bruder Lucien und bei seinen sämtlichen Schwestern; Elisa war hieran bereits ein Jahr vor Napoleon gestorben.

Eine letzte Ausfahrt mit der Kutsche unternahm Napoleon im Oktober 1820. Diese Exkursion, die ihn zum Landhaus eines benachbarten englischen Farmers führte, hat ihn schon sehr erschöpft. Von da an machte er, auf Montholon oder den getreuen Ersten Kammerdiener Marchand gestützt, nur noch wenige kurze Spaziergänge im Garten, saß aber gern auf einer Bank vor dem Haus, wenn er die seltene Sonne genießen konnte.

Der sonst übliche Neujahrsempfang der Longwood-Familiare fiel 1821 aus. Napoleon bescherte nicht einmal die Kinder Bertrands und Montholons, zu deren tiefer Enttäuschung. Im März verfiel der Kaiser zusehends. Marchand fütterte ihn aufopfernd mit Suppe, Sülze, Waffeln und Orangeade. Aber der Todkranke konnte kaum mehr etwas bei sich behalten. Kältegefühle wechselten mit Schweißausbrüchen; nachts mußten bis zu siebenmal die Bettlaken gewechselt werden.

Im April alarmierte der hilflose Antommarchi, der mit seiner Kompetenz am Ende war, wieder einmal Dr. Arnott. Dieser verabreichte Napoleon eine relativ große Menge (0,6 Gramm) Kalomel, eine Quecksilber-Chlorid-Verbindung. Heute weiß man, daß eine solche Überdosis des seinerzeit gebräuchlichen Abführmittels bei Leberkranken tödlich sein kann. Aber damals wußte das die Fachmedizin nicht – und zudem glaubte Dr. Arnott keineswegs an eine bestehende Hepatitis, hatte er doch als Ergebnis seiner unregelmäßigen Kurzvisiten dem Gouverneur lediglich schlicht gemeldet: »Puls normal!« Arnott war also gewiß kein Mörder, sondern allenfalls ein medizinischer Dummkopf – dies aber auch wohl nur aus heutiger, nicht aus zeitgenössischer Sicht.

Ein Leichnam wird besichtigt

Am Abend des 5. Mai, um 17.49 Uhr, hielt Antommarchi die in Potsdam entwendete Pendule Friedrichs des Großen an. Der Kaiser hatte seinen letzten Atemzug getan. »Spitze der Armee – Josephine« sollen seine letzten Worte gewesen sein. Der Kanonenschuß, der täglich den Dienstschluß der britischen Garnison verkündete, war zugleich, ganz unpräpariert, das Signal seines Todes.

Der Gouverneur, der die bestürzende Nachricht zunächst für eine Irreführung hielt, sprengte am nächsten Morgen nach Longwood House. Er trat schweigend ans Sterbebett. Dann schlug er die Hacken zusammen und zog seine Mütze – nicht vor dem Kaiser, aber immerhin vor dem Toten.

Am selben Tag wurde die Leiche obduziert. Dr. Antommarchi nahm die Sektion vor in Anwesenheit von fünf britischen Militärärzten.

Der hier wichtige Teil des Autopsieberichts lautete: »Nach Öffnung des Unterleibs wurde das Darmnetz als außerordentlich fett befunden. Als der Magen freigelegt wurde, fand man den Sitz einer sich weit erstreckenden Krankheit. Starke Adhäsionen verbreiteten sich über die gesamte Außenseite. Als man die Leber entfernt hatte, entdeckte man einen Zoll vom Pförtner entfernt ein Geschwür. Es hatte die Magenwände durchbohrt und war so groß, daß man den kleinen Finger hindurchstrecken konnte. Die innere Fläche des Magens bildete fast in ihrer ganzen Ausdehnung eine einzige Masse von Geschwüren, die bereits zum Krebs fortgeschritten waren. Besonders war dies in der Nähe des Pförtners der Fall. Der äußerste Magenmund war der einzige gesunde Teil. Man fand den Magen nahezu ganz gefüllt mit einer großen Menge Flüssigkeit, die dem Kaffeesatz ähnelte. Die gerollte Oberfläche des linken Lappens der Leber hing mit dem Zwerchfell zusammen, aber mit Ausnahme dieser Adhäsionen, die durch die Magenkrankheit hervorgerufen waren, machte sich keine Krankheitserscheinung der Leber bemerkbar.«

Dieses von den fünf englischen Doktoren unterschriebene Protokoll wurde von Dr. Antommarchi nicht mitunterzeichnet. Er hielt lediglich den letzten Satz – wohlgemerkt nur diesen, nicht den übrigen Befundtext – für unkorrekt und diagnostizierte in einem eigenen Zusatzprotokoll ausdrücklich »schwere Veränderungen der vergrößerten Leber und deren Verwachsungen mit Magenwand und Zwerchfell«. Die britischen Kollegen hielten die Leber zwar auch für »groß«, weigerten sich aber, eine (krankhafte) »Vergrößerung« anzuerkennen. Sie befolgten damit einen Befehl Sir Hudson Lowes, der ausdrücklich verboten hatte, ein Leberleiden als etwaige Todesursache hervorzuheben – so groß war seine Angst, man könnte ihm persönlich Versäumnisse bei der medizinischen Betreuung Napoleons zur Last legen.

Mord auf St. Helena?

Die ersten Gerüchte, der Kaiser wäre ermordet worden, kamen schon bald nach seinem Tode auf – nicht auf St. Helena, wo man es besser wußte, sondern in Frankreich, Italien und auch in England. Solche Behauptungen stützten sich scheinbar logisch auf die eigene testamentarische Proklamation Napoleons: »Ich sterbe vor der Zeit, ermordet von der englischen Oligarchie und ihren Schergen!« Über die schon erwähnte Tatsache, daß der Gefangene auch diese Anklage aus rein politischen Gründen zwecks Sicherung seiner Märtyrer-Rolle und seines Nachruhms erhob, setzte man sich

Original-Totenmaske Napoleons im Invalidendom zu Paris, abgenommen von Leibarzt Dr. Antommarchi am Todestag, dem 5. Mai 1821 auf St. Helena. Hiervon sind nur wenige hundert autorisierte Abgüsse in Privateigentum.

ebenso souverän hinweg wie über die gebündelten ärztlichen Erkenntnisse aufgrund seiner Obduktion.

Die öffentlich-plakativen, wenn auch zunächst wenig konkreten Schuldvorwürfe seitens der Napoleoniden, der französischen Bonapartisten und der englischen Opposition verliefen doppelspurig. Einmal wurde »Tötung durch Unterlassen« behauptet, nämlich durch Verweigerung ärztlicher Hilfe oder bewußten Einsatz von medizinischen Ignoranten. Zum anderen war schon damals von aktiver – akuter oder periodischer – Vergiftung die Rede. In beiden Punkten hatten sich die Ankläger auf »die Engländer« eingeschossen, insbesondere auf die Figur des unseligen Sir Hudson Lowe.

Diese Beschuldigungen waren und sind aus objektiven und subjektiven Gründen nicht haltbar.

Beginnen wir mit dem »common sense« und dem psychologischen Gesichtspunkt. Es liegt auf der Hand, daß insbesondere der Gouverneur Hudson Lowe in höchstem Maß an der Gesundheit und Gesunderhaltung Napoleons interessiert war; für die von ihm gebilligte Entsendung des Dr. Antommarchi war ja nicht er verantwortlich, das waren die Napoleoniden einschließlich Madame Mère selber, und ständige britische Arzthilfe konnte er dem Gefangenen, der sie ablehnte, nicht aufzwingen.

Aber seine Fürsorge entsprach nicht nur den Direktiven, die er vom britischen Kolonialminister Lord Bathurst empfangen hatte, und der gebotenen Rücksichtnahme auf die englische Oppositionspartei, die Napoleons Schicksal europaweit anprangerte und die ja auch einmal in London ans politische Ruder hätte gelangen können. Vielmehr stimmte solche Fürsorge ebenso mit seiner eigenen Interessenlage überein. Er wußte, daß er mit seiner Gouverneursstellung, welche abscheulichen Probleme sie ihm auch bescherte, den Gipfel seiner militärischen Laufbahn erreicht hatte und daß ihm ein jäher Absturz drohte, wenn diese Funktion durch Napoleons vorzeitigen Tod ein sofortiges Ende fand. Sir Hudsons militärischer Rang als »Generalleutnant ad interim« galt nur für die Zeit seines Dienstes auf St. Helena; danach mußte er die Rückstufung zum Generalmajor erwarten. Auf der entlegenen Insel aber war er ein Fürst, und der prominenteste Staatsgefangene der Welt war ihm anvertraut – ein politischer Abglanz, der auch seine dürftige Person bespiegelte.

Es konnte ihm also nur daran gelegen sein, sein Amt auf St. Helena noch möglichst lange zu verwalten, und dies eben setzte ein möglichst langes Leben Napoleons voraus. Die für Kriminaldetektive und Strafrichter im Zweifelsfall so bedeutsame Frage »Cui bono?« ist hinsichtlich des Gouverneurs also eindeutig dahin zu beantworten, daß Napoleons Tod ihm keineswegs »von Nutzen« sein konnte. So war denn ja auch seine Karriere mit diesem Tod mehr oder weniger unehrenhaft beendet.

Eine Vergiftung Napoleons durch »die Engländer« erscheint aber ebenso aus faktischen Gründen ausgeschlossen, weil man dann auch seinen gesamten Haushalt hätten umbringen müssen – eine simple Erwägung, die schon Napoleon selber von jeder ernsthaften Sorge um einen Mordanschlag befreit hatte. Die Beschaffung der Verpflegung für die »Familie von Longwood«, sei es mit Inselprodukten oder Importen via Kapstadt, lag nicht einmal allein in britischer Regie, sondern wurde von Gefolgsleuten Napoleons durch Auswahl und Einkäufe mitbestimmt. Zudem wurden die Speisen in Longwood von französischen Köchen zubereitet und, wie auch der Wein, von französischen Dienern serviert.

So konnte kein Engländer wissen, ob gezielte Giftzusätze, mochten sie im Einzelfall oder über längere Zeit dosiert verabreicht werden, den Teller oder das Glas Napoleons erreichen würden. Tatsächlich ist kein einziges Mitglied seiner Begleitung an Gift gestorben – der einzige, der zu Lebzeiten des Kaisers überhaupt auf St. Helena starb, sein Haushofmeister Cipriani, erlag der Amöbenruhr.

Die Theorie, Napoleon sei von französischer Hand im Auftrag der Bourbonen mit Arsen vergiftet worden, ist von dem schwedischen Zahnarzt Sven Forshufvud 1955 entwickelt und einige Jahre später erstmals veröffentlicht worden. Dieser Autor, ein Hobby-Toxikologe, hatte ein (angebliches) Haar Napoleons aus Marchands Nachlaß spektralanalytisch untersuchen lassen und festgestellt, daß es dreizehnmal so viel Arsen enthielt wie ein normales menschliches Haar. Er wollte auch herausgefunden haben, daß Napoleon in seinen letzten Tagen 22 der in der Fachliteratur bekannten 32 Arsenvergiftungssymptome aufwies.

Als diese Theorie nicht nur bei Historikern, sondern auch bei Medizinern in aller Welt auf fast einhellige Ablehnung stieß, ging Forshufvud vermeintlich gründlicher an das Werk, in das er sich nun einmal verbissen hatte. Er verschaffte sich aus dem Besitz eines schweizerischen Fabrikanten eine aus fünfzig Haaren bestehende Locke, die Napoleons Türsteher Noverraz seinerzeit vor der Obduktion vom Kopf seines Herrn abrasiert haben sollte. Ferner ließ er sich von einer Australierin eine angebliche Locke Napoleons von 1818 besorgen. Er ließ auch diese Haare abschnittsweise spektral analysieren und arbeitete eine »Zeittafel« aus, wonach die Arsen-Höchstwerte des Untersuchungsmaterials je nach Wachstum mit den Häufungen akuter Krankheitssymptome Napoleons korrespondierten.

Gemeinsam mit den amerikanischen Journalisten Weider und Hapgood bemühte sich Forshufvud sodann, seinen Befund auch kriminalistisch zu untermauern, indem er den »Mörder« dingfest machte. Der General Graf Montholon soll es gewesen sein, der als Verwalter des Kellers seinen Kaiser im Auftrag der Bourbonen (war's nicht der ehrenhafte König Louis XVIII., dann eben sein weniger ehrenhafter Bruder, der Graf von Artois) durch jahrelange periodische Beigaben von Arsen zum Wein vergiftet habe. Eben dieser Verräter habe auch den britischen Arzt Dr. Arnott bewogen, dem Kaiser durch Verordnung einer Überdosis Kalomel den Gnadenstoß zu versetzen.

Die Ungereimtheiten dieser abenteuerlichen These oder Hypothese sind leicht auszumachen.

Es ist nicht einmal die Authentizität der von Forshufvud untersuchten Haare im geringsten verbürgt. Nach dem Tod des großen Mannes sind mehr angebliche »Locken Napoleons« bei Auktionen und im obskuren Privathandel aufgetaucht, als er jemals Haare auf dem Kopf hatte – in den letzten Lebensjahren waren es ohnehin nur noch wenige, und diese hatte er testamentarisch, wie das so üblich war, für seine engsten Familienmitglieder bestimmt, von denen sie gewiß niemand verhökert hat.

Ferner ist zu beachten, daß früher zur Konservierung abgeschnittener Haare als pietätvolle Souvernirs vielfach just Arsen verwendet wurde, so daß dieses Gift sehr wohl erst nach dem Tod Napoleons auf »sein« Haar (wenn es denn solches war) appliziert worden sein kann. Endlich wurden seinerzeit auch manche der eingeführten Lebensmittel, insbesondere die Ochsenzungen und der in Fässern gelieferte Kapwein, gewohnheitsmäßig mit Arsenzusatz haltbar gemacht. Damit könnte das Arsen in Napoleons Haaren ebenso erklärt werden; die Mühe, auch Haare der damaligen Napoleon-Begleiter in dieser Hinsicht zu prüfen, hat Forshufvud sich freilich nicht gemacht.

Es ist andererseits sogar ernsthaft erwogen worden, ob eine (dann eher ungewollte) Vergiftung etwa durch den grünen Farbstoff aus Kupferarsenit, mit dem die billigen Tapeten von Longwood koloriert waren, erzeugt worden sei – womit der arme Montholon dann aber wieder entlastet wäre. Doch auch unter diesem kuriosen Gesichtspunkt: Warum sind dann, außer Napoleon, nicht auch andere Mitglieder der »Longwood-Familie« hieran gestorben?

Für die behauptete Täterschaft des anvisierten Bösewichts Montholon liefern die genannten Hobbyforscher kaum mehr als ein Indiz, das für keinen Anfangsverdacht, keine Anklageschrift, geschweige denn für ein Strafurteil ausreichen würde: Dieser Mord sei ihm zuzutrauen! Kein einziges Mitglied des französischen Napoleon-Gefolges hat auch nur den leisesten Suspekt oder Soupçon gegen ihn geäußert, nicht einmal Bertrand, Gourgaud oder Marchand, die auf Montholon nicht gut zu sprechen waren.

Eines ist freilich sicher: Montholon war ein vergnügungssüchtiger Lebemann und Verschwender, der Napoleons großzügiges Vermächtnis von einer Million Franc schon wenige Jahre nach des Kaisers Tod restlos durchgebracht hatte. Er war in Frankreich auch einmal in den Verdacht einer Soldunterschlagung geraten, aber das Verfahren war mangels Beweisen eingestellt worden. Doch Charakterschwächen solcher Art reichen wohl nicht aus, um einen Mordverdacht zu stützen.

Konkret ist zu fragen: Weshalb und für wen Montholon den Kaiser umbringen sollte oder wollte. Forshufvud und seine Mitautoren spekulieren, daß die Bourbonen ihn angestiftet hätten. Aber jene hatten ihn nach Waterloo aus der Armee ausgestoßen, und vor seinem plötzlichem Entschluß, Napoleon nach St. Helena zu folgen, hatte er – 500 Kilometer von Paris entfernt – gar keine Zeit und Gelegenheit gehabt, mit dem neuen Herrscher Louis XVIII. oder dessen Bruder Verbindung herzustellen. Da die Bourbonen ihrerseits im Juli 1815 keine Ahnung davon hatten, daß Napoleon sich selber den Engländern ausliefern und wie sein weiteres Schicksal sich gestalten würde, so konnten sie auch nicht auf den Gedanken kommen, mit dem windigen Grafen Kontakt aufzunehmen. Sie hätten Hellseher sein müssen, um einen erwählten Attentäter ausgerechnet für St. Helena anzuwerben. Eine spätere briefliche Anstiftung scheidet gänzlich aus, denn die gesamte französische Post für Longwood unterlag der britischen Zensur, die äußerst penibel und streng gehandhabt wurde – der Gouverneur Sir Hudson Lowe hätte unweigerlich von solchen Avancen erfahren und es sich (aus höchsteigenem Interesse) zum Verdienst angerechnet, Montholon zu denunzieren und sofort von der Insel deportieren zu lassen.

Des weiteren steht fest, daß Montholon von den Bourbonen nie auch nur einen Franc »Blutgeld« oder eine sonstige Belohnung erhalten hat. Er wurde, ebenso wie seine Kameraden, erst später vom Bürgerkönig Louis Philippe wieder mit seinem alten Dienstgrad rehabilitiert.

Es bleibt ebenfalls ein Geheimnis jener Legenden-Erfinder, wie Montholon seinen Anschlag praktisch durchgeführt haben soll. Als »Standesperson« des Gefolges hatte er nur die Oberleitung der Hauswirtschaft, war aber nie unmittelbar mit Abmessen, Abfüllen oder gar Servieren der Getränke befaßt. Wenn er sich regelwidrig mit solchen subalternen Tätigkeiten beschäftigt hätte, würde er sofort den Verdacht des Chefkochs Pierron sowie der Kammerdiener Marchand und Ali – sämtlich ihrem Kaiser zutiefst ergebener Männer – erregt haben. Zudem war Napoleon ein sehr mäßiger Trinker, der vor dem Abendessen am Sherry oder Cognac nur nippte; seinen Tischwein mischte er zur Hälfte mit Wasser.

Im Ergebnis gilt so auch für Montholon, was die Engländer von jedem Verdacht freistellt: Er hätte vorher oder zugleich die gesamte Familie von Longwood vergiften, zumindest den Tod mehrerer anderer Personen als Risiko in Kauf nehmen müssen; Napoleon aß und trank so gut wie nie allein, sondern stets in Gesellschaft.

Von den möglichen Nebenwirkungen des Abführmittels Kalomel aber hatte Montholon als medizinischer Laie noch weniger Kenntnis als Dr. Arnott, der jene Überdosis verordnet hatte.

Als Fazit bleibt, daß ein unnatürlicher Tod Napoleons heute wie früher nicht ernsthaft behauptet werden kann. Der wohl beste Kenner der napoleonischen Ära, Jean Tulard, hat insbesondere Forshufvuds Theorie als »reinen Kriminalroman« bezeichnet. Gilbert Martineau, seit langem als Erforscher des Alltagslebens auf St. Helena ausgewiesen und Kustos des Napoleon-Museums in Longwood, schreibt ebenso knapp wie zutreffend: »Das klinische Studium der letzten Krankheit des Kaisers schließt die Vorstellung einer Arsenvergiftung aus.«

Noch 1982 hat der amerikanische Arzt Dr. Robert Greenwood eine andere Version, ohne Mord-Connection, veröffentlicht. Danach soll Napoleon bereits zwölf Jahre vor seinem Tod an »Verweiblichung«, dem sogenannten Zoller-Edison-Syndrom, gelitten haben; gutartige Tumoren im Drüsensystem hätten einen Überschuß an weiblichen Hormonen hervorgerufen und körperliche, endlich zum Tode führende Veränderungen bewirkt.

Wer solche Spekulationen zwar spannend, aber wenig plausibel findet, mag sich an die nüchternen Obduktionsprotokolle halten, die einander weniger widersprechen als vielmehr ergänzen. Sehr wahrscheinlich litt der Kaiser an zwei verschiedenen, aufeinanderfolgenden Krankheiten: einer vielleicht durch die Amöbenruhr entstandenen chronischen Leberentzündung, die an sich – deshalb die heillose Furcht des Gouverneurs vor solcher Diagnose – heilbar gewesen wäre, und einem seinerzeit unheilbaren Magengeschwür, das wohl schon zum Krebs fortgeschritten war und an dem er dann gestorben ist.

Mit den Erkenntnissen und Mitteln der damaligen Zeit hätten selbst bessere Ärzte als Antommarchi und Arnott den Tod vermutlich nicht aufhalten können. Die Rollkur war noch nicht erfunden, und eine wie hier angezeigte Magenoperation wurde erst hundert Jahre nach Napoleons Tod erstmals gewagt. Ob dieser Tod unter anderen Umständen und Lebensbedingungen und an einem anderen Ort als St. Helena um die gleiche Zeit – oder dann später, ja vielleicht auch früher? – eingetreten wäre, muß offenbleiben. Die Geschichte verweigert wie stets die Gegenprobe – womit wir nach St. Helena in den Monat Mai 1821 zurückverwiesen werden.

Begräbnis und Verklärung

Auf einen längst im voraus ergangenen Befehl der britischen Regierung muß die Leiche auf der Insel beigesetzt werden. Man wählt das stille, landschaftlich bezaubernde Geranium-Tal bei der Quelle Torbett's Spring, die Napoleon so oft besucht hat. Das Trauerzeremoniell ist pompös, beschränkt sich freilich (letztmals) auf die Ehrungen, die einem »General der höchsten Rangstufe« gebühren. Noch um die Beschriftung des Grabsteins streitet der Gouverneur mit der französischen Equipe: General Bertrand fordert ausschließlich »Napoleon«, während Hudson Lowe nur »Napoleon Bonaparte« (immerhin ohne »u«) zugestehen will. Als Ergebnis bleibt der Stein gänzlich ohne Inschrift – und so ist er auf dem nun längst leeren Grab noch heute zu sehen.

Die Todesnachricht wird im bourbonischen Frankreich offiziell ignoriert, doch läßt Louis XVIII. den Beauharnais-Geschwistern diskret sein Bedauern mitteilen. Der Papst erklärt, daß er für das Seelenheil des großen Mannes beten werde – obwohl jenem die Unsterblichkeit seines Namens wohl stets wichtiger war als diejenige seiner Seele. Die Familiare sind durchweg schmerzlich betroffen; ihre Korrespondenz untereinander und mit anderen zeugt von ihren Gefühlen. Letizia hält sich, als Heldenmutter wie eh und je, wie versteinert aufrecht. Die Schwestern – nur Elisa ist ja schon ein Jahr früher gestorben – vergießen tagelang Tränen, die Pauline wohl eher anstehen als der verräterischen Caroline.

Vom fernen Schwedenkönig Bernadotte wird behauptet, daß er – als Gascogner mit dem Zweiten Gesicht begabt – exakt am Todestag (zwei Monate vor Erhalt der Nachricht) das Sterben seines Halb-Familiars und früheren Dienstherren kreidebleich im kleinen Kreis verkündet und sich dann stumm in seine Gemächer zurückgezogen habe; das ist eine von Augen- und Ohrenzeugen bestätigte, somit keineswegs unglaubhafte Geschichte.

Die abtrünnige Marie Louise besitzt die Geschmacklosigkeit oder auch naive Unverschämtheit, in ihrem Herzogtum Parma Hoftrauer anzuordnen und ein Requiem »für Unseren Prinzgemahl Napoleon« feiern zu lassen. Der eigentliche Prinzgemahl Neipperg duldet es zähneknirschend, und die Nachwelt wendet sich mit Grausen.

Wenn aber der alte Fuchs Talleyrand für Europa zu behaupten wagt, des Kaisers Tod sei »kein Ereignis mehr, sondern nur noch eine Nachricht«, so wird er sich ausnahmsweise gründlich getäuscht haben. Die »Bonapartisten« in vielen Ländern sind auferstanden, viele werden gar neu geboren und erheben ihr trotziges Haupt. Eine Welle der Sympathie und der verspätet-erneuerten Affektion rollt durch den Kontinent; noch wird sie aufgehalten, gebremst und eingedämmt durch die politisch regierende, vom »Kutscher Europas« gesteuerte Reaktion der heimgekehrten Fürsten. Doch schon knapp zwanzig Jahre nach Napoleons irdischem Ende wird ihm und auch seinem Clan die Brücke zur Unsterblichkeit geschlagen.

Der französische Orléans-»Bürgerkönig« Louis Philippe, dessen

Haus die abgewirtschafteten Bourbonen und ihren letzten Herrscher Charles X. abgelöst hat, entschließt sich unter dem Druck von Volk und Parlament, die Leiche des größten Franzosen aller Zeiten (inzwischen hat man dies sogar in Frankreich begriffen) in das Vaterland oder auch Mutterland heimzuholen. Wie hatte doch Napoleon »le Grand« testamentarisch gewünscht: »Meine Asche soll an den Ufern der Seine ruhen...« Das großbritannische Empire erhebt keinen Widerspruch mehr.

Genau ein Vierteljahrhundert nach seiner Ankunft auf St. Helena, am 15. Oktober 1840, wird Napoleon im Geranium-Grab exhumiert und der schneeweiße, wächserne Corpus an Bord des Schiffes »Belle Poule« getragen – diesmal mit kaiserlichen Ehren, die bei der Ankunft in Le Havre in einen unerhörten Triumph einmünden. Das ist die Lebenskrönung der nun rehabilitierten Generale Bertrand, Gourgaud und Montholon, die vor der Geschichte – ebenso wie Kammerdiener Marchand, der seinen Herrn liebevoll im Sterben begleitet hat, später von Napoleon III. verdientermaßen zum Baron erhoben wird – recht eigentlich mit zu den Familiaren zählen sollten; denn die »Familie von Longwood« war, wenngleich nicht durch Verwandtschaft verbunden, eine ehrenhafte napoleonidische Korporation, und das wird sie (trotz aller höchst lächerlichen Querelen, die sie auch untereinander hatte) allezeit bleiben.

Dann fährt das Flußboot »Normandie« mit dem Katafalk die Seine hinauf, das Volk strömt zusammen, die ganze Nation vereinigt sich wieder in dem Ruf »Vive l'Empereur!« Vor Paris will man Ordnung schaffen, aber da haben sich die Überlebenden der alten Garde versammelt – in ihren zerschlissenen Uniformen von Austerlitz, Wagram und Waterloo, die keiner der Jungen mehr kennt. Als der König persönlich befiehlt, die Männer sollten sich gefälligst in gehöriger Ordnung dem Trauerkondukt anschießen, da antwortet ihr Kommandeur mit den herrlichen Worten: »Sire, das ist unmöglich. Der Kaiser ist es gewohnt, inmitten seiner Garde zu marschieren!« Sie umringen den Sarg und heben ihn auf ihre Schultern – in ihrer Mitte zieht Napoleon in den Invalidenhof und in die Unsterblichkeit seines Ruhmes ein.

Dem Bestreben nach besseren Beziehungen zu Frankreich opfert England auch den Gouverneur Hudson Lowe. Er wird im Rang, der ihm ja nur befristet verliehen war, herabgestuft und auf St. Helena abgelöst. Man gibt ihm noch einen kleinen Kolonialposten auf Ceylon und entläßt ihn dann ohne Pension. Kurz vor seinem Tod hat ihn der Sohn des Grafen Las Cases auf offener Straße geohrfeigt. Er stirbt verarmt und verachtet in London.

1858 hat England »Longwood House« und die zeitweilige

Napoleons so schlichter wie glorreicher Porphyr-Sarkophag im Pariser Invalidendom. Hier ein ungewöhnlicher Blick vom Umgang der Kuppel in die tiefe Krypta.

Grabstätte an Frankreich verkauft. Seither ist dies eine Fiskaldomäne des französischen Staates, eine überseeische Exklave von zwölf Hektar Größe, über der die blau-weiß-rote Trikolore weht. Die vom Verfall bedrohten Gebäude sind restauriert worden und werden auch heute noch regelmäßig auf musealen Hochglanz gebracht. Am 5. Mai 1934, dem 113. Todestag des Kaisers, wurde Longwood der Öffentlichkeit zugänglich gemacht – naturgemäß sind es nur wenige Besucher, die dort anlanden.

Die Familiare profitieren wenig von Napoleons materieller Hinterlassenschaft. Selbst seinem Sohn, dem nunmehr österreichischen »Herzog von Reichstadt«, vererbt der Vater, nach altem Brauch der Souveräne, zwar persönliche Souvenirs wie Sättel und Sporen, aber kein Geld. Sein Vermögen hat der Kaiser im wesentlichen zur fürstlichen Belohnung alter Getreuer in Frankreich, nicht zuletzt auch seiner Gefolgsmänner im letzten Exil verwendet.

Wesentlicher für die Clan-Mitglieder ist es, daß sie nach dem Tod Napoleons von den letzten Reisebeschränkungen und Meldepflichten, denen sie immer noch unterliegen, entlastet werden. Ihre Freizügigkeit (nur Frankreich ausgenommen) wird weitgehend wieder erlaubt. Selbst Metternich meint, daß die Sippe ohne ihr großes Oberhaupt für die restaurierte europäische Ordnung nicht mehr gefährlich sei. Da täuscht sich der vorsichtige Staatskanzler auch nicht: Den Familiaren sind, mit wenigen Ausnahmen, die politischen Flügel nunmehr gebrochen.

Joseph der Erstgeborene rückt (was ihn früher weit mehr begeistert hätte) zum Chef der Bonaparte-Familie auf. Als solcher tut er seine Pflicht, aber nicht viel mehr. Aus dem fernen Amerika, dann immerhin auch auf drei Englandreisen, bemüht er sich vergeblich um die Wiederherstellung »seiner« Dynastie in Frankreich. Nach der Julirevolution von 1830 und dem endgültigen Sturz der Bourbonen richtet er einen Appell an das französische Parlament, in dem er – als Onkel des damals noch in Wien lebenden Napoleon-Sohnes, den er weiterhin »Napoleon II.« nennt – die Regentschaft Frankreichs »ad interim« bis zur späteren Thronbesteigung des Neffen für sich beansprucht. Aber die Zeit reift erst zwanzig Jahre später. Jetzt erhält Joseph (wie einst Bruder Louis 1813 auf seine Avance bei den holländischen Regenten) nicht einmal eine Antwort, und neuer Franzosenkönig wird Philippe von Orléans.

In Amerika gründet und redigiert Joseph auch eine »bonapartistische« Zeitung für französische Emigranten, bis die amerikanische Regierung ihm taktvoll zu verstehen gibt, er möge sich doch lieber aus diesem politischen Unternehmen zurückziehen.

Ansonsten bewahrt ihn seine staatsmännische Klugheit, wohl im Verbund mit seinem Phlegma, vor aussichtslosen monarchischen Eskapaden. Als Mexiko seine Unabhängigkeit von Spanien erkämpft und sich zur Republik erklärt, bitten ihn royalistisch gesinnte Offiziere, sich in Texas zum »König von Mexiko« ausrufen zu lassen. Da erwidert er: »Jeder Tag, den ich in den gastfreien Vereinigten Staaten verbringe, läßt mich den hohen Wert erkennen, den eine republikanische Staatsform für ganz Amerika ausmacht. Bewahren Sie diese Staatsform als ein Geschenk des Himmels auch für Mexiko!«

Hätte Josephs anderer Neffe, der spätere Franzosenkaiser Napoleon III., auch so gedacht, dann wäre das tollkühne Abenteuer eines »mexikanischen Kaisers«, das mit der Erschießung des unglücklichen österreichischen Erzherzogs Maximilian endete, wohl nicht unternommen worden.

Auch Oppositionskreise in Portugal und in Griechenland haben dem »Grafen von Survilliers« die Kronprätendentschaften ihrer Staaten angetragen. Er hat beidemal mit der Bemerkung abgelehnt, daß er »schon zwei Kronen getragen und einer dritten nicht bedürftig« sei. Nein, es ist dem Joseph kein Lebens- oder gar Herzensbedürfnis gewesen, sein höchst angenehmes Exil als »Gentleman-Farmer« in der Neuen Welt für zweifelhafte politische Engagements aufzugeben oder doch zu riskieren. Wenn Napoleon eine »Spielernatur« gewesen sein mag, wie manche seiner Biographen meinen, so war Joseph das gewiß nicht; darin, daß er es nicht war, liegt freilich auch ein Mangel seiner historischen Größe, wie der Zweitgeborene es wohl treffsicher erkannt und beurteilt hat.

Im privat-persönlichen Kreis bleibt Joseph aktiv wie eh und je. Mit seiner – von ihm weiterhin räumlich getrennten, aber brieflich eng verbundenen – Ehefrau Julie teilt er das Anliegen einer standesgemäßen Verheiratung der herangewachsenen Töchter Zenaide und Charlotte. Wie hatte Bruder Napoleon noch auf St. Helena geäußert: »Er kann seine Töchter nicht amerikanischen Kaufleuten zu Frauen geben, es kommen nur römische Fürsten oder Prinzen in Frage!« So denken auch Joseph und Julie.

Da sich geeignete Angehörige der Aristokratie in der ersten Zeit nach dem Sturz des Empire nicht mehr so leicht finden lassen, greift man erleichtert auf die eigene Familie zurück – nicht freilich auf deren »amerikanischen Zweig«, weil Elisabeth Bonaparte-Pattersons Sohn Jerome (»Bo«) als Brautbewerber nicht Josephs Zustimmung findet, aber auf Söhne des päpstlichen Fürsten Lucien Bonaparte und des Ex-Königs Louis Bonaparte. Zwei Schwestern heiraten ihre Vettern, Lucien den Jüngeren und Napoleon-Louis; jener erbt die wissenschaftlichen Neigungen seines Vaters und wird ein weltbekannter Ornithologe, ein Sohn des letzteren steigt 1868 zum Kurienkardinal auf. Weibliche Nachkommen der Joseph-Töchter leben noch heute unter dem Namen der Barone del Gallo di Roccagiovine in Italien.

Greifen wir wieder vor, um den doch so verdienstvollen und achtbaren Erstgeborenen aus der Clan-Geschichte zu verabschieden. 1841 erlaubt der Großherzog der Toskana ihm, dem kränklich gewordenen 73jährigen, die Rückkehr in die alte Heimat der Familie Bonaparte. Joseph hat selbst darum gebeten, den Rest seines Lebens dort zu verbringen, auch um den Brüdern Louis und Jerome, die in Italien wohnen, nahe zu sein. Ehefrau Julie, mit der er noch drei Jahre in Harmonie zusammenlebt, hat im Palazzo Serristori zu Florenz ein ehrenvolles Asyl vorbereitet. Joseph stirbt dort 1844. Sein Leichnam wird 1862 auf Veranlassung des Neffen Napoleon III. nach Paris in den Invalidendom verbracht, wo er nun mit dem großen Bruder vereint ist.

Lucien Bonaparte ist – mit dem Papst längst versöhnt und wieder in Ehren beim römischen Hof aufgenommen – vier Jahre vor Joseph gestorben, auf einer archäologischen Exkursion bei Viterbo, in den Armen seiner geliebten Gattin Alexandrine. In seinen letzten Jahren hat er, was ihn vor der Familiengeschichte ehrt, das alte Kleinadels-Wappen des Vaters Carlo – zwei goldene Schrägbalken und zwei Sterne auf rotem Grund – eigenständig als Fürst von Canino geführt.

Aber historisch gesehen, hat er nach dem Tod Napoleons noch Wichtiges geleistet, wenngleich es zu seinen Lebzeiten nicht verwirklicht werden konnte. Nach der Julirevolution 1830 entwirft er auf Wunsch oppositioneller republikanischer Kreise noch einmal eine Konstitution für Frankreich – eine ebenso intelligente wie zukunftsweisende Arbeit, die 130 Jahre später Ansatzpunkte für die gaullistische, bis heute weitgehend effektive Verfassung geboten hat. Die starke Stellung eines vom Volk gewählten Staatspräsidenten, der gleichzeitig Regierungschef ist, und die häufige Kontrolle der Exekutive durch allgemeine Volksabstimmung gehen auf Luciens Gedanken zurück. So ist auch er, der Erzrepublikaner, im Ursprungs- und Mutterland der Großen Revolution unvergeßlich geblieben.

Zwei Söhne Luciens sind später angesehene französische Politiker und Parlamentarier geworden – einer von ihnen hatte zuvor in seiner jugendlichen Sturm- und Drangzeit eine Revolte im Kirchenstaat gegen den Papst angezettelt, war sogar dort zum Tode verurteilt worden, und erst die dringlich wiederholte väterliche Fürsprache konnte ihn aus mehrjähriger Gefängnishaft befreien. Der letzte männliche Nachkomme Luciens stirbt 1924 als Mitglied der französischen Akademie der Wissenschaften, der letzte weibliche Abkömmling 1926 als verheiratete Prinzessin von Griechenland und zu Dänemark.

Als einzigem Napoleoniden ist es – gewiß verdientermaßen – Louis Bonaparte vergönnt, das Land seiner früheren Herrschaft noch einmal ehrenvoll zu besuchen. Der niederländische König erlaubt ihm 1840 die Einreise »zur Regelung privater Angelegenheiten«. Natürlich muß Louis inkognito als »Graf von St. Leu« kommen, aber seine Bewegungsfreiheit wird nicht beschränkt. Wann immer er sein bescheidenes Hotel in Den Haag mit der Kutsche verläßt, läuft das Volk auf der Straße zusammen. Die Jüngeren, die seinen Namen nur vom Hörensagen kennen, grüßen ihn respektvoll, und viele der Älteren lassen »Koning Lodewijk« hochleben.

Solches wärmt das Herz des Louis weit mehr als seine nüchternen Verhandlungen mit Amsterdamer Bankiers über seine Vermögenslage, die ohnehin weit besser ist als seine rapide verfallende Gesundheit. Aber auch da leistet er den verbissen-zähen Widerstand des Jungfrau-Geborenen. In seinem römischen Palazzo Mancini führt er keineswegs das müßige Leben eines invaliden Rentners.

Er setzt das fort, wozu ihm als Soldat und als König wenig Zeit geblieben war: Studieren und Schreiben, Umgang mit Künstlern, mäzenatische Förderung junger Talente. Neben Oden im altrömischen Stil, einer Tragödie »Lucrezia« und einer erfolgreich aufgeführten Oper »Ruth und Naomi« verfaßt er eine mehrbändige Geschichte des englischen Parlaments und – bis heute als primäre Geschichtsquelle wichtig – die »Documens historiques et réflexions sur le gouverment de la Hollande«, das Urkunds- und Tagebuch seiner Königszeit.

Als Mutter Letizia, die im römischen Falconieri-Palast immer frommer geworden ist, zuletzt nur dem Messebesuch und Gebetseifer ergeben, 1836 stirbt, vermacht sie dem »kleinen Luigi« einen bedeutenden Teil ihres großen Vermögens, soweit sie es nicht der Kirche zuwendet. Louis kauft mit dem Geld eine schöne Villa in Florenz, wo er von nun an einen Teil des Jahres verbringt. Als Bruder Joseph stirbt, fällt ihm – von allen Geschwistern lebt nur noch der jüngste Bruder Jerome – automatisch die Rolle des Familienoberhauptes zu; diese nutzt er zur Ordnung und Vermehrung des Bonaparte-Archivs, von dem die Napoleon-Forschung noch immer zehrt.

Louis stirbt plötzlich, 1846, mit 68 Jahren an einem Gehirnschlag. Schon ein Jahr später, als sein jüngster Sohn Louis-Napoleon bereits im Aufstieg zum »Prinz-Präsidenten« und letzten Kaiser der Franzosen begriffen ist, wird der Tote feierlich von Italien auf seine einstige Domäne St. Leu bei Paris überführt, wo er – zunächst neben Vater Carlo, dessen Reliquien erst 1951 nach Ajaccio heimkehren – seine letzte Ruhe findet. Das »erste«, im Tode wiedergewonnene französische Vaterland erweist ihm die militärischen Ehren, die dem einstigen »Connétable de France« als höchstem Soldaten des Staates zustehen.

Aber auch eine offizielle Delegation des »zweiten«, gewechselten Vaterlands, des Königreichs der Niederlande, ist bei den Funeralien anwesend. Ihr Chef, Professor van Lennep, spricht am offenen Grab, dem Sarge zugewandt, die historischen Worte: »Sire, Sie haben die Ehre des Reiches und Ihre eigene Ehre hochgehalten – Holland braucht sich seines ersten Königs nicht zu schämen!«

Die Bonaparte-Schwestern sind, von der familiären Krebskrankheit hinweggerafft, relativ jung gestorben, ohne noch politische Leistungen zu vollbringen: Elisa schon ein Jahr vor Napoleon, mit 43 Jahren, in ihrer Villa in Aquileja; Pauline in Rom 1825 mit 45 Jahren; und Caroline mit 57 Jahren in Florenz.

Elisas Ehemann Felix hat seine ehrgeizige »Staats-Frau« in unbedeutender Gelassenheit um zwei Jahrzehnte überlebt; die Familie existiert (freilich unter dem Namen Bacciochi) noch heute auf der Insel Korsika.

Pauline, deren edle Haltung gegenüber dem »Fratello« im Unglück mit manchen Fehlern ihres unordentlichen Lebens versöhnt, hat das – nächst dem Invalidendom und dem Fesch-Mausoleum der »Chapelle Impériale« zu Ajaccio – schönste Grab gefunden: die Krypta der römischen Basilika-Rundkirche Santa Maria Maggiore, wo ihr Katafalk neben den Särgen zweier Päpste aus dem Hause Borghese steht. Und natürlich gibt es in Italien nach wie vor eine (vom Aussterben nicht bedrohte) Hochadelsfamilie dieses Namens.

Caroline hat sich nach Murats Erschießung in einer Zweitehe mit dem aus dem Empire übriggebliebenen französischen Marschall Macdonald (einem Schotten, der im Rußlandfeldzug seinem in russischen Diensten stehenden Landsmann, General Barclay de Tolly, gegenüberstand) getröstet. Aber ihre mit Joachim Murat erzeugten Nachkommen haben sich – auch hier allerdings unter fremdem Namen – kräftig fortgepflanzt, und die »Princes Murat« sind heute ein angesehenes Adelsgeschlecht in Frankreich.

Bevor wir jene Familiare betrachten, welche den Namen »Napoleon« in Reinheit – bedingt durch männliche Linien und Benennung in ehelichen Zufälligkeiten – fortgeführt und bis heute bewahrt haben, wollen wir uns mit einem Seitenblick von den Randfiguren des Clans, in durchaus unterschiedlicher Hochachtung, verabschieden.

Da ist der beklagenswerte »Napoleon II.«, Ex-König von Rom und auch schon nicht mehr Erbprinz von Parma (das hätte immerhin noch eine souveräne Zukunft aus mütterlichem Rechtsanspruch garantiert), sondern habsburgisch eingemeindeter Herzog von Reichstadt. Er stirbt 1832, im gleichen Jahr wie Paulines dürftiger Ehemann Camillo Borghese, im Alter von erst 21 Jahren. Sei-

Napoleons einziges legitimes Kind Franz Joseph, mit der Geburt »König von Rom«, für wenige Tage Napoleon II., dann Prinz von Parma und schließlich Herzog von Reichstadt. Der unglückliche Sohn trägt bereits, seiner Erziehung durch den Großvater entsprechend, nicht mehr französische, sondern österreichische Ordenssterne. Lithographie aus dem Jahre 1830 von Charles Louis Bazin d. J.

ner gezielten Verfremdung zu einer österreichischen Standesperson (eher mittleren Grades) hat er nur durch hilflos-hartnäckige Fragen nach seinem für ihn unsichtbar gewordenen »Papa« Widerstand zu leisten versucht. Für die Anerkennung als tragische Figur fehlt ihm wohl die Herausbildung des eigenen Charakters, aber solchen Mangel kann man dem so jungen, zudem familiär schuldlos entwurzelten Menschen nicht anlasten.

Ein Lungenleiden setzt seinem glücklosen Leben ein Ende. Sein kaiserlich-österreichischer Großvater Franz betrauert ihn heuchlerisch; der ist von Herzen froh, den napoleonischen Bastard so elegant durch natürlichen Abgang loszuwerden. Auch die Mutter Marie Louise hat nicht an seinem Sterbebett gestanden.

Die Überführung der Leiche dieses einzigen »legitimen« Sohnes Napoleons von Wien in den Pariser Invalidendom, 1940 wohl auf Goebbels' Anregung von Hitler befohlen, hat im damals besiegten und teilbesetzten Frankreich nicht den vom nationalsozialistischen Reich erhofften Eindruck gemacht. Selbst der vorsichtig-zurückhaltend kollaborierenden Vichy-Regierung des Marschalls Pétain ist dadurch kaum imponiert worden.

Als die Herzogin von Parma 1847 ihrem Sohn in den Tod folgt, ist dies – Talleyrand sei auch insoweit für das Ereignis zitiert – in der Tat »nur noch eine Nachricht«. Die französische Ex-Kaiserin hat während ihrer formell noch bestehenden, erst 1821 durch Napoleons Tod gelösten Ehe vom Lebensgefährten Neipperg ein Kind empfangen, dessen diskrete genealogische Zuordnung selbst dem vielerfahrenen Staatskanzler Metternich politische Kopfschmerzen verursacht; aber das ist ein habsburgisches, kein napoleonidisches Problem gewesen.

Weit erfreulicher, weil er vor der Geschichte als Marschall von Frankreich und schwedischer Dynastie-Gründer in unbestrittener Ehrenhaftigkeit dasteht, ist unser Adieu an »Kunge Carl XIV. Johan«, geborener Jean-Baptiste Bernadotte, gascognischer Landsmann von Cyrano de Bergerac und Tartarin de Tarascon. Er, der in seinem Leben politische Phantasie und staatsmännischen Realismus unnachahmlich-schöpferisch miteinander kombiniert hat, kann als 81jähriger skandinavischer Monarch kurz vor seinem Tode 1844 – er stirbt im selben Jahr wie sein durch die Clary-Frauen verbundener Schwager Joseph Bonaparte – von sich behaupten: »Niemand hat eine ähnliche Laufbahn wie ich erfüllt.«

Diese stolze Aussage ist kaum anfechtbar, weil – wie Bernadotte insgeheim sehr wohl weiß – sein Schwippschwager und schicksalhafter Freund-Feind Napoleon gänzlich außerhalb jeder Konkurrenz zu betrachten ist.

Führung zum letzten Empire

Das Erstaunen über den »Reigentanz«, den der Napoleon-Clan vor der Geschichte aufführt, verläßt uns nicht. Noch einmal beginnt das Spiel der scheinbar so zufällig verteilten und gewechselten Rollen, und die Handelnden des Dramas sind angesichts ihrer chamäleonhaften Mimikry wiederum nicht diejenigen, die man für Akteure halten möchte.

Es ist ausgerechnet »die Beauharnais« Hortense, ungetreue Ehefrau des Louis Bonaparte und Napoleons wenig dankbare Adoptivtochter, die nun die Führung zum zweiten und letzten französischen Kaiserreich übernimmt. Und es ist ausgerechnet

Die Söhne von Napoleons Bruder Louis und Hortense, geborene Beauharnais. Napoleon-Louis ist früh gestorben, Louis-Napoleon wurde als Napoleon III. letzter Kaiser der Franzosen.

»Monsieur Fifi«, Jerome, der die wärmende Sonne dieses Reiches genießen, aber auch das Überdauern der Bonaparte-Familie, unter napoleonischem Namen und blutsmäßig »unverdünnt«, besorgen wird, bis auf den heutigen Tag.

Hortense zieht sich während Napoleons Gefangenschaft in das Schlößchen Arenenberg zurück, das sie im schweizerischen Kanton Thurgau gekauft hat. Dort am Ufer des Bodensees widmet sie sich mit einer Hingabe und Konzentration, die sie in jüngeren Jahren oft vermissen ließ, der Erziehung ihrer beiden heranwachsenden Söhne Napoleon-Louis – der aber schon 1831, sechs Jahre vor der Mutter, stirbt, ohne Großherzog oder gar König von Holland geworden zu sein – und Louis-Napoleon. Wie anders denkt sie doch als die Habsburgerin Marie Louise, wenn sie den jungen Männern erklärt: »Durch Euren Namen werdet Ihr immer etwas sein (vous serez toujours quelque chose), sei es in Europa oder in der Neuen Welt. Beobachtet stets den Horizont! Mag es Komödie oder Trauerspiel sein, was sich vor Euren Augen präsentiert – Ihr werdet immer wie ein Theatergott einen Anlaß zum Eingreifen finden. Wenn Frankreich sich Euch endgültig entziehen sollte, dann werden Euch Italien, Deutschland, Rußland oder England noch Möglichkeiten für die Zukunft bieten.«

Das ist der Geist des Napoleon-Clans; so ist die Familie groß geworden, selbst diesmal wird sich Frankreich den Epigonen nicht »entziehen«; und hier findet nun auch Hortense, wenngleich spät, ihr politisches Glaubensbekenntnis, dessen Erfüllung sie freilich nicht mehr erleben wird.

Ihr Appell fällt beim verbliebenen Sohn Louis-Napoleon – endlich, kurz vor seinem Tod, hat Louis Bonaparte den vermeintlichen »Verhuell-Bastard« als ein von ihm gezeugtes Kind anerkannt – auf fruchtbarsten Boden. Mit vorausschauendem Eifer stellt er sich im bayerischen Augsburg (wo die Mutter häufig auch wohnt, um dem geliebten Bruder Eugen näher zu sein) einer anspruchsvollen Ausbildung, wie sie einem künftigen Monarchen geziemt; da läßt er sich nichts schenken.

Später, nach zwei vergeblichen Putschversuchen gegen das Orléans-Königtum, nach verwegener Flucht aus »lebenslanger« Festungshaft und nach der erneuten französischen Revolution von 1848 gelingt ihm der (mit Napoleons Erlangung des Konsulamts vergleichbare) Aufstieg zum »Prinz-Präsidenten« und dann 1852 zum Kaiser der Franzosen als Napoleon III. Betrachtung und Fazit seiner an Erfolgen reichen, doch im Ergebnis nicht erst bei und durch Sedan tragisch verunglückten Regierungszeit gehören nicht mehr zu unserem Thema; aber ein paar Bemerkungen, die wir kurz halten, sind damit doch verbunden.

Da sind großer, durch bauliche Vorzeigeprojekte und Weltausstellungen dokumentierter wirtschaftlicher Aufschwung und legale Bereicherung des Bürgertums, doch auch (trotz beachtlich-eigenständiger Sozialdoktrin des Kaisers) betrübliche Vermehrung des Proletariats. Da wird, für fast hundertjährigen Bestand, das stolze französische Kolonialreich begründet, doch die Außenpolitik verläuft in seltsamem, jeweils nur spontan geplantem Zickzack – wobei freilich die beständige, selbst in verlustreichen Kriegen durchgehaltene Linie des neuen Empereurs aufscheint, daß Frankreich »etwas für Italien tun muß«.

Da zeigt sich das geistig-politische Erbe des großen Dynastie-Gründers und seiner Familiare: Napoleon III. nimmt dieses Vermächtnis kompromißlos an und auf; kein europäischer Monarch hat so viel zur Verwirklichung der italienischen Einheit getan. Soweit steht er ganz und gar in der napoleonidischen Tradition, zu deren Beginn »Napoléon le Grand« und die zeitgenössischen Clan-Mitglieder Joseph, Murat und Eugen, Elisa und Caroline schon die Grundsteine für jene Einheit gelegt hatten. In der Einschätzung der deutschen und der spanischen Verhältnisse, in den Beziehungen zu Rußland und zu England unterlaufen Napoleon III., soweit historisch vergleichbar, ähnliche Fehler wie seinem großen Onkel.

Ansonsten herrscht im zweiten und letzten Kaiserreich viel guter Wille und stürmische Tatkraft, auch echte, gar europäische Begeisterung, ebenso aber Talmi-Glanz und peinliche Lächerlichkeit. Der dritte Napoleon führt auf dem Staatstheater, gewiß ungewollt und nur halbbewußt, das Lustspiel »Der Neffe als Onkel« auf. Welche leichte Beute für seine politischen Gegner! Putschversuche, Krönung und Heirat, Einweihungen, Grundsteinlegungen und Spatenstiche, Vertragsabschlüsse und selbst Schlachten werden auf Daten des ersten Kaiserreichs bezogen und programmiert – vorzugsweise auf den Staatsstreich von 1799, »Le Sacre« von 1804 und die Bataille von Austerlitz 1805. Das macht sich gut, solange die »Gloire« eine Begleiterin ist, aber die überdeutliche Absicht erzeugt doch auch wieder Verstimmung, ja Verachtung im In- und Ausland. Die Vergleiche fallen nicht günstig aus für den Epigonen – die Schuhe des Onkels sind dem Neffen wohl ein paar historische Nummern zu groß.

Napoleon erweist sich auch als »Mann der Familie«, womit er ebenfalls den berühmten Vorgänger kopiert. Dabei handelt er durchaus aufrichtig und honorig, denn es kostet ihn viel privates Geld, wenn es darum geht, auch den letzten Bonaparte, sei dieser oder diese noch so weit entfernt durch Anheirat oder verzweigte Verschwägerung als »Familiar« legitimiert, mit Apanagen und (was freilich eher die Staatskasse betraf) mit einträglichen Stellungen zu versehen.

Von dieser ehrenhaften Gesinnung profitieren nicht nur ein paar Dutzend windige Figuren, sondern auch – verdientermaßen wie wenige – der letzte noch lebende Abkömmling Carlos und Letizias: Jerome, Ex-König von Westphalen, Graf von Montfort und »Graf von Harz«, wie er sich (durchaus im geographischen Anklang an sein verlorenes Reich) mit dem trotzig behaupteten Alias-Namen der Souveräne selbst tituliert hat.

Jerome Bonaparte hat ein ruheloses Wanderleben hinter sich gebracht. Während Napoleons elbanischem Exil war er zunächst mit Bruder Joseph in der Schweiz und nahm dann mit Frau Katharina Wohnsitz im österreichischen Triest, wo 1814 der erste Sohn

STAMMTAFEL DER FAMILIE BONAPARTE

Carlo Bonaparte
* 1746/† 1785
⚭ *Letizia Ramolino*
* 1746/† 1785

Joseph Bonaparte
* 1768/† 1844
König v. Neapel
(1806 – 1808)
König v. Spanien
(1808 – 1813)
⚭ *Julie Clary*
* 1771/† 1845

Zénaide Letizia
* 1801/† 1854
⚭ *Charles Laurent Bonaparte*
* 1803/† 1857

Charlotte Napoléon
* 1802/† 1839
⚭ *Napoléon Louis Bonaparte*
* 1804/† 1831

Napoleon I.
* 1769/† 1821
Kaiser der Franzosen
(1804 – 1814/15)
⚭ *Josephine de Beauharnais*
geb. Tascher de la Pagerie
* 1763/† 1814
⚭ *Marie Louise v. Österreich*
Herzogin v. Parma
* 1791/† 1847

Napoleon (II.)
* 1811/† 1832
König v. Rom
Herzog v. Reichstadt

Lucien
* 1775/† 1840
Fürst v. Canino
⚭ *Catherine Boyer*
* 1773/† 1800
⚭ *Alexandrine de Jouberthon*
geb. de Bleschamp
* 1778/† 1855

Charles Lucien Laurent
* 1803/† 1857
Fürst v. Canino
und Musignano
⚭ *Zénaide Bonaparte*
* 1801/† 1854

Napoléon Charles
* 1839/† 1899
⚭ *Christine Fürstin Ruspoli*
* 1842/† 1907

Marie
* 1870/† 1918
⚭ *Enrico Gotti*
* 1867/† 1920

Eugénie
* 1872
⚭ *Napoléon Ney d'Elchingen*
Fürst v. der Moskwa
* 1870/† 1928

Louis Lucien
* 1813/† 1891
Philologe
⚭ *Marie Anne Cecchi*
* 1812/† 1891

Roland Napoléon
* 1858/† 1924
⚭ *Marie Blanc*
* 1859/† 1882

Marie
* 1882/† 1962
⚭ *Georg*
Prinz v. Griechenland
* 1869/† 1957

Pierre Napolé
* 1815/† 188
⚭ *Justine Elenonore*
† 1905

Elisa
* 1777/† 18
Fürstin v. Lu
und Piambin
Großherzogin v. T
⚭ *Pasquale Bac*
* 1762/† 18

Napoleon E
* 1806/† 186
⚭ *Filippo*
Graf Camerat

Louis
* 1778/† 1846
König v. Holland
(1806 – 1810)
⚭ *Hortense de Beauharnais*
* 1783/† 1837

Pauline
* 1780/† 1825
Herzogin v. Guastalla
⚭ *General Leclerc d'Ostien*
* 1772/† 1802
⚭ *Camillo Fürst Borghese*
* 1775/† 1832

Caroline
* 1782/† 1839
Königin v. Neapel
⚭ *Joachim Murat*
König v. Neapel
* 1767/† 1815

Jérôme
* 1784/† 1860
König v. Westfalen
(1807)
⚭ *Elizabeth Patterson*
* 1785/† 1879
⚭ *Katharina*
v. Württemberg
* 1783/† 1835
⚭ *Giustina, Tochter*
des Marquis
Bartolini Baldelli

Louis Napoléon Dermide
* 1798/† 1804

apoléon Charles
* 1802/† 1807

Napoléon Louis
* 1804/† 1831
Großherzog v. Berg
⚭ *Charlotte B.*
* 1802/† 1839

Napoleon III.
(Charles Louis Napoléon)
* 1808/† 1873
Kaiser der Franzosen
(1852 – 1870)
⚭ *Eugénie,*
Gräfin v. Montijo
* 1826/† 1920

Eugène Louis Napoléon
(Napoleon IV)
* 1856/† 1879

Napoléon Achille
* 1801/† 1847
⚭ *Catherine Dudley*

Letizia Josephine
* 1802/† 1859
⚭ *Guido Marquese Pepoli*
Conte di Castiglione

Lucien Charles Napoléon
* 1803/† 1878
⚭ *Carolina*
Georgina Frazer

Louise Julie Caroline
* 1805/† 1889
⚭ *Conte Giulio Rasponi*

Jérôme Napoléon Bonaparte-Patterson
* 1805/† 1870
⚭ *Suzanne Mary Williams*

Jérôme Napoléon Charles
* 1814/† 1847

Mathilde Letizia Napoléon
* 1820/† 1904
⚭ *Anatol Demidoff*
Fürst v. San Donato

Napoléon Joseph Charles
Prinz Napoléon
»Plon-Plon«
* 1822/† 1891
⚭ *Clotilde v. Savoyen*
* 1843/† 1911

Napoléon Victor
* 1862/† 1926
⚭ *Clementine v. Belgien*
* 1872/† 1955

Napoléon Louis
* 1864/† 1932

Letizia
* 1866/† 1926
⚭ *Amadeus*
Herzog v. Aosta
* 1845/† 1890

Louis Napoleon Jerome Victor
* 1914
⚭ *Alix de Foresta*

NACHKOMMEN BONAPARTE-PATTERSON IN DEN USA

HEUTIGE LINIE BONAPARTE

dieser Ehe geboren wurde: Prinz Jerome, der später als Oberst in der württembergischen Armee gedient hat, aber schon 1847 gestorben ist. Nach Waterloo und dem Schloßarrest beim schwäbischen Schwiegervater findet man wieder Duldung in Triest, und nach der Tochter Mathilde wird dort der zweite Sohn geboren: Napoleon-Joseph, später »Prinz Plon-Plon« genannt. Nach weiterem Aufenthalt im päpstlichen Rom und Napoleons Tod zieht die Familie wieder ins schweizerische Lausanne, wo Katharina 1835 an Brustkrebs stirbt.

Dann kehrt auch Jerome, wie mancher andere Bonaparte, in die toskanische Familienheimat zurück. Er kauft die kleine Besitzung Quarto bei Florenz und führt, wenn auch in weit bescheidenerem Stil als Joseph in Amerika, das gepflegte Leben des ländlichen Adels. Mit Lucien und Louis hält er engen nachbarlichen Kontakt. 1840, im Alter von 56 Jahren, heiratet er gar zum dritten Mal, obwohl er seine Katharina nicht vergessen kann; die Verbindung mit einer reichen Witwe, Marchesa di Bartolini, seiner Grundstücksnachbarin, entspringt eher der Vernunft als der Liebe – die zwangsmäßig geschiedene erste Frau Elisa Patterson-Bonaparte (oder Bonaparte-Patterson, wie sie sich je nach Bedarf nennt) schickt aus Amerika einen kurzen, süffisanten Glückwunsch.

1847 erlaubt König Louis Philippe dem jüngsten Bruder Napoleons die Heimkehr nach Frankreich. Als einziger Bonaparte sieht Jerome das Vaterland lebend wieder, und wenige Jahre später überschüttet ihn der kaiserliche Neffe mit höchsten Ehren des Empire, das nun neu etabliert scheint: Marschall von Frankreich wird er und Präsident des Senats, dazu auch (aus eher nostalgischen Gründen) »Gouverneur der Invaliden« – da kann er, der einst so tapfere Kriegsmann zu Wasser und zu Lande, inmitten der übriggebliebenen Veteranen napoleonischer Schlachten, die letzte Rolle seines bewegten Lebens genießen, ein »otium cum dignitate«.

Er darf den alten Kameraden die vom Onkel gestiftete »St. Helena-Medaille« noch mehrhundertfach an die Heldenbrüste heften – ein schlichtes rundes Bronzestück am grünroten Band, vorn mit des ersten Kaisers Kopf und rückseitig mit der Inschrift versehen: »Den Gefährten des Ruhms sein letzter Gedanke.«

So vollendet der kleine Girolamo oder Geronimo, Jerome Bonaparte, der früh zum Kämpfen, Regieren und Repräsentieren berufen war, dem Sinn für Ehre und Würde schier angeboren war, sein Dasein als geistiges Wahrzeichen der Vergangenheit, als verkörperte Erinnerung an den Ruhm der Adler Napoleons – des Großen, des Einzigen. Sein privates Verhältnis zum Neffen, den er (ob mit Recht, läßt sich schwer entscheiden) »mehr für einen

Beauharnais als für einen Bonaparte« hält, ist trotz aller ehrlichen und wohlgemeinten persönlichen Annäherungen des zweiten Empereur stets distanziert und kühl geblieben. Zu seinen Gunsten spricht aber, daß er die »echte« Abkunft des Neffen von seinem Bruder Louis (wäre diese ernsthaft zu bestreiten, so wäre jener ja überhaupt kein »Bonaparte« mehr) niemals öffentlich oder auch nur brieflich in Zweifel gestellt hat.

Jerome, letztgeborenes Kind des Carlo de Buonaparte und der Letizia Ramolino, wird 1860, wie vor ihm Bruder Louis, von einem Gehirnschlag tödlich gefällt, als er in Ausübung einer seiner zahlreichen öffentlichen Funktionen mühsam die Stufen des Pantheon erklimmt. Er hat exakt das gleiche Lebenalter erreicht wie der erstgeborene Bruder Joseph: 76 Jahre alt ist er geworden. Sein Sarkophag steht, unweit des Sarges dieses Bruders und des gloriosen Porphyr-Monuments des Zweitgeborenen, im Pariser Invalidendom.

In der Eingangshalle des Rathauses von Ajaccio steht auch eine lebensgroße Statue des Jerome, aus bleichem Carrara-Marmor der einst schwesterlichen Elisa-Bergwerke gebildet. In altrömisch-klassizistischer Haltung präsentiert sich der jüngste Bonaparte dem Besucher und Beschauer. Noch einmal sei, so knapp und resolut wie immer, unsere korsische Wirtin Madame Laorenzi zitiert: »Gerade dort, Monsieur, hatte dieser wenig bedeutende Mensch zwar einiges verloren, aber er hat dort heute überhaupt nichts zu suchen.« Wir haben diesmal, ausnahmsweise, massiv widersprochen und die Meinung ausgedrückt: Es sei auch eine Ehre für Korsika, ein solches Zeugnis zu erhalten von der historisch einmaligen Existenz eines Adlers – mittlerer Größe. Hierbei fühlten wir uns gar ein wenig als Patrioten, weil dieser Mann kein schlechter Regent in deutschen Landen gewesen ist.

Bis auf den heutigen Tag...

Es ist dem Korsen Jerome und der Württembergerin Katharina zu verdanken, daß der Napoleon-Clan bis heute seine körperlichen Spuren hinterlassen hat, ja wohl auch künftig fortsetzen kann. Der Urenkel des Paares, Abkömmling des Prinzen »Plon-Plon« und dessen Sohnes – beide in überaus »standesgemäßen« Ehen mit italienisch-savoyischen und belgischen Prinzessinnen verbunden –, ist gegenwärtig »Chef de la Maison Impériale«: Prinz Louis-Napoleon-Jerome-Victor, 1914 geboren.

Die französische Regierung Daladier hatte ihm 1939 den freiwilligen militärischen Einsatz gegen Deutschland im Zweiten Weltkrieg verboten; er unterlief diese politisch so erbärmliche wie auch historisch lächerliche Entscheidung, indem er sich als anonymer »Monsieur Blanchard« (was keineswegs ein souveräner Alias-Name war oder sein sollte) der Fremdenlegion anschloß. In kurzfristiger deutscher Kriegsgefangenschaft hat er den ihm angesonnenen politischen Einsatz als Propagandafigur gegen sein Vaterland ebenso standhaft verweigert, wie – der Vergleich hinkt sehr, aber er sei dennoch gewagt – einst 1813 der westphälische Leutnant von Amelunxen, später kurhessischer General, die Avance des Zaren, Dienst gegen den König Jerome zu nehmen, abgelehnt hatte.

Nach seiner Entlassung diente er als Offizier der französischen Résistance. Sein patriotisches Bekenntnis wie auch seine persönliche Tapferkeit wurde später von Staatschef de Gaulle durch ein ruhmvolles Dekret, die Aufnahme in die Ehrenlegion (allerdings nur in unterster Stufe des »Chevalier«), und mit der Verleihung des Kriegskreuzes gewürdigt, und das Königreich Belgien hat ihn immerhin zum Großoffizier seines Kronen-Ordens ernannt.

Aus der Ehe dieses respektablen Franzosen mit der aus altlombardischem (!) Adelsgeschlecht stammenden Marquise Alix de Foresta entstammen vier Kinder, darunter die Söhne Charles-Napoléon und Jerome-Napoléon – so wird der Erstgeborene von 1950, unter dem Erstnamen seines Vorfahren Carlo, die napoleonische Dynastie, die einen Thronanspruch ausdrücklich ausgeschlossen hat, wohl auch in Zukunft fortführen.

Was die Nachkommen des einst jungen französischen Marineoffiziers und der amerikanischen Kaufmannstochter Elisa Patterson betrifft, so haben nur wenige von ihnen die Prophezeiung von Schwägerin Hortense, daß die Napoleoniden allein »durch ihren Namen immer etwas darstellen«, im Leben erfüllt. Sie waren, mit Sohn »Bo« angefangen, meist Müßiggänger und Tunichtgute, die sowohl bei halbherzigen politischen Bemühungen als auch im kommerziellen Privatbereich ziemlich versagt haben.

Nur einer – inzwischen ist diese »Linie« erloschen – ragt hervor: Charles-Joseph Bonaparte, der von 1851 bis 1921 lebte. Er hat Jura studiert und war Rechtsanwalt, wurde unter Präsident Theodore (»Teddy«) Roosevelt Marineminister und dann Generalstaatsanwalt (Justizminister) der Vereinigten Staaten – ein Amt, das er bis 1909 bekleidete.

Er ist ein schwieriger, exzentrischer Mann gewesen, ein Bürokrat außerhalb jeder Schubladenklassifizierung, der ein erklärter Anhänger der Lynchjustiz war und täglich in sein Büro eine Art »Henkelmann« (freilich aus massivem Silber) mitnahm, aus dem die schwarzen Diener dann sein Mittagessen zubereiten mußten.

Die Zeitung »Evening Herald« hat ihn einmal fast poetisch mit dem »Hund von Baskerville« verglichen, der »nur glücklich sei, wenn er das Oberste zuunterst kehren« könne... Es ist auch hier schwer zu beurteilen, ob dies etwa eine napoleonische Eigenschaft gewesen ist.

Wiederum: Sic transit gloria, in der Neuen wie in der der Alten Welt.

XVI. Was blieb von ihnen – Der Clan vor Geschichte und Gegenwart

Hinterlassenschaft in Europa

Nur zehn Jahre, von 1804 bis 1814/15, hat »das Empire« (wenn wir die spätere Herrschaft des Neffen hier weglassen) bestanden, und länger haben die Familiare des Napoleon-Clans auch nicht in europäischen Staaten regiert. Dennoch haben viele Reiche und dynastische Epochen weit weniger Spuren hinterlassen als sie.

Die so überaus geschichts- und kulturträchtige Insel Zypern, die fast ein Jahrtausend lang ein »Nebenland« des ptolemäischen und pharaonischen Reiches war, hat bis heute nichts, gar nichts aus dieser ägyptischen Periode bewahrt.

Die über mehrere Jahrhunderte hinweg im Mittelalter blühende Bauern-Republik der germanischen Wikinger in Grönland hat nichts hinterlassen als die skelettartigen Grundmauer-Ruinen des christlichen Bischofssitzes und der Kathedrale von Gardar.

Die exzellente europäische Hochsprache der Goten, nach dem schwedischen Bischof und Bibel-Übersetzer Ulfilas zuletzt nur noch von des Hunnenkönigs Attila Hofnarren Zerkon gesprochen, nach säkularer Herrschaft der Völker, die sie in Italien, Spanien und anderen Teilen Europas verbreitet hatten, ist fast spurenlos gestorben – mitsamt den politischen Regierungsstrukturen, die im Osten von den Byzantinern, im Westen von den maghrebinischen Arabern über den militärischen Haufen geworfen wurden.

Wem diese vermehrbaren Beispiele historisch zu weit entfernt liegen, vielleicht gar zu skurril erscheinen, dem wollen wir einige Feststellungen von gleicher »Abseitigkeit« entgegensetzen. Die europäischen Kleinstaaten Liechtenstein, Monaco, Andorra und San Marino würden nicht bis heute existieren, wenn der Empereur Napoleon – punktuell unterstützt von Joseph Bonaparte und Eugen Beauharnais – sie nicht unter seinen »hohen und gnädigen Schutz« genommen, Liechtenstein gar zum Rheinbundmitglied erhoben hätte: Österreich, Frankreich und Italien hätten sich diese, immer noch höchstlebendigen Reliquien des alten Römischen Reiches längst angeeignet – was nicht einmal, auf San Marino bezogen, Benito Mussolini, der kluge Mitbegründer des Vatikanstaates, gewagt hat.

Und für die doch wesentlich größere Inselrepublik Malta, die der Chefgeneral Napoleon Bonaparte eher beiläufig während der Vorbeifahrt nach Ägypten besetzte, haben nur vier Jahre französischer Herrschaft genügt, um französisches Recht dauerhaft zu erhalten: Bis zur Gegenwart sind die Gerichtsverfassung, die Prozeßordnungen und sogar die Amtstrachten (die Richter tragen französische Ballonmütze statt englischer Perücke) von diesem Recht bestimmt, obwohl die Insel doch fast anderthalb Jahrhunderte britische Kolonie war.

Zugegeben, das ist kleiner Maßstab, aber er leitet über zu den imposanten Unvergänglichkeiten der napoleonidischen Epoche. Was in Frankreich selbst erhalten geblieben ist, erscheint allgemein bekannt – es bezieht sich auf Justiz und Verwaltung, Erziehung und Kulturpflege, Bankwesen und Wirtschaftsleben – und bedarf hier schon deshalb keiner näheren Darstellung, weil es fast allein vom Kaiser selbst (gewiß auch unter bemühter Mithilfe des Bruders Lucien) geprägt worden ist. Anderswo tritt der Einfluß der Familiare weit stärker zutage.

Die Einheit Italiens ist, von der Entwicklung des nationalen Elements her gesehen, erst im Jahrzehnt 1860 bis 1870 vollendet worden. Aber sie wäre wahrscheinlich noch viel später gekommen, wenn nicht der Napoleon-Clan – der Kaiser, Joseph und Murat, auch Eugen, Caroline und Elisa – die Grundsteine gelegt hätte: in Recht und Gesetz, in politischer Liberalisierung, in Bewahrung und Propagierung der Sprache, vor allem aber in der Stärkung des nationalen Selbstbewußtseins.

Die Gegensätze zwischen Nord und Süd, Oben und Unten, die Unterschiede zwischen Reich und Arm, ja auch zwischen Staat und Kirche waren geringer geworden. Schon unter König Joseph, dann unter Caroline und Murat war auch im Süden eine neue Mittelklasse entstanden, die sich später »Carboneria« nannte. Ihren Stamm bildeten Beamte und Offiziere, arrivierte Stadtbürger und befreite Bauern. Eine straffe, kompetente Verwaltung beschleunigte die Entwicklung in der Landwirtschaft, in der Volksbildung und im Verkehrswesen, dessen Ausbau für den Handel unerläßlich war. Künste und Wissenschaften waren aufgeblüht unter Joseph und Elisa, weil die Tore für »multikulturelle« Befruchtung weit geöffnet wurden. Und ohne Josephs Konservierung könnte Pompeji heute nicht mehr besichtigt werden.

Selbst der geflohene Bourbonenkönig Ferdinand »Nasone« mußte, als er 1814 mit Hilfe englischer und österreichischer Bajonette nochmals auf seinen Thron zu Neapel gesetzt wurde, widerwillig zugeben, sein Land wäre noch nie so gut regiert worden wie unter Joseph Bonaparte und Joachim Murat; und sein Sohn fügte träumerisch (er ist stets nur ein Träumer geblieben) hinzu: »Wie hätten wir den Staat erst vorgefunden, wenn wir noch ein paar Jahre länger im Exil geblieben wären!« Die Anmaßung einer Ernte dort, wo man selber nichts gesät hatte, brach dann auch dieser Dynastie, verdientermaßen, den Hals. Es waren nur wenige Jahrzehnte, in denen nach dem Sturz der Napoleoniden ihre Fortschritte zurückgedreht werden konnten, bis dann das savoyische Piemont-Königshaus, Cavour und Garibaldi dort anknüpfen und die Einheit herstellen konnten.

Im Norden dieses Landes, wo das von den Napoleoniden bewußt geförderte Identitätsgefühl der gemeinsamen »Italianità« noch stärker gewachsen war, hatte selbst Metternich seine allzu eifrigen Verwaltungsbeamten in Venezien und auch die neu installierten, habsburgisch versippten Zwergfürsten der Po-Ebene ermahnt: »Es ist sinnlos zu versuchen, aus den Italienern Deutsche zu machen!« Nach 1848 erinnerte man sich dort wie auch in der Toskana und in der Lombardei sehr wohl daran, daß Napoleon, Vizekönig Eugen und Fürstin-Großherzogin Elisa niemals daran gedacht hatten, die Italiener in Franzosen zu verwandeln.

Mit ähnlichen Methoden und vergleichbaren Ergebnissen hat der Napoleon-Clan – hier wieder der Kaiser selber, dann aber auch Jerome, Murat und Caroline – die Einheit Deutschlands gefördert. Der Rheinbund beendete die territoriale Zersplitterung und die wirtschaftliche Einschnürung im Herzen des alten Reiches; das Königreich Westphalen bot ein beispielhaft fortwirkendes Modell für eine moderne, liberale, bürgernahe Regierung; und die Einführung der Gesetze des Code Napoléon hat (vor allem im Rheinland und in Baden) bis heute fortgewirkt, denn davon ist viel Nützliches, Praktisches und Gutes erhalten geblieben – selbst bei späterer Einschmelzung in andere »nationale« Kodifikationen.

In zwei europäischen Ländern brauchte die nationale Einheit nicht angeregt zu werden, weil sie dort schon bestand: in Holland wie in Spanien. Aber auch dort haben die Napoleoniden Louis und Joseph das, was sie nicht mehr auf den Weg bringen mußten, ausgebaut und gefördert.

Mit einiger Sicherheit wäre die doch von außen oktroyierte Monarchie im traditionell republikanischen Holland 1813 wieder abgeschafft worden, wenn »Koning Lodewijk« sie nicht so standhaft wie glaubhaft repräsentiert und gerechtfertigt hätte. Ihn, den so Empfindsamen, traf es noch härter als seine Brüder und Schwestern, daß er die Früchte seiner opferreichen Mühen nicht mehr ernten durfte.

In Spanien sind Josephs große Reformwerke – die demokratische Cadiz-Verfassung von 1812 und die dekretierte Religionsfreiheit – zwar von den zurückgekehrten Bourbonen unter dem Schutz der »Heiligen Allianz« zunächst abgeschafft worden. Aber sie haben auch dort als liberales Ferment, ja als Zündstoff fortgewirkt und sich (wenngleich später als anderswo) endlich durchgesetzt. Es waren ausgerechnet die spanischen Kolonien in Mittel- und Südamerika, die sich an König Joseph (»von Spanien und von Indien«) orientiert und in den zwanziger Jahren des 19. Jahrhunderts ihre Unabhängigkeit vom reaktionären Mutterland erklärt haben.

Auf die Frage, welche historischen Figuren als Vor- oder auch Urväter der heutigen modernen parlamentarischen Königsmonarchien in den Niederlanden und in Spanien gelten können, fällt die jeweilige Antwort nicht schwer. Es sind Koning Lodewijk und El Rey Don José Primero, die beide so ehrlich wie überzeugend ihr Vaterland gewechselt haben. Überdauernde Monumente ihres kulturellen Wirkens sind für Louis das Rijksmuseum, für Joseph der Prado. In beiden Staaten sieht man heute die Verdienste beider Könige mit leidenschaftsloser Anerkennung; Joseph hat seinen Platz in der spanischen Geschichtsschreibung gefunden, und in den Niederlanden, vor allem in den Südprovinzen, erinnern nicht wenige Straßen und Plätze mit ihren Aufschriften an »Koning Lodewijk«.

Das Königreich Schweden hat sich mit einem Marschall des Empire und »Halb-Familiar« Napoleons den Gründer seiner noch heute herrschenden Dynastie erwählt. Die Erinnerung an den Gascogner Jean-Baptiste Bernadotte, die Provenzalin Désirée Bernadotte-Clary und den Napoleoniden Eugen Beauharnais, der – wenn man so sagen darf – durch seine französisch-deutsche Tochter zum Fortleben des Geschlechts beitrug, ist unvergessen.

Polen endlich ist ein besonderer Fall, denn Polen war ein besonderes europäisches Land, im häufigen Unglück wie auch im leider seltenen Glück. Napoleon hat die Erneuerung der polnischen Selbständigkeit wohl nicht ernsthaft gewollt, und die Napoleoniden sind dort nicht zum politischen Zuge gekommen: Die Polen wollten Murat nicht als Herrscher (den Sachsenkönig freilich noch weniger), und Eugen Beauharnais hat sich der Herausforderung der polnischen Krone verweigert. Aber immerhin, es gab in jener spannungsreichen Zeit, als buchstäblich alles (auch die Zurückdrängung Rußlands) möglich erschien, für wenige Jahre ein »Großherzogtum Warschau«, und das war ein Samenkorn, ein Appell an die Patrioten, es immer wieder und stets aufs neue zu versuchen, ein souveränes Reich zu werden. So und nicht anders ist auch der Napoleon-Clan in die polnische Geschichte einzuordnen.

Und auch im übrigen Europa ist diese fortdauernde geistige Strahlkraft, in Fortsetzung geläuterter Ideale der großen französischen Revolution, vielleicht noch wichtiger, als es die sehr handfesten Merkmale sind, die jener Clan auf dem Kontinent zurückgelassen hat.

Das geistige Erbe

Die Frage, warum gerade dieses Geschlecht in einer Zeit des Umbruchs aller Werte zu einem so exzeptionellen Rang in Europa aufsteigen konnte, ist nicht leicht und schon gar nicht eindeutig zu beantworten. Zu viele Faktoren, die so oder auch anders hätten wirken können, treffen zusammen; versuchen wir einige behutsame Annäherungen.

Gewiß war die Familie hochbegabt, und trotz ihres ansehnlichen Alters hatte sie noch nicht unter Degenerationserscheinungen zu leiden. Das sozialkulturelle Erbe, verwurzelt im italienischen Patriziat und im korsischen Kleinadel, war intakt geblieben und ließ eine neue Blüte, wenn sie denn von den Umständen begünstigt wurde, durchaus nicht unmöglich erscheinen. Die Prägung durch das Elternhaus hatte sodann grundlegende Bedeutung, woran Vater Carlo trotz seines frühen Todes und entgegen herkömmlicher Meinung maßgeblich beteiligt war.

Dabei war die reine Wissensvermittlung, wenngleich eifrig betrieben, wohl weniger wichtig als die Heran- und Herausbildung der Charaktere. Darauf kam es an. Die Bonaparte-Kinder sind nicht, wie die Kunstfiguren der Commedia dell'arte, bloße Rollenträger, sondern Personen von höchst eigenwilliger und eigenständiger Art gewesen; selbst die Temperamente waren sehr unterschiedlich verteilt.

Das innere Gesetz der Bonaparte-Erziehung aber war nun eben nicht das rigorose Motto des Kennedy-Clans, daß jeder »allzeit der Beste« sein müsse und sich niemals mit dem zweiten Platz zufrieden geben dürfe. Die Bonapartes sind angetreten unter dem (korsischen) Postulat, daß ein jeder, unter Wahrung seiner Besonderheiten und daher ohne eigene Überforderung, für den jeweils anderen »da« zu sein und für ihn einzustehen hatte, wann immer solche Wechselhilfe erforderlich war.

Dieses von Carlo gepredigte und dann von Letizia so eisern wie beispielhaft angewandte Prinzip ermöglichte es den Napoleoniden, daß im jähen Wechsel der äußeren Bedingungen – und wie oft wechselten sie – jeweils dasjenige Familienmitglied, das hierzu am besten befähigt war, den Mantel der Fortuna ergreifen und die übrigen nach sich ziehen konnte. Das ist anderen bedeutenden Familien der Geschichte – mit den römischen Gracchen beginnend, den islamischen Ur-Clan des Propheten Mohammed sowie die französischen Condés und die italienischen Medici einschließend – nicht gelungen, vielleicht wegen allzu großer und dann steriler »Uniformität« der Angehörigen oder auch allzu starken Übergewichts einzelner Figuren.

Die von uns häufig bemühte Figur des »Reigentanzes«, so scheinbar zufällig wie doch zutiefst schicksalhaft, konnte hiernach den Aufstieg des Napoleon-Clans ermöglichen – und »erklärt« ihn auch in mancherlei Hinsicht. Blicken wir zurück auf das, was wir schon in Einzelheiten besichtigt haben.

Kein anderer als Vater Carlo, der als einziger prominenter »Paolist« nicht zu den Engländern überlief, sondern sich dem neuen französischen Vaterland zur Verfügung stellte, konnte der provinziellen Sippe die geistige und gefühlsmäßige Bindung an Frankreich verschaffen. Kein anderer als Bruder Lucien hätte der von Korsika vertriebenen Familie eine Etablierung auf dem Boden des revolutionären Frankreich vermitteln können – weil er selbst damals ein führender Jakobiner war. Nur ihm konnte es – im Verein mit Bruder Joseph auf der politischen und dem zukünftigen Schwager Murat auf der militärischen Seite – gelingen, Napoleon in gefährlichster Lage den Weg zum Konsulat zu öffnen – weil er damals Parlamentspräsident war. Und dieser erstaunliche Lucien hat die letzte Regierung der »Hundert Tage« politisch gestützt wie auch ideell propagiert – weil er, der uneigennützige Republikaner, freiwillig zum großen Bruder zurückgekehrt war.

Joseph »der Friedensstifter« hat dem Ersten Konsul in brüderlicher Loyalität durch Aushandlung und Abschluß internationaler Verträge außenpolitisch den Rücken freigehalten, ja ihn in Europa »hoffähig« gemacht, so daß jener sich dem friedlichen Neuaufbau Frankreichs widmen konnte. Und es war Joseph, der als kluger Finanzier die Grundlagen für den Reichtum der Familie schuf und vermehrte. Der erstgeborene Bruder hat Süditalien im Sinne des Kaisers regiert und dessen Stellung gegen England gehalten, er hat mit dem Vorschlag der Personenvertauschung auf der Insel Aix ein persönliches Opfer zur Rettung des Entthronten angeboten und teilweise auch die »standesgemäße« Subsistenz des Gefangenen auf St. Helena sichergestellt.

Elisa, Eugen Beauharnais, Joachim Murat und zum Teil auch Caroline haben in Italien für die Idee des Empire das verrichtet, was Napoleon niemals allein hätte tun können. Sie haben in ihren

Es existieren wohl einige hundert Abgüsse der von Leibarzt Dr. Antommarchi »in extremis« abgenommenen Totenmaske Napoleons. Dieser Stich ist – wenngleich aufrecht gestellt und unhistorisch mit Orden und Degen als Beigaben versehen – besonders interessant, weil er im Rahmen griechische, ägyptische und französische Symbole enthält.

Herrschaftsbereichen (natürlich auch in Verfolgung eigener Interessen) die italienische Einheit vorbereitet.

Jerome hat in seinem Königreich Westphalen, nicht anders als Murat und Caroline im Großherzogtum Berg, den Deutschen vor Augen geführt, daß napoleonidisches Regime keineswegs finstere Zwangsherrschaft war, sondern auch freieres Leben, ziviles Selbstgefühl und Entfaltung der Tüchtigen ermöglichte, einen Umstand, den der Kaiser in seiner oft schroffen Art des Redens und Handelns selbst nicht immer glaubhaft machen konnte.

Stiefonkel Kardinal Fesch kann, nach bewährtem Muster aller Kollaborateure, für sich in Anspruch nehmen, »Schlimmeres verhütet« zu haben; das muß man nicht allen glauben, die es behaupten, aber dieser Mann hat tatsächlich den Konflikt zwischen der napoleonisch-gallikanischen Kirche Frankreichs mit der römischen Kurie und ihrem Pontifex diskret entschärft und damit seinen Halbneffen vor noch schlimmeren Sanktionen als der persönlichen, später stillschweigend aufgehobenen Exkommunikation bewahrt – nämlich dem politisch vernichtenden päpstlichen Interdikt über ganz Frankreich, wie es zu Revolutionszeiten ja schon einmal in weiten Gebieten verhängt worden war.

So ist denn seit Beginn des napoleonidischen Aufstiegs immer zumindest ein Familiar zur Stelle, zur Hand und zur Verfügung gewesen – im Bekenntnis zu Frankreich, in den Wirren des Terrors und den Ambivalenzen der politischen Übergänge, in den Salons der neugeborenen Gesellschaft, im Rückgriff auf Traditionen, in der Entwicklung moderner Regierungskonzepte, an den politischen und militärischen Fronten, im persönlichen Umgang mit Freunden, Feinden und Gegenspielern. So haben sie den Clan, sukzessive, auf die jeweils nächste Stufe der historischen Leiter befördert.

Fazit

Stendhals Behauptung, daß es für Napoleon besser gewesen wäre, ohne Familie in die Geschichte einzugehen, muß also mit Nachdruck widersprochen werden, wenngleich Napoleons Bedeutung damit nicht geschmälert wird.

»Seine Majestät braucht eine Familie«, wie Schwester Elisa so scharfsichtig erkannt hat; sie meinte das im Hinblick auf die Fortsetzung des brüderlichen Lebenswerks. Aber auch für die Ursprünge des größten aller Franzosen – den Aufstieg, den Zenit und den Untergang dieser Zentral-Sonne wie auch den unauslöschlichen Ruhm von »Napoléon le Grand« – war die Familie durchaus unverzichtbar.

Napoleon ohne Familiare – es fällt schwer, sich sein Bild so vorzustellen, wie wir es heute sehen, in Wort und Widerwort. Eine Sippe von vielleicht einmaligem historischem Rang hat diesen Mann hervorgebracht, getragen und begleitet. Sie umgibt ihn auch in der Rückschau, so legitim wie respektabel, bis auf den heutigen Tag.

Da eben liegt es beschlossen, das Mirakel des Hauses Bonaparte und seines Anhangs, und dies ist, wie jedes »Wunder«, nicht weiter vernünftlerisch aufzuhellen. Sonst wäre es keines.

Zeittafel

1150 Der Familienname »Buona-Parte« erscheint in der Toskana, später in Ligurien.
1530 Francesco di Buonaparte (»il Moro«) übersiedelt nach Korsika. Aufstieg der Familie.
1736 Theodor von Neuhof, westfälischer Baron, kurzfristig König von Korsika.
1746 Carlo Maria de Buonaparte geboren.
1750 Letizia Ramolino (»Madame Mère«) geboren.
1763 Josephine Tascher de la Pagerie (später Beauharnais), Jean-Baptiste Bernadotte, später Schwedenkönig, und Giuseppe Fesch, später Kardinal, geboren.
1764 Carlo und Letizia heiraten.
1767 Joachim Murat geboren.
1768 Sohn Joseph geboren. Korsika wird französisch.
1769 Sohn Napoleon geboren. Aufstieg des Vaters Carlo zum »bedeutendsten Korsen seiner Zeit«.
1775 Sohn Lucien (Lucciano) geboren.
1777 Tochter Elisa (Maria Anna) geboren.
1778 Sohn Louis (Luigi) geboren.
1780 Tochter Pauline (Paoletta) geboren.
1781 Eugen Beauharnais geboren.
1782 Tochter Caroline (Maria Annunziata) geboren.
1783 Hortense Beauharnais geboren.
1784 Sohn Jerome (Geronimo/Girolamo) geboren.
1785 Tod des Vaters Carlo. Napoleon wird Königlicher Leutnant. Joseph wird Doktor der Rechte, später Distriktspräsident auf Korsika.
1789 Ausbruch der Französischen Revolution. Familie Bonaparte lebt vorsichtig, teils angepaßt.
1793 König Louis XVI. wird geköpft. Familie Bonaparte muß Korsika verlassen und wird von Lucien beschützt.
1794 Robespierre wird geköpft. Familie Bonaparte hat zu leiden. Das Direktorium installiert sich. Joseph heiratet Julie Clary.
1795 Napoleon bekämpft als »General Vendémiaire« Gegner des Regimes und erregt öffentliche Aufmerksamkeit.

1796 Napoleon heiratet Josephine und erringt Siege in Italien. Louis rettet ihm in einer Schlacht das Leben. Joseph wird Botschafter beim Heiligen Stuhl.

1797 Elisa heiratet Hauptmann Bacciochi. Pauline heiratet General Leclerc (†1802). Lucien wird Parlamentspräsident.

1798 Louis, Eugen und Murat begleiten Napoleon auf dem Ägyptenfeldzug. Joseph vermehrt die familiären Finanzen.

1799 Brumaire-Staatsstreich. Napoleon stürzt gemeinsam mit Lucien, Joseph und Murat das Direktorium und wird Erster Konsul. Lucien wird Innenminister, Joseph »Großwahlherr« und Staatsratsmitglied. Louis wird Oberst und bald General. Die »Konsularische« (später »Kaiserliche«) Familie wird installiert.

1800 Lucien wird Botschafter in Spanien, dann Senator. Joseph schließt einen Staatsvertrag mit den USA. Caroline und Murat heiraten. Jerome wird Marineoffizier.

1801 Joseph schließt den Vertrag von Lunéville mit dem Römischen Reich und das Konkordat mit dem Heiligen Stuhl.

1802 Joseph schließt den Vertrag von Amiens mit England und wird als »Friedensstifter« gefeiert. Louis und Hortense Beauharnais heiraten.

1803 Lucien heiratet Alexandrine Jouberthon, Jerome die Amerikanerin Elisabeth Patterson, Pauline den Fürsten Camillo Borghese.

1804 Napoleon krönt sich mit päpstlicher Assistenz zum Kaiser der Franzosen und Josephine zur Kaiserin. Rangerhöhungen der Familiare. Onkel Joseph Fesch wird Erzbischof, Primas von Gallien und Kardinal. Lucien geht ins freiwillige Exil nach Rom.

1805 Elisa wird Fürstin von Piombino und von Lucca. Jerome bewährt sich im Seekrieg gegen England. Seine erste Ehe wird annulliert. Schlacht von Austerlitz und Frieden von Preßburg. Eugen wird Vizekönig von Italien. Er heiratet Prinzessin Augusta von Bayern.

1806 Gründung des Rheinbunds. Joseph wird König von Neapel. Louis wird König von Holland. Caroline und Murat erhalten das Großherzogtum Berg. Jerome bewährt sich als General im Krieg gegen Preußen.

1807 Frieden von Tilsit. Jerome wird König von Westphalen. Er heiratet Prinzessin Katharina von Württemberg. Louis erweitert sein holländisches Staatsgebiet und gewinnt Ostfriesland. Lucien verweigert sich endgültig dem Empire. Er erlangt Ruhm als Wissenschaftler und Literat.

1808 Joseph wird König von Spanien (»und von Indien«). Caroline und Murat folgen ihm auf dem Thron von Neapel. Louis' zweiter Sohn wird (nominell als Kind) Großherzog von Berg. Louis' dritter Sohn, Louis-Napoleon, später Kaiser Napoleon III., geboren. Elisa wird mit dem Titel »Großherzogin« Präfektin der (französischen) Toskana. Fürstentag von Erfurt. Familie Bonaparte im Zenit der Macht.

1809 Napoleon läßt sich von Josephine scheiden. Der Kirchenstaat wird französisch. Die Familiare leiden unter dem Konflikt mit dem Papst.

1810 Napoleon heiratet die österreichische Erzherzogin Marie Louise. Louis legt die holländische Krone nieder und geht ins Exil. Holland wird französisch. Das Empire an der Ostsee. Eugen kämpft für das Land Tirol. Lucien in englischer Gefangenschaft. Bernadotte wird in Schweden zum Kronprinzen, Regenten und Nachfolger des Königs gewählt.

1811 Geburt des Napoleon-Sohns François-Charles-Joseph, König von Rom. Joseph und Jerome kämpfen glücklos in Spanien und Westphalen, Caroline und Murat eigensüchtig in Italien.

1812 Joseph gibt Spanien eine liberale Verfassung. Eugen, Jerome und Murat im Rußlandfeldzug. Eugen rettet den Rest der »Grande Armée«. Völkerschlacht von Leipzig, von Bernadotte gewonnen.

1813 Joseph verliert die spanische Krone. Louis bemüht sich vergeblich um Rückkehr nach Holland. Der Prinz von Oranien wird dort als »Willem de Eerste« König. Der Rheinbund bricht zusammen, mit ihm das Königreich Westphalen und das Großherzogtum Berg.

1814 Joseph wird Generalstatthalter in Paris und bewahrt die Hauptstadt vor der Plünderung. Der Bourbone Louis XVIII. wird König von Frankreich. Sturz des Empire. Napoleon wird Fürst von Elba. Familiare besuchen ihn dort. Eugen, Elisa, Caroline und Murat sind vergeblich um die Rettung ihrer Throne bemüht. Lucien wird päpstlicher Fürst von Canino.

1815 Napoleon kehrt von Elba zurück und erneuert sein Kaisertum. Lucien, Joseph und Jerome stehen ihm zur Seite. Schlacht von Waterloo. Zweite Abdankung Napoleons. Seine Gefangenschaft auf St. Helena beginnt. Politische Ächtung der Familiare in Europa. Joseph findet Exil in den USA. Elisa, Caroline und Jerome auf Irrfahrten in Österreich, Italien und der Schweiz. Asyl für Letizia, Pauline und Kardinal Fesch in Rom. »Weißer Terror« in Frankreich nach Rückkehr des Königs. Eugen und Hortense Beauharnais nähern sich den Bourbonen.

1816 Hudson Lowe Gouverneur von St. Helena. Vergebliche Bemühungen der Familiare um Besuchserlaubnis und Erleichterung der Gefangenschaft Napoleons.

1817 Eugen wird bayerischer Standesherr als Herzog von Leuchtenberg und Fürst von Eichstätt. Hortense erzieht ihren Sohn Louis-Napoleon zum Kaiser.

1818 Thronfolger Bernadotte wird König von Schweden und von Norwegen.

1819 Joseph kümmert sich um die ersten französischen Rückkehrer von St. Helena und die Veröffentlichung ihrer Memoiren.

1820 Elisa gestorben.

1821 Tod Napoleons auf St. Helena. Die Ächtung der Familiare wird aufgehoben. Joseph Oberhaupt der Familie.

1824 Eugen gestorben.

1825 Pauline gestorben.

1832 Napoleons Sohn als Herzog von Reichstadt gestorben.

1836 Letizia gestorben.

1837 Hortense gestorben.

1839 Caroline und Kardinal Fesch gestorben.

1840 Lucien gestorben. Louis besucht nochmals sein ehemaliges Königreich Holland.

1844 Joseph und Bernadotte gestorben. Louis Oberhaupt der Familie.

1846 Louis gestorben. Jerome Oberhaupt der Familie.

1847 Marie Louise gestorben.

1852 Louis-Napoleon, Sohn von Louis Bonaparte und Hortense Beauharnais, wird als Napoleon III. Kaiser der Franzosen. Jerome wird Marschall von Frankreich und Senatspräsident.

1860 Jerome gestorben.

1870 Ende des Zweiten Empire in Frankreich.

1873 Napoleon III. im englischen Exil gestorben.

1914 Prinz Napoleon (Louis Jerome Victor) geboren. Chef des Hauses Bonaparte. Zwei Söhne.

Bibliographie

I. Napoleonica

Amelunxen, Napoleon, Fürst von Elba. Empire in Miniatur 1814-1815. Berlin/New York 1986

Amelunxen, Mord auf St. Helena? Historisch-kriminologische Betrachtungen zum Tod Napoleons. In: Festschrift für Middendorff, Bielefeld 1986, S. 5 ff.

Amelunxen, Napoleon auf St. Helena. Privatdruck o.J. (1982)

Aubry, St. Helena. 2 Bde. Erlenbach-Zürich/Leipzig o.J.

Bainville, Napoleon, München 1950

Bertrand, Cahiers de Ste. Hélène. Paris 1949-1951

Bouhler, Napoleon. München 1941

Castelot, Napoléon. Paris 1968

Caulaincourt, Mit Napoleon in Rußland. Bielefeld/Leipzig 1938

Class, Wenn uns jetzt nur unser Vater sehen könnte. Worms 1987.

Collaveri, Napoléon, Empereur Franc-Maçon. Paris 1986

Cronin, Napoleon. Hamburg/Düsseldorf 1973

Dufraisse, Napoleon. Revolutionär und Monarch. München 1987.

Eggs/Fischer (Hrsg.), Die Kehrseite der Medaille – Napoleon-Karikaturen. Berlin 1986.

Faure, Napoleon. Dresden 1928

Friedrich, Napoleon I., Idee und Staat. Berlin 1936

Gerard, Napoleon, Empereur des Belges. Brüssel 1985

Gourgaud, Napoleons Gedanken und Erinnerungen, Stuttgart 1904

Herre, Napoleon Bonaparte. Wegbereiter des Jahrhunderts. München 1988

Las Cases, Mémorial de Ste. Hélène. Paris 1951

Lévy, Napoléon intime. Paris o.J.

Ludwig, Napoleon. München/Berlin 1977

Manfred, Napoleon Bonaparte. Köln 1981

Maurras, Napoléon avec la France ou contre la France? Paris 1932

Mereschkowski, Napoleon – Sein Leben – Napoleon der Mensch. München/Zürich 1974

Presser, Napoleon. Das Leben und die Legende. Stuttgart 1977
Sieburg, Napoleon. München o.J.
Stendhal, La Vie de Napoléon. Paris 1929
Taine, Napoléon. Paris o.J.
Tulard, Napoleon oder der Mythos des Retters. Tübingen 1979

II. Über Familiare

Amelunxen, König und Senator. Jerome und Lucien, zwei Brüder Napoleons. Hamburg 1980
Amelunxen, Carlo Buonaparte – Vater Napoleons. Köln/Berlin/Bonn/München 1984
Amelunxen, Vom Anwalt zum König –Joseph Bonaparte, Napoleons älterer Bruder. Köln/Berlin/Bonn/München 1987
Amelunxen, Louis Bonaparte, Bruder Napoleons – Erster König von Holland. Köln/Berlin/Bonn/München 1989
Aretz, Glanz und Untergang der Familie Napoleon. Wien/Leipzig/Olten 1937
Aronson, Napoleon und Josephine. Stuttgart/Wien 1991
Artola, Los Afrancesados. Madrid 1953
Augustin, Madame Mère. Paris 1939
Bayern (Prinz von), Eugen Beauharnais – Der Stiefsohn Napoleons. München 1950
Beauharnais (Hortense de), Mémoires. Paris 1927
Berding, Napoleonische Herrschafts- und Gesellschaftspolitik im Königreich Westphalen. Göttingen 1973
Berthaut, Le Roi Jerome. Paris 1954
Bertin, Joseph Bonaparte en Amérique. Paris 1893
Boltenstern, Am Hofe König Jeromes. Berlin 1905
Bonaparte (Louis), Documens historiques et réflexions sur le Gouvernement de la Hollande. Paris 1820
Bouman, Op en om Oranje's troon. s'Gravenzande 1963
du Casse, Mémoires du Roi Joseph. Paris 1856
Castries (Duc de), La Reine Hortense. Paris 1984
Chevallier/Pincemaille, Kaiserin Josephine. München 1991
Colenbrander, Schimmelpenninck en Koning Lodewijk. Amsterdam 1911
Dubosq, Louis Bonaparte en Hollande. Paris 1911
Fugier, Napoléon et l'Espagne. Paris 1930
Geer, Napoleon and his family. London 1929
Girod de l'Ain, Joseph Bonaparte – Le Roi malgré lui. Paris 1970
Goecke-Ilgen, Das Königreich Westphalen. Sieben Jahre französischer Fremdherrschaft in Deutschland, 1807-1813. Düsseldorf 1888

Goethe, Gedenkausgabe der Werke, Briefe und Gespräche (Hrsg. Ernst Beutler). Zürich 1949 (dort Goethe über Louis Bonaparte), Bd. 22, 606-611; Bd. 21, 566
Gregorovius, Korsika. Stuttgart/Tübingen 1854
Grayeff, Lucien Bonaparte – Bruder des Kaisers, Gegner des Kaiserreichs. Hamburg 1966
Hashagen/Narr/Rees/Strutz, Bergische Geschichte. Remscheid-Lennep 1958
Hugentobler, Die Familie Bonaparte auf Arenenberg. Arenenberg 1978
Jordan, Pauline Borghese. Bergisch-Gladbach 1975
Kaisenberg, König Jerome Napoleon. Leipzig 1899
Kikkert, Louis Bonaparte, Koning van Holland. Rotterdam 1981
Kircheisen, König Lustig, Napoleons jüngster Bruder. Berlin 1928
Kleinschmidt, Geschichte des Königreichs Westfalen. Gotha 1893 (Reprint Kassel 1970)
Kühn, Die Königin Hortense und ihre Söhne. Stuttgart 1965
Kühn, Pauline Bonaparte. Potsdam/Berlin 1935
Lancelotti, I Napoleonidi. Rom 1936
Larrey, Madame Mère – Napoleonis Mater. Paris 1892
Lyonnel, Le Cardinal Fesch. Paris 1841
Marmottan, Joseph Bonaparte à Mortefontaine. Paris 1968
Marquet, Die amerikanischen Bonapartes. Wien/Köln/Weimar 1992
Masson, Napoléon et sa famille. Paris 1897-1919 (13 Bde.)
Narbonne, Joseph Bonaparte – Le Roi Philosophe. Paris 1949
Piétri, Lucien Bonaparte. Paris 1939
Piétri, Lucien Bonaparte à Madrid. Paris 1951
Rambaud, Naples sous Joseph Bonaparte. Paris 1911
Rinsche, Brüder, die Geschichte schrieben. Köln 1990
Romein, De lage landen bij de zee. Utrecht 1934
Romein-Verschoor, Charakter und Kultur des Niederländers. Bonn o.J.
Schiele, Marie Louise. Eine Habsburgerin für Napoleon. Stuttgart 1983
Spaans-van der Bijl, Lodewijk Napoleon. Zaltbommel 1967
Stacton, Die Bonapartes. Wien/Hamburg 1968
Stirling, Madame Mère – Letizia, Mutter Napoleons. Tübingen 1963
Tarlé, Murat. Paris 1914
Thiry, La Guerre d'Espagne. Paris 1966
Trenard, La résistance espagnole à l'invasion française. Paris 1971
Tschudi, Napoleons Mutter, Lätitia Ramolino-Buonaparte. Leipzig 1898

Turquan, La Reine Hortense. Paris 1927
Turquan, Die Schwestern Napoleons – Elisa und Pauline Bonaparte. Leipzig 1904
Turquan, Caroline. Paris 1965
Versini, M. de Buonaparte, ou le livre inachevé. Première Biographie du Père de Napoléon. Paris 1977
Villa-Urrutia, El Rey José Napoléon. Madrid 1929
Weil, Joachim Murat, Roi de Naples. Paris 1910
Wohlfeil, Napoleonische Modellstaaten. Napoleon I. und die Staatenwelt seiner Zeit. Freiburg 1969
Wertheimer, Die Verbannten des Ersten Kaiserreichs. Leipzig 1897
Wusowski, Die Familie Bonaparte. München 1993
Wouters, Les Bonaparte depuis 1815. Brüssel 1847
Zaal (Hrsg.), Lodewijk Napoleon, Koning van Holland, Gedenkschriften. Amsterdam 1983

III. Mitstreiter - Gegenspieler - Randfiguren

Amelunxen, Jean-Baptiste Bernadotte – Marschall Napoleons, König von Schweden. Köln/Berlin/Bonn/München 1991
Amelunxen, Der Prozeß des Herzogs von Enghien. In: Gedächtnisschrift für Karlheinz Meyer. Berlin/New York 1990, S. 640 ff.
Amelunxen, Der Rheinbund. In: Luchterhand-Rechtslexikon, LdR 32/1/100. Neuwied 1988
Amelunxen, Fürst und Staatsgewalt in Liechtenstein. Kettwig 1982
d'Andlau, Madame de Staël. Coppet 1989
Bastgen, Dalbergs und Napoleons Kirchenpolitik. Paderborn 1917
Becher, Der deutsche Primas. Kolmar o.J.
Bernard, Talleyrand. München 1979
Blond, Les Cent-Jours. Paris 1983
Boulez-Henry, Les Maréchaux de l'Aigle. Brüssel o.J.
Chardigny, Les Maréchaux de Napoléon. Paris 1946
Chateaubriand, Le Génie du Christianisme. Paris 1802
Cooper, Talleyrand. Hamburg 1946
Corsing, Jean Baptiste Bernadotte. Berlin 1946
Cronin, Ludwig XVI. und Marie-Antoinette. Düsseldorf 1975
Emanuelli, Vie de Pascal Paoli. Calvi 1976
Eyck, Die Pitt's und die Fox'. Erlenbach/Zürich 1946
Gaxotte, Die Französische Revolution. Bergisch-Gladbach 1977
Goldschmidt, Die Sonderstellung der Mediatisierten Preussens. Marburg 1909
Gollwitzer, Die Standesherren. Göttingen 1984

Heemstra-Schimmelpenninck, In de schaduw van Napoleon – Raadspensionaris R. J. Schimmelpenninck. Den Haag o. J.
Herold, Madame de Staël, Herrin eines Jahrhunderts. München 1960
Heuss, Schattenbeschwörung – Randfiguren der Geschichte. Hamburg 1954
Höjer, Bernadotte – Maréchal de France, Roi du Suède. Paris 1971
Imhof, Bernadotte. Göttingen/Zürich/Frankfurt 1970
Kissinger, Die Vernunft der Nationen. Über das Wesen der Außenpolitik. Berlin 1994
Klein/Bockemühl, Weltgeschichte am Rhein erlebt. Erinnerungen des Rheinländers C. W. H. Sethe (1790-1815). Köln 1973
Kleßmann (Hrsg.), Deutschland unter Napoleon in Augenzeugenberichten. München 1976
Klitscher, Michel Ney – Soldat der Revolution, Marschall des Kaisers. Saarbrücken 1993
Lagorge, Louis XVIII. Paris 1926
Lohausen, Die höchsten Zivilgerichte im Großherzogtum und Generalgouvernement Berg. Köln 1995
Madelin, Fouché. Frankfurt 1978
Masson, La Société sous le Consulat. Paris 1937
Nadolny, Louis Ferdinand – Das Leben eines preußischen Prinzen. Düsseldorf/Köln 1967
Nowakowski, Die Radziwills – Die Geschichte einer großen europäischen Familie. München 1975
Orieux, Talleyrand ou le sphinx incompris. Paris 1970
Palmer, Alexander I. – Gegenspieler Napoleons. Esslingen 1982
Palmer, Metternich – Der Staatsmann Europas. Düsseldorf 1977
Rody, Preußen und Österreich im Ringen um die deutsche Seele. München 1946
Rudé, Europa im Umbruch – Vom Vorabend der Französischen Revolution bis zum Wiener Kongreß. München 1981
Sandfuchs, Die Außenminister der Päpste. München 1962
Sauer, Der schwäbische Zar – Friedrich, Württembergs erster König. Stuttgart 1984
Schäfer, Ferdinand von Österreich – Großherzog zu Würzburg, Kurfürst von Salzburg, Großherzog der Toskana. Köln/Graz/Wien 1988
Selinko, Désirée. Köln 1988
Sieburg, Robespierre. Stuttgart 1987
Srbik, Deutsche Einheit. Idee und Wirklichkeit vom Heiligen Reich bis Königgrätz. München 1940
Stockter, Drei Frauen im Kampf um Kniphausen. Wilhelmshaven 1994

Straub, Die Wittelsbacher. Berlin 1994

Sutherland, Maria Walewska. München 1981

Thiers, Histoire du Consulat. Paris 1865

Wichterich, Sein Schicksal war Napoleon. Leben und Zeit des Kardinalstaatssekretärs Ercole Consalvi, 1757-1824. Heidelberg 1951

Wittkop, Die Welt des Empire. München 1968

Wolffram/Klein (Hrsg.), Recht und Rechtspflege in den Rheinlanden. Köln 1969

Zweig, Joseph Fouché – Bildnis eines politischen Menschen. Frankfurt 1977

Zweig, Marie Antoinette – Bildnis eines mittleren Charakters. Frankfurt 1953

Register

Abbildungsverzeichnis

Archiv für Kunst und Geschichte: 25, 31, 33, 51, 58, 63, 65, 70, 89, 95, 101, 113, 116, 119, 131, 142, 155, 160, 171, 177, 203, 215, 223, 226, 240, 244, 275, 289, 328, 340, 343, 351, 357, 374

Alle anderen Abbildungen stammen aus Privatbesitz

Die Deutsche Bibliothek – CIP-Einheitsaufnahme

Amelunxen, Clemens:
Der Clan Napoleons.
Eine Familie im Schatten des Imperators.
Clemens Amelunxen.
1. Aufl. – Berlin: Siedler, 1995
Einheitssacht.: Der Clan Napoleons
ISBN 3-88680-514-X

Der Siedler Verlag ist ein Unternehmen
der Verlagsgruppe Bertelsmann.

Lektorat: Wolf J. Siedler jr.
Reproduktionen: COM-Litho, Berlin
Karten: Ditta Ahmadi und Peter Trampusch, Berlin
Register: Brigitte Kochmann
Schutzumschlag: Brigitte und Hans-Peter Willberg, Eppstein
Umschlagabbildungen: Archiv für Kunst und Geschichte
Satz: Bongé + Partner, Berlin
Druck und Buchbinder: Wiener Verlag, Himberg
Printed in Austria 1995
ISBN 3-88680-514-X
Erste Auflage